Verzeichniß der Guttentag'schen Sammlung Deutscher Reichsgesetze und Preußischer Gesetze.

Text-Ausgaben mit Anmerkungen.

Taschenformat.

Deutsche Reichsgesetze grün,
Preußische Gesetze grau cartonnirt.

Berlin SW48.
Wilhelmstraße 119/120
J. Guttentag, Verlagsbuchhandlung.
1896.

Guttentag'sche Sammlung Preußischer Gesetze.
Text-Ausgaben mit Anmerkungen.

10. **Einkommensteuergesetz.** Von **Meitzen.** Dritte Auflage von **Fernow,** Regierungsrath. 1 Mark.

11. **Gewerbesteuergesetz.** Von **A. Fernow,** Regierungsrath. Zweite Auflage. 90 Pf.

12. **Allg. Berggesetz** f. d. Preuß. Staaten. Von **Engels,** Ober-Bergrath. Zweite Auflage. 1 Mark 60 Pf.

13. **Ergänzungssteuer-Gesetz** (Vermögenssteuergesetz) Von **Fernow,** Regierungsrath. 2. Auflage. 1 Mark

14. **Kommunalabgabengesetz** und Gesetz wegen Aufhebung direkter Staatssteuern. Von **F. Adickes.** 1 Mark.

15. Die **Kreisordnungen** für den Preuß. Staat. Von **O. Kolisch,** Landgerichtsrath. 4 Mark.

16. Preuß. Ausführungs-Anweisung zu §§ 16 u. ff. d. Gewerbe-Ordnung, betr. **Genehmigung gewerblicher Anlagen.** Von Gewerberath **Dr. v. Rüdiger.** 1 M. 50 Pf.

17. **Gerichtskostengesetz.** Vom 25. Juni 1895. Mit Kostentabellen. Von **Dr. P. Siméon.** 1 Mark 40 Pf.

18. **Stempelsteuergesetz.** Mit Ausführungsbestimmungen. Von **Gaupp,** Geh. Regierungsrath und Reg.-Assessor **Loeck.** 3. Auflage. 3 Mark 80 Pf.

19. **Jagdscheingesetz.** Mit ausführlichen Erläuterungen Von **F. Kunze,** Ob.-Verwaltungs-G.-Rath. 1 M. 60 Pf.

20. **Das Erbschaftssteuergesetz.** Mit ausführlichen Erläuterungen. Von Reg.-Assessor **P. Loeck.** 1 M. 80 Pf.

Zu beziehen durch jede Buchhandlung.

J. Guttentag, Berlin SW.48, Wilhelmstraße 120.

Guttentag'sche Sammlung
Nr. 10. Deutscher Reichsgesetze. Nr. 10.
Text-Ausgaben mit Anmerkungen.

Das

Reichsbeamtengesetz

vom 31. März 1873,

und

seine Ergänzungen,

erläutert

von

J. Pieper,
Geheimer Ober-Regierungs- und vortragender Rath
in der Oberrechnungskammer.

Berlin SW.48.
Wilhelmstraße 119/120.
J. Guttentag, Verlagsbuchhandlung.
1896.

Ueber die Entstehung dieses Werkes vergleiche Vorwort S. VII am Ende.

Vorwort.

„Der Norddeutsche Bund setzte sich von vorn herein vorwiegend Ziele eines Bundesstaates: nicht blos die Gesetzgebung auf einer Reihe von Gebieten sollte er üben, auch die Oberaufsicht, die Vertretung nach Außen und das Konsulatswesen; Heer und Flotte, Post und Telegraphie wurden als Bundesstaatsanstalten mit eigenen Finanzen in Aussicht genommen. Die Aufgaben der vollziehenden Gewalt, welche ihm hieraus erwuchsen, waren ohne eigene Organe nicht zu lösen und schon Art. 18 der Norddeutschen Bundesverfassung durfte die Anstellung besonderer Bundesbeamten als selbstverständlich behandeln.

Die Bildung und Fortentwickelung des Behördenorganismus ergab sich aus der Verfassung und Weiterbildung des Bundes von selbst; die Rechte und Pflichten der Beamten bedurften der gesetzlichen Regelung: allgemeine Rechtsgrundsätze reichten hier nicht aus; die einzelnen Landesgesetzgebungen wichen von einander ab und boten für die Besonderheiten des Bundes keinen Anhalt.

Schon 1868 wurde ein Gesetzentwurf, welcher einzelne Rechtsbeziehungen der Beamten ordnen wollte, beim Reichstage eingebracht, hier aber erheblich geändert und infolge dessen vom Bundesrathe abgelehnt. Ein neuer Entwurf, welcher den Gegenstand vollständiger behandelte, kam 1869 zur Vorlage, aber über die ersten Kommissionsberathungen nicht hinaus. Derselbe Entwurf wurde 1870 nochmals vorgelegt und gelangte zur Durchberathung in einer Kommission, aber nicht an das Plenum. Nach den Beschlüssen dieser Kommission in einzelnen Punkten abgeändert, wurde der Entwurf, als der Bund sich zum deutschen Reiche erweitert hatte, in der dritten Session der ersten Legislaturperiode unterm 8. April 1872 zum dritten Mal an den Reichstag gebracht. In der 6. Sitzung der Session am 15. April fand die erste, in der 40. Sitzung am 11. Juni 1872 die dritte Berathung des Entwurfs statt. Der § 16 und die Abschnitte über die zwangsweise Versetzung in den Ruhestand, die Dienstvergehen, das Disziplinarverfahren, die Defekte und die Verfolgung vermögensrechtlicher Ansprüche wurden an Kommission III verwiesen und gelangten nach den Beschlüssen derselben in der 34. Sitzung am 4. Juni 1872 zur zweiten Berathung. Die übrigen Bestimmungen des Gesetzes durchliefen die zweite Lesung im Plenum in der 11., 12. und 13. Sitzung am 23., 25. und 26. April 1872.

Von den zahlreichen im Reichstage beschlossenen Abänderungen erachtete der Bundesrath die der §§ 19 und 25 für unannehmbar. Er brachte daher den Entwurf mit einer anderweiten Fassung dieser beiden §§, im übrigen aber nach den Beschlüssen des Reichstags in der vierten Session der ersten Legislaturperiode unterm 12. März 1873 als neue Vorlage nochmals an den Reichstag, welcher nunmehr den Vorschlägen der verbündeten Regierungen sowohl bei deren Vorberathung im Plenum, als auch bei der Schlußberathung in der 9. Sitzung der Session am 27. desselben Monats beitrat. Das Gesetz wurde hierauf unterm 31. desselben Monats in der am 4. April 1873 zu Berlin ausgegebenen Nr. 10 des Reichsgesetzblatts veröffentlicht.

In seinen Grundzügen hält sich das Gesetz an das bestehende Preußische Recht, namentlich an

a) das Gesetz, betreffend die Pensionirung der unmittelbaren Staatsbeamten ꝛc., vom 27. März 1872 (Ges.-Samml. S. 268),
b) das Gesetz, betreffend die Dienstvergehen der nicht richterlichen Beamten, die Versetzung derselben auf eine andere Stelle oder in den Ruhestand, vom 21. Juni 1852 (Ges.-Samml. S. 465),
c) die Verordnung über die Festsetzung und den Ersatz der bei Kassen und anderen Verwaltungen vorkommenden Defekte vom 24. Januar 1844 (Ges.-Samml. S. 52),
d) das Gesetz, betreffend die Erweiterung des Rechtsweges, vom 24. Mai 1861 (Ges.-Samml. S. 241).

Durch das Gesetz ist für alle wesentlichen Reichsbeziehungen sämmtlicher Reichsbeamten, sowohl der vom Kaiser berufenen unmittelbaren, als auch der von den Landesregierungen nach Art. 50 der R.Verf. ernannten mittelbaren eine gleiche Norm gegeben. Die mittelbaren Reichsbeamten aber werden durch das Gesetz der gleichzeitigen Eigenschaft eines Partikularstaatsbeamten nicht entkleidet und würden in denjenigen Rechtsbeziehungen, über welche die Reichsgesetzgebung keine Bestimmung trifft, als Landesbeamten, unter Umständen also anders zu beurtheilen sein, als neben ihnen die unmittelbaren Reichsbeamten; durch den vielumstrittenen § 19 sind aber auch die letzteren subsidiär unter die Landesgesetze gestellt worden."

Dieses Vorwort ist übernommen aus dem die frühere Nr. 10 dieser Sammlung bildenden Werke des Reichsgerichtsrathes Turnau:

> „Das Reichsbeamtengesetz vom 31. März 1873 mit den zur Abänderung und Ergänzung desselben erlassenen Gesetzen und Verordnungen. Textausgabe mit Anmerk. u. Sachregister. Berlin 1886."

Der gänzliche Verbrauch dieses Werkes gab die Veranlassung zu dem vorliegenden, mit Zustimmung des Reichsgerichtsrathes Turnau bearbeiteten ausführlichen Kommentare, bei welchem das preußische Beamtenrecht, auf dessen Schultern das Reichsbeamtengesetz überall ruht, entsprechende Berücksichtigung gefunden hat.

Potsdam, im November 1895.

Pieper.

Inhalt.

* Anl. B, Verordnung v. 7./8 88 (R.G.Bl. S. 229), ist nachträglich in Anl. A aufgenommen.

Abkürzungen.

A. = Anmerkung.
Abg.H. = Preußisches Abgeordnetenhaus.
Abs. = Absatz.
Anl. = Anlage.
Ann. = Annalen des Reichsgerichtes.
A.Post-D.A. = Allgemeine Dienstanweisung für Post und Telegraphie.
Art. = Artikel.
Ausf.G. = Ausführungsgesetz.
A.V.Bl. = Armeeverordnungsblatt.
B. = Band.
Bank-G. = Bankgesetz vom 14./3. 75 (R.G.Bl. S. 177).
B.G. = Bundesgesetz.
B.G.Bl. = Bundesgesetzblatt.
Bolze = Bolze, Praxis des Reichsgerichtes in Civilsachen.
C.Bl. der Abg. 2c. = Preußisches Centralblatt der Abgaben 2c.
C.Bl.U.V. = Centralblatt für die gesammte Unterrichtsverwaltung in Preußen.
C.Pr.O. = Civilprozeßordnung vom 30./1. 77.
C.Verf. = Cirkularverfügung.
Disz.H. = Disziplinarhof in Leipzig.
Disz.Str.O. f. H. = Disziplinarstrafordnung für das Heer vom 21./10. 72 (A.V.Bl. S. 330).
Disz.Str.O. f. M. = Disziplinarstrafordnung für die Marine vom 4./6. 91 (M.V.Bl. S. 116).
Disz.Verf. = Disziplinarverfahren.
Drucks. des Abg.H. = Drucksachen des Preußischen Abgeordnetenhauses.
Drucks. des Herr.H. = Drucksachen des Preußischen Herrenhauses.
Drucks. des R.T. = Drucksachen des Reichstages.
E. = Entscheidung.

E. B. = Entscheidungen des Reichsgerichtes in Civilsachen, Band.
Einf.G. = Einführungsgesetz.
Einf.G. zum G.V.G. = Einführungsgesetz zum Gerichtsverfassungsgesetz vom 27./1. 77.
Einf.G. zur C.Pr.O. = Einführungsgesetz zur Civilprozeßordnung vom 30./1. 77.
Eis.V.Bl. = Preußisches Eisenbahn-Verordnungsblatt.
E.Str. B. = Entscheidungen des Reichsgerichtes in Strafsachen, Band.
G. = Gesetz.
G.Bl. f. Els.Lothr. = Gesetzblatt für Elsaß-Lothringen.
Gruchot = Beiträge zur Erläuterung des Deutschen Rechtes, in besonderer Beziehung auf das Preußische Recht.
G.S. = Preußische Gesetzsammlung.
G.V.G. = Gerichtsverfassungsgesetz vom 27./1. 77.
Herr.H. = Preußisches Herrenhaus.
J.M.Bl. = Preußisches Justiz-Ministerialblatt.
Ind.G. = Gesetz über die Erwerbung und den Verlust der Bundes- und Staatsangehörigkeit (Indigenatsgesetz). Vom 1. Juni 1870 (B.G.Bl. S. 255).
Jurst.W. = Juristische Wochenschrift.
Kab.O. = Preußische Kabinetsordre.
Kais. Erl. = Kaiserlicher Erlaß.
v. K. Ann. J. = von Kamptz, Annalen der Preußischen inneren Verwaltung, Jahrgang.
Kaut.G. = Kautionsgesetz vom. 2./6. 69 (Anl. C).
K.K.G.H. = Preußischer Gerichtshof zur Entscheidung der Kompetenzkonflikte.
Konk.O. = Reichs-Konkursordnung vom 10./2. 77 (R. G.Bl. S. 351).
Kons.G. = Gesetz, betreffend die Organisation der Bundeskonsulate 2c. (Konsulatsgesetz). Vom 8./11. 67 (B.G.Bl. S. 137).
M.E. = Preußischer Ministerialerlaß.

Mil.G. = Militärgesetz vom 2./5. 74 (R.G.Bl. S. 45).
Mil.P.G. = Militärpensionsgesetz vom 27./6. 71 (R.G. Bl. S. 275).
Mil.P.G.N. = Militärpensionsgesetznovelle vom 22./5. 93 (R.G.Bl. S. 171).
Mil.Str.G.B. = Militärstrafgesetzbuch vom 20./6. 72 (R.G.Bl. S. 174).
Mil.Str.G.O. = Militärstrafgerichtsordnung vom 3./4. 45 (B.G.Bl. 1867 S. 185 u. 229).
Motive = Motive zum Reg.Entw. (siehe unten).
M.V.Bl. = Marineverordnungsblatt.
N.D.B. = Norddeutscher Bund.
Opp. = Oppenhoff, die Rechtsprechung des Königl. (Preußischen) Obertribunals in Strafsachen.
Pat.G. = Patentgesetz v. 25./5. 77 (R.G.Bl. S. 503).
Pr. = Preußisch.
Pr. A.L.R. = Allgemeines Landrecht für die Preußischen Staaten.
Pr. O.R.K.G. = Preußisches Gesetz, betreffend die Einrichtung und die Befugnisse der Oberrechnungskammer v. 27./3. 72 (G.S. S. 278).
Pr. O.Tr. oder auch O.Tr.E. = Entscheidung des (ehemaligen) preußischen Obertribunals.
Pr. O.V.G. oder auch O.V.G. = Entscheidung des Preußischen Oberverwaltungsgerichtes.
Pr. P.G. = Preußisches Pensionsgesetz vom 27./3. 72 (G.S. S. 268).
Pr. R.Disz.G. oder R.Disz.G. = Preußisches Disziplinargesetz für die richterlichen Beamten vom 7./5. 51 (G.S. S. 218).
Pr. V.Disz.G. oder V.Disz.G. = Preußisches Disziplinargesetz für die nicht richterlichen Beamten (Verwaltungsdisziplinargesetz) vom 21./7. 52 (G.S. S. 465).
R.A.O. = Rechtsanwaltsordnung vom 1./7. 78 (R.G. Bl. S. 177).

R.B.G. = Reichsbeamtengesetz.
R.C.Bl. = Centralblatt für das Deutsche Reich.
Reg.Entw. = Regierungs-Entwurf zum Reichsbeamtengesetz. Vom 8./4. 72 (Drucksachen des Reichstags 1872 Nr. 9).
Rel.G. = Reliktengesetz (Anl. D bis F).
R.G. = Entscheidung des Reichsgerichtes.
R.G.Bl. = Reichsgesetzblatt.
R.O.H.G. = Entscheidung des (ehemaligen) Reichsoberhandelsgerichtes.
R.T.K. = Reichstagskommission.
R.V. = Verfassung des Deutschen Reiches.
Sten.B. = Stenographischer Bericht.
St.M.Beschl. = Beschluß des Preußischen Staatsministeriums.
Str.G.B. = Strafgesetzbuch für das Deutsche Reich vom 15./5. 71, in der Fassung nach dem Gesetz vom 26./2. 76 (R.G.Bl. S. 89).
Strieth. A. = Striethorst, Archiv für Rechtsfälle.
Str.Pr.O. = Strafprozeßordnung für das Deutsche Reich vom 1./2. 77.
U.F.G. = Unfallfürsorgegesetz (Anl. G).
Unf.Vers.G. = Unfallversicherungsgesetz v. 6./7. 84 (R.G.Bl. S. 102).
Url.V. = Urlaubsverordnung vom 2./11. 74 (Anl. H).
Vergl. = vergleiche.
Verh. = Verhandlungen.
Verord. oder V. = Verordnung.
V.M.Bl. = Preußisches Ministerialblatt für die gesammte innere Verwaltung.
Vorbemk. = Vorbemerkung.
W.G.Z.G. = Wohnungsgeldzuschußgesetz (Anl. K).

Literatur-Uebersicht.

Bluntschli, Lehre vom modernen Staat. Erster Theil: Allgemeine Staatslehre, 6. Auflage, durchgesehen von E. Löning. Stuttgart 1886.

Dernburg, Lehrbuch des Preußischen Privatrechtes und der Privatrechtsnormen des Reiches. 4. Auflage.

Förster-Eccius, Preußisches Privatrecht. 6. Auflage.

Gaupp, Die Deutsche Civilprozeßordnung. 2. Auflage. Freiburg 1890.

Hirths Ann., Annalen des Deutschen Reiches für Gesetzgebung, Verwaltung und Statistik von Dr. G. Hirth und Dr. Max Seydel.

Illing, Handbuch für preußische Verwaltungsbeamte ꝛc. 5. Auflage. Berlin 1892.

Kanngießer (abgek. Kann.), Das Recht der Deutschen Reichs-Beamten. Gesetz vom 31. März 1873. Berlin 1874.

Laband, Das Staatsrecht des Deutschen Reiches. 2. Auflage.

Löwe, Die Strafprozeßordnung für das Deutsche Reich. Berlin 7. Auflage.

Meißner, Das Pensionsrecht der Preußischen unmittelbaren Staats-Beamten. Berlin 1882.

Perels und Spilling (abgek. Per. u. Sp.), Das Reichsbeamtengesetz. Berlin 1890.

Rehm, Die rechtliche Natur des Staatsdienstes nach deutschem Staatsrecht. Hirths Annalen Jahrgang 1884 S. 565 bis 686 und Jahrgang 1885 S. 65 bis 212.

Reinke, Die Deutsche Civilprozeßordnnng. 2. Auflage. Berlin 1893.

Riebow, Die Deutsche Kolonial-Gesetzgebung. Berlin 1893.

v. Rönne, R.St.R., Das Staatsrecht des Deutschen Reiches. 2. Auflage.

v. Rönne, Pr.St.R., Das Staatsrecht der Preußischen Monarchie. 4. Auflage.

v. Schulze, Das Preußische Staatsrecht auf Grundlage des Deutschen Staatsrechtes. 2. Auflage.

Seydel, Gesetz (preußisches) vom 21. Juli 1852, betreffend die Dienstvergehen der nichtrichterlichen Beamten 2c. 2. Auflage. Berlin 1894.

Struckmann und Koch, Die Civilprozeßordnung für das Deutsche Reich, nebst den bezüglichen Bestimmungen des Gerichtsverfassungsgesetzes und den Einführungsgesetzen. 6. Auflage. Berlin 1895.

Thilo, Die Preußische Disziplinargesetzgebung für die unmittelbaren und mittelbaren Staatsbeamten. Berlin 1864.

Thudichum, Das Reichsbeamtenrecht. Hirths Annalen Jahrgang 1876 S. 265 bis 341.

Turnau, Das Reichsbeamtengesetz vom 31. März 1873 mit den zur Abänderung und Ergänzung desselben erlassenen Gesetzen und Verordnungen. 2. Auflage.

Turnau, G.B.O., Die preußische Grundbuchordnung vom 8. Mai 1872. 5. Auflage.

v. Wilmowski und Levy, Civilprozeßordnung und Gerichtsverfassungsgesetz für das Deutsche Reich nebst den Einführungsgesetzen. 6. Auflage.

v. Zedlitz-Neukirch, Die Rechtsverhältnisse der Reichsbeamten. Berlin 1873.

Zorn, Das Staatsrecht des Deutschen Reiches. 2. Auflage. Berlin 1895.

Berichtigungen.

S. 3 Zeile 3 von unten lies: „Ueberschrift“ statt „Uebersicht“.
S. 5 A. 4c lies: „Schutzgebieten von Kamerun, Togo und Ostafrika“.
S. 30 letzte Zeile lies: „(vergl. A. 4 u. § 4 A. 6)“.
S. 38 Zeile 12 von oben lies: „bevorzugt, soweit nicht in solchem Falle Erbes- und Hinterbliebeneneigenschaft in einer Person zusammenfallen (vergl. § 749 Abs. 1 Nr. 8 a. E. der C.Pr.O.)“.
S. 56 vor A. 7 lies: „Vergl. ferner § 14 A. 1 u. 7“.
S. 75 vor A. 13 lies: „§ 23 A. 3 u. 6)“.
S. 88 A. 2 Eingang lies: „Dieselbe“.
S. 93 Zeile 9 von oben lies: „§ 14 A. 6“.
S. 105 A. 6 Eingang lies: „§ 51 des Pr. R.Disz.G.“.
S. 118 Zeile 7 von oben lies: „mit dem Durchschnittssatze des W.G.Z.“.
S. 131 A. 8 Eingang lies: „Die §§ 34 bis 68“.
S. 182 letzte Zeile lies: „(vergl. § 60a A. 1)“.
S. 225 A. 2 in der Mitte lies: „(§ 75 Nr. 2)“.
S. 299 Zeile 21 von oben lies: „§ 130 A. 4“.
S. 309 A. 1 Abs. 1 a. E. lies hinter „Schriftstücke“ weiter: „Ist dem förmlichen Verfahren ein Skrutinialverfahren vorangegangen, so bleiben dessen Kosten ebenfalls ausgeschlossen (§ 82 A. 7)“.
S. 309 A. 2 Zeile 5 lies: „(§ 82 A. 7)“.

Gesetz,
betreffend
die Rechtsverhältnisse der Reichsbeamten *)
Vom 31. März 1873.

(R.G.Bl. S. 61. Ausgegeben am 4. April 1873.)

*) Die Aenderungen und Ergänzungen durch die G. v. 21./4. 86 (R.G.Bl. S. 80) und 25./5. 87 (R.G.Bl. S. 194) sind im Texte berücksichtigt. In dieser Gestalt ist das Reichsbeamtengesetz eingeführt:

a) für die Landesbeamten und Lehrer in Elsaß-Lothringen durch G. v. 23./12. 73 und Verord. v. 21./11. 87 (G.Bl. f. Elf.Lothr. 73 S. 479 und 87 S. 85),
b) für die Landesbeamten in den deutschen Schutzgebieten von Kamerun und Togo durch Verord. v. 3./8. 88 (R.C.Bl. S. 753),
c) für die Landesbeamten in den Schutzgebieten von Ostafrika durch Verord. v. 22./4. 94 (R.C.Bl. S. 115),

in allen drei Fällen jedoch mit einzelnen Abweichungen,

d) auf der durch G. v. 15./12. 90 (R.G.Bl. S. 207) mit dem Deutschen Reiche vereinigten Insel Helgoland durch Verord. v. 22./3. 91 (R.G.Bl. S. 21).

Auf einzelne Beamtenklassen findet das Gesetz nur beschränkte Anwendung (vergl. §§ 157 u. 158).

Bei der nachfolgenden Gesetzesbearbeitung ist auch die zum Militärpensionsgesetz v. 27./6. 71 ergangene Novelle v. 22./5. 93 (R.G.Bl. S. 171) entsprechend berücksichtigt.

Wir Wilhelm, von Gottes Gnaden Deutscher Kaiser, König von Preußen ꝛc. verordnen im Namen des Deutschen Reichs, nach erfolgter Zustimmung des Bundesrathes und des Reichstages, was folgt:

Allgemeine Bestimmungen.

§ 1. Reichsbeamter [1] im Sinne dieses Gesetzes ist jeder Beamte, welcher entweder vom Kaiser [2] angestellt oder nach Vorschrift der Reichsverfassung den Anordnungen des Kaisers Folge zu leisten verpflichtet ist [3] [4] [5] [6] [7] [8].

[1] Der Unterschied zwischen unmittelbaren und mittelbaren Reichsbeamten wird im Gesetze nicht aufgestellt, ist aber üblich geworden (vergl. A. 3).

[2] Persönlich, oder kraft Ermächtigung (Delegation), in der der Kaiser nach Art. 18 der R.V., lautend: „Der Kaiser ernennt die Reichsbeamten, läßt dieselben für das Reich vereidigen und verfügt erforderlichen Falles deren Entlassung," nicht beschränkt ist (vergl. §§ 2 u. 3 der Verord. v. 23./11. 74 (Anl. A); Sten.B. S. 173; Kanng. A. 3 zu § 1; v. Rönne R.St.R. § 52 A. 8; Laband B. I S. 424 A. 2.) Nur diese Beamten sind als „Kaiserliche" zu bezeichnen (Kais. Erl. v. 3./8. 71 R.G.Bl. S. 318).

Bei der Anstellung einzelner Kaiserlicher Beamten besitzt der Bundesrath ein Vorschlags- beziehungsweise Wahlrecht, das aber den Kaiser nicht verpflichtet, so bei den Mitgliedern und Reichsanwälten des Reichsgerichtes (§§ 127 u. 150 des G.V.G.), bei den Mitgliedern des Bundesamtes für das Heimathwesen (§ 42 des G. v. 1./6. 70 B.G.Bl. S. 368), bei den Mitgliedern des Rechnungshofes des Deutschen Reiches (§ 2 des G. v. 4./7. 68 B.G.Bl. S. 433), bei den Mitgliedern des Reichsbank-

Direktoriums (§ 27 des Bank.G.), bei den ständigen Mitgliedern des Reichsversicherungsamtes und des Patentamtes (§ 87 des Unf.Vers.G. und § 13 des Pat.G.). Vergl. ferner § 93 des vorliegenden Gesetzes und Art. 36 u. 56 der R.V.

[3]) Die Bestimmung ist wörtlich aus § 1 des Kaut.G. (Anl. C) übernommen. Der Beamtenbegriff selbst wird hier ebensowenig definirt (A. 7), wie im § 359 des Str.G.B. und im Art. 18 der R.V., das Gesetz setzt ihn voraus, es giebt nur die wesentlichen Merkmale an, welche bei einem Beamten vorhanden sein müssen, um zum Beamten in seinem Sinne zu werden und als solcher seinen Bestimmungen zu unterliegen: Anstellung durch den Kaiser, oder die durch die Reichsverfassung übernommene Verpflichtung, den Anordnungen des Kaisers Folge zu leisten. Wo keines dieser Merkmale anzutreffen ist, können wohl reichsamtliche Funktionen, selbst besoldete, ausgeübt werden (vergl. § 4 A. 4), aber der damit Betraute untersteht nicht dem vorliegenden Gesetz. Die ausschließlich vom Bundesrathe aus seiner Mitte gewählten, nicht vom Kaiser ernannten Mitglieder der Verwaltung des Reichs-Invalidenfonds (§ 11 des G. v. 23./5. 73 R.G.Bl. S. 117), des Reichsbankkuratoriums (§ 25 des Bank.G.), der Reichsschulden-Kommission (§§ 4 u. 5 des G. v. 19./6. 68 B.G. Bl. S. 339), die nichtständigen Mitglieder des Reichsversicherungsamtes (§ 87 des Unf.Vers.G.) sind nicht Reichsbeamte im Sinne dieses Gesetzes (vergl. Kanng. A. 4 zu § 1; v. Rönne R.St.R. S. 342 A. 4; Laband I § 42 S. 382 u. 383).

Der Art. 18 der R.V. verbindet mit dem Begriffe eines Reichsbeamten einen engeren Sinn, als das R.B.G., indem er darunter nur die vom Kaiser — persönlich oder kraft Ermächtigung — anzustellenden Beamten: die unmittelbaren Reichsbeamten (Uebersicht der Verord. v. 29./6. 71 R.G.Bl. S. 303), oder die Kaiserlichen Beamten (A. 2) versteht, während im vorliegenden § 1 darunter sowohl diese, als auch diejenigen reichsverfassungsmäßig von den Bundesfürsten, beziehungsweise deren Regierungen für den Reichsdienst anzustellenden Beamten verstanden werden, welche neben ihren Pflichten als Beamte ihres Landesherrn — Landesbeamte in diesem Sinne (A. 4) — gleichzeitig reichsverfassungsmäßig die Verpflichtung überkommen, den Kaiserlichen Anordnungen Folge zu leisten, und welche man deshalb als mittelbare Reichsbeamte zu bezeichnen pflegt. (Vergl. Vorwort; § 3 A. 3; Sten.B. S. 173, 905 u. 907; E. des Disz.H. v. 2./4. 74 R.C.Bl. S. 145; R.G. v. 4./5. und 26./10. 80 E. B. 1 S. 306, B. 2 S. 104; ferner R.G. v. 10./10. 82 Ann. B. 6 S. 340, auch Pr. Kammergericht v. 1./11. 69 B.M.Bl. 70 S. 52; Laband I S. 418; Kanng. § 1 A. 6.)

Zu diesen mittelbaren Reichsbeamten gehören:

a) diejenigen Beamten der Reichspostverwaltung — mittleren und unteren — deren Anstellung nach Art. 50 Abs. 5 der R.V. Seitens der Landesregierungen erfolgt, mit Ausnahme der Postbeamten in Bayern und Württemberg (Art. 52 der R.V.),

b) die Militär- und Civilbeamten des Reichsheeres (§ 120 Vorbemk. 1), mit Ausnahme der Heeresbeamten in Bayern (Art. 64 u. 66 sowie Schlußbestimmung zu Absch. XI der R.V.; Sten.B. S. 132).

Die Militär- und Civilbeamten der Reichsmarine mit Einschluß der den Kaiserlichen Schutztruppen zugetheilten Beamten (§§ 2 u. 3 des G. v. 22./3. 91 R.G.Bl. S. 53 und § 2 des G. v. 9./6. 95 R.G.Bl. S. 258) gehören zu den unmittelbaren Reichsbeamten (Art. 53 der R.V. in der Fassung des Art. I des G. v. 26./5. 93 R.G.Bl. S. 185; vergl. auch A. 6).

Die unmittelbaren und mittelbaren Beamten sind in gleicher Weise — einzige Ausnahme § 15 (A. 1 daselbst) — unter das vorliegende Gesetz gestellt, weil beide ihre Besoldung aus Reichsfonds erhalten und beide in Verwaltungszweigen thätig sind, die vom Reiche unmittelbar geleitet werden (Motive S. 69 u. 70; Sten.B. S. 132). Reichsbeamte sind daher nicht die im Dienste und Solde der Bundesstaaten stehenden, Geschäfte dieser Staaten nur unter Reichsaufsicht, nicht Reichsleitung führenden Zoll- und Eisenbahnbeamten (Art. 36 u. 42 der R.V.), ebenso nicht die Beamten der Landes-Aichungsämter (Art.16 der Maaß- und Gewichtsordnung v. 17./8. 68 B.G.Bl. S. 473) und die Beamten der Landes-Seeämter (§ 6 des G. v. 27./7. 77 R.G.Bl. S. 550).

4) Durch besondere gesetzliche Bestimmung sind dem vorliegenden Gesetz ebenfalls unterstellt, obwohl sie ihre Kompetenzen nicht aus Reichsfonds beziehen (A. 3 a. E.):

a) die Beamten der Reichsbank (§ 28 des Bank-G., Verord. v. 19./12. 75, § 1 der Verord. v. 23./12. 75 R.G.Bl. S. 378 u. 380, sowie Verord. v. 20./6. 86 R.G.Bl. S. 203),

b) die Landesbeamten in Elsaß-Lothringen, zu denen auch die Beamten des dortigen Ministeriums gehören § 6 des G. v. 4./7. 79 R.G.Bl. S. 165),

c) die Landesbeamten in den deutschen Schutzgebieten.

Zu b u. c mit einzelnen Modifikationen (vergl. § 1 Vorbemk.).

Die Beamten zu a erhalten ihre Kompetenzen aus den Fonds der Reichsbank, die Beamten zu b und c aus den Landesfonds. Auch die Landesbeamten unter b und c stehen im Dienste des Reiches für die besonderen Zwecke eines Reichslandes — Landesbeamte in diesem Sinne (A. 3) —, sie sind ebenso, wie die dortigen im unmittelbaren Dienste des Reiches verbliebenen Beamten (vergl. § 19 A. 8) Reichsbeamte, ähnlich, wie im Kommunaldienst stehende und aus Kommunalfonds besoldete Beamte (mittelbare) Staatsbeamte sind (vergl. Laband I S. 419 Nr. 4 u. S. 747 Nr. III; § 69 Tit. 10 Th. II

Pr. A.L.R., § 1 des Pr. B.Discz.G. v. 21./7. 52 G.S. S. 465. Abweichend Rehm § 32 S. 71 ff.).

5) Offiziere und Militärärzte gehören zwar ebenfalls dem allgemeinen Begriffe eines Reichsbeamten an, als Personen des Soldatenstandes unterstehen sie aber nicht dem Reichsbeamtengesetz, nur wenn sie eine Kasse oder sonstiges Vermögen des Reiches verwalten, sind sie den Bestimmungen der §§ 134 bis 148 unterworfen (§ 157).

6) Ein Verzeichniß der Reichsbeamten ist der Verord. v. 30./6. 73 (R.G.Bl. S. 169) beigefügt. Dasselbe ist ergänzt durch die Verord. v. 3./2. 74 (R.G.Bl. S. 13). Mit der Weiterbildung der Reichsbehörden (Reichsbank-Direktorium, Reichs-Postamt, Reichs-Justizamt, Reichsamt für die Verwaltung der Reichseisenbahnen, Reichsschatzamt, Reichsamt des Innern, Reichs-Patentamt, Reichs-Versicherungsamt, Reichs-Marineamt u. s. w.) hat sich der Kreis der Reichsbeamten beständig erweitert. Ein Verzeichniß der Reichsbehörden und ihrer Beamten mit Ausnahme der unteren Beamten bringt alljährlich das „Handbuch des Deutschen Reiches.“ Außerdem giebt der Reichshaushaltsetat darüber Aufschluß. In jenem Handbuche fehlen die Intendanturbehörden des Reichsheeres, weil diese im Gegensatze zu den Intendanturbehörden der Reichsmarine nicht Reichs-, sondern Landesbehörden sind, wenn auch ihre Beamten sämmtlich zu den (mittelbaren) Reichsbeamten gehören und als solche ihre Besoldung aus Reichsfonds erhalten. (A. 3 unter b; Beamtenverzeichniß R.G.Bl. 73 S. 170 ff.) Die Behörden der Postverwaltung sind dagegen nach Art. 50 der R.V., Allerh. Erl. v. 18./12. 67 Nr. 4 (B.G.Bl. S. 328) und § 4 der Verord. v. 22./12. 75 (R.G.Bl. S. 379) durchweg Reichsbehörden, obwohl nur die im Art. 50 Abs. 4 der R.V. gedachten „oberen“ Postbeamten zu den unmittelbaren Reichsbeamten, alle übrigen nach Abs. 3 u. 5 daselbst gleichfalls zu den mittelbaren Reichsbeamten zählen (A. 3 unter a).

7) Ueber den Beamtenbegriff selbst, wie er entsteht und was er bedeutet, also über Begründung und Inhalt des Beamtenrechtsverhältnisses selbst giebt § 1 des Gesetzes keinen, oder doch nur ungenügenden Aufschluß (oben A. 3). Hier muß auf die Lehren der Staatsrechtswissenschaft und Judikatur und daneben auf die Reichs- bezw. Bundesstaatsdienerpragmatik, d. h. auf die beamtenrechtlichen Normen des Reiches bezw. Bundesstaates, wie sie in Gesetzen, Verordnungen und rechtsverbindlichen Verwaltungsvorschriften zu finden sind, in jedem speziellen Falle, je nachdem es sich um Feststellung einer Reichs- oder Staatsdienereigenschaft handelt (§ 30 A. 5, § 46 A. 10, § 57 A. 5, § 59 A. 1, § 60 A. 5), ergänzend zurückgegangen werden (vergl. § 85 Tit. 10 Th. II Pr. A.L.R.; § 6 des Pr. G. über die Erweit. des Rechtsw. v. 24./5. 61 G.S. S. 241; Laband §§ 44 ff.; v. Rönne, R.St.R. I §§ 52 ff.; Bluntschli S. 601 ff.; Rehm §§ 34 ff.; v. Schulze §§ 98 ff.; Meyer in Hirths Ann. 76 S. 667 ff.; R.G. v. 24./3. 82 E.B. 6 S. 107, Pr. O.B.G. v. 28./1. 86 E. B. 13 S. 125 und die im Folgenden sonst bezeichneten Entscheidungen höchster Gerichte).

Das Beamtendienstverhältniß ist danach ein Institut des öffentlichen Rechtes (vergl. Schlußbemk.). Dasselbe entsteht durch freie Uebereinkunft: die Anstellung, und begründet ein Gewaltverhältniß des Staates gegenüber dem angestellten Beamten (vergl. Kanng. A. 4 zu § 1; Laband I § 44 S. 408, 410, 414, 417, § 45 u. § 48 S. 454; Bluntschli S. 606; v. Rönne R.St.R. I § 52 Nr. III; Rehm §§ 29, 30, 36, 44, 52, 53, 54, 57 S. 186, § 58 S. 192 u. 193; Pr. O.Tr. v. 27./11. 77 E. B. 81 S. 146; R.G. v. 24./3. 82 E. B. 6 S. 105). Aus der freien Willenseinigung folgt, daß es weder einen klagbaren Anspruch auf Anstellung, noch einen Zwang zur Annahme eines Amtes giebt, und das staatsrechtliche Gewaltverhältniß schließt ein unbedingtes Recht, ein „ius quaesitum“ auf Beibehaltung des Amtes aus. „Das Amt ist an sich kein Vermögensrecht, welches, einmal erworben, wie andere Vermögensrechte fortdauert." Motive S. 72 u. 73. (Vergl. §§ 24 und 155; Kanng. A. 8 u. 9 zu § 1; Laband I § 49 S. 473 u. § 51 S. 493 u. 494; Rehm §§ 44 u. 53; v. Rönne Pr. St.R. § 254 Nr. II u. R.St.R. I § 53 Nr. II; v. Schulze § 102 Nr. 1; E. des K.K.G.H. v. 17./12. 83 J.M.Bl. 84 S. 83.)

Der Rechtsakt der Anstellung, die Berufung zum Amt geht aus von dem Vertreter der Staatsgewalt, dem Staatsoberhaupte oder einer von diesem, oder durch besonderes Gesetz hierzu ermächtigten Behörde (vergl. A. 2 u. 3; § 7 Tit. 13 Th. II Pr. A.L.R.). Derselbe kann sich in besonderer Form (Bestallung) oder auch formlos in konkludenten Handlungen vollziehen, nach Reichsrecht ist immer eine Anstellungsurkunde erforderlich (vergl. § 4 A. 3; Kanng. A. 2 zu § 4; Laband I § 45 S. 423 bis 426; Rehm §§ 46, 49 u. 50; v. Rönne R.St.R. I § 53 Nr. III u. IV; R.G. v. 7./2. 87 Gruchot B. 31 S. 1114).

Das Eigenthümliche des Gewaltverhältnisses des Staates besteht darin, daß es dem Beamten neben der allgemeinen Staatsbürgerpflicht noch eine besondere Gehorsams- und Treuepflicht gegen das Oberhaupt des Staates und eine besondere Dienstpflicht auferlegt. Letztere begreift die Verpflichtung zur bereitwilligen Uebernahme und gewissenhaften, würdigen Verwaltung des übertragenen Amtes nach Verfassung und Gesetz. Andererseits erwächst aus diesem Verhältnisse dem Staate die Verpflichtung zum besonderen Schutze, zum Ersatze der Auslagen und Verwendungen bei Besorgung der Amtsgeschäfte und zur Gewährung des zugesicherten Diensteinkommens (vergl. § 3 A. 2 (Eidesformel); § 4 A. 4; § 10; § 7 („Vergütung für baare Auslagen"); § 18; außerdem §§ 2 u. 3 Tit. 10 Th. II Pr. A.L.R.; Laband I § 44 S. 407, 408, 414 bis 416, § 47 u. § 49; Rehm §§ 34 u. 58; v. Rönne R.St.R. I § 55; Bluntschli S. 622; R.G. v. 24./3. 82

u. 17./9. 91 E. B. 6 S. 108 u. B. 28 S. 85; Pr. O.V.G. v. 5./4. 92 E. B. 22 S. 53).

Unter Amt sind alle Dienstleistungen zu verstehen, welche unmittelbar oder mittelbar zur Förderung staatlicher Zwecke bestimmt sind (vgl. R.G. v. 24./3. 82 u. 22./10. 91 E. B. 6 S. 107 u. B. 28 S. 90, ferner v. 1./7. 80 u. 10./11. 87 E.Str. B. 2 S. 191 u. B. 16 S. 379; Laband I § 44 S. 416; Rehm §§ 33 u. 54; § 1 Tit. 10 Th. II Pr. A.L.R.).

Hiermit sind die Essentialien des Rechtsverhältnisses gekennzeichnet. Nicht wesentliche, wenn auch regelmäßig anzutreffende Bestandtheile, nur Naturalien desselben bilden:

a) die Lebenslänglichkeit der Anstellung (§§ 2 u. 32),
b) die Vereidigung (§ 3 A. 1; § 45 Abs. 2; Motive S. 70; § 359 des Str.G.B.; Mil.Str.G.B. Anl. Abth. B; R.G. 24./3. 82 E.C. B. 6 S. 105),
c) die Besoldung (§ 4 Abs. 2; § 16 Abs. 3 u. § 21 Abs. 2, wo als Beamte auch die Wahlkonsuln (vergl. § 16 A. 16) erwähnt werden; M.E. v. 28./4. 40 Abs. 3 B.M.Bl. S. 188; Laband I S. 408; Bluntschli S. 619 Nr. 4; Rehm § 34 S. 88), und wo eine Besoldung mit dem Amte verbunden ist, kommt es auch auf die Art derselben nicht an, ob sie in festem Gehalt, Remuneration, fixirten (einseitig nicht mehr entziehbaren), oder nicht fixirten (widerruflichen) Tagegeldern (Diäten), oder auch in Kopialien (Verdienst der ständigen Kanzleigehülfen), oder in Naturalbezügen (§ 42 Nr. 1) besteht, und bei Tagegeldern entscheidet auch nicht, ob sie monats- oder bloß tageweise fixirt sind, nur wenn es sich dabei um den gewöhnlichen Tage-, Wochen- oder Stücklohn handelt, wird regelmäßig auf ein privatrechtliches Arbeitsmiethsverhältniß zu schließen sein (vergl. § 60 A. 5),
d) die obrigkeitliche Natur der Dienstgeschäfte. Auch ausschließlich technische und ausschließlich wissenschaft-

liche, geistig untergeordnete und selbst vorwiegend mechanische, auf Verwendung körperlicher Kräfte und Fähigkeiten gerichtete Leistungen können den Inhalt der Amtsthätigkeit bilden (§ 12 Nr. 2 Abs. 3 der Pr. Reg.Instr. v. 23./10. 17 (G.S. S. 256); § 86 des Pr. B.Disz.G. v. 21./7. 52; Verzeichniß der Reichsbeamten im R.G.Bl. 73 S. 179 Abth. V Unterbeamte; R.G. v. 16./1. 82 u. 2./2. 93 E.Str. B. 5 S. 338 u. B. 23 S. 405, ferner v. 14./11. 93 Bolze B. 17 Nr. 657; Pr. O.B.G. v. 3./1. 91 E. B. 20 S. 126; Laband I § 39 S. 338 Nr. II u. § 44 S. 410; Rehm § 45 Nr. III), endlich

e) die Dauer der Geschäfte (§ 30 Satz 2; § 38 u. § 60 Abs. 2; § 359 R.Str.G.B.; § 5 Pr. P.G. v. 27./3. 72; § 102 Tit. 10 Th. II Pr. A.L.R.; Laband I § 44 S. 409; R.G. v. 17./9. 91 E. B. 28 S. 85; Pr. O.B.G. v. 12./10. 86 E. B. 13 S. 130). Nur bei den Hülfsarbeitern, namentlich bei den Hülfskräften in dem ausgedehnten Wirkungsgebiete der sogenannten Unterbeamten, welchen Begriff das vorliegende Reichsgesetz grundsätzlich verwirft (Motive S. 70; Sten.B. S. 134), kann, wenn bei der Annahme einer solchen Hülfskraft nicht zum unzweideutigen Ausdruck gelangt ist, daß sie im Beamtenverhältniß erfolge, für die Beilegung der Beamteneigenschaft von Bedeutung werden, ob die Heranziehung zur Befriedigung eines dauernden, nicht nothwendig an eine bestimmte Stelle gebundenen amtlichen Bedürfnisses und mit der Aussicht auf dauernde Beibehaltung — als ordentlicher „ständiger“ Gehülfe —, oder ob dieselbe bloß aushülfsweise zur Befriedigung eines augenblicklich und vorübergehend auftretenden Bedürfnisses — als außerordentlicher Gehülfe — erfolgt ist. Im letzteren Falle kann die Absicht der Anstellung im Beamtenverhältniß nicht vorausgesetzt werden und bleibt dieselbe deshalb regelmäßig zu verneinen (vgl. § 11 des Pr. G. über die Heranziehung der Staatsdiener zu den Gemeindelasten v. 11./7. 22 G.S. S. 186 und § 2 der Verord. über denselben Gegenstand v. 23./9. 67 G.S. S. 1648; Pr. St.M. Beschl. v. 12./10. 61 J.M.Bl. S. 252; M.E. v. 10./4. 83 Anl. Nr. 5 (B.M.Bl. S. 56); Pr. O.V.G. v. 28./1. u. 12./10. 86 (Reg.-Baumeister und Bauführer), v. 26./2. u. 26./10. 85 (Bauassistent), v. 24./5. 88 (Posthülfsboten), v. 12./12. 88 (Reg. Baumeister), v. 18./4. 90 (Post-(Privat-)Gehülfe) u. v. 5./4. 92 (Kanzleigehülfe) E. B. 13 S. 123 bis 143, B. 16 S. 137, B. 17 S. 260, B. 19 S. 56 u. B. 22 S. 53, sowie die in der E. v. 5./4. 92 angezogenen Vorschriften aus der preußischen Dienstpragmatik, insbesondere M.E. v. 1./6. 91 und der jüngste v. 9./4. 95 (B.M.Bl. 92 S. 37 und 95 S. 89); R.G. v. 22./10. 91 (Posthülfsboten) E. B. 28 S. 89 und v. 2./2. 93 (Kanzleigehülfen) E.Str. B. 23 S. 405.

8) Die Schwierigkeiten, welche nach dem Vorstehenden die Feststellung der Beamteneigenschaft sowohl nach Reichs- wie nach Bundesstaatsrecht im Einzelfalle mit sich führen kann, vermindern sich bei der Reichsbeamtenfrage dadurch, daß nach § 4 des vorliegenden Gesetzes die Berufung zum Reichsamte stets in urkundlicher, also schriftlicher Form erfolgen muß.

Vergl. zu A. 7 u. 8 auch § 4 A. 3 u. 4, § 45 A. 2 u. 3 und § 60 A. 5.

Schlußbemerkung.

Da das Wesen des Staatsdienstverhältnisses in einem Herrschaftsverhältniß des Staates gegenüber dem Beamten (A. 7), also in einem Verhältniß der Ueber- und Unterordnung beruht, können die Wurzeln desselben nicht im Obligationenrecht, das nur gleichberechtigte, sich unabhängig gegenüberstehende Kontrahenten kennt, sondern nur im öffentlichen Rechte gesucht werden. Die Erfüllung der Beamtenpflichten ist nicht Kontraktserfüllung, sondern Erfüllung der übernommenen Treue- und Gehorsamspflicht und die Verletzung dieser Pflichten nicht ein Kontraktsbruch, sondern ein Dienstvergehen (§§ 72 ff.; Laband I § 44 S. 408). In dieser Rechtsauffassung stimmen heute Wissenschaft und Judikatur völlig überein. Anders verhält es sich wegen der aus dem Anstellungsvertrage regelmäßig erwachsenden vermögensrechtlichen Ansprüche, welchen das Klagerecht vor dem Civilrichter verliehen ist (§§ 149 ff.). Ueber die Natur dieser Ansprüche, ob ebenfalls öffentlichrechtlich oder privatrechtlich, ob also der Privatwillkür entzogen, oder unterworfen, gehen die Meinungen auseinander. Eine weit verbreitete Ansicht unterstellt dieselbe den Lehrsätzen des Privatrechtes, so: v. Rönne, Pr. St.R. III Abth. I S. 406 u. 490, R.St.R. I § 53 Nr. I u. S. 368 Vorbemk.; Bluntschli S. 607 Nr. 8, S. 619 Nr. 3, 4 u. 5; Dernburg II § 198 S. 594; v. Schulze § 101; namentlich aber Rehm, der diese Frage in den §§ 35 ff. seiner Preisschrift an der Hand der reichen Literatur am erschöpfendsten behandelt. Es kann indessen nicht zugegeben werden, daß der Staat das Diensteinkommen seinen Beamten nur um ihrer selbst, um ihres Privatinteresses willen gewähre, es ist dabei wesentlich sein eigenes, das öffentliche Interesse betheiligt, sonst fänden auch Repräsentationsgelder und Beschränkung in der Disposition (§ 6) keine genügende Erklärung. Der öffentliche Dienst verlangt regelmäßig die volle Hergabe der Arbeitskraft, schließt also grundsätzlich jeden anderen bürgerlichen Erwerb aus, es ist daher auch die Unterhaltung dieser Kraft eine öffentliche Pflicht. Der Beamte ist ferner nicht bloß Arbeiter, er ist stets Vertreter des Staates, oft Vertreter der Hoheitsrechte des Staates und hat diese Vertretung in würdiger, die Standesehre wahrender Weise zu leisten (§ 10; Motive S. 73). Aus beiden Gründen hat er Anspruch auf standesgemäße

Besoldung. Diese ist deshalb die öffentlichrechtliche Gegenleistung für öffentliche Dienste, eine Staatsrente, die nicht unter das wirthschaftliche Gesetz von Angebot und Nachfrage gestellt werden darf. „Der öffentliche Dienst ist ein Lebensberuf und kein gegen Honorar zu besorgendes Geschäft" (Motive S. 73). Völlig verkannt wird dies auch weder von Bluntschli (S. 619 Nr. 4), noch von Rehm (§ 41 S. 106). Bluntschli unterscheidet zwischen Standes- und Dienstgehalt. Jenes, welches den Unterhalt gewährt, ist nach ihm in höherem Maße privatrechtlich, dieses, mit welchem der Dienstaufwand bestritten wird, enger mit dem Amte und den öffentlichen Funktionen in demselben verbunden. Rehms Auffassung gipfelt im § 54 in dem Satze:

> „der Staatsdienst ist ein staatsrechtliches Gewaltverhältniß mit einem staatsrechtlich-privatrechtlich gemischten Forderungsverhältniß als Annexum,"

also auf Seiten der Pflichten des Beamten: rein- (staats-) rechtlich, auf Seiten der Rechte: gemischt- (staats- und privat-) rechtlich.

Eine solche Konstruktion läßt sich juristischen Begriffen schwer einfügen. Sie untergräbt in gleicher Weise die Einheit des Institutes, wie die Sicherheit der Rechtsbeurtheilung und dürfte weder in den von Rehm § 41 S. 109 angerufenen Motiven des Gesetzes (Motive S. 73), noch in letzterem selbst eine sichere Stütze finden. Das Gesetz spricht im § 149 nur von den vermögens- (nicht privat-) rechtlichen Ansprüchen der Reichsbeamten aus ihrem „Dienstverhältniß", und dieses wurzelt im öffentlichen Recht. Der Anstellungsvertrag ist ein öffentlichrechtlicher Vertrag (vergl. auch E. des K.K.G.H. v. 17./12. 83 J.M.Bl. 84 S. 83). Er begründet Gewaltrechte, Ehrenrechte und regelmäßig auch Vermögensrechte. Der wesentliche Inhalt dieser Rechte beruht auf zwingender gesetzlicher Norm, und wenn diese den Vermögensrechten auch ausdrücklich (§ 149) den Schutz des ordentlichen Richters verliehen hat, so hat damit nur deren Charakter als wohlerworbener, willkürlicher Beeinträchtigung entzogener Rechte außer Zweifel gestellt werden sollen. „Nun sind mit dem Amte auch Vermögensrechte verbunden, welche unzweifelhaft unter dem Schutze der Gesetze stehen und klagbar zu verfolgen sind" (Motive S. 73). „Die ausdrückliche Gestattung des Rechtsweges ist im Interesse der Beamten jedenfalls wünschenswerth, um jeden Zweifel auszuschließen, der bei der Verschiedenartigkeit der in den einzelnen Bundesstaaten bestehenden Gesetzgebungen sonst leicht eintreten könnte" (Motive S. 78). Daß Ansprüche auf Leistungen, welche einen Vermögenswerth haben und den Schutz des ordentlichen Richters genießen, auch dem öffentlichen Recht entspringen können, giebt Rehm § 41 S. 108 selbst zu, das frühere Reichs-Oberhandelsgericht hat diese Rechtswahrheit in seiner E. v. 7./10. 76 (E. B. 21 S. 50, R.C.Bl. S. 617) ausdrücklich bestätigt und auch das jetzige Reichsgericht vertritt dieselbe in seiner E. v. 15./2. 81 (E. B. 3 S. 410). Will man ein Paktiren des Staates mit seinen Beamten über Pensionsansprüche zulassen, oder würde darin nicht mit Recht ein Verstoß gegen zwingendes (öffentliches) Recht zu finden sein? Allerdings giebt es bis heute kein klagbares Recht auf das von den gesetzgebenden Faktoren im Staatshaushaltsetat genehmigte Gehalt, vielmehr gewährt erst die von den Staatsorganen ausgehende Bewilligung hierfür den klagbaren Titel (§ 4 A. 5). Aber die Ehrenpflicht des Staates und das Beschwerderecht an jene gesetzgebenden Faktoren schaffen auch hier den genügenden öffentlichrechtlichen Schutz, daß die Bewilligung im Sinne des Etatsgesetzes erfolgt. Ueberall, wo nach dem Staatshaushaltsetat ein Amt ein besoldetes sein darf, liegt in der Bewilligung der Besoldung nicht eine privatrechtliche Willensäußerung des Fiskus, sondern eine auf jenen öffentlichrechtlichen (Etats-) Titel gegründete Ergänzung des vom Staate als Träger der Hoheitsrechte ausgehenden Anstellungsaktes (vergl. auch § 13 A. 7).

Obwohl bedeutende Rechtslehrer die Auffassung des rein staatsrechtlichen Vertrages vertreten (vergl. Laband § 44 S. 416 unten, § 50 S. 490, 491 und die A. 3 daselbst verzeichnete Litteratur; Förster-Eccius II § 141 A. 13; Stengel in Hirths Ann. 76 S. 898 u. 900, ferner Hirths Ann. 84 S. 674, 677, 680, 685 u. 686), hat doch die Rechtsprechung sich der zumeist vertretenen Lehre eines gemischten Rechtsverhältnisses angeschlossen und wird man deshalb hiermit rechnen müssen. Vergl. R.G. v. 28./5. 80, 26./10. 80, 25./9. 83, 14./11. 84, 4./11. 86 E. B. 2 S. 71 oben, 72 unten, 115 unten, B. 11 S. 295, B. 12 S. 72 u. B. 18 S. 174, ferner v. 10./11. 87 E.Str. B. 16 S. 380, v. 22./5. u. 16./6. 90, Gruchot B. 34 S. 924 u. B. 35 S. 146 und v. 13./12. 92 Jurst.W. 93 S. 69 Nr. 41 und Bolze B. 14 Nr. 576; Pr.O.Tr. v. 17./3. 65 E. B. 52 S. 321 ff., v. 4./11. 67, Opp. B. 8 S. 658 u. 659 und v. 21./10. 72, Strieth. B. 85 S. 368. Auch in der E. des Pr.O.V.G. v. 26./2. 85 E. B. 13 S. 135 wird nach Ablehnung der noch v. Rönne R.St.R. I S. 344, Pr. Str.R. III § 254, Dernburg II S. 595 und v. Schulze I S. 308 vertretenen Theorie des einseitigen Anstellungsdekretes (lex specialis) auf S. 138 als rechtsirrig hingestellt, daß als Staatsbeamter nicht gelten könne, wer auf Grund eines „zugleich auch Privatrechte“ begründenden Vertrages in ein Dienstverhältniß zum Staate getreten sei.

§ 2. Soweit die Anstellung der Reichsbeamten nicht unter dem ausdrücklichen [1]) Vorbehalt des Widerrufs oder der Kündigung erfolgt, [2]) gelten dieselben als auf Lebenszeit angestellt. [3])

[1]) Oder gesetzlichen, vergl. § 35, ferner § 10 Abs. 3 des Konf.G. (Wahlkonsuln.)

[2]) Vergl. § 32.

[3]) Die Lebenslänglichkeit der Anstellung bildet also die Regel. „Eine Reihe von Staatsdienstgesetzen (Bayerisches, Sächsisches, Braunschweigisches, Oldenburgisches) bestimmt,

daß alle Anstellungen, mit Ausnahme derer zu Richterämtern, erst nach Ablauf einer kürzeren oder längeren Zeit definitiv werden. Eine solche Bestimmung, die nur für einzelne Fälle praktischen Werth haben wird, scheint indessen entbehrlich, wenn durch genaue und ausreichende Vorschriften über die Disziplin die Möglichkeit, untaugliche Beamte zu entfernen, gegeben ist. Nach dem übrigen Inhalt des (Gesetzes-) Entwurfes genügt die Befugniß, ausnahmsweise die Anstellung auf Probe oder Kündigung vorzunehmen" (Motive S. 70). Vergl. ferner Sten. B. S. 133 und das damals vorgelegte Beamtenverzeichniß Drucks. des R.T. 72 Nr. 144. Will die Anstellungsbehörde von der lebenslänglichen Anstellung abweichen, so muß der Vorbehalt in der Anstellungsurkunde (§ 4 A. 3) ausdrücklich, wenn auch nicht gerade mit den Worten des Gesetzes erklärt, dieser Anstellungswille zum unmittelbaren Ausdruck gelangt sein, eine stillschweigende Willensäußerung, welche aus sonstigen Handlungen des Erklärenden oder aus den obwaltenden Umständen zu folgern wäre, genügt zum Ausschluß der Regel nicht. Insbesondere würde ein solcher Vorbehalt nicht schon aus dem Umstande allein geschlossen werden dürfen, daß das Berufungsschreiben von einer monatlich postnumerando zu zahlenden „Remuneration", nicht von einem „Gehalte" des Beamten spricht (R.G. v. 7./2. 87 Gruchot B. 31 S. 1114).

§ 3. Vor [1]) dem Dienstantritte ist jeder Reichsbeamte auf die Erfüllung aller Obliegenheiten des ihm übertragenen Amtes eidlich [2]) [3]) zu verpflichten.

[1]) Die Rechte und Pflichten des Beamten entstehen mit der Annahme der Anstellungsurkunde (§ 1 A. 7; § 4 A. 3 u. 4), und nicht erst mit der Ableistung des Diensteides. Diese soll, wie es in einer Pr. Kab.O. v. 11./8. 32 (G.S. S. 204) heißt, für den Beamten nur ein religiöser Antrieb zu erhöhter pflichtgemäßer Aufmerksamkeit und zu gewissenhafter Erfüllung seiner Obliegenheiten, also eine verstärkte Ge-

währ für gewissenhafte Pflichterfüllung sein und deshalb der Amtsübertragung regelmäßig voraufgehen. Ist die Eidesleistung versehentlich unterblieben, bleibt doch der Beamte zur Erfüllung der Dienstobliegenheiten verbunden und wegen deren Verletzung strafbar. „Die Eigenschaft eines Beamten als Reichsbeamter ist durch die vorherige Ableistung des Eides nicht bedingt" (Motive S. 70). Vergl. ferner § 45 Abs. 2; R.Str.G.B. § 359; Mil.Str.G.B. Anl. Abth. B; Laband I S. 427.

2) Der Diensteid der unmittelbaren Reichsbeamten (§ 1 A. 3) lautet regelmäßig:

„Ich N. N. schwöre zu Gott dem Allmächtigen und Allwissenden, daß, nachdem ich zum Beamten des Deutschen Reiches bestellt worden bin, ich in dieser meiner Eigenschaft Seiner Majestät dem Deutschen Kaiser treu und gehorsam sein, die Reichsverfassung und die Gesetze des Reiches beobachten und alle mir vermöge meines Amtes obliegenden Pflichten nach meinem besten Wissen und Gewissen genau erfüllen will, so wahr mir Gott helfe u. s. w." (Verord. v. 29./6. 71 R.G.Bl. S. 303.)

Besondere Eidesnormen sind vorgeschrieben für die Konsuln durch § 4 des Kons.G. und für den Vorsitzenden der Verwaltung des Reichs-Invalidenfonds durch § 12 des G. v. 23./5. 73 (R.G.Bl. S. 117). Die Mitglieder der letzteren Verwaltung, welche denselben Eid, wie der Vorsitzende schwören, aber nicht vom Kaiser ernannt, sondern vom Bundesrathe gewählt werden, sind nicht Reichsbeamte im Sinne dieses Gesetzes (vergl. § 1 A. 3).

3) Die mittelbaren Reichsbeamten (§ 1 A. 3) leisten den Eid ihres Landes mit der in die Eidesformel aufzunehmenden Zusage: „den Anordnungen des Kaisers Folge zu leisten" (Art. 50 Abs. 3 und Art. 64 Abs. 1 der R.V.; Motive S. 70; Sten. B. S. 132).

§ 4. Jeder 1) Reichsbeamte erhält bei seiner Anstellung eine Anstellungs-Urkunde. 2) 3)

Der Anspruch [4]) des Beamten auf Gewährung des mit dem Amte verbundenen [5]) Diensteinkommens [6]) beginnt in Ermangelung besonderer Festsetzungen mit dem Tage des Amtsantritts, [7]) [8]) in Betreff später bewilligter Zulagen mit dem Tage der Bewilligung. [9]) [10])

[1]) Also auch der mittelbare (§ 1 A. 3).

[2]) Bei den vom Kaiser persönlich (§ 1 A. 2) ernannten Beamten: „Bestallung" genannt (vergl. §§ 54 u. 66; § 2 der Verord. v. 23./11. 74 (Anl. A) und § 84 II. Tit. 10 Pr. A.L.R.). Bloße Titel werden durch Patente auch an Personen, welche nicht Beamte sind, verliehen.

[3]) Vorverhandlungen, Anfragen und Zusagen sind nicht verbindlich. Die privatrechtlichen Bestimmungen über Offerte und Annahme sind für das öffentlichrechtliche Beamtenrechtsverhältniß (§ 1 Schlußbemk.) nicht maßgebend, erst durch die Behändigung und vorbehaltlose Annahme der Anstellungsurkunde wird dieses begründet (§ 1 A. 7; § 3 A. 1; Kanng. § 1 A. 4 u. § 4 A. 1 u. 2; Laband I S. 426; Rehm § 50 S. 141).

Für die Annahme ist keine besondere Form vorgeschrieben, die Anstellungserklärung aber soll in Urkunden- also Schriftform erfolgen. Wo der Wille der zuständigen Behörde, das dem Beamtenrechtsverhältniß eigenthümliche, privatrechtliche Gleichberechtigung ausschließende Gewaltrecht des Staates (§ 1 Schlußbemk.) gegenüber dem Berufenen zu begründen, ihn zu stetigen Dienstleistungen für öffentliche Zwecke und unter öffentlicher Autorität, nicht bloß zu gelegentlicher Aushülfe heranzuziehen (§ 1 A. 7), ihm also die öffentlichrechtliche Stellung eines Beamten zu verleihen, nicht schriftlich, wenn auch nicht wörtlich, doch dem Sinne nach deutlich zu erkennen gegeben ist (vergl. Pr. O.V.G. v. 3./1. 91, v. 20./11. 91 u. 1./2. 95 E. B. 20 S. 126,

B. 22 S. 70, B. 27 S. 481; RG. v. 10./5. 94 Jurst. W. 94 S. 378 Nr. 56), kann die Reichsbeamteneigenschaft gerade so wenig zugestanden werden, wie dort, wo ein solcher Wille direkt verneint und eine nur auf ein Privatrechtsverhältniß gerichtete Absicht kundgegeben ist (vergl. R.G. v. 10./11. 87 E. Str. B. 16 S. 380, sowie v. 3./6. 92 (Landmesser), Jurst. W. 92 S. 354 Nr. 27). Die schriftliche Berufung und deren (ausdrückliche oder stillschweigende) Annahme sind nach Reichsrecht essentielle Erfordernisse der Anstellung, eine bloß mündliche, oder stillschweigende, aus konkludenten Handlnngen gefolgerte Anstellung genügt hier nicht. Dagegen kommt es auf eine besondere solenne Form der Anstellung (Bestallung 2c.) nicht an. Ausreichend ist eine klare schriftliche Eröffnung, sei es in Form einer Verfügung oder eines Protokolles. „Als Anstellungsurkunde im Sinne des § 4 dient eine schriftliche Eröffnung der zuständigen Behörde an den betreffenden Beamten in Bezug auf das demselben übertragene Amt" (Motive S. 70).

Die hier vertretene Auffassung stützt sich auf den Wortlaut des Gesetzes, auf die Konstruktion des § 4: Absatz 1 Entstehung, Absatz 2 Zweck der Anstellung (Amtsverwaltung), auf die vorerwähnten Motive, wo es ausdrücklich weiter heißt: „Der Paragraph schließt die mündliche Bestallung aus", auf die Gesetzeskommentatoren Kanng. A. 1, Thudichum A. 1 zu § 4, v. Zedlitz A. 7 und auf die übereinstimmende Ansicht der Staatsrechtslehrer v. Rönne R.St.R. I § 53 Nr. IV A. 5, Laband I S. 426, Rehm §§ 49 u. 50. In der E. des R.G. v. 7./2. 87 (Gruchot B. 31 S. 1114) ist dieselbe Auffassung klar und bestimmt ausgesprochen und in den abweichenden Entscheidungen desselben Gerichts v. 1./7. 80, 16./1. 82, 5./1. 84, 1./2. 87, 10./11. 87 u. 2./2. 93 (E. Str. B. 2 S. 190, B. 5 S. 337, B. 9 S. 410, B. 15 S. 244, B. 16 S. 378 u. B. 23 S. 405) handelte es sich nicht um Feststellung des Beamtenbegriffes im Sinne des Reichsbeamtengesetzes, sondern im Sinne des § 359 des Reichsstrafgesetzes nach preußischem und bayerischem Partikularrecht, deren dienstpragmatische Vorschriften die Schriftform für die Anstellung nirgends in zwingender Weise vorgeschrieben haben. Dagegen stößt man auf die entgegengesetzte Gesetzesauffassung in der E. des R.G. v. 24./3. 82 (E. B. 6 S. 107 u. 108). Hier wird die Anstellungsurkunde unter die Naturalien des reichsrechtlichen Anstellungsvertrages verwiesen. Man könnte diese ältere Entscheidung in diesem Punkte für überholt durch die vorhin erwähnte jüngere v. 7./2. 87 (Gruchot B. 31 S. 1114) ansehen, kehrte nicht dieselbe Rechtsansicht in noch bestimmterer Form in den Erkenntnissen v. 17./9. und 22./10. 91 (E. B. 28 S. 80 und 89) wieder. In diesen Urtheilen wird S. 84, 85 u. 90 als Rechtssatz hingestellt, es könne die Eigenschaft eines Reichsbeamten auch ohne die Zufertigung einer Anstellungsurkunde erworben werden, auch nach Reichsrecht sei es zulässig, in Ermangelung eines unzweideutigen formalen Berufungsaktes allein aus der Art und Beschaffenheit der thatsächlich ausgeübten öffentlichrechtlichen Funktionen auf die Beamteneigenschaft zurückzuschließen, wenn nur diese Funktionen der Art seien, daß sie die Beamteneigenschaft nothwendig voraussetzten. Auf Seite 83 daselbst wird sogar der auf mißverständlicher Auffassung der E. v. 10./11. 87 (E. Str. B. 16 S. 378) beruhenden Ansicht des Berufungsrichters nicht entgegengetreten, es dürfe trotz des Einverständnisses der Parteien und der Erklärung der Anstellungsbehörde, daß die Eigenschaft eines Reichsbeamten nicht habe verliehen werden sollen, diese dennoch von dem erkennenden Richter aus den begleitenden Umständen des konkreten Falles gefolgert werden.

Die Beweisführung in diesen Entscheidungen überzeugt nicht. Dieselbe stützt sich auf § 4 Abs. 2 und § 45 des vorliegenden Gesetzes. Beide Gesetzesstellen handeln aber nur von den vermögensrechtlichen Ansprüchen, welche aus dem Anstellungsvertrage erwachsen können. § 4 Abs. 2 bestimmt, wann der Anspruch auf das Gehalt beginnt, § 45 setzt fest, wann die für den Anspruch auf Pension maßgebende Dienstzeit ihren Anfang nimmt (vergl. § 45 A. 1). Gänzlich unabhängig von diesen Ansprüchen, nur deren nothwendige Voraussetzung ist aber der Erwerb der Beamteneigenschaft. Solange diese nicht zu Recht besteht, giebt es auch keine eidliche Verpflichtung für, und keinen Eintritt in den Reichsdienst im Sinne des § 45. Die Uebertragung eines Reichsamtes ist der Zweck, sie ist aber nicht, wie die E. des R.G. v. 24./3. 82 (siehe oben) anzunehmen scheint, das Mittel der Anstellung, letztere vollzieht sich ausschließlich in der im Absatz 1 des § 4 vorgeschriebenen Form (vergl. die folgende A. 4).

Auch darin kann man jener E. des R.G. v. 24./3. 82 nicht folgen, daß die Frage, ob jemand im Sinne des § 46 Nr. 2 im Dienste eines Bundesstaates sich befunden hat, nicht nach dem inneren Staatsrechte des betreffenden Staates, sondern nach den Prinzipien des Reichsrechtes zu beurtheilen sei (vergl. § 46 A. 10). In jenem Entscheidungsfalle war die Beamtenfrage nur nach preußischem Beamtenrechte zu beurtheilen, und nach diesem konnte von dem Dasein einer schriftlichen Anstellung allerdings abgesehen werden (siehe oben). Ob es aber nicht richtiger war, diese Anstellung erst in der am 1./12. 69 erfolgten Annahme als ständiger Hülfsweichensteller, statt in der am 25./4. 68 erfolgten Vereidigung als Rottenarbeiter zu erblicken, ist eine andere Frage, die sich ohne genaue Kenntniß der konkreten Thatsachen nicht mit voller Bestimmtheit entscheiden läßt. War der Wille der anstellenden Behörde bei jener Vereidigung, wie es scheint, noch nicht auf Verleihung der Beamteneigenschaft gerichtet, so konnte dieselbe auch nicht durch jenen Verpflichtungsakt entstehen (vergl. die oben im Abs. 2 citirten E.). Jene Vereidigung verlieh dem Arbeiter nur die Eigenschaft eines Hülfs-Bahnpolizeibeamten, die ihn zur Vornahme bahnpolizeilicher, also einzelner öffentlichrechtlicher, durch das Strafgesetz geschützter Handlungen befähigte. Auf demselben Wege gelangen auch Bedienstete privatrechtlicher Korporationen (Eisenbahngesellschaften) in den Besitz dieser Eigenschaft (vergl. R.G. v. 24./3. 84 E. Str. B. 10 S. 326), und ebensowenig, wie diese dadurch Staatsbeamte werden, verwandelt sich durch solche Vereidigung allein das in der Hauptsache auf privatrechtlicher Grundlage errichtete Verhältniß des Arbeiters zum Staate in das öffentlichrechtliche des Beamten (vergl. § 45 A. 2).

Gerade den vielfachen Zweifeln und Unsicherheiten, welchen die Feststellung der Beamteneigenschaft nach Partikularrechten begegnen kann, hat das Reichsgesetz, wie man aus den Motiven Seite 70 (siehe oben Abs. 3) schließen darf, durch die Forderung der Schriftform für die Anstellungserklärung nach Möglichkeit entgegenwirken wollen.

4) Mit der Perfektion des Anstellungsvertrages (A. 3) ist die Beamteneigenschaft erworben. Mit ihr beginnen die Gewaltrechte des Staates und die Ehrenrechte des Beamten auf Titel, Rang und Vorrechte (§ 17; vergl. auch § 84 Tit. 10 Th. II Pr. A.L.R.), andererseits die Schutzpflicht des Staates und die Dienstpflicht des Beamten, das heißt die Pflicht, bereitwillig jeder Zeit ein bestimmtes Amt zu übernehmen (§ 1 A. 7). Folgt darauf die Verleihung eines Amtes, so geht die Pflicht zur Dienstbereitschaft in die besondere Pflicht der Dienstleistung, in die Amtspflicht (§§ 10 ff.; vergl. auch § 85 Tit. 10 Th. II Pr. A.L.R.), und die Schutzpflicht des Staates in die besondere Pflicht zum Schutze bei Ausübung der Amtsthätigkeit (§§ 113 u. 114 Str.G.B.) über. Aber die Führung eines Amtes ist für den Beamtenbegriff nicht derartig wesentlich, daß dieser mit jener stände und fiele. Bleibt die Amtsthätigkeit aus — es kann der Beamte ohne sein Verschulden dauernd daran verhindert sein — so ist der Zweck der Anstellung: „die Mitwirkung an staatlichen Funktionen" (Motive S. 78) allerdings verfehlt, aber die einmal begründete

Beamteneigenschaft, die nur die Bereitwilligkeit zur Dienstleistung voraussetzt, geht dadurch allein nicht verloren, wie sie andererseits auch bestehen bleibt, wenn die amtliche Thätigkeit zeitweilig oder dauernd aufhört. Der suspendirte (§ 125 Vorbemk. 1), der einstweilen (§ 24 Vorbemk. 1) und auch der dauernd (§ 34 Vorbemk. 2) in den Ruhestand versetzte Beamte bleibt Beamter (vergl. auch § 19 A. 5; Laband § 51 S. 494 A. 1; Motive S. 73 (§ 58) u. 76 (§ 109); Pr. O.V.G. v. 3./1. 91 E. B. 20 S. 127 unten).

In der Unabhängigkeit des Erwerbes der Beamteneigenschaft von der nachfolgenden Verwaltung eines Amtes liegt ein wesentliches Unterscheidungsmerkmal des berufsmäßigen Staatsbeamten von denjenigen Staatsangehörigen, welche lediglich der Zwang des Gesetzes vorübergehend zur Ausübung staatlicher Funktionen ruft. Auch der Schöffe, Geschworene, Schiedsrichter, auch die Beisitzer der Seeämter und die nicht ständigen Beisitzer des Ober-Seeamtes (§§ 7, 12, 29 des G. v. 27./7. 77 R.G.Bl. S. 549) versehen ein öffentliches Amt, aber ihre Beamteneigenschaft beginnt erst mit dem Amt und hört mit diesem auf. „Die Schiedsmänner haben bei Ausübung ihres Amtes die Rechte der Beamten" (§ 6 der preußischen Schiedsmannsordnung v. 29./3. 79 G.S. S. 321). In allen solchen Fällen ist die Uebernahme des Amtes nicht frei erwählter Beruf (A. 6), sondern das Genügen einer gesetzlichen Staatsbürgerpflicht, und der ihr folgt, wird nicht Beamter im Sinne der Staatsdienstpragmatik, wohl aber im Sinne des Strafgesetzbuches, dessen Beamtenbegriff auch Personen umfaßt, welche lediglich öffentliche Funktionen ausüben (vergl. §§ 31, 334, 356 des Str.G.B.). Bedingt durch die Amtsführung sind bei den berufsmäßigen Staatsdienern ausschließlich die vermögensrechtlichen Ansprüche. Diese werden erst mit dem Amtsantritte erworben (vergl. A. 7), und diese, nicht die Beamteneigenschaft, gehen ganz oder theilweise verloren, wenn der Beamte keine Dienste leistet (§ 14 Abs. 3, §§ 27, 28, 41, 128; § 6 der Url.V. v. 2./11. 74 (Anl. H); Laband I § 43 S. 402 A. 1, § 44 S. 404, 405, 414, 415, § 45 S. 426, § 48 Einleitung, § 49 S. 483, § 51 S. 493; Rehm §§ 54, 55 u. § 57 S. 179; v. Schulze I S. 309).

[5]) Die Mittel für die Besoldung der Reichsbeamten gewährt der Reichshaushaltsetat, welcher alljährlich durch ein Gesetz festgestellt wird (Art. 69 der R.V.). Aber ein Klagerecht aus diesem Gesetz ist dem Beamten nicht gegeben, denn dieses Gesetz besteht nicht für ihn, sondern nur für die Reichsregierung, welche in dieser Form die Vollmacht ausgestellt erhält, über die im Wirthschaftsplane des Reiches bereit gestellten Mittel planmäßig zu verfügen. Für den Beamten bekleidet, abgesehen von dem durch speziellen gesetzlichen Titel geschützten Wohnungsgeldzuschuß (Anl. K), erst die bewilligende Verfügung der zuständigen Behörde das Amt mit dem Diensteinkommen, auf welches er alsdann durch den Antritt des Amtes einen nach § 149 klagbaren Anspruch erwirbt, und zwar müssen die Annahme der Verfügung und der Antritt des Amtes von ihm erlebt sein, sollen deren Rechtsfolgen auf die Erben, beziehungsweise Hinterbliebenen übergehen. Dasselbe gilt sinngemäß von späteren Gehaltsaufbesserungen und Gehaltszulagen (vergl. A. 7 u. 8; R.G. v. 25./9. 83, 9./4. 85, 1./3. 86 E.B. 11 S. 296 oben, B. 13 S. 261, B. 15 S. 274, ferner v. 1./2. 92 u. 2./6. 92, Bolze B. 14 S. 375 u. B. 15 S. 350, sowie Gruchot B. 36 S. 1058; Pr. O.Tr. v. 20./11. 74 E. B. 73 S. 214; M.E. v. 9./3. 94 Nr. 1 B.M.Bl. S. 55; v. Rönne Pr. St.R. I § 116 S. 602 ff., III § 262 S. 505, IV § 416 S. 739 ff.; Derselbe R.St.R. II S. 144 ff.; Laband I § 49 S. 480, II §§ 127 u. 128; auch § 44 A. 2 a. E.).

[6]) Das Diensteinkommen ist keine Bezahlung einzelner Dienste, sondern die Gegenleistung dafür, daß der Beamte regelmäßig seine ganze Persönlichkeit in den Dienst des

Staates stellt, in diesem seinen Lebensberuf sucht und findet und auf jeden anderen Lebenserwerb verzichtet. (Vergl. § 1 Schlußbemk. und § 16 A. 1). Deshalb hat auch der Staat durch Gewährung standesgemäßen Unterhaltes ihm die Sorge für seine und seiner Angehörigen Existenz abzunehmen. „Die Besoldung umfaßt alles, was dem Beamten als Entgelt für die Gesammtheit seiner Dienste in der Fürsorge für seine wirthschaftliche Existenz zu seinem Lebensunterhalte gewährt wird" (Pr. O.V.G. v. 28./10. 85 E. B. 12 S. 56). Die Quelle ist also die Unterhaltungspflicht des Staates, die Besoldung hat die Natur der Alimente, sie ist eine Unterhaltsrente. Aus diesem Grunde wird sie im voraus geleistet (§§ 5 u. 56), bleiben Beschlagnahme sowie Verfügung zum Vortheile Dritter von demjenigen Theile ausgeschlossen, welcher zur Bestreitung des standesgemäßen Unterhaltes unerläßlich ist (§ 6 A. 3; § 749 Nr. 7 u. 8 der C.Pr.O.). Aus demselben Grunde wird sie unverkürzt fortgezahlt, wenn der Beamte durch Krankheit am Dienste verhindert, oder sonst in erlaubter Weise abwesend ist (§ 14 A. 3 bis 6), kann sie ferner auch bei längerem, nicht durch Krankheit verursachten Urlaub ganz oder theilweise belassen werden (§ 6 der Url.V. Anl. H) und bringen selbst Suspension und Strafhaft sie nicht in Fortfall (§ 125 Vorbemk. 1; § 14 A. 11). Deshalb endlich wird sie angemessen fortgewährt, wenn der Beamte zeitweilig oder dauernd in den Ruhestand tritt (§§ 24 ff.; §§ 34 ff.), und selbst über den Tod hinaus noch an Wittwen und Waisen gezahlt (§ 7 A. 2 u. 8 a. Schl., § 31, § 69; Rel.G. Anl. D, E, F; Kanng. A. 3 zu § 4 u. A. 4[a] zu § 34; Laband I § 49 S. 477 ff., 483 Nr. 5, 486; Meier in Hirths Ann. 76 S. 670; Rehm § 41; Bluntschli S. 607 Nr. 8, S. 613[e], S. 619 Nr. 4; v. Rönne Pr. St.R. I § 59 S. 252; v. Schulze § 98 u. § 101 Nr. III; Förster-Eccius II § 141 A. 13; § 14 des alten Pr. Pens.Regl. v. 30./4. 25 v. K. Ann. B. 16 S. 843; R.O.H.G.

v. 7./10. 76 E. B. 21 S. 50 auch R.C.Bl. S. 616; Pr. O.V.G. v. 12./12. 88 E. B. 17 S. 262).

Das Reichsgericht weicht von dieser Auffassung ab in den E. v. 22./12. 81 (B.M.Bl. 88 S. 148) und v. 9./10. 88 (E. B. 21 S. 187), indessen überzeugen seine Gründe nicht, auch hat das Gericht in anderen Entscheidungen sich gleichfalls im Sinne des oben Vorgetragenen ausgesprochen, so in dem Urtheil v. 15./5. 88 (Jurst. W. 88 S. 249 Nr. 19), wo ebenfalls gesagt wird, daß die Pension von gleicher Natur wie das Gehalt, daher eine Rente zum standesgemäßen Unterhalte des Beamten sei, und namentlich in der E. v. 22./5. 90 (Gruchot B. 34 S. 925). Vergl. noch § 6 A. 4.

7) Gleichviel, ob es sich dabei um den ersten, oder um einen späteren (bei Versetzungen und Beförderungen), mit Veränderungen im Diensteinkommen verbundenen Amtsantritt handelt (R.O.H.G. v. 16./2. 77 E. B. 21 S. 378). Der erwerbende Moment ist stets der Tag der Uebernahme der Amtsverwaltung, der Eintritt in das Amt (§ 45 Abs. 2), wenn nicht die Bewilligungsverfügung ausdrücklich einen späteren Zeitpunkt bestimmt. Ist in dieser Verfügung ausnahmsweise ein früherer Termin festgesetzt, bleibt doch der Erwerb des Diensteinkommens immer abhängig von der Bedingung des Amtsantrittes, so daß, wenn diese nicht in Erfüllung geht, auch jener nicht eintritt. Erlebt also der Beamte zwar den für den Beginn des Diensteinkommens bestimmten Termin, nicht aber den Amtsantritt selbst, so ist kein Vermögensrecht, das auf Erben oder Hinterbliebene überginge, erworben. Dasselbe gilt, wenn die Uebernahme des Amtes sich über den dafür bestimmten Termin hinaus verzögert. Nur wenn Anordnungen der anstellenden oder versetzenden Behörde die rechtzeitige Uebernahme des Amtes verhindern, wird die Erwerbsbedingung in dem Augenblicke als erfüllt gelten müssen, wo der Beamte zum Eintritte in das Amt bereit war. Ein solcher Fall kann eintreten, wenn dienstliche Bedürfnisse den Beamten noch

kurze Zeit in seiner bisherigen Stellung zurückhalten. Sonst bleibt regelmäßig für den Amtsantritt und Einkommenserwerb der Zeitpunkt entscheidend, in welchem der Beamte am Sitze seines Amtes sich eingefunden und dieses in der hierfür hergebrachten Weise übernommen hat.

8) Da das Gesetz die vermögensrechtlichen Ansprüche nicht schon mit der Anstellung, sondern erst mit der Uebernahme eines Amtes entstehen läßt, fallen auch die Kosten der Reise zum Antritte des ersten Amtes den Beamten zur Last (vergl. auch M.E. v. 17./7. 90 [B.M.Bl. S. 100] und § 18 A. 2).

9) Darunter ist das Datum der bewilligenden Verfügung zu verstehen. Das Gesetz mußte auch hier Bestimmung für den Fall treffen, daß in jener Verfügung eine besondere Festsetzung des Bezugstermines unterblieben ist. Für den anderen Fall war ein gesetzlicher Ausspruch überflüssig. Eine Verfügung, welche solchen Termin nicht festsetzt, ist keineswegs unvollständig und rechtsunwirksam, wie Per. und Sp. § 4 A. V anzunehmen scheinen, sondern sie ergiebt die Personen des Berechtigten und Verpflichteten, sowie das Objekt der Verpflichtung, enthält also alle Essentialien einer gültigen Willenserklärung. Der Bezug soll dann nicht erst mit dem Tage der Zustellung, sondern bereits mit dem Tage beginnen, an welchem die Bewilligung ausgesprochen ist.

10) Um auf die Erben und Hinterbliebenen überzugehen, muß der Anspruch von dem Beamten selbst noch erworben, das heißt die bewilligende Verfügung muß noch bei Lebzeiten an ihn gelangt und wenn in derselben ein besonderer Bezugstermin festgesetzt ist, auch dieser von ihm noch erlebt sein. Wenn in der Denkschrift zum Reichshaushaltsetat für 1894/95 S. 56 zu 1 Abs. 2 bestimmt wird, daß die Dienstalterszulage der Besoldung noch zugezählt werden und auf die Erben, beziehungsweise Hinterbliebenen übergehen soll, wenn nur der Beamte den planmäßig für die Zulage vorgesehenen Termin, nicht die Bewilligung

selbst noch erlebt, das heißt die Bewilligungsverfügung in Empfang genommen hat, so ist das eine in der Billigkeit liegende, wohlwollende Verwaltungsvorschrift, aus der ein nach § 149 klagbarer Anspruch den Hinterbliebenen nicht erwächst (vergl. A. 5 u. 7).

§ 5. Die Zahlung des Gehalts erfolgt monatlich im voraus.[1] **Dem Bundesrath**[2] **bleibt vorbehalten, diejenigen Beamten zu bestimmen, an welche die Gehaltszahlung vierteljährlich stattfinden soll.**[3]

Beamte, welche bis zum Erlasse dieses Gesetzes ihr Gehalt vierteljährlich bezogen haben, sollen dasselbe jedenfalls bis zu ihrer Beförderung in ein höheres Amt in gleicher Weise fortbeziehen.

1) Die Verpflichtung zur Vorauszahlung ist eine Folge der Alimentationsverbindlichkeit des Staates (§ 4 A. 6 und Pr. A.L.R. II. Tit. 16 §§ 61 u. 62). Dem Beamten soll die Wirthschaftsführung erleichtert, ihm die Möglichkeit zur rechtzeitigen Befriedigung seiner Lebensbedürfnisse gewährt werden. Eine ähnliche Bestimmung trifft § 1 des Pr. G. v. 6./2. 81 (G.S. S. 17) für die etatsmäßigen (§ 7 A. 1) preußischen Beamten, und die Motive zu diesem Gesetze (Drucks. des Abg. H. 80/81 Nr. 66 S. 1215) lassen keinen Zweifel darüber, daß die Vorschrift ein Recht gewähren will. Auf diesem Boden steht auch der M.E. v. 19./6. 81 V.M.Bl. S. 164. Der vorliegende § 5 unterscheidet nicht zwischen etatsmäßigen und außeretatsmäßigen Beamten, die Wohlthat der Vorauszahlung soll allen Reichsbeamten gleich zu Theil werden. Verwaltungsvorschriften, welche bei nicht etatsmäßigen Reichsbeamten Nachzahlungen anordnen wollten, würden daher gegen das Gesetz verstoßen und sich dem Angriffe im Rechtswege gemäß §§ 149 ff. aussetzen.

Dagegen darf nicht mit Kanng. (A. 4) und Thudichum (A. 3) aus § 5 gefolgert werden, daß schon mit dem ersten Tage des Monates oder Quartales ein unbedingtes

Anrecht auf den Besitz der vollen Monats- oder Vierteljahresbesoldung erworben sei, der Beamte hat vielmehr den entsprechenden Theil des im voraus Empfangenen zurück zu zahlen, wenn er innerhalb jener Zeitläufe freiwillig (§§ 33 u. 100), oder durch Urtheil des Straf- oder Disziplinarrichters gezwungen (§§ 75 Nr. 2 u. 78 A. 4) aus dem Beamtenverhältniß endgültig scheidet. Mit der gänzlichen Auflösung dieses Verhältnisses muß auch eo ipso jede weitere Alimentationspflicht des Staates zu Ende gehen. „Mit dem Augenblicke, wo das Amt selbst dem Schuldigen durch Spruch der zuständigen Behörde entzogen wird, sind auch die Amtseinkünfte verwirkt" (Motive S. 77). Ebendasselbe muß im Todesfalle, wenn keine gesetzlichen Hinterbliebenen (§ 7 A. 3) vorhanden sind, für diejenigen Besoldungsmonate gelten, welche über den Sterbemonat hinausreichen. Denn das R.B.G. anerkennt im § 7 nur einen Sterbemonat, nicht ein Sterbequartal (§ 7 A. 4). Die Rückgewährung des über den Sterbemonat hinaus zuviel Geleisteten ruht in solchem Falle als Schuld auf dem Nachlasse. Eine Singularvorschrift, wie die im § 63 Tit. 16 Th. I Pr. A.L.R., nach welcher vorausgezahlte Alimente niemals zurückgezahlt werden sollen, ist auf Beamtenbesoldungen nicht ohne Weiteres anwendbar. Besitzen diese auch den Charakter der Alimente (§ 4 A. 6; § 6 A. 4), so bilden sie doch immer die Gegenleistung für öffentliche Dienste, „der Anspruch auf das mit dem Amte verbundene Diensteinkommen beginnt erst mit dem Amtsantritt" (§ 4). Wo das Amtsverhältniß sich löst, wird auch die Besoldung in Mitleidenschaft gezogen (vergl. Auslassung des Reichskanzleramtes im R.C.Bl. 76 S. 19; R.G. v. 22./12. 81 (B.M.Bl. 88 S. 148) und v. 13./12. 92 [Bolze B. 14 Nr. 576 und Jurist. W. 93 S. 69 Nr. 41]; ferner § 75 A. 13). Der Reichsgerichtsentscheidung v. 22./12. 81 kann nur darin nicht beigetreten werden, daß Beamtengehälter überhaupt nicht mit Alimenten zu vergleichen seien (vergl. § 4 A. 6 u. § 6 A. 4).

[2]) Für die Landesbeamten in Elsaß-Lothringen bestimmt darüber das dortige Ministerium (§ 8 des G. v. 4./7. 79 R.G.Bl. S. 165) und für die Landesbeamten in den Schutzgebieten von Kamerun, Togo und Ostafrika (§ 19 A. 8): „der Reichskanzler" (Art. 3 der Verord. v. 3./8. 88 und 22./4. 94 R.C.Bl. 88 S. 753 und 94 S. 115).

[3]) Derartige Beschlüsse des Bundesrathes sind vom Reichskanzler bekannt gegeben: am 5./7.73, 27./12.75, 19./11.77, 20./5. 85, 24./3. 87, 21./5. 90 (R.C.Bl. S. 211, 319, 558, 205, 83, 140).

§ 6. [1]) **Die Reichsbeamten können den auf die Zahlung von Diensteinkünften,** [2]) **Wartegeldern oder Pensionen ihnen zustehenden Anspruch** [2]) **mit rechtlicher Wirkung nur in soweit cediren, verpfänden oder sonst übertragen, als sie der Beschlagnahme** [3]) [4]) [5]) **unterliegen (§ 19).** [6]) [7])

Die Benachrichtigung an die auszahlende Kasse geschieht durch eine der Kasse auszuhändigende öffentliche Urkunde. [8])

[1]) Der § 6 des Reg.Entw. schloß nach dem Vorbilde einzelner Partikularrechte, namentlich des preußischen Rechtes (vergl. A. 7), jede freiwillige Abtretung und Verpfändung von Diensteinkünften &c. aus, hauptsächlich, um dem Beamten das Schuldenmachen zu erschweren und seine amtliche Existenz zu sichern, außerdem auch im Interesse einer geordneten Kassenverwaltung. „Die Gehalte sind nicht, wie andere Forderungen, Gegenstände des Verkehrs." (Motive S. 70 Sten. B. S. 137.) Der Reichstag hielt die Schranken der gerichtlichen Beschlagnahme auch hier für ausreichend und schützte die Kassenverwaltung durch den neu hinzugefügten Absatz 2 (vergl. Sten.B. S. 136 bis 139).

[2]) Alle fortlaufenden, für die standesgemäßen Bedürfnisse des Beamten, für dessen Unterhalt (vergl. A. 4)

bestimmten, pensionsfähigen und nicht pensionsfähigen Einkünfte eines Amtes in baarem Gelde, oder in Naturalien (§ 42 Nr. 1). Einkünfte, auf welche der Beamte keinen Rechtsanspruch hat, wie außerordentliche Remunerationen und Gratifikationen, fallen nicht unter die Beschränkung.

[3]) Nach § 749 Abs. 1 Nr. 8 der C.Pr.O. sind Diensteinkommen (A. 1), Wartegelder und Pensionen bis zu 1500 Mark für das Jahr überhaupt nicht und darüber hinaus nur mit dem dritten Theile der Beschlagnahme (zwangsweisen Abtretung) unterworfen. Eine Ausnahme besteht nur zu Gunsten der Alimentenforderungen der Ehefrauen und ehelichen Kinder (§ 749 Abs. 4 der C.Pr.O.). Innerhalb jener Grenze erstreckt sich die Beschlagnahme auf fällige und nicht fällige Dienstbezüge, ebenso auf das Diensteinkommen, welches der Schuldner infolge Versetzung in ein anderes Amt, Uebertragung eines neuen Amtes oder einer Gehaltserhöhung zu beziehen hat (§§ 733 u. 734 der C.Pr.O.). Bei Berechnung des Beschlagnahmeobjektes sind Wittwenkassenbeiträge und, wo solche noch zu zahlen sind, auch Wittwen- und Waisengeldbeiträge (vergl. Anl. D § 4 Abs. 2 und Anl. E § 5 Abs. 2) vorweg in Abzug zu bringen. (Pr. Kab.O. v. 29./5. 34 G.S. S. 70; M.E. v. 6./1. u. 29./6. 83 B.M.Bl. S. 144 u. 145, sowie v. 19./2. 83 J.M.Bl. S. 39; R.G. v. 26./6. 84 Boltze B. 2 S. 344 u. Jurst. W. 84 S. 227.)

[4]) Gänzlich entzogen sind der Beschlagnahme und folglich nach § 6 auch der freiwilligen Abtretung und Verpfändung:

a) die Einkünfte, welche für die Bedürfnisse des Amtes zur Bestreitung des Dienstaufwandes bestimmt sind, wie Repräsentationsgelder, Reisekosten und Tagegelder, oder an Stelle derselben gewährte Pauschsummen, Umzugskosten, Bureaukostenentschädigungen (§ 749 Abs. 5 der C.Pr.O.; § 7 A. 5; § 23 A. 9; § 27 A. 3; § 42 A. 2),

b) der Servis der Militärbeamten (§ 42 A. 18), aber

nicht ihr Wohnungsgeldzuschuß (§ 749 Abs. 5 der C.Pr.O.; M.E. v. 19./7. 73 V.M.Bl. S. 207),

c) die Verstümmelungszulagen der Militärbeamten, soweit nicht der in A. 3 erwähnte Ausnahmefall des § 749 Abs. 4 der C.Pr.O. vorliegt (Art. 18 der Mil.P.G.N. v. 22./5. 93).

5) Dieselben Schranken, welche der gerichtlichen Beschlagnahme, und dem Verfügungsrechte des Beamten gezogen sind, müssen auch für das Kompensationsrecht des Reiches wegen etwaiger Ansprüche aus dem Beamtendienstverhältnisse gelten. Denn die unbegrenzte Ausübung dieses Rechtes würde ebenfalls gegen die ratio legis verstoßen, welche dem Beamten den unumgänglich nothwendigen standesmäßigen Unterhalt unter allen Umständen sichern will (vergl. § 4 A. 6; § 142 A. 2; § 146 A. 5 u. 6; M.E. v. 21./11. 60 V.M.Bl. 61 S. 4; Pr. O.Tr. v. 3./11. 43 E. B. 9 S. 435). Deshalb kann den Gründen des abweichenden Urtheiles des Reichsgerichtes v. 9./10. 88 (E. B. 21 S. 187) nicht beigetreten werden. Zum Theil beruht dieses Urtheil auf der nicht zutreffenden, in anderen Entscheidungen (§ 4 A. 6 a. E.) auch verlassenen Auffassung, daß die Besoldungs- und Pensionsansprüche des Beamten nicht die rechtliche Natur der Alimente besäßen. Es macht hierbei auch keinen Unterschied, daß die Gegenansprüche, wie in jenem Entscheidungsfalle des Reichsgerichtes aus (kriminalrechtlich) unerlaubten Handlungen des Beamten entspringen, da die R.C.Pr.O. im § 749 eine ähnliche Bestimmung, wie im Anh. § 169 zur ehemaligen preußischen Allg. Gerichtsordnung Th. I Tit. 24 § 108 nicht aufgenommen hat.

6) Nach § 19 kamen für diese Beschlagnahme bis zur reichsgesetzlichen Regelung die partikularrechtlichen Vorschriften am Wohnorte der Reichsbeamten zur Anwendung, vergl. auch Reg.Entw. v. 8./4. 72 unter Nr. 2 (§ 19 A. 1). Seitdem diese reichsgesetzliche Regelung durch § 749 der C.Pr.O. (A. 2) erfolgt ist, hat der Hinweis auf § 19 seine Bedeutung verloren.

[7]) Eine gleiche Vorschrift enthält der § 45 des Mil.G. für die Diensteinkünfte ꝛc. der Militärpersonen (§ 120 Vorbemk. 1). Wittwen- und Waisengelder sind einer freiwilligen Abtretung und Verpfändung gänzlich entzogen (vergl. Anl. D § 17 und Anl. E § 19), die Beschlagnahme (zwangsweise Abtretung) richtet sich dagegen ebenfalls nach § 749 Nr. 7 der C.Pr.O. (Vergl. A. 3.) Dasselbe gilt von den Wittwen-, Waisen- und Ascendentenrenten aus § 2 des U.F.G. (Anl. G), während die Pensionsansprüche aus § 1 daselbst gleich allen übrigen Pensionen der Regel des vorliegenden § 6 unterstehen (§ 7 des U.F.G.).

Nach preußischem Recht (vergl. A. 1) ist jede freiwillige Abtretung und Verpfändung von Beamtenbesoldungen und Pensionen mit Einschluß des der Beschlagnahme nach § 749 der C.Pr.O. unterliegenden Theiles ohne alle rechtliche Wirkung (vergl. Anh. § 163 zur Allg. Gerichtsordnung Th. I Tit. 24, welcher als Bestimmung materiellen Rechtes durch die R.C.Pr.O. nicht aufgehoben ist; § 26 des Pr. P.G. v. 27./3. 72 G.S. S. 268; Verord. v. 23./9. 67 G.S. S. 1619; Kab.O. v. 28./2. 1806 B.M.Bl. 41 S. 203 und v. 23./5. 26 G.S. S. 54; O.Trib. v. 20./6. 61 Strieth. A. B. 42 S. 179).

[8]) Die öffentliche Form der Urkunde (§ 380 der C.Pr.O.) ist zum größeren Schutze der Kasse vorgeschrieben (Sten.B. S. 137 ff. und oben A. 1).

§ 7. Hinterläßt ein Beamter, welcher mit der Wahrnehmung einer in den Besoldungs-Etats aufgeführten Stelle betraut ist, [1]) eine Wittwe oder eheliche Nachkommen, so gebührt [2]) den Hinterbliebenen [3]) für das auf den Sterbemonat [4]) folgende Vierteljahr noch die volle Besoldung [5]) [6]) des Verstorbenen (Gnadenquartal), [4]) unbeschadet jedoch weitergehender Ansprüche, welche ihm etwa vor Erlaß dieses Ge-

setzes und vor Eintritt in den Reichsdienst zugestanden worden sind). 8) Zur Besoldung 5) 6) im Sinne der vorstehenden Bestimmung gehören außer dem Gehalt auch die sonstigen, dem Verstorbenen aus Reichsfonds gewährten Dienstemolumente, 5) soweit dieselben nicht als Vergütung für baare Auslagen 5) zu betrachten sind. 7) An wen die Zahlung des Gnadenquartals zu leisten ist, bestimmt die vorgesetzte Dienstbehörde. 9) Das Gnadenquartal kann nicht Gegenstand der Beschlagnahme sein. 10) 11)

1) Das Reichsrecht verleiht den hier vorgesehenen Anspruch (A. 2) nur den etatsmäßig angestellten Beamten, es genügt nicht schon, wie bei der Pensionsberechtigung, die lebenslängliche Anstellung (§ 34 A. 1). Weitere, erst mit der etatsmäßigen Anstellung erworbene Rechte sind das Recht auf Wohnungsgeldzuschuß (§ 1 des G. v. 30./6. 73 Anl. K) und das Recht auf Vergütung für Umzugskosten (§ 10 der Verord. v. 19./11. 79 Anl. L), außerdem bei den nur auf Widerruf oder Kündigung angestellten Beamten das Recht auf Pension (§ 37). Das Gesetz meint an allen diesen Orten dieselbe Beamtenkategorie, in welche der Beamte übertritt, sobald ihm eine unter den mit: „Besoldungen" überschriebenen Titeln des Reichshaushaltsetats besonders aufgeführte Stelle nicht bloß vorübergehend, als nur kommissarischer Verwalter, sondern in der Absicht dauernder Belassung in derselben dergestalt übertragen wird, daß er zugleich in den Genuß des mit der Stelle verbundenen etatsmäßigen Einkommens (Gehalt und Wohnungsgeldzuschuß) gelangt. Nicht unbedingt erforderlich ist, daß die „Betrauung", „Bekleidung", „Anstellung" auf Lebenszeit erfolgt, sie kann auch auf Widerruf (Probe) oder Kündigung (§ 37) geschehen, und ebenso bleibt ohne Bedeutung, ob die Be-

soldung vierteljährlich oder monatlich im voraus gezahlt wird, entscheidend aber ist die gleichzeitige Verleihung des mit einer solchen Etatsstelle verbundenen Einkommens.

Hiernach sind von dem Rechte des § 7 ausgeschlossen die Hinterbliebenen aller derjenigen Beamten, welche ihre Besoldung in Gestalt von Remunerationen oder Diäten aus den bei den Etatstiteln: „Andere persönliche Ausgaben" vorgesehenen Mitteln beziehen, auch wenn diese Kompetenzen lediglich aus etatswirthschaftlichen Gründen vorübergehend aus einem vakant gewordenen Stellengehalte gedeckt werden sollten.

(Vergl. Motive zum Pr. P.G. v. 27./3. 72 Drucks. des Abg.H. 71/72 Anl. B. 2 Nr. 105 S. 665 u. 666, Nr. 189 daselbst S. 1086 (K. Ber. zu § 2); Motive zum Pr. G. v. 6./2. 81, erwähnt in A. 1 zu § 5, Drucks. des Abg.H. 80/81 Nr. 66 S. 1216 unten, Verh. daselbst B. 1 S. 825; M.E. v. 8./5. 66, 28./3. 67 Nr. 1, 17./4. 77, 2./11. 82, 25./2. 84, B.M.Bl. 66 S. 101, 67 S. 179, 77 S. 146, 83 S. 5, 84 S. 48).

2) Der Beamte erwirbt mit dem Einrücken in eine besondere Etatsstelle (A. 1) gleichzeitig den Anspruch auf die im Gesetz hier vorgesehene zukünftige Versorgung seiner nächsten, ihm gegenüber alimentationsberechtigten Hinterbliebenen (A. 3), auf welche dieser Anspruch nach seinem Tode als sein wohlerworbenes Recht übergeht (vergl. A. 8 a. E. u. § 4 A. 6). Es handelt sich hier also um klagbare, aus der Person des Verstorbenen ableitbare Rechte, nicht um Gnadenbewilligungen, wie im Falle des § 8. Die allgemein übliche Benennung: „Gnadenquartal" (A. 4) und „Gnadenmonat" (§ 69) ist daher keine glückliche, bezeichnender ist der von Kanng. (A. 2 zu § 7) gebrauchte Ausdruck: „Nachquartal" (vergl. § 149; Sten.B. S. 139; § 2 des Rel.G. Anl. D; R.O.H.G. v. 7./10. 76 E. B. 21 S. 48ff., auch R.C.Bl. 76 S. 615ff.; R.G. v. 26./10. 80 u. 17./6. 85 E. B. 2 S. 111 u. 113 unten, B. 14 S. 367 u. 370).

Weil diese Ansprüche nicht selbständig in den Personen der Hinterbliebenen erst entstehen, sondern ein bereits durch die Anstellung und den ihr nachfolgenden Antritt eines etatsmäßigen Amtes erworbenes, mit dem Tode wirksam werdendes Recht des Beamten selbst bilden, muß auch ein weiblicher Beamter dieselben erwerben und auf seine Hinterbliebenen übertragen, nur kann in solchem Falle zu letzteren nicht der Ehemann, gegen den eine Alimentationspflicht des Staates und der Verstorbenen (§ 4 A. 6; § 5 A. 1) nicht besteht, sondern nur die eheliche Nachkommenschaft gerechnet werden, und der Ehemann hier nur als gesetzlicher Vertreter bei der Auszahlung in Betracht kommen. Dasselbe gilt wegen der Rechte eines weiblichen Pensionärs (§ 69).

3) Hinterbliebene im Sinne dieser Vorschrift sind nicht die Erben als solche, sondern nur (vergl. A. 2) die Wittwe, eheliche Kinder und Enkel, auch wenn dieselben nicht Erben geworden sind, also auch, wenn sie die Erbschaft ausgeschlagen haben, oder enterbt sind (vergl. Pr. Kab.O. v. 15./11. 19 G.S. 20 S. 45). Den ehelichen Kindern sind gleich zu achten die durch nachfolgende Ehe legitimirten Kinder (vergl. § 7 des Rel.G. v. 20./4. 81 Anl. D), nicht aber adoptirte Kinder, diese gehören unter § 8 (vergl. daselbst A. 4). Bedürftigkeit ist bei § 7, in welchem es sich um Rechte (A. 2) handelt, nicht Voraussetzung, wie bei § 8, und bei Kindern ferner auch nicht, daß sie sich im Elternhause befunden haben. Ebenso hindert eine bloß thatsächliche Trennung der Ehe den Genuß der Rechte nicht, nur eine gesetzlich geschiedene Ehefrau kann nicht Beamtenwittwe im Sinne des Gesetzes werden. Auch die Todesursache ist nicht entscheidend, die Rechte bleiben auch den Hinterbliebenen eines Selbstmörders gewahrt.

4) Das Gesetz verlegt die Wirksamkeit der Hinterbliebenenrechte in allen Fällen, mag die Besoldung monatlich, oder vierteljährlich im voraus gezahlt sein, auf den ersten Tag nach Ablauf des Monates, in welchem

der Beamte gestorben ist (Sterbemonat). Demnach zählen, je nachdem ein Beamter, der sein Gehalt vierteljährlich im voraus bezogen hat, im ersten oder zweiten Monat des Gehaltsquartales gestorben ist, die beiden folgenden, oder der letzte Monat dieses Quartales bereits zu den ausschließlich den Hinterbliebenen zustehenden, wegen der Beschlagnahme bevorrechteten (A. 10) sogenannten (A. 2) Gnadenquartale (vergl. wegen des Gnadenmonates § 69). Das Reichsrecht kennt also nur einen Sterbemonat, nicht ein Sterbequartal.

Anders das preußische Recht, welches nach der Entstehungsgeschichte der im Pr. G. v. 6./2. 81 (G.S. S. 17) ausdrücklich aufrechterhaltenen Kab.O. v. 15./11. 19 (G.S. 20 S. 45) die vierteljährlich im voraus erhaltene Besoldung als ein „Deservit" des Verstorbenen auffaßt und als solches den Erben zufallen läßt (siehe weiter unten).

Nach Reichsrecht haben Erben immer nur auf die Besoldung des Sterbemonates Anspruch, nur das, was für diesen Monat am ersten Tage desselben zuständig wurde, gehört, soweit es noch vorhanden, oder noch nicht erhoben ist, zum Nachlasse und unterliegt ganz der Beschlagnahme. Auch stehen diese Bezüge nicht bloß den Erben etatsmäßig angestellter (A. 1) Beamten, sondern auch den Erben aller übrigen Beamten zu, denn bis zu dem Termine, mit welchem das Gesetz ein Sonderrecht etatsmäßiger Beamten in Wirksamkeit treten läßt, müssen nothwendig die allen Beamten gemeinsamen Rechte reichen. Dies folgt indirekt auch aus § 69, da nach § 37 auch nicht etatsmäßig angestellte Beamte in den Genuß einer Pension gelangen können (vergl. § 69 A. 4). Eine bei solchen Beamten etwa, und zwar gegen das Gesetz (§ 5 A. 1) angeordnete postnumerando-Zahlung der Besoldung würde den Rechtserwerb für die Erben nicht verhindern. Denn nicht die Vorauszahlung gewährt den Erben Anspruch auf die Besoldung über den Todestag hinaus, sondern die positive Anordnung des Gesetzes im § 7 (vergl. § 5 A. 1). Im anderen Falle müßte bei vierteljährlicher Vorauszahlung auch ein Anspruch der Erben auf die vierteljährliche Besoldung erwachsen, den wohl das Preußische Recht, aber nicht das Reichsgesetz anerkennt (siehe oben). Stirbt in Preußen ein Beamter, welcher die Besoldung für das erste Quartal des Etatsjahres empfangen hat, im Monat April, so gehören die Gehaltsbeträge für April, Mai und Juni (Sterbequartal) zur Nachlaßmasse des Verstorbenen und nur die Besoldung für den Juli ist Gnadenbewilligung für die Hinterbliebenen und als solche bei der Beschlagnahme bevorzugt. Stirbt in gleichem Falle der Beamte im Mai, so gehört die Besoldung für Mai und Juni zur Nachlaßmasse und diejenige für Juli und August bildet die allein bevorzugte Gnadenkompetenz (vergl. v. K. Ann. J. 20 S. 226 E.Verf. v. 2./6. 20 und J. 32 S. 829 ff.).

[5]) Dieselbe umfaßt das gesammte, für den persönlichen Unterhalt, nicht für den Dienstaufwand (siehe unten) bestimmte, aus Reichsfonds gewährte Stelleneinkommen in baarem Gelde oder Naturalbezügen (§ 42 Nr. 1), ohne Rücksicht, ob einzelne Theile, wie Funktions-, Orts- und Stellenzulagen bei der Pensionirung (§ 42 A. 6) in Berechnung treten, oder nicht. Deshalb wird auch das Einkommen eines zwar etatsmäßigen (A. 1), aber nicht bleibend (§ 44 A. 1) übertragenen Nebenamtes, sowie das Einkommen aus einem unter § 38 fallenden etatsmäßigen Amte den Hinterbliebenen weiter gezahlt, werden ferner Wohnungsgeldzuschuß und Miethsentschädigung — wegen der Dienstwohnung siehe § 9 — nicht mit dem Durchschnittssatze (§ 8 des G. v. 30./6. 73 Anl. K), sondern mit dem auf die Kasse angewiesenen wirklichen (tarifmäßigen) Betrage weiter gewährt. Die Nebenemolumente des Eisenbahn-Fahrpersonales kommen mit demjenigen Theile zur Weiterzahlung, welcher nach dem Reichshaushaltsetat zum Gehalte gerechnet wird (vergl. Anlage XVIII des Etats für 1894/95 Kap. 4 der Einnahme Tit. 16 A. a. Schl.).

Ausgeschlossen bleiben dagegen alle Vergütungen, welche zur Bestreitung „baarer Auslagen“, also des Dienstaufwandes, bestimmt sind: Pauschsummen für Bureau- und Reiseunkosten, für Haltung eines Gehülfen 2c. sowie für Repräsentation (vergl. § 6 A. 4, § 23 A. 9, § 42 A. 2, § 57 A. 7). Denn diese Einnahmen sind nicht für den Unterhalt der Person, sondern für die Führung des Amtes bestimmt (vergl. auch § 5 Abs. 2 der Url.V. Anl. H). Sind Einkünfte dieser Art bereits in das Vermögen des Beamten geflossen, so haben die Erben, beziehungsweise die Hinterbliebenen dieselben vom Todestage an zurückzugewähren, oder bei Entschädigungen für gewöhnlichen Dienstaufwand die darauf ruhenden Verpflichtungen zu erfüllen, soweit dieses im Einzelfalle überhaupt angeht.

6) Zur „Besoldung des Verstorbenen“ kann eine Gehaltszulage, oder bei Beförderungen ein höheres Einkommen der neuen Stelle dann nicht mehr gerechnet werden, wenn der Beamte vor dem Empfange der verleihenden Verfügung, oder vor dem in derselben ausdrücklich festgesetzten Bezugstermine oder vor dem Dienstantritte der neuen Stelle stirbt. Verwaltungsvorschriften, wie die in A. 10 zu § 4 erwähnten, begründen keinen Rechtsanspruch (vergl. § 4 A. 5, 7 u. 10).

7) Was nach A. 5 u. 6 gegebenen Falles als volle Besoldung des Verstorbenen in Berechnung kommt, ist auch in folgenden Fällen den Hinterbliebenen unverkürzt zu zahlen:

a) wenn ein suspendirter Beamter vor Eintritt der Rechtskraft des die Amtsentsetzung aussprechenden, oder gesetzlich nach sich ziehenden Erkenntnisses stirbt (vergl. M.E. v. 26./5. und 28./7. 41 B.M.Bl. S. 149 u. 204, J.M.Bl. S. 187; auch § 129 A. 4),

b) wenn ein Beamter, dem gekündigt ist, vor Ablauf der Kündigungsfrist stirbt,

c) wenn ein Beamter zwar nach erhaltener Entscheidung, aber doch vor dem Termine, mit welchem er in den einstweiligen oder dauernden Ruhestand treten sollte (§§ 27, 55, 63 u. 67), stirbt (vergl. Kab.O. v. 30./3. 42 B.M.Bl. S. 245 und J.M.Bl. S. 206; ferner § 55 A. 4),

d) wenn ein Beamter während einer längeren, mit theilweiser oder gänzlicher Einbehaltung des Gehaltes verbundenen Beurlaubung (§ 6 der Url.V. v. 2./11. 74 Anl. H), oder auch während unerlaubter Entfernthaltung vom Dienste (§ 14 Abs. 3) verstirbt.

In allen solchen Fällen befand sich der Verstorbene zur Zeit des Todes noch im vollen Besitze seiner Beamtenrechte, folglich auch des Anspruches auf Versorgung seiner Hinterbliebenen aus § 7 (A. 2). Dies gilt insbesondere auch in dem Falle des § 14 Abs. 3, weil hier der Besoldungsanspruch nicht absolut, sondern nur relativ für die Dauer des unerlaubten dienstlichen Verhaltens, das mit dem Tode aufhört, verloren geht. Anders im Falle des § 28 und § 29 Nr. 2 u. 3 (vergl. § 31 A. 2).

Weil aber die Ansprüche der Hinterbliebenen nur Fortsetzung der Rechte des Verstorbenen sind, in dessen amtliche Persönlichkeit sie rechtlich succediren (A. 2 u. 5), können sie auch nur in soweit Befriedigung derselben verlangen, als diese nicht bereits bei Lebzeiten des Verstorbenen erfolgt ist. Was dieser also bereits im voraus auf die volle Besoldung des Gnadenquartales gezahlt erhalten hat, müssen die Hinterbliebenen sich anrechnen lassen.

8) Der vom Reichstage dem Reg.Entw. eingefügte Zwischensatz: „unbeschadet jedoch ..... zugestanden worden sind“ steht in enger Beziehung zum Art. 18 Abs. 2 der R.V., den auch das Amendement Kanngießer und Krieger, aus welchem der Satz hervorgegangen ist, ausdrücklich angezogen hatte (vergl. Sten.B. S. 891). Er soll außer Zweifel stellen, daß § 7 wohlerworbene Rechte ebenso in vollem Umfange schützen will, wie die §§ 70 u. 71 und

der weiter unten mitgetheilte Art. 18 Abs. 2 der R.V. Gemeint sind diejenigen ähnlichen Rechte, welche den bereits vor Erlaß des R.B.G. aus dem Landesdienste in den Reichsdienst übergetretenen Beamten bei ihrer früheren Anstellung im Heimathsstaate zugesichert, beziehungsweise durch diese Anstellung nach den heimathlichen Gesetzen für sie erworben waren. Reichen diese Ansprüche weiter, als die Rechte des § 7, wie z. B. bei den vor Erlaß des R.B.G. aus dem mecklenburgischen Landesdienste in den Reichsdienst übergetretenen Beamten, dann sollen dieselben auch dem Reiche gegenüber zuständig bleiben (vergl. Sten.B. S. 890 Rede des Abg. Krieger; R.O.H.G. v. 7./10. 76 E. B. 21 S. 48ff. und R.C.Bl. S. 615ff.).

So lange das Reich ein eigenes Beamtenrecht nicht besaß, waren die aus den einzelnen Bundesstaaten in seinen Dienst übertretenden ehemaligen Bundesstaatsbeamten auf die mit ihrer Anstellung im Heimathsdienste erworbenen Rechte angewiesen, welche das Reich auch gegen sich gelten lassen mußte. In diesem Sinne bestimmt der Art. 18 der R.V. v. 16./4. 71 in seinem Abs. 2:

„Den zu einem Reichsamte berufenen Beamten eines Bundesstaates stehen, sofern nicht vor ihrem Eintritt in den Reichsdienst im Wege der Reichsgesetzgebung" — wie später durch das vorliegende R.B.G. — „etwas Anderes bestimmt ist, dem Reiche gegenüber diejenigen Rechte zu, welche ihnen in ihrem Heimathslande aus ihrer dienstlichen Stellung zugestanden hatten."

Der Verfassungsurkunde des N.D.B. v. 26./7. 67 § 18 (B.G.Bl. S. 1ff.) fehlte diese Bestimmung noch, sie gelangte in die R.V. erst durch die mit den süddeutschen Staaten über deren Beitritt zum deutschen Bunde abgeschlossenen Verträge. Die damaligen Verhandlungen mit Bayern ließen die Tragweite dieser Verfassungsbestimmung unerörtert. (Vertrag und Schlußprotokoll v. 23./11. 70 B.G.Bl. 71 S. 9ff.) Dagegen wurde bei den Vereinbarungen mit Hessen, Baden und Württemberg in dem Protokolle zu Versailles v. 15./11. 70 (B.G.Bl. S. 50ff.) und in der Verhandlung zu Berlin vom 25./11. 70 (B.G.Bl. S. 657), Vereinbarungen, welche nach § 3 des G. v. 16./4. 71 (B.G.Bl. S. 63) Bestandtheile der R.V. bilden, von den Vertragsbevollmächtigten ausdrücklich zu Art. 18 das Einverständniß erklärt, daß zu den einem Beamten zustehenden Rechten im Sinne des zweiten Absatzes dieses Artikels diejenigen Rechte nicht gehörten, welche seinen Hinterbliebenen in Beziehung auf Pensionen und Unterstützungen etwa zuständen. Allein mit den hiernach ausgeschlossenen Rechten waren nur Ansprüche auf dauernde Versorgung der Hinterbliebenen, auf Wittwen- und Waisenpensionen, denen das Reich mit Rücksicht auf die eigenartige Gestaltung der Wittwenkassenverhältnisse in den Einzelstaaten fremd bleiben wollte, nicht aber vorübergehende Rechte im Sinne des § 7, sogenannte (A. 2) Gnadenkompetenzen, gemeint. Diese Art von Hinterbliebenenrechte wollte auch der Art. 18 Abs. 2 der R.V. geschützt wissen, es besteht daher kein Gegensatz zwischen der R.V. und der vorliegenden Bestimmung im § 7 (vergl. R.O.H.G. v. 7./10. 76 E. B. 21 S. 56 und R.C.Bl. S. 616 ff.). Der Zusatz in § 7 war um so nothwendiger, als ohne denselben die von ihm berührten wohlerworbenen Rechte der bloß mittelbaren Reichsbeamten dem Reichsfiskus gegenüber schutzlos geblieben wären. Denn jener Art. der RV. sichert nur die Rechte der unmittelbaren Reichsbeamten (§ 1 A. 3). Aus letzterem Grunde mußten andererseits nach der oben erwähnten authentischen Deklaration diese in den unmittelbaren Reichsdienst übergetretenen, damit aus ihrem bisherigen Landesbeamtenverhältniß endgültig ausgeschiedenen Beamten die nach der Landesdienerpragmatik erworbenen Rechte auf dauernde Versorgung ihrer Hinterbliebenen gänzlich verlieren, während die dem heimathlichen Beamtenverbande nach wie vor angehörig gebliebenen nur mittelbaren Reichsbeamten diese Rechte wenigstens gegen ihren Landesfiskus behielten (vergl. R.G. v. 26./10. 80 E. B. 2 S. 102 bis 116, und v. 10./10. 82 Ann. B. 6 S. 343). Und diese Rechtsfolgen traten nicht bloß bei den vor dem Erlasse des R.B.G. zu einem Reichsamte berufenen bisherigen hessischen, badischen und württembergischen Beamten, sondern ebenso bei den in gleicher Lage sich befindenden bayrischen Beamten (siehe oben) ein, denn eine für alle Staaten gleich verbindlich gewordene Bestimmung der R.V. konnte nicht verschiedenartiger Anwendung unterliegen, je nachdem ein Beamter diesem oder jenem Gliede des deutschen Reiches vorher angehört hatte (vergl. Thudichum A. II 2 zu § 7).

Die Unsicherheit und Ungleichheit, in welche hierdurch wohlerworbene Ansprüche vieler Reichsbeamten auf dauernde Versorgung ihrer Wittwen und Waisen gerathen mußten, und das dringende Bedürfniß eine wesentlich weiter als § 7 reichende Hinterbliebenenversorgung für alle Reichsbeamten zu schaffen, veranlaßte bei Berathung des R.B.G. den Reichstag zu der von dem Abgeordneten Kanngießer und Genossen vorgeschlagenen Aufforderung an den Reichskanzler:

„Dem Reichstage behufs der Gründung einer Pensionskasse für die Hinterbliebenen verstorbener Reichsbeamten eine Gesetzesvorlage zu machen."

Der leitende Gedanke bei diesem Beschlusse war, daß die Wittwen- und Waisenpension ebenso wie die Pension des ausgeschiedenen Beamten im Grunde genommen nichts weiter als einen Theil seines von Amtswegen für ihn reservirten Gehaltes bilde, da das bei seinen Lebzeiten ihm gezahlte Gehalt zur Ansammlung eines Kapitales, welches seinen Hinterbliebenen nach seinem Tode Auskommen gewähren könnte, nicht zureiche (vergl. Sten.B. 72 S. 890 u. 891, ferner Sten.B. 73 S. 56).

Die Frucht dieses Reichstagsbeschlusses bilden die Reliktengesetze (Anl. D, E, F), deren Vorläufer die Gesetze über die Pensionen der Wittwen- und Waisen der Landesbeamten in Elsaß-Lothringen ꝛc. v. 24. u. 25./12. 73 (G. Bl. f. Elſ.Lothr. S. 515 u. 518) waren. Bei der ersten Berathung des Rel.G. v. 20./4. 81 (Anl. D) im Reichstage äußerte sich der damalige Staatssekretär des Reichsschatzamtes ganz im Sinne jenes älteren Reichstagsbeschlusses mit den Worten: „Die angemessene Besoldung der Beamten soll sich künftig zusammensetzen nicht bloß aus dem jährlich zahlbaren Gehalte, dem Wohnungsgeldzuschuß und dem daneben schon jetzt in Betracht kommenden, den Beamten versicherten Anspruch auf Pension, sondern künftig aus allem diesem und dem neu hinzutretenden, durch dieses Gesetz den Beamten zu versichernden Recht auf Pensionen für ihre Wittwen und auf Erziehungsgelder für ihre Kinder" (Sten.B. 81 S. 149). Hinzugetreten ist später das U.F.G. v. 15./3. 86 (Anl. G). Für die Hinterbliebenen von Militärbeamten kommen außerdem die besonderen Beihülfen aus §§ 41 u. 42 in Verbindung mit §§ 56 u. 57, sowie aus §§ 94 bis 96 des Mil.P.G. v. 27./6. 71 nebst den Art. 13 § 52, Art. 14 Abs. 3, Art. 16, sowie Art. 19 u. 20 der Mil.P.G.N. v. 22./5. 93 in Betracht.

9) Vergl. § 159 und Anl. A Abth. III. Die Behörde hat freie Wahl unter den Berechtigten. Sobald aber die bewilligende Verfügung in den Besitz des Ausgewählten gelangt ist, geht der dadurch erworbene, nicht mehr entziehbare Anspruch auch auf dessen Erben über (vergl. § 4 A. 10, ferner v. K. Ann. J. 30 S. 489 und J. 32 S. 838 u. 839). Dasselbe gilt in den Fällen der §§ 8, 31 u. 69.

10) Seit der Reichs-Civilprozeßordnung unterliegt das „Gnadenquartal" derselben Beschlagnahme, wie die Beamtenbesoldung, deren Fortsetzung dasselbe als Sterbenachbesoldung (A. 2) bildet, und bleibt danach in der Regel ebenfalls gemäß § 8 Abs. 2 des Rel.G. v. 20./4. 81 (Anl. D) und § 749 Abs. 1 Nr. 8 u. Abs. 2 der C.Pr.O. von jeder Beschlagnahme ausgeschlossen. Folgt nun auch

aus dem Verbote einer solchen Beschlagnahme an sich noch nicht das Verbot der freiwilligen Veräußerung (R.G. v. 5./4. 81 E. B. 4 S. 142), so ergiebt sich doch hier die analoge Uebertragung der Bestimmung im § 6 auf das Gnadenquartal des § 7 aus der völligen Gleichheit des gesetzlichen Grundes und der kongruenten Natur des Veräußerungsobjektes, namentlich aber aus den Bestimmungen der späteren, die Rechte der Hinterbliebenen nur weiter ausgestaltenden Fürsorgegesetze v. 20./4. 81 und 17./6. 87 (Anl. D und E). Diese schreiben § 17 (Anl. D) und § 19 (Anl. E) ausdrücklich vor, daß das Wittwen- und Waisengeld mit rechtlicher Wirkung weder abgetreten, noch verpfändet oder sonst übertragen werden kann, weil, wie die Motive hierzu bemerken, beides denjenigen Geldbetrag darstellt, welcher zur Sicherstellung des nothdürftigen Unterhaltes der Hinterbliebenen regelmäßig als Minimum erforderlich erscheint und die Relikten durch Entäußerung des Bezugsrechtes der nothwendigen Subsistenzmittel regelmäßig verlustig gehen würden (Drucks. des R.T. 81 Nr. 28 S. 141).

11) Wegen der Steuervorrechte vergl. § 19 A. 13.

§ 8. Die Gewährung des Gnadenquartals kann [1]) in Ermangelung der im § 7 bezeichneten Hinterbliebenen mit Genehmigung der obersten [2]) Reichsbehörde auch dann stattfinden, wenn der Verstorbene Eltern [3]), Geschwister [3]), Geschwisterkinder oder Pflegekinder [4]), deren Ernährer er war [5]), in Bedürftigkeit hinterläßt [5]), oder wenn der Nachlaß nicht ausreicht, um die Kosten der letzten Krankheit und der Beerdigung zu decken [6]).

1) Kein Rechtsanspruch, sondern Gnadenbewilligung und als solche abhängig von vorhandener Bedürftigkeit der hier gedachten Angehörigen.

2) Vergl. § 159 A. 1 und wegen der Auswahl § 7 A. 9.

3) Stiefeltern und Stiefgeschwister können nicht hierher gerechnet werden.

4) Vergl. §§ 753 ff. Tit. 2 Th. II Pr. A.L.R. An dieser Stelle können umsomehr auch die adoptirten Kinder (§§ 666 ff. a. a. O.) berücksichtigt werden (vergl. M.E. v. 1./2. 95 B.M.Bl. S. 86).

5) Es muß also ein Alimentationsverhältniß bestanden haben und die Alimentirten müssen in Bedürftigkeit leben, sonst ist die Bewilligung nicht zulässig.

6) Der Behörde steht es frei, auch an einen Dritten zu zahlen, wenn dieser statt der hier erwähnten Angehörigen den Verstorbenen verpflegt, oder die Kosten der letzten Krankheit und des Begräbnisses bestritten hat. In solchem Falle bleibt aber die Bewilligung auf den zur Deckung der Kosten am Nachlasse fehlenden Betrag bis zur Höhe der gesetzlichen Gnadenkompetenz beschränkt (vergl. Motive zum Pr. G. v. 6./2. 81 G.S. S. 17 Drucks. des Abg. H. 80/81 Nr. 66 S. 1216).

§ 9. In dem Genusse der von dem verstorbenen Beamten bewohnten Dienstwohnung ist die hinterbliebene Familie [1] nach Ablauf des Sterbemonats noch drei fernere Monate zu belassen.

Hinterläßt der Beamte keine Familie, so ist denjenigen, auf welche sein Nachlaß übergeht, eine vom Todestage an zu rechnende dreißigtägige Frist zur Räumung der Dienstwohnung zu gewähren.

In jedem Falle müssen Arbeits- und Sessionszimmer, sowie sonstige für den amtlichen Gebrauch bestimmte Lokalitäten sofort geräumt werden. [2])

1) Der Begriff der Familie umfaßt nicht bloß die Hinterbliebenen des § 7, sondern auch Eltern, Geschwister, andere

nahe Verwandte und Pflegekinder, sofern der Verstorbene denselben Wohnung und Unterhalt auf Grund einer gesetzlichen, oder natürlichen (moralischen) Unterstützungsverbindlichkeit gewährt und mit ihnen einen eigenen Haushalt geführt hat (vergl. M.E. v. 4./5. 77 B.M.Bl. S. 112).

2) Vergl. Pr. Kab.O. v. 27./4. 16 G.S. S. 134.

§ 10. 1) **Jeder Reichsbeamte hat die Verpflichtung, das ihm übertragene Amt der Verfassung und den Gesetzen entsprechend gewissenhaft wahrzunehmen und durch sein Verhalten in und außer dem Amte der Achtung, die sein Beruf erfordert, sich würdig zu zeigen.** 2) 3) 4).

1) Der an § 2 des Pr. B.Disz.G. sich anlehnende Reg.Entw. hatte hinter dem Worte: „Gesetzen" noch die Worte: „und sonstigen Anordnungen," und hinter dem Worte: „Achtung" noch die aus jenem preußischen Gesetz übernommenen Worte: „des Ansehens und des Vertrauens." In der zweiten Berathung wurden die letzteren Worte als überflüssig und nach preußischen Erfahrungen in der Anwendung gefährlich gestrichen, dagegen an die Stelle der für zu unbestimmt gehaltenen Worte „und sonstigen Anordnungen" die Worte gesetzt: „und den von seinen Vorgesetzten innerhalb ihrer amtlichen Zuständigkeit getroffenen dienstlichen Anordnungen." Die Reichsregierung erklärte jedoch den Zusatz: „innerhalb ihrer amtlichen Zuständigkeit" für unannehmbar, weil darin eine direkte Aufforderung an jeden Unterbeamten liege, die Anordnungen seiner Vorgesetzten, ehe er denselben nachkomme, einer sorgfältigen Prüfung zu unterziehen, ob diese auch mit der Kompetenz des Anordnenden vereinbar seien, und dadurch innerhalb derjenigen Beamtenkategorien, bei welchen es auf eine schleunige, rasche Exekutive ankomme, leicht ein Zustand der Auflösung der ganzen bestehenden Organisa-

tionen herbeigeführt werden könne. Man einigte sich daher in der dritten Gesetzesberathung auf die jetzige Fassung des § 10, welche von jeder besonderen Erwähnung der „dienstlichen Anordnungen“ absieht, sie aber damit keineswegs hat ausschließen wollen (vergl. A. 2 und Sten. B. S. 140 bis 148, S. 891 u. 892).

2) Der § 10 bezeichnet im Allgemeinen die Amtspflichten (vergl. § 1 A. 7 vorne und Schlußbemk.; § 4 A. 4), die §§ 11 bis 16 heben einzelne dieser Pflichten besonders hervor, ohne sie erschöpfen zu wollen. Der Beamte hat das übertragene Amt nach den Gesetzen und Verordnungen des Reiches und nach den sonstigen für sein Amt maßgebenden dienstpragmatischen Vorschriften zu verwalten, insbesondere auch allen Anordnungen seiner vorgesetzten Behörde, welche den Gesetzen nicht widersprechen, Folge zu leisten, selbst wenn dieselben den Umfang seiner amtlichen Verpflichtungen über das ursprüngliche Maß hinaus erweitern. Denn er hat seine gesammte Arbeitskraft in den Dienst des Reiches gestellt, amtliche Treue und Gehorsam, sowie die gewissenhafte Erfüllung aller Obliegenheiten seines Amtes versprochen und vor Antritt des Amtes eidlich bekräftigt (§ 3). Mit der Streichung der Worte: „sonstigen Anordnungen“ aus dem Reg.Entw. (vergl. A. 1) haben nur diejenigen Anordnungen ausgeschlossen werden sollen, welche gesetzlichen Bestimmungen zuwiderlaufen. Die Bundeskonsuln schwören nach § 4 des Kons.G. vor Antritt ihres Amtes: „daß sie ihre Dienstpflichten nach Maßgabe der Gesetze und den ihnen zu ertheilenden Instruktionen treu und gewissenhaft erfüllen wollen,“ und ähnlich heißt es im § 85 Tit. 10 Th. II Pr. A.L.R.: „die Rechte und Pflichten der Civilbedienten, in Beziehung auf das ihnen anvertraute Amt, werden, durch die darüber ergangenen besondern Gesetze und durch ihre Amtsinstructionen bestimmt.“ Ueberall sind hier nur solche Instruktionen und Anweisungen gemeint, welche den Gesetzen nicht

widersprechen, vielmehr auf ihnen beruhen, bezw. mit ihnen übereinstimmen, und solchen dienstlichen Anordnungen hat auch nach § 10 des R.B.G. jeder Reichsbeamte gewissenhaft nachzukommen, denn sie „entsprechen" ebenfalls den Gesetzen im Sinne dieser Norm (vergl. Sten. B. S. 142, 143, 891 u. 892). Genügt der Beamte dieser amtlichen — außeramtlich ist er frei — Gehorsamspflicht nicht, so macht er sich dienstlich, der im auswärtigen Gesandtschaftsdienste stehende Beamte unter Umständen sogar kriminalrechtlich (§ 353a Abs. 2 des Str.G.B.) verantwortlich, der § 10 bildet die Grundlage des Disziplinarverfahrens (§ 72), und in diesem Verfahren unterliegt seine Handlungsweise, abgesehen von den schwereren, durch besondere Disziplinarbehörden (§§ 84 u. 86) abzuurtheilenden Fällen, ausschließlich der Beurtheilung seiner Dienstvorgesetzten (§§ 80 bis 83). Der Beamte ginge also, bloß auf die dienstliche Verantwortlichkeit gesehen, am sichersten, wenn er den Anordnungen seiner Vorgesetzten stets unbedingt folgte, allein einerseits ist er kein willenloses Werkzeug, andererseits tritt neben § 10 der § 13, der ihm zugleich die volle strafrechtliche und privatrechtliche Verantwortlichkeit für alle innerhalb seines Amtskreises vorgenommenen Handlungen auferlegt. Deshalb ist es nicht allein sein Recht, sondern auch seine Pflicht, die Gesetzmäßigkeit der an ihn ergehenden Befehle seiner Vorgesetzten einer eigenen selbständigen Prüfung zu unterwerfen. Hierbei ist indessen davon auszugehen, daß die Gehorsamspflicht bei dem Beamten stets die oberste Pflicht bleiben und in allen ihm zweifelhaften Fällen den Ausschlag geben muß. Es kann deshalb diese dem Beamten obliegende eigene Prüfung nur den Zweck verfolgen, ihn vor offenbaren Ungesetzlichkeiten zu bewahren und ferner zu verhüten, daß er sich zum Mitschuldigen bei auch für ihn leicht erkennbaren Irrthümern und Versehen macht. Es ist selbstverständlich, daß der Beamte keine anbefohlene Handlung ausführen darf, die unzweifelhaft nicht zu seiner Zuständigkeit gehört. Es ist ebenso selbstverständlich, daß der Beamte auch auf die Zuständigkeit des Befehlenden, sei es Behörde oder Beamter, zu achten und dessen Anordnung nicht zu befolgen hat, wenn dieselbe zweifellos aus dessen Amtsbefugnissen nicht abgeleitet, dem Geschäftskreise desselben nicht zugerechnet werden kann, und daß ferner, wenn nach klarer Gesetzesvorschrift die Gültigkeit einer solchen Anordnung abhängig ist von der Genehmigung höherer Instanzen, der Beamte auch auf das Vorhandensein dieses Erfordernisses sein Augenmerk richten muß. Es bleibt endlich drittens Pflicht des Beamten, nicht außer Acht zu lassen, ob der Befehl in der vorschriftsmäßigen äußeren Form an ihn gelangt ist. Liegt nach diesen drei Richtungen hin kein Bedenken vor, ist der Befehl formell richtig erlassen, so ist er für den mit der Ausführung beauftragten Beamten ein gesetzmäßiger, seine materielle Richtigkeit hat nicht dieser, sondern diejenige Instanz zu vertreten, von der er ausgegangen ist. Denn es kann nicht Sache des Untergeordneten sein, darüber zu entscheiden, was im gegebenen Falle Gesetz und materielles Recht ist, ihn deckt die Vermuthung, welche für die materielle Gesetzmäßigkeit der an ihn ergehenden Befehle seiner Vorgesetzten spricht, er darf, wo nicht klare Gesetzesverletzung vorliegt, an diese Gesetzmäßigkeit glauben, ohne damit seine dienstliche oder seine privat- oder strafrechtliche Pflicht zu verletzen, denn diese kann von ihm nur verlangen, daß er, wie er beschworen (§ 3 A. 2), nach bestem Wissen und Gewissen handelt. In diesem Sinne war auch der vom Reichstage in zweiter Lesung beschlossene Zusatz zum jetzigen § 13 (vergl. § 13 A. 1) zu verstehen, und wenn derselbe in dritter Lesung fallen gelassen wurde, so geschah es nicht, weil man den darin niedergelegten Rechtsgedanken für unrichtig, sondern weil man ihn bei dem Widerspruche der Regierung, der man gerade damit entgegenzukommen geglaubt hatte, auch für entbehrlich hielt. (Vergl. Sten.B. S. 145 bis 147, 157, 158, 165, 166, 169, 170, 891 bis 895; Kanng. S. 48 A. II B, S. 66 A. 3d; v. Zedlitz A. 16; Laband I § 47 S. 439 bis 444, S. 441 A. 1 und § 48 S. 456 unter b; R.G. v. 1./11. 80 E.Str. B. 2 S. 416 bis 418 und v. 10./11. 92 Jurst.W. 93 S. 50 Nr. 51; Pr. O.V.G. v. 24./1. 94 E. B. 26 S. 413; §§ 45 ff. I 6 Pr. A.L.R.)

3) Der Beamte ist nicht bloß Diener des Reiches, er ist auch zugleich dessen Vertreter (§ 1 Schlußbemk.) und hat als solcher bei seinem Verhalten innerhalb und außerhalb seines Amtes den Geboten der Schicklichkeit, der Sitte und Ehre mit besonderer Peinlichkeit zu genügen. Zugleich bindet ihn die angelobte Treue (§ 3 A. 2), bei der Ausübung politischer Rechte sich auf die Bethätigung seiner politischen Ueberzeugung zu beschränken und allen agitatorischen und reichsfeindlichen Bestrebungen völlig fern zu bleiben (vergl. Sten.B. S. 143 u. 144; Allerhöchster Erlaß v. 4./1. 82 Reichsanzeiger 82 Nr. 6 u. Nr. 22; Laband § 47 S. 445; v. Schulze I S. 318; Pr. O.V.G. v. 20./12. 86 E. B. 14 S. 404 u. v. 11./1. 88 B.M.Bl. S. 33).

Den Militärpersonen, also auch den Militärbeamten (§ 120 Vorbemk. 1) des aktiven Heeres ist jede Theilnahme an politischen Vereinen und Versammlungen untersagt (§ 49 Abs. 2 des Mil.G.).

4) Zu den Pflichten des Beamten im Sinne des § 10 gehört nicht die Kautionsleistung, diese ist nur Bedingung für die Uebertragung gewisser Aemter (vergl. §§ 1, 2 u. 7 des Kaut.G. Anl. C; Laband I S. 430).

§ 11. 1) **Ueber die vermöge seines Amtes ihm bekannt gewordenen Angelegenheiten, deren Geheimhaltung ihrer Natur nach erforderlich oder von seinem Vorgesetzten vorgeschrieben ist, hat der Beamte**

Verschwiegenheit zu beobachten, auch nachdem das Dienstverhältniß aufgelöst [2]) ist [3]).

[1]) Die Pflicht zur Amtsverschwiegenheit folgt aus der Treuepflicht (§ 1 A. 7). Der Reg.Entw. verlangte, wie die Pr. Kab.O. v. 21./11. 35 (G.S. S. 237) absolute Verschwiegenheit für alle Amtsangelegenheiten, bei ihm fehlten die Worte: „deren Geheimhaltung ihrer Natur nach erforderlich oder . . . . . vorgeschrieben ist.“ Die jetzige Fassung beruht auf einem Amendement des Abgeordneten Kanngießer (vergl. Sten.B. S. 148 bis 152). Danach besteht für Reichsbeamte eine absolute Verpflichtung zur Amtsverschwiegenheit nur dort, wo sie in dieser Ausdehnung, sei es für einen ganzen Geschäftszweig, oder für einen Theil desselben entweder durch Gesetz (A. 3), oder Seitens eines Vorgesetzten angeordnet wird, wie dies bei den Reichstagsverhandlungen von dem Reichskanzler für alle Angelegenheiten des auswärtigen Amtes in Anspruch genommen wurde. Sonst bleibt dieselbe auf diejenigen Angelegenheiten beschränkt, welche ihrer Natur nach, oder, auch wenn sie diese Natur erkennbar nicht besitzen, nach der im Einzelfalle getroffenen besonderen Bestimmung des Vorgesetzten geheim zu halten sind. Ob die Natur einer Angelegenheit deren Geheimhaltung bedingt, ob also die Möglichkeit vorliegt, daß durch die Veröffentlichung ein Reichs- oder Staats- oder auch nur ein Privatinteresse gefährdet wird (vergl. § 341 Abs. 2 der C.Pr.O. und § 53 Abs. 2 der Str.Pr.O.), hat der Beamte, wo nicht positive Gesetzesbestimmung ihn bereits verpflichtet (A. 3), stets gewissenhaft zu prüfen, er macht sich dienstlich, wie privatrechtlich verantwortlich, wenn er bei dieser Prüfung nicht mit genauester Aufmerksamkeit zu Werke geht (vergl. § 88 Tit. 10 Th. II Pr. A.L.R.; Turnau R.B.G. A. 1 zu § 11).

[2]) Auch der freiwillig ausgeschiedene (§§ 33 u. 100), oder entlassene (§§ 32 u. 75), oder dauernd in den Ruhe-

stand versetzte (§ 34) Beamte soll das Amtsgeheimniß wahren. Da aber diese Personen sämmtlich — auch der Pensionär (§ 34 Vorbemk. 2) — der Disziplinarstrafgewalt entzogen sind und das Amtsgeheimniß, von einzelnen besonderen Fällen (A. 3) abgesehen, auch nicht unter allgemeinem strafgesetzlichen Schutze steht, bleibt der Werth des § 11 hier meistens darauf beschränkt, daß er, wenn aus der unerlaubten Handlung ein Vermögensschaden erwächst, die gesetzliche Grundlage für die civilrechtliche Inanspruchnahme gewährt (vergl. Kanng. S. 53 A. 6; Thudichum A. 2 zu § 11).

3) Für die Beamten des auswärtigen Amtes kommt außerdem der § 353a Abs. 1 des Str.G.B., und für die Reichsbankbeamten der § 39 des Bank-G. in Betracht. Sodann bleibt zu vergleichen wegen der Bewahrung: a) der Reichs- und Staatsgeheimnisse § 92 Nr. 1 des Str.G.B. und das Gesetz gegen den Verrath militärischer Geheimnisse v. 3./7. 93 (R.G.Bl. S. 205), b) des Briefgeheimnisses § 5 des Post-G. v. 28./10. 71 (R.G.Bl. S. 347), §§ 37 u. 46 der Postordnung v. 11./6. 92 (R.C.Bl. S. 428) und § 354 des Str.G.B., c) des Telegraphengeheimnisses § 2 der Reichs-Telegraphenordnung v. 15./6. 91 (R.C.Bl. S. 163), § 8 des G. über das Reichstelegraphenwesen v. 6./4. 92 (R.G.Bl. S. 467) und § 355 des Str.G.B.

§ 12. 1) **Bevor ein Reichsbeamter** 2) **als Sachverständiger ein außergerichtliches** 3) **Gutachten** 4) **abgiebt, hat derselbe dazu die Genehmigung seiner vorgesetzten Behörde** 5) **einzuholen** 6).

Ebenso haben Reichsbeamte, auch wenn sie nicht mehr im Dienste sind, ihr Zeugniß in Betreff derjenigen Thatsachen, auf welche die Verpflichtung zur Amtsverschwiegenheit sich bezieht, insoweit zu ver-

weigern, als sie nicht dieser Verpflichtung in dem einzelnen Falle durch die ihnen vorgesetzte oder zuletzt vorgesetzt gewesene Dienstbehörde entbunden sind 7) 8) 9).

1) Der Reg.Entw. lautete im Abs. 2 wie jetzt, dagegen im Absatz 1 allgemein:

„Reichsbeamte haben die Ertheilung eines Gutachtens als Sachverständige, soweit hierzu nicht die Genehmigung der vorgesetzten Dienstbehörde ertheilt ist, zu verweigern."

Der Reichstag schied die gerichtlichen Gutachten aus, weil die Bestimmung darüber der Reichs-Civilprozeßordnung zufalle (vergl. A. 6), und wählte die jetzige Fassung. Maßgebend für die Bestimmung waren hauptsächlich die kommerziellen und industriellen Verhältnisse der damaligen Zeit (Gründerzeit). „Die Inanspruchnahme der Beamten zur Abgabe von Gutachten hat die größten Bedenken in einer Zeit, wie die gegenwärtige, wo alle Verhältnisse sich mehr oder weniger um die Fluktuation des Verkehres, der Industrie und des Geldes drehen. Es kann nicht fehlen, daß namentlich an Beamte Ansinnen aller Art zu Gutachten und sachverständigen Aeußerungen gelangen, um auf Grund dieser Gutachten und Aeußerungen auf dem angedeuteten Gebiete das Geld anzulocken, das Unternehmen als ein günstiges zu preisen und für dasselbe eine Art offizielle Autorität anzuführen" (Rede des Bundeskommissars, Sten.B. S. 152, ferner S. 155 u. 893 daselbst).

2) Zu ergänzen: „solange er im Dienst ist," im Gegensatze zu Abs. 2, der auch die ausgeschiedenen Beamten umfaßt (A. 7). Da man die Wartegeldempfänger von der weiter reichenden Bestimmung des § 16 ausdrücklich ausgenommen hat (Abs. 8 das.), kann nicht beabsichtigt gewesen sein, sie unter dem Minus der Verpflichtung des § 12 zu belassen (vergl. § 16 A. 7 a. E. und A. 17 das.; Kanng. S. 101, Turnau § 12 A. 1 und Sten.B. S. 185 u. 186. Abweichend Per. u. Sp. A. VI zu § 24.

3) Entgeltliches, wie unentgeltliches. Die anfänglich in zweiter Lesung vom Reichstage beschlossene Beschränkung auf entgeltliche außergerichtliche Gutachten (Sten.B. S. 153 bis 156) wurde in dritter Lesung wieder aufgegeben, weil der Grund der Bestimmung (A. 1) auch bei unentgeltlichen Gutachten zutrifft (Sten.B. S. 893 u. 894).

4) Bloße gelegentliche sachverständige Meinungsäußerungen fallen nicht unter die Bestimmung (Sten.B. S. 893).

5) Vergl. § 159 und Anl. A. III. Anders im Falle des § 16, der die Genehmigung der obersten Reichsbehörde verlangt.

6) Ueber gerichtliche Gutachten (vergl. A. 1) enthalten die Civil- und die Strafprozeßordnung die maßgebenden gleichlautenden Bestimmungen. Danach besteht eine Verpflichtung, sich in Prozessen als Sachverständige vernehmen zu lassen, für Beamte überhaupt nur, wenn ausnahmsweise die Voraussetzungen des § 372 der C.Pr.O. bezw. des § 75 der Str.Pr.O. bei ihnen anzutreffen sind. Sie haben ferner ebenso, wie ihr Zeugniß auch ihr Gutachten nach Maßgabe der folgenden A. 7 stets zu verweigern, wenn die Amtsverschwiegenheit in Frage kommt (vergl. A. 9, sowie § 373 Abs. 1 der C.Pr.O. und § 76 Abs. 1 der Str.Pr.O.). Außerdem besitzt allgemein (auch wo der Beamte verpflichtet ist, siehe oben) die Aufsichtsbehörde das Recht, jede Vernehmung eines Beamten als Sachverständigen vor Gericht aus dienstlichen Rücksichten zu untersagen. In dieser Beziehung bestimmen gleichlautend § 373 Abs. 2 und § 76 Abs. 2 a. a. O.:

„Die Vernehmung eines öffentlichen Beamten als Sachverständigen findet nicht statt, wenn die vorgesetzte Behörde des Beamten erklärt, daß die Vernehmung den dienstlichen Interessen Nachtheile bereiten würde."

Nach den Gesetzesmotiven ist hierbei theils an Zeitmangel des Beamten, theils an mögliche Kollisionen zwischen amtlicher Stellung und Gutachterfunktion gedacht. In jedem Falle muß das Gericht sich mit der Erklärung der Behörde begnügen, auch ohne weitere Motivirung derselben. Die Erklärung kann aus eigener Initiative der Aufsichtsbehörde hervorgehen, oder auch von dem Beamten erwirkt werden, dagegen hat das Gericht hier, wenn nicht A. 7 (vgl. A. 9) Platz greift, keine Verpflichtung, von Amtswegen die Meinung der Dienstbehörde zu erforschen (vergl. v. Wilmowski und Levy § 373 A. 3; Reincke § 373 A. c; Gaupp § 373 A. III). Aus letzterem Grunde haben nach dem Vorgange in Preußen (vergl. Allg. M.Verf. v. 6./4. 83 V.M.Bl. S. 80) auch Reichsverwaltungen, um das dienstliche Interesse zu sichern, ihren Beamten allgemein zur Pflicht gemacht, in Fällen einer an sie ergehenden gerichtlichen, oder auch Parteivorladung (§ 219 der Str.Pr.O.) ihrer vorgesetzten Dienstbehörde sofort Anzeige zu machen, damit diese rechtzeitig von ihrem Einspruchsrechte Gebrauch machen kann (vergl. § 15 Abth. 2 Abschn. X A.Post.D.A.; § 19 der gemeinsamen Best. für die Reichs-Eisenbahnbeamten v. 3./1. 90). Vergl. ferner § 14 A. 1 u. 6.

7) Abs. 2 enthält nur eine Anwendung des im § 11 ausgesprochenen Grundsatzes auf gerichtliche Zeugnisse und erstreckt sich, wie jener auch auf die nicht mehr im Dienste befindlichen Beamten. Darunter sind hier ebenfalls nicht nur die in den einstweiligen oder dauernden Ruhestand versetzten, sondern auch die aus jedem Dienstverhältniß ausgeschiedenen, die entlassenen Beamten zu verstehen. Bei beiden übt die zuletzt vorgesetzt gewesene Dienstbehörde das Genehmigungsrecht aus (vergl. § 11 A. 2).

In Uebereinstimmung mit der hier gegebenen Vorschrift verordnen gleichlautend § 341 der C.Pr.O. und § 53 der Str.Pr.O.:

„Oeffentliche Beamte, auch wenn sie nicht mehr im Dienste sind, dürfen über Umstände, auf welche sich ihre Pflicht zur Amtsverschwiegenheit bezieht, als Zeugen nur mit Genehmigung ihrer vorgesetzten Dienstbehörde oder der ihnen zuletzt vorgesetzt gewesenen Dienstbehörde vernommen werden. Für den Reichskanzler bedarf es der Genehmigung des Kaisers ...."

Beide Bestimmungen fügen hinzu:

„Die Genehmigung darf nur versagt werden, wenn die Ablegung des Zeugnisses dem Wohle des Reichs oder eines Bundesstaates Nachtheil bereiten würde"

und § 341 der C.Pr.O. enthält den weiteren Zusatz:

„Die Genehmigung ist durch das Prozeßgericht einzuholen und dem Zeugen bekannt zu machen."

Obwohl diese Schlußbestimmung dem § 53 der Str.Pr.O. fehlt, muß doch aus gleichem Grunde auch dort dasselbe gelten, es hat auch das Strafprozeßgericht die Genehmigung der Dienstbehörde, wo sie erforderlich wird, von Amtswegen zu erwirken (vergl. Löwe A. 35 zu § 53). Erforderlich aber wird diese Genehmigung immer, wenn ein Reichsbeamter über einen sein Amt berührenden Gegenstand vernommen werden soll und nicht ohne weiteres klar ist, daß die Pflicht zur Verschwiegenheit sich auf den Gegenstand der Vernehmung nicht erstreckt, auch seitens des zu vernehmenden Beamten eine abweichende Auffassung nicht geltend gemacht wird. Tauchen irgend welche Zweifel bei dem Gerichte auf, sollte auch der Beamte selbst zum Zeugniß bereit sein, oder verweigert der Beamte unter Berufung auf seine Pflicht zur Amtsverschwiegenheit das Zeugniß, wozu ihn § 348 Nr. 5 der C.Pr.O. berechtigt und die vorliegende Bestimmung des R.B.G. verpflichtet, so muß zunächst die vorgesetzte Dienstbehörde Seitens des Gerichtes befragt und von deren Erklärung es abhängig gemacht werden, ob und in welchem Umfange der Zeuge gemäß § 350 letzter Abs. der C.Pr.O. zur Aussage anzuhalten ist, oder nicht (vergl. § 348 Schlußsatz der C.Pr.O.; Reincke § 341 A.; Gaupp § 348 A. IV; Löwe § 28 A. 3a; R.G. v. 18./9. 82 E.Str. B. 7 S. 75; Pr. J.M.E. v. 24./5. 86 J.M.Bl. S. 137).

8) Die Erklärung der vorgesetzten Dienstbehörde ist für das Prozeßgericht maßgebend, dasselbe hat nicht nachzuprüfen, ob bei dieser Erklärung der gesetzliche Versagungsgrund: „Gefährdung des Reichs- und Staatswohles" (A. 7) richtig gewürdigt ist. Wohl aber können sowohl das Gericht, wie die Prozeßbetheiligten den Beschwerdeweg, wo solcher noch offen ist, betreten, wenn die Genehmigung aus einem anderen, als dem gesetzlichen Grunde versagt, oder wenn gar kein Grund angegeben ist. Wird die Genehmigung nur beschränkt ertheilt, so bleibt auch diese Schranke Seitens des Gerichts zu beachten (vergl. R.G. v. 18./9. 82 E.Str. B. 7 S. 75; Löwe § 53 A. 5; v. Wilmowski und Levy § 341 A. 3).

9) Im Abs. 2 ist zwar nur von Zeugnissen die Rede, es versteht sich aber von selbst, daß auch die Gutachten unter die Bestimmung fallen, wie unzweifelhaft die im A. 7 erwähnten prozeßrechtlichen Vorschriften auf sie Anwendung leiden, wenn bei ihrer Abgabe Umstände berührt werden müssen, auf welche sich die Verschwiegenheitspflicht erstreckt (vergl. §§ 367 und 373 Abs. 1 der C.Pr.O.; §§ 72 u. 76 Abs. 1 der Str.Pr.O.; Löwe § 76 A. 5).

§ 13[1]). Jeder Reichsbeamte ist für die Gesetzmäßigkeit seiner amtlichen Handlungen verantwortlich[2])[3])[4])[5])[6])[7]).

1) Der Reg.Entw. lautete:

„Die Zulässigkeit der gerichtlichen Verfolgung eines Reichsbeamten wegen dienstlicher Handlungen oder Unterlassungen wird durch ein Reichsgesetz geregelt. Bis zum Erlaß dieses Gesetzes sind dafür diejenigen in der Gesetzgebung der einzelnen Bundesstaaten enthaltenen Bestimmungen maßgebend, welche am dienstlichen Wohnsitz des Reichsbeamten für die Behandlung derselben Frage bezüglich der Staatsbeamten gelten . . . . ."

Danach sollten also, wie auch in den Motiven S. 70

gesagt wird, bis zur reichsgesetzlichen Regelung rücksichtlich der Zulässigkeit der gerichtlichen Verfolgung wegen dienstlicher Handlungen oder Unterlassungen innerhalb eines und desselben Bundesstaates dieselben Gesetze auf die Reichs- wie die Landesbeamten Anwendung finden. Der Reichstag lehnte diese Bestimmung aus dem in der folgenden A. 2 erörterten Grunde ab und beschloß dafür in zweiter Lesung folgende Vorschrift:

„Jeder Reichsbeamte ist für die Gesetzmäßigkeit seiner amtlichen Handlungen verantwortlich.

Hat derselbe jedoch nach den Anordnungen eines Vorgesetzten gehandelt, welche innerhalb des Kreises der amtlichen Zuständigkeit des letzteren und in gesetzlicher Form erlassen waren, so trifft die civilrechtliche und dienstliche Verantwortlichkeit dafür den Anordnenden allein."

Die Reichsregierung bekämpfte diesen Reichstagsbeschluß, weil er ohne nähere Bestimmungen über die rechtlichen Voraussetzungen und die Tragweite dieser Verantwortlichkeit ein rein theoretischer Satz bleibe, hauptsächlich aber wandte sie sich gegen den zweiten Theil des Beschlusses, den sie aus demselben Grunde, wie die vom Reichstage in zweiter Lesung zum § 10 beschlossene Abänderung (vergl. § 10 A. 1) für unannehmbar erklärte, weil er die Autorität der Behörden untergrabe, den Untergebenen zum Kontroleur seiner Vorgesetzten mache und die Mitwirkung ängstlicher, peinlich gewissenhafter Beamten geradezu aufhebe. Denn dem untergebenen Beamten drohe nach dem Beschlusse sogar die Disziplinaruntersuchung, wenn er Anordnungen seiner Vorgesetzten gefolgt sei, von denen sich hinterher herausstelle, daß sie nicht in dessen Zuständigkeit gelegen hätten. In der dritten Berathung des Gesetzentwurfs wurde deshalb der zweite Theil des Reichstagsbeschlusses ebenso, wie jener Zusatz zum § 10 wieder aufgegeben, sodaß nur der erste Theil, wie ihn § 13 wiedergiebt, zum Gesetz wurde (vergl. § 10 A. 2 und Sten.B. 72 S. 39, 157 bis 172, 894 u. 895; 73 S. 21, 57 u. 95).

2) Der Reichsbeamte hat für alle seine amtlichen — positiven wie negativen (§ 154) — Handlungen nicht bloß die volle dienstliche (§§ 10 u. 72), sondern auch die volle strafrechtliche und privatrechtliche Verantwortlichkeit zu tragen. Während die dienstliche Verantwortlichkeit in diesem Gesetze (§§ 72 ff.) ihre besondere Regelung fand, und die strafrechtliche den Bestimmungen des Strafgesetzbuches (§§ 331 bis 359 Str.G.B.) anheimfiel, sollte für die privatrechtliche Verantwortlichkeit durch den § 13 wenigstens eine feste Grundregel geschaffen, im Prinzip ausgesprochen werden, daß, wenn aus einer ungesetzmäßigen dienstlichen Handlung, oder pflichtwidrigen Unterlassung ein Vermögensschaden entstehe, der Reichsbeamte wie jeder andere Vermögensbeschädiger dem gleichen bürgerlichen Rechtswege ohne jede Vorbedingung unterworfen bleibe. Die Regierungsvorlage (A. 1) wurde nur deshalb verworfen, weil einzelne der von ihr substituirten Partikularrechte den Beamten rücksichtlich ihrer privatrechtlichen Verfolgbarkeit wegen widerrechtlicher Amtshandlungen eine Sonderrechtsstellung einräumen, ihre gerichtliche Inanspruchnahme von Vorentscheidungen anderer Behörden abhängig machen, insbesondere wollte man jede Anwendung des preußischen Konfliktsgesetzes v. 13./2. 54 (G.S. S. 86) auf Reichsbeamte unbedingt verhüten. Bei Reichsbeamten soll über die Fragen, ob die Grenzen der Amtsbefugnisse inne gehalten, oder Handlungen, zu denen das Amt verpflichtet, unterlassen sind, sobald daraus ein Schaden erwachsen ist, bedingungslos und uneingeschränkt der von dem Beschädigten angerufene ordentliche Richter entscheiden. Hierin liegt die wahre Bedeutung des § 13, er darf nicht dahin verstanden werden, daß schon die objektiv gesetzwidrige Handlung allein, ohne alle Rücksicht auf die subjektive Schuldbarkeit civilrechtliche Folgen nach sich ziehen solle. Wenn das Gesetz über diese weiteren materiellrechtlichen Voraussetzungen der Haftpflicht, also namentlich über den erforder-

lichen Grad der Verschuldung und den Umfang des Schadensersatzes sich nicht ausspricht, so erklärt sich dies daraus, daß man die einheitliche Regelung dieser Rechtsfragen einem besonderen Beamtenverantwortlichkeitsgesetze, oder dem Reichscivilgesetzbuche vorbehalten und bis dahin in dieser Hinsicht den Vorschriften der Partikularrechte Raum gewähren wollte (vergl. Sten.B. S. 43, 157 bis 172 u. 895; Kanng. S. 64 A. 2; v. Zedlitz A. 16; Pr. O.V.G. v. 24./1. 85 E. B. 11 S. 403; § 154 A. 3). Daß unter diesen partikularrechtlichen Hülfsvorschriften nur die beamtenrechtlichen Normen des Landes, in welchem der Beamte zur Zeit der verantwortlichen Handlung seinen Wohnsitz hatte, in Preußen also die Bestimmungen der §§ 86 ff., 127 ff. II 10 A.L.R. zu verstehen sind, kann nach der dem § 19 gegebenen allgemeinen Fassung nicht bezweifelt werden. Dieser § 19 stellt grundsätzlich Reichsbeamte und Landesbeamte in ihren Rechtsverhältnissen gleich, soweit nicht Reichsgesetze etwas anderes bestimmen, vorliegend also, soweit nicht § 13 eine Anwendung der nach den Landesgesetzgebungen für dortige Beamte gültigen Bestimmungen ausschließt (vergl. § 19 A. 1; v. Zedlitz A. 16; Thudichum A. II Nr. 2 zu § 10; Laband S. 456b; R.G. v. 11./10. 88, Jurst.W. S. 428 auch 28./4. 92 Jurst.W. S. 315 Nr. 25).

3) Die in A. 2 erwähnten landesgesetzlichen Bestimmungen über die Entschädigungspflicht der Beamten gestalten sich verschieden, anders nach gemeinem Recht, anders nach französischem, anders nach preußischem Recht (vergl. darüber Kanng. S. 67 A. 5, auch Sten.B. S. 159). Das preußische Recht sieht den Beamten als Sachverständigen an, der auch ein geringes Versehen zu vertreten hat, doch haftet der Beamte nur subsidiarisch (vergl. §§ 88, 89, 91 II 10, § 23 I 3, § 57 I 13 A.L.R.; R.G. v. 24./9. 85 Gruchot B. 30 S. 137, v. 9./5. 87 E. B. 18 S. 389, v. 8./10. 91 Bolze B. 13 Nr. 217, v. 10./11. 92

Jurst.W. 93 S. 50 Nr. 51, v. 27./11. 93 E. B. 32 S. 322).

Um bei Anwendung dieser verschiedenen Rechtssysteme die Einheitlichkeit zu wahren und eine möglichste Ausgleichung der bestehenden Verschiedenheiten im Wege fortbildender Rechtsprechung anzubahnen, um ferner den im § 13 niedergelegten reichsrechtlichen Haftpflichtgrundsatz vor Irrthümern und Anfechtungen zu schützen, wurde vom Reichstage der § 154 dem Gesetze einverleibt, der in allen hierher gehörigen Rechtsfällen einen Spruch des Reichsgerichtes ermöglicht (vergl. § 154 A. 1 bis 8; Kanng. S. 68 unter b; v. Zedlitz A. 167; auch Sten.B. S. 164 unten).

4) Ob der Beamte durch sein pflichtwidriges Verhalten das Vermögen eines Dritten, oder das Vermögen des Reiches selbst (Fiskus) beschädigt, bleibt für die Rechtsverfolgung gleich, es kommen dieselben Rechtsgrundsätze (A. 2 u. 3) zur Anwendung, wenn der benachtheiligte Fiskus gegen ihn klagt (vergl. R.G. v. 19./3. 89 E. B. 23 S. 326 und für Preußen § 90 II 10 A.L.R., R.G. v. 2./11. 82, Gruchot B. 28 S. 968, v. 9./4. 85 E. B. 13 S. 258, v. 24./9. 85, Gruchot B. 30 S. 137, v. 28./11. 90 Jurst.W. 91 S. 77 Nr. 29 und 1./10. 91 Bolze B. 13 Nr. 212). Wer seine Amtsbefugnisse überschreitet und seine Amtspflichten verletzt, handelt nicht mehr als Beamter und bleibt deshalb gleich jedem anderen Sachbeschädiger vermögensrechtlich dem Fiskus, d. h. dem Staate in der Fiktion als Vermögen besitzende Privatrechtsperson, in derselben Weise, wie jedem Dritten verantwortlich. Daneben besteht gegenüber dem Staate als Amtsherrn die disziplinarrechtliche Verantwortlichkeit aus dem Beamtenrechtsverhältnisse (vergl. Laband § 48 S. 470 Nr. 6; Stengel in Hirths Ann. J. 76 S. 901; Sten.B. S. 171; § 72 Vorbemk. 1; § 79 A. 1).

5) Wie die Vertretungspflicht zu beurtheilen ist, wenn der Untergebene auf Geheiß seines Vorgesetzten gehandelt hat, vergl. § 10 A. 2.

Soweit das Gesetz einem Beamten überläßt nach eigenem Ermessen zu entscheiden, kann er für eine bloß **unzweckmäßige, aber nicht gesetzwidrige Ausübung** dieser Befugniß nicht verantwortlich gemacht werden (vergl. Kanng. S. 66e; R.G. v. 19./3. 89 E. B. 23 S. 326).

Gesetzesunkenntniß und **Mangel an Bildung** entschuldigen nicht: „Wer ein Amt übernimmt, muß dafür aufkommen, daß er diejenigen Kenntnisse und Fähigkeiten besitzt, welche zur Verwaltung des Amtes gehören. Der Mangel an Bildung schließt die Haftung wegen Versehen, welche er als Beamter zu vertreten hat, nicht aus." (R.G. v. 2./11. 82 Gruchot B. 28 S. 970, sowie v. 10./11. 92 Jurist.W. 93 S. 50 Nr. 51).

Rechtsirrthum kann nur ausnahmsweise als Entschuldigung gelten, wo die Rechtsnormen selbst an Unklarheiten und Zweideutigkeiten leiden, oder ungewöhnlich verwickelte Thatbestände die richtige Gesetzesanwendung behindert haben (R.G. v. 24./9. 85 und 26./11. 88 Gruchot B. 30 S. 137 und B. 33 S. 1117, sowie v. 5./1. 94 Jurist.W. 94 S. 93 Nr. 44).

6) Neben dem Beamten kommt auch das Reich als für dessen Verschuldungen ersatzpflichtig in Betracht, sodaß, wo solche Verpflichtung besteht, die Vertretungspflicht des Beamten regelmäßig auf den Rückgriff Seitens des Reiches beschränkt bleiben wird. In dieser Beziehung ist zu unterscheiden:

I. Wo das Reich als Träger der Vermögensrechte, als Fiskus (oben A. 4) in Geschäften auf privatrechtlichem Gebiete, sowie als Bauherr oder Grundeigenthümer in Betracht kommt, bleibt dasselbe für die Erfüllung aller freiwillig, durch Verträge ꝛc. eingegangenen, oder durch rechtskräftiges Urtheil oder spezielle (sicherheitspolizeiliche) Gesetze (vgl. §§ 330, 366 Nr. 10, 367 Nr. 12 bis 14 des Str.G.B.) auferlegten privatrechtlichen Verpflichtungen gleich anderen juristischen Personen und in dem für diese vorgeschriebenen ordentlichen Gerichtsstande (vgl. § 154 A. 4) unmittelbar verhaftet, sodaß dasselbe im Falle doloser oder kulposer

Nichterfüllung solcher Verbindlichkeiten den Beschädigten nicht an seine Beamten verweisen kann. Denn diese fungiren hier nicht als Beamte, als Vertreter des Staatswillens in Ausübung der auf sie übertragenen Amtsgewalt, sondern ersetzen lediglich die nothwendigen physischen Willensorgane der juristischen Person (Fiskus), durch welche als ihre beauftragten Repräsentanten diese mit voller Verantwortlichkeit in das Privatrechtsleben eingreift. Der Fiskus bedient sich zu solchem Zwecke naturgemäß der Beamten des Staates, er könnte aber auch geeignete fremde Personen dazu wählen. (Vergl. Laband I S. 454 Nr. II Abs. 3; R.O.H.G. v. 10./12. 72 E. B. 8 S. 203; R.G. v. 12./12. 82, v. 21./12. 86, v. 30./4. 92 E. B. 8 S. 236, B. 17 S. 105, B. 29 S. 421, ferner v. 25./10. 82, v. 18./4. 85, v. 20./1. 86, v. 2./5. 89 Gruchot B. 27 S. 895, B. 29 S. 871, B. 30 S. 692, B. 33 S. 870 und v. 8./6. 93 Jurst.W. S. 432 Nr. 35; Dernburg I § 53; § 26 I 6, § 172 I 14, §§ 81 u. 82 II 6 Pr. A.L.R.; Seuffert's Archiv für Rechtsfälle B. 26 Nr. 34);

II. Wo das Reich als Träger der Reichshoheitsrechte und der Regierungsgewalt in Betracht kommt, bleibt dasselbe für Verschuldungen seiner Organe, die hier als Behörden und Repräsentanten von Behörden fungiren, außer jeder Verantwortung, diese vielmehr ausschließlich auf den Beamten beschränkt. Denn in seiner Eigenschaft als Staat bildet das Reich kein Rechtssubjekt, das als solches vor den Civilrichter geladen werden könnte, und ungesetzmäßige Amtshandlungen fallen auch nicht unter die Amtsgewalt, mit welcher der Staat, beziehungsweise das Staatsoberhaupt die Beamten bekleidet hat (vergl. Piloty in Hirths Ann. J. 88 S. 245—271; Pr. Kab.O. v. 4./12. 31 G.S. 255; v. Rönne Pr. St.R. B. 3 § 267; Dernburg I § 53 A. 16; Förster-Eccius I § 90 S. 550—552; R.O.H.G. E. B. 8 S. 205; R.G. v. 2./2. 80 Gruchot B. 24 S. 1043, v. 8./4. 84,

v. 20./9. 90, v. 5./11. 91 E. B. 11 S. 206, B. 26 S. 341, B. 28 S. 335, sowie v. 11./5. 92 Jurst.W. S. 320 Nr. 40).

Eine Ausnahme tritt hier nur da ein, wo der Staat (Reich) auch in solchem Falle durch besonderes Gesetz die Haftpflicht übernimmt. Vergl. § 29 Abs. 2 der Pr. Grundbuchord. v. 5./5. 72 und dazu Turnau G.B.O. B. II § 122 S. 544; Art. 1384 code civil, dazu R.G. v.17./6. 87 E. B. 19 S. 107, v. 4./11. 87 Jurst.W. 88 S. 8 und v. 11./7. 93 Jurst.W. S. 438 Nr. 51. Hierher gehört ferner die Haftpflicht des Staates gegenüber unschuldig Verurtheilten, die nur durch besonderes Gesetz begründet werden kann (vergl. § 413b des dem Reichstag vorgelegten Entwurfes der Novelle zum G.V.G. und zur Str.Pr.O.

7) Wird der Beamte im Dienste beschädigt, so stehen ihm unter Umständen die Pensionsrechte aus § 36, oder die ähnlichen Rechte aus dem U.F.G. (Anl. G) zur Seite. Trägt fahrlässige Anordnung eines Vorgesetzten die Schuld an seiner Verletzung, so kann er sich wegen weiter gehender Entschädigungsansprüche an diesen halten, der durch sein amtswidriges Verhalten sich in die Lage eines Privatbeschädigers versetzt (vergl. A. 4 a. E.). Für das Reich liegt in solchem Falle nur eine, von beiden Beamten gemeinschaftlich vorgenommene fehlerhafte Diensthandlung vor, deren nachtheilige Folgen für den sich nicht in Verschuldung befindlichen Beamten gegen das Reich nur die durch seine Anstellung ausschließlich überkommenen vorerwähnten Ansprüche erzeugen können. Kanngießer bemerkt S. 34 A. 7 zu § 5 ebenfalls: „Ein Recht auf Schadensersatz bei unverschuldeten Beschädigungen durch den Dienst ist im Gesetz nicht anerkannt. Argumente § 36.“ Vergl. ferner §§ 8 u. 10 Abs. 2 des U.F.G. (Anl. G), sowie Art. 20 der Mil.P.G.N. v. 22./5. 93 (R.G.Bl. S. 182).

In seinem Urtheile v. 10./11. 87 (E. B. 19 S. 348) hat das Reichsgericht den preußischen Fiskus nach den

Grundsätzen des Dienstmiethkontraktes zum Schadensersatze gegenüber einem sog. Unterbeamten (Bureaudiener) für verpflichtet erklärt, der bei Ausführung eines Auftrages seines vorgesetzten Bauinspektors (Forttragen eines geladenen Exstinkteurs bei Gelegenheit einer amtlich geleiteten Prüfung von Feuerlöschgeräthschaften) beschädigt und dienstunfähig geworden sein wollte. Das Gericht erwägt: „Der Staat komme hier nur von seiner vermögensrechtlichen Seite als juristische Person (Fiskus) in Betracht und sei in dieser Eigenschaft bei dem in seinem Namen ausgeführten Geschäfte rechtsverpflichtend durch den Bauinspektor vertreten worden. Habe dieser zu seiner Hülfe einen Unterbeamten zugezogen und diesem einen fehlerhaften Auftrag ertheilt, so sei dieses Versehen des Repräsentanten das eigene Versehen der juristischen Person, hier des Fiskus, für welches dieselbe nach den Grundsätzen der Dienstmiethe dem Hülfsfunktionär (Unterbeamten) gerade so verhaftet bleibe, wie wenn statt seiner ein gemietheter Arbeiter fungirt hätte." Dabei nimmt das Gericht Bezug auf seine Entscheidung v. 30./12. 82 (E. B. 8 S. 151). Hiergegen ist einzuwenden: Es handelte sich in dem Streitfalle ersichtlich nicht um Geschäfte, um Willensäußerungen der juristischen Person des Fiskus, durch welche derselbe nach außen mit dritten Personen in privatrechtliche Beziehungen getreten wäre und bei welchen ihm die Beamten des Staates als Willensorgane gedient hätten (A. 6 I), sondern es stand eine innere Amtshandlung in Frage, der Bauinspektor hatte amtlich eine allgemein zu seinen technischen Berufspflichten gehörende Prüfung von Feuerlöschgeräthschaften vorgenommen, wobei ihm der Unterbeamte behülflich gewesen war. Beide Beamten hatten also gemeinschaftlich eine Handlung verrichtet, welche zu den Pflichten ihres Staatsamtes gehörte, und wenn daraus dem Einen ein Schaden erwuchs, so überkam dadurch der Staat als Amtsherr keine weitere Verpflichtung, als er in den das Verhältniß zu seinen

Beamten regelnden Gesetzen übernommen hatte, wobei es rechtlich sich gleich bleiben muß, ob die Erfüllung der Amtspflicht auf vermögensrechtlichem oder staatsrechtlichem Verwaltungsgebiete vor sich ging. In jenem Rechtsfalle erwarb also der beschädigte Beamte nur diejenigen Ansprüche, welche das preußische Pensionsgesetz oder das preußische Unfallfürsorgegesetz ihm einräumten. Die juristische Person des Fiskus stellt weder die Beamten an, noch tritt sie zu ihnen als solche in irgendwelche materiellrechtliche Beziehungen, dergestalt etwa, daß der Fiskus mit ihnen den vermögensrechtlichen Vertrag abschlösse, während der Staat das öffentliche Rechtsverhältniß einginge. Der Staat tritt als Fiskus nur nach außen, nicht gegenüber seinen Beamten in die Erscheinung. Hier ist es das Oberhaupt des Staates, das als Träger der Aemterhoheit die Organe zur Erfüllung der Staatszwecke, mögen diese auf dem öffentlichrechtlichen oder vermögensrechtlichen Gebiete liegen, beruft und ausschließlich und vollinhaltlich mit ihnen das Beamtenrechtsverhältniß knüpft. Ließe dieses Rechtsverhältniß die Zweitheilung in ein öffentlichrechtliches und ein privatrechtliches zu, so müßte sich für die privatrechtliche Seite auch eine Obligationenrechtsform finden lassen, welche für alle Fälle sich als brauchbar erwiese. Wie unsicher es aber hiermit steht, zeigen auch die E. des R.G. v. 4./11. 86 E. B. 18 S. 173 u. v. 22./5. 90 Gruchot B. 34 S. 924. In dem Urtheile v. 4./11. 86 verwerthet das Reichsgericht ebenfalls die Grundsätze der privatrechtlichen Dienstverträge, um den Anspruch eines preußischen Eisenbahnbeamten gegen seinen Fiskus auf Ersatz des Schadens zu begründen, welchen der Beamte bei Ausübung seines Dienstes infolge des schadhaften Zustandes einer Bahnhofstreppe erlitten haben wollte. In dem zweiten Urtheile v. 22./5. 90 erkennt dagegen dasselbe Gericht an, daß die privatrechtlichen Bestimmungen über Vertragserfüllung (§§ 270 ff. I 5 Pr. A.L.R.), mit welchen das Pr. O.Trib. in seiner

E. v. 17./3. 65 (vergl. § 14 A. 5) operirt, nicht angewendet werden dürften, sobald es sich um den Anspruch eines öffentlichen Beamten auf sein Amtsgehalt handle. Und doch schöpft sowohl dieser Anspruch, wie jener Entschädigungsanspruch aus derselben Rechtsquelle, welche in beiden Entscheidungen als die nach Vertragsgrundsätzen zu beurtheilende privatrechtliche Seite des Staatsdienerverhältnisses hingestellt wird.

Nicht bloß alle Pflichten, sondern auch alle Rechte der Beamten aus ihrer staatsrechtlichen Anstellung richten sich ausschließlich nach den darüber ergangenen besonderen Gesetzen (vergl. § 85 II 10 Pr. A.L.R. und § 6 des Pr. G., betreff. Erweiterung des Rechtsw. v. 24./5. 61 G.S. S. 241). Damit dürfte einer analogen Anwendung obligationenrechtlicher Grundsätze jeder Weg verschlossen sein (vergl. v. Rönne Pr. St.R. I S. 251; Laband I § 50 Abs. 2; § 1 dieses G. A. 7 Schlußbemk.). Auch die Klagbarkeit der den Beamten verliehenen vermögensrechtlichen Ansprüche richtet sich nach besonderen darüber gegebenen Vorschriften (§§ 149 ff.), und wenn hierbei die prozeßrechtliche Vertretung des Staates der Fiskus übernehmen muß, so geschieht es nicht, weil er diese Ansprüche verliehen hätte, sondern weil dieselben sich naturgemäß gegen das Vermögen des Staates richten und der Staat nur als Fiskus ein verklagbares Rechtssubjekt bildet. Die abweichende Auffassung des Reichsgerichtes kehrt wieder in der E. v. 10./6. 90 Gruchot B. 35 S. 146 bis 148 und in der jüngsten E. v. 26./4. 94 Jurst. W. 94 S. 327 u. 328 Nr. 56 u. 59, auch Bolze B. 18 Nr. 648.

§ 14. Die Vorschriften über den Urlaub [1]) der Reichsbeamten und deren Stellvertretung werden vom Kaiser erlassen. [2])

In Krankheitsfällen, [3]) [4]) sowie in solchen Abwesenheitsfällen, zu denen die Beamten eines Urlaubs

nicht bedürfen (Reichsverfassung Art. 21),[5] [6]) findet ein Abzug vom Gehalte nicht statt. Die Stellvertretungskosten fallen der Reichskasse zur Last. [5]) [6]) [7])

Ein [8]) Beamter, welcher sich ohne den vorschriftsmäßigen Urlaub von seinem Amte entfernt hält, [9]) [10]) [11]) oder den ertheilten Urlaub überschreitet, ist, wenn ihm nicht besondere Entschuldigungsgründe [12]) zur Seite stehen, für die Zeit der unerlaubten Entfernung seines Diensteinkommens verlustig. [13])

[1]) „Kein Beamter darf den zur Ausübung seines Amtes ihm angewiesenen Wohnort ohne Vorwissen und Genehmigung seiner Vorgesetzten verlassen" (§ 92 II 10 Pr. A.L.R.).

[2]) Vergl. Verord. v. 2./11. 74 (Anl. H). Für die gesandtschaftlichen und Konsulatsbeamten mit Ausnahme der Wahlkonsuln (§ 16 A. 16) besteht die besondere Verord. v. 23./4. 79 (R.G.Bl. S. 134), deren § 2 Abs. 1 durch Verord. v. 17./8. 94 (R.G.Bl. S. 518) ergänzt ist. Für die Wahlkonsuln ist es bei § 6 der allg. Dienstinstr. für die Konsuln v. 6./6. 71, abgedruckt in Hirths Ann. J. 71 S. 614, verblieben (§ 13 der Verord. v. 23./4. 79). Die Stellvertretung des Reichskanzlers regelt das Gesetz v. 17./7. 78 (Anl. J).

Die Urlaubsvorschriften für die Landesbeamten im ostafrikanischen Schutzgebiete erläßt der Reichskanzler (Art. 5 der Verord. v. 22./4. 94 R.C.Bl. S. 115).

[3]) Die Worte: „in Krankheitsfällen, sowie" wurden vom Reichstage dem Reg.Entw. beigefügt, um auch für solche Fälle das Recht der Beamten auf unverkürzten Gehaltsbezug zur gesetzlichen Anerkennung zu bringen (Sten.B. S. 172). Dieses Recht folgt aus der Natur der Beamtenbesoldung als einer Unterhaltsrente (§ 4 A. 6). Dasselbe dauert bis zur Genesung, oder bis zur Versetzung

in den Ruhestand, oder da, wo der Dienstbehörde ein Kündigungsrecht zusteht (§ 32) und hierzu übergegangen wird, bis zum Ablauf der Kündigungsfrist.

4) Krankheit mit völliger Arbeitsunfähigkeit dispensirt eo ipso vom Amte, sie berechtigt zur Abwesenheit, wie die Fälle der A. 5 u. 6 und bedarf nur des Nachweises (A. 12). Dagegen muß Urlaub nachgesucht werden bei Kuren zur Wiederherstellung geschwächter Gesundheit, wenn also die Arbeitsfähigkeit nicht aufgehoben, sondern nur gemindert, der Beamte bloß leidend ist (vergl. § 3 der Url.V. Anl. H). In beiden Krankheitsfällen soll ein Abzug vom Gehalte (§ 6 der Url.V.) unterbleiben (vergl. Pr. Kab.O. v. 16./1. 43 J.M.Bl. S. 103 und v. 15./6. 63 V.M.Bl. S. 137).

5) „Der zweite Absatz des § 14 sichert die zu Reichstagsabgeordneten gewählten Reichsbeamten gegen die Auferlegung der durch ihre Vertretung im Amte während ihrer Abwesenheit erwachsenden Kosten" (Motive S. 70). Diese hier allein richtig zu Gunsten der Beamten entschiedene Frage war zur Zeit des Gesetzeserlasses in Preußen eine vielumstrittene infolge eines abweichenden O.Tr.E. v. 17./3. 65 (E. B. 52 S. 321). Vergl. v. Rönne Pr. St.R. I S. 242—252. Selbstverständlich kann aber der Anspruch auf unverkürzten Fortbezug des Gehaltes ohne Dienstleistung nur so lange bestehen, als die wirkliche Beschäftigung im Reichstage oder dessen Kommissionen den Beamten zur Abwesenheit vom Amte nöthigt, also nicht, wenn eine längere Vertagung des Reichstages, wie die vom 8. Mai bis 10. November 1891 die Arbeitskraft des Beamten für sein Amt thatsächlich wieder frei giebt, mag auch rechtlich in solchem Falle die Fiktion einer Fortdauer der Sitzungsperiode (R.G. 25./2. 96 Str. B. 22 S. 379) am Platze sein.

6) Nur beim Eintritt eines Reichsbeamten in den Reichstag übernimmt, wie die ausdrückliche Bezugnahme auf Art. 21 der R.V. und die Motive (A. 5) ergeben, die

Reichskasse die Stellvertretungskosten. Es liegt also hier eine klare reichsgesetzliche Bestimmung vor und kann deshalb aus § 19 für Reichsbeamte, welche in den Landtag eines Bundesstaates gewählt werden, nicht das Recht abgeleitet werden, gleich den Landesbeamten in solchem Falle ebenfalls von Stellvertretungskosten befreit zu bleiben. Hier tritt vielmehr für Reichsbeamte die Verpflichtung zum Urlaubnehmen und für die vorgesetzte Behörde das Recht ein, nach Maßgabe der Url.V. (vergl. § 6 Anl. H) darüber zu befinden (§ 16 A. 4; v. Zedlitz A. 17; Thudichum A. 3 zu § 14; Laband I S. 438 A. 4).

7) Zu den berechtigten Abwesenheitsfällen, in denen es eines Urlaubes nicht bedarf, gehören ferner: Vorladung als Zeuge oder Sachverständiger, Einberufung als Geschworener oder Schöffe, oder zu militärdienstlichen Leistungen. „Dem Wesen der Sache nach kann von der Bitte um zeitweilige Befreiung von der Erfüllung der Amtsgeschäfte, um Urlaub, da nicht wohl die Rede sein, wo die Erfüllung allgemeiner staatsbürgerlicher Pflichten mit der der Dienstpflicht derartig kollidirt, daß die letztere der ersteren zu weichen hat. Hier tritt regelmäßig die Anzeige von dem Eintritt solcher Verhinderung an die Stelle des Urlaubsgesuches." Zu dieser rechtzeitigen Anzeige aber bleibt der Beamte, will er sich nicht Disziplinarmaßregeln aussetzen, immer verpflichtet, damit seine vorgesetzte Behörde für ordnungsmäßige Vertretung sorgen (§ 5 der Url.V.), die Dauer der Verhinderung kontroliren, auch etwaige Einspruchsrechte (§ 12 A. 6) wahren kann (vergl. Pr. O.V.G. v. 21./1. 88 E. B. 16 S. 399; Laband I § 47 S. 438). Auch in solchen Fällen findet ein Abzug vom Gehalte behufs Deckung von Stellvertretungskosten nicht statt. Wegen der Einberufung zum Militärdienst vergl. § 66 des Mil.G. in der Fassung des G. v. 6./5. 80 (R.G.Bl. S. 103) und Ausf.Best. v. 8./5. 88 (R.C.Bl. S. 169).

8) Der hier folgende dritte Abs. stand im Reg.Entw., welcher die hier gegebene Vorschrift als Strafbestimmung

auffaßte, als selbständiger § 75 im Abschnitte über die Dienstvergehen, dort also ein besonderes Dienstvergehen darstellend, und ein anschließender § 76 ordnete an, daß stets auf Dienstentlassung zu erkennen sei, wenn die unerlaubte Abwesenheit mit besonders erschwerenden Umständen verknüpft sei, oder nach erfolgter Aufforderung zur Rückkehr noch vier Wochen, oder überhaupt über acht Wochen andauere. Der Entwurf folgte darin den beiden preußischen Disziplinargesetzen v. 7./5. 51 für die Richter, und v. 21./7. 52 für die Verwaltungsbeamten, welche, das erstere in den §§ 7, 8 u. 11, das letztere in den §§ 8, 9 u. 12, dieselben Bestimmungen enthalten. Die R.T.K. empfahl die Ablehnung beider Paragraphen, weil einerseits dieser § 75 gegen den § 70 (jetzt § 72) verstoße, welcher grundsätzlich jeden speziellen Thatbestand eines Dienstvergehens vermeide, andererseits er sowohl, wie der § 76 den § 80 (jetzt § 76) verletze, welcher in der Strafzumessung völlige Freiheit gewähre (vergl. Drucks. Nr. 107 S. 491, Sten.B. 699). Der Reichstag wurde dem Antrage seiner Kommission dadurch gerecht, daß er den § 76 gänzlich beseitigte, jenen § 75 aber nach § 14 versetzte, um klar zu stellen, daß mit dieser Bestimmung die disziplinarrechtliche Seite der Sache überhaupt nicht berührt, vielmehr lediglich die civilrechtliche Folge der Nichterfüllung der Amtspflicht und des dadurch dem Staate zugefügten Schadens (§ 13 A. 4) ausgesprochen werden solle, als dessen Maßstab bei dieser Deliktsobligation der Betrag der Besoldung gilt (vergl. Drucks. Nr. 133 S. 577 und Sten.B. S. 700 u. 895; Kanng. S. 69, 70 und A. 5 das.). Infolge dessen steht Reichsbeamten der den preußischen Beamten nach deren Disziplinargesetzen (§ 9 beziehungsweise § 10 a. a. O.) verschlossene Rechtsweg auf unverkürzte Gehaltszahlung nach Maßgabe der §§ 149ff. offen (vergl. A. 12; Kanng. A. 5, Thudichum A. 5 zu § 14; Laband I § 50 S. 491 Nr. 1). Es darf also nach Reichsrecht der ordentliche Richter auch darüber angerufen werden, ob einem Beamten, der ohne den vorschriftsmäßigen Urlaub von seinem Amte fern geblieben ist, „besondere Entschuldigungsgründe" für sein Verhalten zur Seite gestanden haben, und der Richter ist hierbei nicht gemäß § 155 an das Urtheil der Verwaltungs- beziehungsweise Disziplinarbehörden gebunden, wenn diese gleichzeitig disziplinarisch eingeschritten sind und den Beamten bestraft haben. Bei einem Fortbleiben aus dem Dienste ohne Urlaub können demnach Reichsbeamte in die Lage kommen, daß sie von ihren Disziplinarbehörden mit Dienstentlassung bestraft werden, dagegen das aus solchem Anlaß vorenthaltene Diensteinkommen für die Zeit bis zur rechtskräftig ausgesprochenen Entlassung (§ 75 A. 13; § 155 A. 4) auf Spruch des ordentlichen Richters nachgezahlt erhalten, soweit dasselbe nicht von den Kosten des Disziplinarverfahrens (§ 124) verzehrt wurde. Eine Suspension mit ihren Folgen (§ 128) bleibt begrifflich (§ 125 Vorbemk. 1) in solchem Falle ausgeschlossen. Vergl. auch Thudichum A. 5 Abs. 3. Richtiger verfahren also die oben erwähnten preußischen Gesetze, welche über die ganze Frage ausschließlich den Disziplinarrichter entscheiden lassen.

9) Nicht bloß, wenn er sein bisheriges Amt ohne Urlaub verläßt, sondern auch, wenn er sein neues (§§ 23 und 28) ohne den erforderlichen Urlaub nicht antritt (vergl. Thilo S. 15 und 91).

10) Unter Amt ist auch der Amtssitz zu verstehen (A. 1). Daher verliert auch der suspendirte Beamte, wenn er ohne Urlaub seinen dienstlichen Wohnsitz verläßt, mag dabei die Absicht der Rückkehr bestehen, oder nicht (Flucht), für die Dauer der unerlaubten Entfernung sein volles Diensteinkommen. Denn die Suspension entzieht nur das Recht zur Ausübung des Dienstes, im Uebrigen läßt sie alle Rechte, aber auch alle Pflichten des Beamten, folglich auch die Pflicht zum Urlaubnehmen unberührt (vergl. § 125 Vorbemk. 1 u. A. 4; Laband § 51 S. 500 A. 8; E. des Disz. H. v. 2./4. 88, mitgetheilt bei Perels und

Spilling A. IV zu 125; M.E. v. 19./1. 74 V.M.Bl. S. 94).

11) Ein Fernbleiben vom Amte infolge Verbüßung einer im Straf- oder Civilprozeßverfahren auferlegten Freiheitsstrafe (Gefängniß, Festung, oder einfache Haft (§§ 16 bis 18 Str.G.B.) ist, weil ein von der Staatsobrigkeit selbst angeordnetes, kein unerlaubtes. Der Beamte behält also seine Besoldung, von der nur da nach § 128 ein Theil arrestweise einbehalten werden darf, wo § 126 Abs. 2 zutrifft, oder wo in solchem Falle das förmliche Disz.Verf. eingeleitet und hiermit die Suspension verfügt wird (§ 127), denn bloße Freiheitsstrafe ist kein selbständiger Suspensionsgrund (vergl. § 125 A. 3 u. § 126 A. 6). Andererseits bleibt aber der Beamte für alle schädlichen Folgen seiner bestraften unerlaubten Handlung nach gemeinrechtlichen Grundsätzen und nach § 13 (vergl. A. 4 das.) verantwortlich, folglich auch zum Ersatze der durch seine dienstliche Vertretung dem Reichsfiskus etwa erwachsenden Kosten verpflichtet. Insoweit kann also compensando auch auf die Besoldung zurückgegriffen werden, doch sind hierbei die Grenzen des § 749 der C.Pr.O. inne zu halten (§ 6 A. 5).

Den preußischen Beamten wird in gleicher Lage stets die Hälfte ihres Diensteinkommens für die ganze Dauer der Freiheitsstrafe einbehalten, wenn diese länger als 4 Wochen dauert. Es beruht das auf einer dortigen Königlichen Anordnung (Kab.Ord. v. 17./5. 20), welche nach § 6 des Pr. G., betreffend Erweiterung des Rechtsw. v. 24./5. 61 (G.S. S. 241) auch für den im Rechtswege angegangenen dortigen Richter maßgebend bleibt (vergl. M.E. v. 2./2. 63 V.M.Bl. 64 S. 27 und v. 15./8. 87 Abs. 5 C.Bl.U.V. S. 660).

Wartegeldempfänger können in dem hier erörterten Falle Einbuße an ihren Bezügen überhaupt nicht erleiden, da keine Vertretungskosten erwachsen (vergl. § 132 A. 1).

In Preußen wird ihnen ebenfalls nichts abgezogen (M.E. v. 2./2. 54 B.M.Bl. S. 66).

Gegen widerrechtliche Verkürzungen hat der Beamte den Rechtsweg (§ 149).

12) Inwiefern das Vorhandensein besonderer Entschuldigungsgründe anzuerkennen ist, unterliegt nach A. 8 der thatsächlichen Beurtheilung der Verwaltungsbehörde, eintretenden Falles des Richters. In jedem Falle hat der Beamte sie zu beweisen (vergl. R.G. v. 27./3. 84 Gruchot B. 28 S. 1111; Pr. O.V.G. v. 8./9. 83 E. B. 12 S. 430 u. 431). Entschuldigungsgründe, welche aus der Beschaffenheit des Amtes entnommen werden sollen, weil dasselbe zu umfangreich sei, der Berufsbildung nicht entspreche u. s. w., sind jedenfalls in der richterlichen Instanz ausgeschlossen, denn über Pflichten und Umfang des Amtes bestimmt ausschließlich das im Gewaltverhältniß des Staates begründete diskretionäre Ermessen der vorgesetzten Dienstbehörde (vergl. § 1 A. 7; § 10 A. 2; § 23 A. 6).

13) Berufskonsuln, welche ohne Urlaub vom Amte fernbleiben, werden ohne weiteres Verfahren so angesehen, als ob sie ihre Enthebung vom Amte nachgesucht hätten (§ 6 des Kons.G. und § 6 der dazu ergangenen Instr. v. 6./6. 71, vergl. A. 2).

§ 15. 1) Die vom Kaiser 2) angestellten 2) Beamten dürfen Titel, Ehrenzeichen, Geschenke, Gehaltsbezüge 3) oder Remunerationen 3) von anderen Regenten oder Regierungen 4) nur mit Genehmigung des Kaisers annehmen.

Zur Annahme von Geschenken oder Belohnungen in Bezug auf sein Amt bedarf jeder Reichsbeamte der Genehmigung der obersten Reichsbehörde. 5) 6) 7)

1) Der zweite Absatz hätte als erster voran stehen sollen,

da er eine allgemeingültige Bestimmung für alle Reichsbeamten, sowohl für die unmittelbaren, wie für die mittelbaren trifft, während der erste Absatz ausschließlich die unmittelbaren, die Kaiserlichen Beamten (§ 1 A. 2 u. 3) umfaßt, für diese also hier eine Sonderverpflichtung einführt (A. 2 und Motive S. 70).

Der § 15 steht in naher Beziehung zum § 16, beide Vorschriften ergänzen sich (A. 3) und beiden unterliegt auch ein unbesoldeter Beamter (vergl. Pr. Kab.O. v. 25./7. 40 V.M.Bl. S. 436). Da ferner zu den Kaiserlichen Beamten auch alle Konsuln des Reiches gehören (Art. 56 der R.V.; § 2 Nr. 2 der Verord. v. 23./11. 74 Anlage A), so stehen nicht bloß die Berufs-, sondern auch die Wahlkonsuln (§ 16 A. 16) unter der Verpflichtung des § 15. Auch schreibt bereits § 5 des Konf.G. v. 8./11. 67 für alle Reichskonsuln ohne Ausnahme vor, daß sie ohne besondere Genehmigung des Kaisers von fremden Mächten oder Regierungen weder Konsulate, noch Geschenke oder Orden annehmen dürfen.

Ebenso verbleiben Kaiserliche Wartegeldempfänger unter der Verpflichtung des § 15 Abs. 1, soweit es sich nicht um „Gehaltsbezüge oder Remunerationen" aus deutschem Staatsdienst (A. 3 u. 4) handelt. In der Aufsuchung solchen Nebenverdienstes sind sie nach § 16 Abs. 3 unbeschränkt (vergl. § 30 A. 5), während sie sich beim Eintritte in fremden Staatsdienst ohne Kaiserliche Genehmigung dem Verluste des Indigenates (§§ 22 u. 23 des Indig.G.) und damit zugleich dem Verluste des Wartegeldes aussetzen (§ 29 Nr. 2). Inwieweit bei ihnen und allen übrigen (mittelbaren) Wartegeldempfängern der zweite Absatz des § 15 Anwendung finden kann, vergl. A. 7.

2) Die mittelbaren Reichsbeamten (§ 1 A. 3) dürfen also Titel, Geschenke ohne Beziehung auf ihr Amt, Gehaltsbezüge (A. 3) sowohl von ihren eigenen, sie anstellenden Landesherrn, wie von anderen — deutschen

und außerdeutschen (A. 4) — Regenten und Regierungen ohne Genehmigung des Kaisers annehmen. Inwiefern sie aber bei Gehaltsbezügen oder Remunerationen an die Genehmigung der obersten Reichsbehörde gebunden sind, hängt in jedem Falle von den Voraussetzungen des § 16 ab (folg. A. 3), und inwiefern sie für die Annahme von Titeln und Ehrenzeichen, soweit diese nicht vom Kaiser ausgehen, der Genehmigung ihres Landesherrn bedürfen, entscheidet sich nach den gesetzlichen Vorschriften ihres Landes (Motive S. 70).

3) Unter beiden Bezügen sind Entgelte für fortlaufende dienstliche Handlungen zu verstehen, welche als Ausfluß eines von einem Kaiserlichen Beamten neben seinem Reichsamt zu anderen Regenten oder Regierungen (A. 4) eingegangenen öffentlichen Dienstverhältnisses anzusehen sind (Sten.B. S. 173; Kanng. S. 72). Den Gegensatz bilden die im Abs. 2 erwähnten, den Charakter der Geschenke besitzenden, durch gelegentliche dienstliche Gefälligkeiten veranlaßten Belohnungen, die auch von Privaten (A. 6) ausgehen können. Die nahe Beziehung des § 15 Abs. 1 zum § 16 springt hiernach in die Augen. Es entspricht bei den Kaiserlichen Beamten (A. 1) dem besonderen amtlichen Treueverhältnisse (§ 1 A. 7), in welchem sie ausschließlich zum Kaiser stehen, daß sie ein Nebenamt oder eine Nebenbeschäftigung im öffentlichen Dienste anderer (A. 4) Regenten oder Staatsregierungen nicht ohne die besondere Genehmigung ihres Kaiserlichen Dienstherrn übernehmen, jedenfalls dann nicht übernehmen, wenn dafür in irgend welcher Gestalt (Gehalt, Remuneration, Diäten ꝛc.) eine Bezahlung gewährt werden soll. Die bloße Genehmigung der obersten Reichsbehörde nach § 16 erscheint in solchen Fällen nicht genügend. Aehnlich bestimmt in Preußen für die dortigen Königlichen Beamten eine Kab.O. von 27./6. 84 (C.Bl.U.V. S. 517), daß sie ohne besondere Erlaubniß des Königs Nebenämter in einem anderen Staate nicht annehmen

dürfen. Für die mittelbaren Reichsbeamten (A. 2) besteht in solchen Fällen keine weitergehende Verpflichtung, als diejenige des § 16 (vergl. A. 3 u. 7 daselbst).

4) Einschließlich der Regenten oder Regierungen der einzelnen Bundesstaaten. Es darf also der unmittelbare Reichsbeamte auch von seinem eigenen Landesherrn keine Titel u. s. w. ohne Genehmigung des Kaisers annehmen (Motive S. 70).

5) Vergl. § 159 A. 1. Da nach § 331 des R.Str.G.B. jeder Beamte, der für eine in sein Amt einschlagende, an sich nicht pflichtwidrige Handlung Geschenke oder andere Vortheile annimmt, sich strafbar macht, so liegt die eigentliche Bedeutung der vorliegenden jüngeren Bestimmung darin, daß sie die Voraussetzung bezeichnet, unter der eine solche Handlung straffrei bleibt, wenn sie nämlich mit, also mit vorher gegangener Genehmigung der obersten Reichsbehörde erfolgt und dadurch ihres Charakters als eines Amtsdeliktes entkleidet wird (vergl. Sten.B. S. 173).

6) Jedes Geschenk, auch das von Privatpersonen angebotene fällt unter die Bestimmung. Selbst von ihrem eigenen Landesherrn, auch wenn er sie angestellt hat, dürfen Reichsbeamte ohne Genehmigung ihrer obersten Dienstbehörde Geschenke oder Belohnungen („andere Vortheile" A. 3 u. 5), welche in Beziehung zu ihrer Amtsthätigkeit stehen, nicht annehmen (vergl. Sten.B. S. 173).

7) Bei Wartegeldempfängern bleibt die Anwendung der Bestimmung auf den Fall beschränkt, wenn für Amtshandlungen aus der Zeit ihrer Aktivität nachträglich noch Geschenke gegeben werden sollen (vergl. Kanng. S. 101; Sten.B. S. 185).

§ 16. 1) **Kein Reichsbeamter darf ohne vorgängige Genehmigung der obersten Reichsbehörde** 2) **ein Nebenamt** 3) 4) 5) 6) **oder eine Nebenbeschäftigung** 7), **mit welcher** 8) **eine fortlaufende** 7) **Remuneration** 8) **ver-**

bunden ist, übernehmen oder ein Gewerbe [9] [10] [11] [12] [13]) betreiben. Dieselbe Genehmigung ist zu dem Eintritt eines Reichsbeamten in den Vorstand, Verwaltungs- oder Aufsichtsrath einer jeden [14]) auf Erwerb gerichteten Gesellschaft erforderlich. Sie darf jedoch nicht ertheilt werden, sofern die Stelle mittelbar oder unmittelbar mit einer Remuneration verbunden ist [15]).

Die ertheilte Genehmigung ist jederzeit widerruflich.

Auf Wahlkonsuln [16]) und einstweilen in den Ruhestand versetzte Beamte [17]) finden diese Bestimmungen keine Anwenduug [18]).

[1]) Vergl. wegen der Wechselbeziehung zu § 15 die A. 1 u. 3 daselbst. Der Bestimmung liegt die Pr. Kab.O. v. 13./7. 39 (G.S. S. 205) zu Grunde. Der Bamte soll sich ganz seinem berufsmäßigen Amte widmen, also regelmäßig jeder anderweiten Beschäftigung entsagen und außerdem sorgfältig alles vermeiden, was mit dem Ansehen und der Reinheit seiner Amtsthätigkeit in Widerspruch gerathen könnte (vergl. § 4 A. 6; § 10 A. 3; Sten.B. S. 174, 691 ff. 694 u. 897 ff.).

Dreierlei kommt im ersten Absatz in Betracht: a) das ausschließlich öffentliche Nebenamt, b) die öffentliche und nicht öffentliche Nebenbeschäftigung, c) der Gewerbebetrieb. In allen Fällen unterliegen der hier vorgeschriebenen Genehmigung: der Gewerbebetrieb und das öffentliche Nebenamt, auch wenn das letztere ein unbesoldetes, ein bloßes Ehrenamt ist. Dagegen fällt die Nebenbeschäftigung, die öffentlichamtliche, wie die privatdienstliche nur dann hierher, wenn sie mit einer Entschädigung, gleichgültig, welcher Art, verbunden und wenn außerdem diese Entschädigung eine fortlaufende ist. Hiervon bildet eine Ausnahme die Nebenbeschäftigung, welche durch das Eintreten in den Vorstand, Verwaltungs- oder Aufsichtsrath einer auf Erwerb gerichteten Gesellschaft gesucht wird. Ein solcher Eintritt darf unentgeltlich nur mit Genehmigung der Centralbehörde erfolgen, entgeltlich hat ihn das Gesetz in jeder Gestalt verboten.

[2]) Soweit nicht bei Nebenämtern und Nebenbeschäftigungen nach § 15 die Genehmigung des Kaisers erforderlich wird (A. 3 daselbst). Wegen der obersten R.B. vergl. § 159 A. 1. Für Militärbeamte genügt nach § 47 des späteren Mil.G. zur Annahme von Aemtern in der Verwaltung der kirchlichen oder politischen Gemeinden und weiteren Kommunalverbände (A. 3) die Genehmigung ihrer Dienstvorgesetzten (vergl. ferner A. 4 a. E).

[3]) Unter den Begriff dieses Nebenamtes fällt im weiteren Sinne jede auf förmlicher Anstellung, nicht bloßem Auftrag (A. 7) beruhende bestimmt umgrenzte feste verwaltende Nebenthätigkeit in einem öffentlichen Dienste, sei es des Reiches, eines Bundes- oder auch fremden (§ 15 A. 2 bis 4) Staates, einer Gemeinde, oder sonstigen öffentlichen Korporation (Kirche, Kreis, Provinz, Provinzial-Feuersozietät u. s. w.) — vergl. M.E. v. 21./12. 86 B.M.Bl. 87 S. 92, wo das Vorsteheramt bei einer öffentlichen Genossenschaft zur Wiesenbewässerung hierher gerechnet wird — im engeren Sinne ist darunter ein Nebenamt (etatsmäßiges oder außeretatsmäßiges) im Reichs- oder Bundesstaatsdienste zu verstehen. Besoldung oder Remuneration ist hier (vergl. A. 7) nicht Voraussetzung, auch ein solches unbesoldetes (Ehren-)Amt im Staats-, Gemeinde-, Kirchen- u. s. w. Dienste fällt unter die Bestimmung, deren eigentlicher Grund in der dauernden Inanspruchnahme des Beamten durch ein solches Nebenamt liegt, welche mit den Interessen des Hauptamtes nicht immer vereinbar ist (vergl. A. 8).

4) Gemeinde- und Stadtverordnete sind nicht, wie die Gemeinde**vorstände** (Magistrats-Mitglieder) Gemeinde**beamte**, sondern **Vertreter** der Gemeindeangehörigen bezw. der Bürgerschaft. Als solche haben sie die Verwaltung und Exekutive des Gemeindevorstandes zu kontroliren sowie berathend und beschließend bei derselben mitzuwirken, üben also zwar eine **öffentlich**rechtliche Thätigkeit aus, dieselbe kann aber im Sinne der vorliegenden Gesetzesbestimmung nur als eine öffentliche Neben**beschäftigung** (A. 7) aufgefaßt werden, die, weil sie unentgeltlich geleistet wird, nicht unter § 16 fällt. Sollte eine solche Thätigkeit gegebenen Falles den Interessen des Reichsamtes zuwiderlaufen, so liegt es in den Befugnissen der vorgesetzten Dienstbehörde, den Beamten zur Niederlegung seines Mandates anzuhalten. In Preußen haben zwar verschiedene ältere Ministerialerlasse, sowie ein Staatsministerialbeschluß v. 4./3. 51 (vergl. V.M.Bl. 51 S. 32, 38, 109, 141; 64 S. 138; 65 S. 82) auch für die Annahme der Wahl zum Gemeinde- oder Stadtverordneten die ausdrückliche Genehmigung, wenn auch nicht der **Centralinstanz**, welche die Kab.O. v. 13./7. 39 (A. 1) verlangt, so doch der „vorgesetzten" Behörde vorgeschrieben, eine nähere gesetzliche Begründung wird aber nirgend gegeben. Dagegen wendet sich auch v. Rönne Pr. Str.R. III § 258 S. 470 A. 1. Aehnlich, wie der Stadt- und Gemeindeverordnete übt auch der Landtags-, Provinziallandtags- und Kreistagsabgeordnete nur eine öffentliche Neben**beschäftigung** aus, die als eine nicht besoldete ebenfalls nicht unter § 16 gehört. In solchen Fällen tritt zu den sonstigen Mitteln der Aufsichtsbehörde, Beeinträchtigungen der Reichsamtsinteressen zu verhüten, noch die Versagung des erforderlich werdenden **Urlaubes** (§ 14 A. 7) hinzu. Uebereinstimmend M.E. v. 24./11. 73 V.M.Bl. 74 S. 94. Ein anderer M.E. v. 15./7. 74 (V.M.Bl. S. 198) rechnet auch das Aeltesten-Amt in einem Gemeinde-Kirchenrathe **nicht** zu den Neben-

ämtern in dem hier fraglichen Sinne und erklärt deshalb dessen Uebernahme Seitens eines Staatsbeamten für genehmigungsfrei. Nur die Militärbeamten sind durch den bereits A. 2 erwähnten § 47 des Mil.G. ferner verpflichtet worden, auch Aemter in der Vertretung der kirchlichen oder politischen Gemeinden und weiterer Kommunalverbände, also Mandate zur Ausübung öffentlicher Geschäfte der hier erörterten Art ohne ausdrückliche Genehmigung ihrer Dienstvorgesetzten nicht anzunehmen.

[5]) Das Amt des Vormundes kann als allgemeine Staatsbürgerpflicht ebenfalls nicht unter § 16 gerechnet werden. Das Reichsrecht hat nur für Militärbeamte im § 41 des Mil.G. die Vorschrift, daß sie Vormundschaften selbständig ablehnen und nur mit Genehmigung ihrer Vorgesetzten übernehmen können. Im Uebrigen fehlt es an einer reichsgesetzlichen Bestimmung, und kommen daher für die übrigen Reichsbeamten gemäß § 19 die Vorschriften der Partikularrechte zur Anwendung, in Preußen § 22 der Vormundschaftsordnung v. 5./7. 75 (G.S. S. 431), der die Genehmigung der zunächst vorgesetzten Behörde verlangt.

[6]) Dem Vorsitzenden der Verwaltung des Reichs-Invalidenfonds, sowie dem Präsidenten und den Mitgliedern des Rechnungshofes des deutschen Reiches ist jede Uebernahme von Nebenämtern oder mit Remuneration — hier gleichgültig, ob bloß einmalige oder fortlaufende — verbundenen Nebenbeschäftigungen unbedingt verboten (§ 11 des G. v. 23./5. 73 R.G.Bl. S. 117; § 4 des Pr.O.R.K.G. und Drucks. des Pr. Abg.H. 1871/72 Nr. 148 S. 18 unten).

[7]) Dieselbe kann eine öffentlichamtliche, oder eine privatdienstliche — Konsulentschaft, Syndikat u. s. w. — sein (vergl. A. 4 und Pr. Kab.O. v. 20./11. 40 V.M.Bl. 41 S. 2), aber sie fällt, mit alleiniger Ausnahme der Betheiligung bei Erwerbsgesellschaften (A. 15), nur dann

hierher, wenn sie eine fortlaufend remunerirte ist und als solche, wie das Nebenamt (A. 3) eine andauernde Thätigkeit beansprucht.

„Unter einer mit Remuneration verbundenen Nebenbeschäftigung ist jede Thätigkeit des Beamten im Auftrage (A. 3) öffentlicher Behörden oder Vertretungen, oder im Auftrage von Privatpersonen oder Privatgesellschaften zu verstehen, für welche ihm eine Zahlung in Geld oder in anderen Vortheilen geleistet wird, sei es vermöge ausdrücklichen vorausgehenden Versprechens oder ohne solches. Das Gesetz verlangt nun die Einholung der Genehmigung der obersten Reichsbehörde nicht für alle diese Fälle, sondern nur wenn die Remuneration eine „fortlaufende" ist. Eine solche setzt eine „fortlaufende Beschäftigung" voraus und bedeutet eine Bezahlung, die entweder jahr-, monat- oder tageweise, oder für jedes einzelne Geschäft gewährt wird, also in einem bestimmten Verhältniß zu der Beschäftigung steht. Zu den hierher gehörigen Fällen gehört z. B. Uebernahme von Vermögensverwaltungen." Thudichum A. 2 zu § 16. Dagegen würde die gelegentliche Ertheilung außergerichtlicher Gutachten gegen Entgelt nicht hierher gehören, dieselbe fällt unter § 12, nach welchem die Genehmigung der vorgesetzten Behörde genügt (vergl. Sten.B. S. 153).

8) Nicht „mit welchen", der Zusatz bezieht sich also nur auf die Nebenbeschäftigung. Es wird unterschieden zwischen Nebenamt und fortlaufend remuneratorischer Nebenbeschäftigung (vergl. Motive S. 70). Demnach fällt auch das unbesoldete Nebenamt unter die Vorschrift. Welcher Art bei der Nebenbeschäftigung (A. 7) die Remuneration ist, kommt nicht in Betracht, sie braucht nicht in baarem Gelde, sie kann auch in geldwerthen Leistungen, z. B. Gewährung freier Wohnung bestehen. Daher fällt auch die Thätigkeit eines sog. Vizewirthes in bewohnten Gebäuden hierher, selbst wenn die Remunerirung nur in der Gewährung freier Woh-

nung besteht (vergl. M.E. v. 12./8. 84 B.M.Bl. S. 230).

9) „Der Begriff: „Gewerbe" ist kein durch die Reichs- oder Landesgesetzgebung genau definirter, er hat immer nur eine relative Bedeutung, insofern als er z. B. die Anwendung der Reichsgewerbeordnung oder der Gewerbesteuergesetze bestimmen soll. Ein gewisses Ermessen muß daher der obersten Reichsbehörde verbleiben" (Thudichum A. 3 zu § 16). Nach diesem Ermessen entscheidet sich gegebenen Falles auch, ob „Musikmachen" und „Ertheilen von Privatunterricht" den Charakter eines gewerbsmäßigen Betriebes annehmen und deshalb der Vorschrift unterliegen (vergl. M.E. v. 19./5. 79 B.M.Bl. S. 158 und v. 16./10. 82 C.Bl.U.B. S. 717).

10) Kein Gewerbebetrieb ist die Ausübung der Landwirthschaft, und ein mit dieser verbundener Gewerbebetrieb fällt als landwirthschaftlicher Nebenbetrieb ebenfalls nicht hierher. Die frühere preußische Gewerbeordnung v. 17./1. 45 (G.S. S. 41) verlangt in ihrem § 19 für den Gewerbebetrieb preußischer Beamten ebenfalls die Genehmigung der vorgesetzten Behörde, nimmt aber das mit der Bewirthschaftung eines dem Beamten gehörigen ländlichen Grundstückes verbundene Gewerbe hiervon ausdrücklich aus. Diese Bestimmung ist nach § 12 Abs. 2 der Reichsgewerbeordnung v. 21./6. 69 (B.G.Bl. S. 245 und R.G.Bl. 83 S. 177) noch heute in Preußen gültig, und ihr ist im Reiche mit einer ganz gleichen Anordnung für alle Militärbeamten der § 43 des Mil.G. v. 2./5. 74 gefolgt. (Vergl. ferner Kanng. A. 4 zu § 16; Thudichum A. 3 zu § 16; §§ 13 u. 14 des Pr. Einkommenst.G. v. 24./6. 91 (G.S. S. 175); v. Stein, Lehrbuch der Finanzwissenschaft, 5. Aufl. Th. II Abth. 2 S. 188 und 202).

11) Jener in A. 10 erwähnte § 19 des preußischen Gesetzes fordert auch für den Gewerbebetrieb der Haus-

standsgenossen eines Beamten, soweit solcher nicht mit der Landwirthschaft verbunden ist, ganz allgemein die Genehmigung der vorgesetzten Dienstbehörde. Diese Forderung hat aber der mit ihm in naher Verbindung stehende oben erwähnte § 43 des Mil.G. nur insoweit aufgenommen, als er lediglich denjenigen Gewerbebetrieb der Hausstandsgenossen eines Militärbeamten unter die Genehmigung der Vorgesetzten stellt, der in einem Dienstgebäude vor sich gehen soll (vergl. Drucks. des R.T. 74 Nr. 9 S. 42). Hieraus, wie aus dem gänzlichen Fehlen einer dem § 19 des preußischen Gesetzes gleichen Forderung in dem vorliegenden § 16 des R.B.G. ist zu folgern, daß man den Gewerbebetrieb der Hausstandsgenossen eines Reichsbeamten, abgesehen von der Spezialbestimmung im § 43 des Mil.G., einer besonderen vorausgehenden Genehmigung der obersten Reichsbehörde nicht hat unterwerfen wollen. Entstehen aus einem solchen Gewerbebetriebe Unverträglichkeiten mit den Pflichten und der Stellung des Beamten, so muß im Aufsichtswege deren Beseitigung gesucht, nöthigenfalls auf Versetzung des Beamten Bedacht genommen werden.

12) Wird Gewerbetreibenden ein Reichsamt übertragen (§ 38 A. 1), so bedürfen sie der Genehmigung nur für den Beginn eines neuen Gewerbebetriebes, für die Fortsetzung des bisherigen Betriebes liegt die Genehmigung in der vorbehaltlosen Uebertragung des Amtes.

13) Den Berufskonsuln ist jeder Betrieb kaufmännischer Geschäfte unbedingt verboten (§§ 7 u. 8 Abs. 5 des Kons.G.).

14) Nur die ausschließlich gemeinnützigen, wissenschaftlichen oder geselligen Zwecken gewidmeten Gesellschaften und Institute sind ausgenommen; sobald sie gleichzeitig irgend einen Erwerbszweck verfolgen, fallen sie unter die Bestimmung. Ein Antrag, die Erwerbs- und Wirthschaftsgenossenschaften des B.G. v. 4./7. 68, jetzt des R.G. v. 1./5. 89 (R.G.Bl. S. 55) auszuschließen,

wurde vom Reichstage abgelehnt. (Vergl. Sten.B. S. 691 u. 897 bis 905; Kanng. § 16 A. 5.).

15) Der Reg.Entw. kannte diesen Schlußsatz mit dem darin ausgesprochenen unbedingten Verbote nicht. Der Reichstag beschloß ihn unter den damals sehr lebendigen Eindrücken der sogenannten Gründerzeit (vergl. Sten.B. S. 175, 689 ff., 897 ff., 904; Kanng. § 16 A. 2). In Preußen folgte bald darauf das Gesetz v. 10./6. 74 (G.S. S. 244) mit demselben Verbote für die dortigen unmittelbaren Staatsbeamten.

Verboten ist hiernach jede belohnte, nicht bloß die fortlaufend (A. 7) belohnte derartige mitleitende Betheiligung, mag die Belohnung auch noch so geringfügig sein, mag sie in Geld oder Geldeswerth bestehen, mag sie unmittelbar, oder mittelbar (durch Tantieme und dergl.) erfolgen, doch wurde bei den Reichstagsverhandlungen anerkannt, daß ein durch ererbten Antheil an einer Erwerbsgesellschaft zur Erhaltung des eigenen Vermögens nothwendig gewordener Eintritt in den Vorstand einer solchen Gesellschaft nicht unter das Verbot gehört, da der ererbte Antheil mit seinen Dividenden nicht als Remuneration für die Verwaltung fremden Vermögens aufgefaßt werden kann (vergl. Sten.B. S. 692 ff.; Kanng. § 16 A. 6; Thudichum § 16 A. 5).

Für die Beamten der Reichsbank besteht noch die besondere Vorschrift, daß sie Antheilsscheine dieser Bank nicht besitzen dürfen (§ 28 Abs. 3 des Bank-G.).

16) Dazu sollen vorzugsweise deutsche Kaufleute ernannt werden. Die Wahlkonsuln unterscheiden sich von den Berufskonsuln durch jederzeit widerrufliche Anstellung und durch den Mangel einer Besoldung (Ehrenamt). Sie beziehen nur die tarifmäßigen Gebühren für sich, welche die Berufskonsuln für die Reichskasse vereinnahmen (§§ 7 bis 10 des Konf.G.).

17) Die Wartegeldempfänger (§ 24) fügte der Reichstag dem Reg.Entw., der nur die Wahlkonsuln ausnahm

hinzu, weil sie gleich den selbstverständlich ausgeschlossenen Pensionären zeitweilig keine Amtsthätigkeit ausüben und daher unbeschadet der auch von ihnen zu wahrenden Amtsehre der im Eingange der A. 1 bezeichnete Grund der Bestimmung für sie nicht zutrifft (vergl. Sten.B. S. 176, 185, 186 u. 905; Kanng. S. 77 u. 101; § 30 A. 5).

18) Auch nicht auf die nichtständigen Mitglieder des Reichs-Patentamtes und des Reichsversicherungsamtes (§ 13 Abs. 2 des Pat.G. und § 91 des Unf.Vers.G.).

§ 17. Titel, Rang und Uniform der Reichsbeamten werden durch Kaiserliche Verordnung bestimmt [1]).

1) Die Bestimmung behandelt die Ehrenrechte der Beamten, welche unzweifelhaft nicht zu den Vermögensrechten (§ 149) gehören. Der Kaiser bestimmt sie und kann sie jederzeit ändern. Titel und Rang werden bereits mit der Anstellung erworben (§ 4 A. 4) und wechseln mit den Aemtern (§ 23). Eine allgemeine Kaiserliche Verordnung ist bisher nicht ergangen, man folgt den Bestimmungen des preußischen Beamtenrechtes. Nur für vereinzelte Fälle ist eine besondere Kaiserliche Anordnung getroffen, eine solche v. 16./12. 88 stellt die Galakleidung fest (vergl. darüber Per. und Sp. A. II u. III zu § 17). Aus neuerer Zeit sind zu erwähnen die Kaiserl. Erlasse v. 14./2. 91, 3./6. 91 und 30./9. 92, betreffend die Rangverhältnisse und Uniformen der Kaiserlichen Beamten in Ostafrika (vergl. Riebow S. 325 bis 326).

Die Berechtigung zur Uniform, der Amtstracht, steht und fällt mit dem Amte, Titel und Rang verbleiben auch dem pensionirten und dem auf seinen Antrag (§§ 33 A. 3) in Ehren entlassenen Beamten (vergl. M.E. v. 2./2. 43 B.M.Bl. S. 25).

Verloren gehen die Ehrenrechte, wenn § 75 Nr. 2 oder § 100 dieses G. oder § 33 des Str.G.B. Platz greifen, geschützt gegen Mißbrauch sind sie durch § 360 Nr. 8 des Str.G.B.

Ueber die Titel der gerichtlichen Beamten in Elsaß-Lothringen vergl. Verord. v. 1./12. 79 (G.Bl. f. Elf.Lothr. S. 100).

§ 18. [1]) **Die Höhe der den Reichsbeamten bei dienstlicher Beschäftigung [2]) außerhalb ihres Wohnortes zustehenden Tagegelder und Fuhrkosten, ingleichen der Betrag der bei Versetzungen derselben zu vergütenden Umzugskosten, wird durch eine im Einvernehmen mit dem Bundesrathe zu erlassende Verordnung [3]) [4]) des Kaisers geregelt.** [5])

[1]) Der § 18 erkennt das Recht der Beamten auf Ersatz der baaren Auslagen und Verwendungen in Ausübung des Amtes an (vergl. § 1 A. 7; § 7 A. 5; § 23 A. 9; § 42 A. 2; Kanng. A. 1 S. 81; Laband II § 49 S. 474).

[2]) Derselbe setzt den Antritt des Amtes voraus. Die Kosten der Reise zur Uebernahme des ersten Amtes fallen daher dem Beamten zur Last (vergl. § 4 A. 8).

[3]) Vergl. Art. 7 Nr. 2 der R.V. und Laband I § 29 S. 237 unter b. Für die Landesbeamten in Elsaß-Lothringen verordnet der Kaiser allein (§ 8 des G. v. 4./7. 79 R.G.Bl. S. 165), und für die Landesbeamten in Kamerun, Togo und Ostafrika ausschließlich der Reichskanzler (Verord. v. 3./8. 88 u. 22./4. 94 siehe § 5 A. 2).

[4]) Nach dem Reg.Entw. sollte diese Verordnung auch die Höhe der von den Beamten für die Benutzung von Dienstwohnungen zu entrichtenden Vergütung regeln. Der Reichstag strich den betreffenden Zusatz, weil er diese Regelung einem besonderen Gesetze vorbehalten wollte (Sten.B. S. 176). Ein solches Gesetz ist bis jetzt nicht erlassen. Infolge dessen wird die Frage in den einzelnen Ressorts durch Verwaltungsvorschriften nach dem Muster der preußischen Dienstwohnungs-Regulative v. 18./10. 22 und 26./7.80 geregelt.

[5]) Grundlegend ist die Verord., betr. die Tagegelder,

Fuhrkosten und Umzugskosten der Reichsbeamten, v. 21./6. 75, welche in der Fassung, die sie durch die spätere Novelle v. 19./11. 79 erhalten hat, in der Anl. L abgedruckt ist. Für die praktische Anwendung sind maßgebend der Erlaß des Reichskanzlers v. 9./4. 81 (R.C.Bl. S. 136) und die zwischen den obersten Reichsbehörden und dem Rechnungshofe des deutschen Reiches vereinbarten Grundsätze, welche die Anl. M nachweist.

Außerdem bestehen für die Beamten der einzelnen Ressorts folgende besondere Bestimmungen:

a) V., betr. Tageg., Fuhr- und Umzugskosten von Beamten der Reichs-Eisenb. und der Postverwaltung v. 5./7. 75 (R.G.Bl. 253), nebst Erl. des Reichskanzlers, betr. die Fahrtgebühren der im Postbegleitungsdienste beschäftigten Beamten, v. 20./10. 75 (Amtsbl. der Postverw. S. 393),

b) V., betr. Tageg. und Fuhrk. von Beamten der Reichs-Post- und Telegraphen-Verw., v. 29./6. 77 (R.G.Bl. S. 545), dazu die Novelle v. 27./6. 94 (R.G.Bl. S. 491) u. die Ausf.Verf. des R.P.Amtes v. 3./7. 77 u. 3./7. 94 (Amtsbl. der Post-V. 77 S. 235 u. 94 S. 205),

c) V., betr. Tageg., Fuhr- und Umzugskosten der gesandtsch. und Konsularbeamten, v. 23./4. 79 (R.G.Bl. S. 127), nebst Novelle v. 7./2. 81 (R.G.Bl. S. 27),

d) V., denselben Gegenstand betreffend, für die Beamten der Militär- und Marineverwaltung v. 20./5. 80 (R.G.Bl. S. 113), ergänzt durch V. v. 27./7. 86 (R.G.Bl. S. 235) und abgeändert durch V. v. 16./2. 91 (R.G.Bl. S. 16). Dazu Erl. des Kr.M. v. 17./3. 91 (A.V.Bl. S. 82) und die Erl. des Chefs der Admiral. v. 1./1. 87 und 13./3. 89 (M.V.Bl. 87 S. 179 und 89 S. 45),

e) Bestimmungen des Bundesrathes über denselben Gegenstand für die Reichsbevollmächtigten und die Stationskontroleure, sowie für die Beamten der Kais. Hauptzollämter in den Hansestädten v. 6./3. 76 (R.C.Bl. S. 181 ff.),

f) V., betr. Umzugskosten des Personales des Marinelazarethes zu Yokohama, v. 24./5. 81 (R.G.Bl. S. 101),

g) V., betr. Vergütung für Dienstreisen der Marinebeamten zwischen Kiel und Friedrichsort, v. 22./6. 84 (R.G.Bl. S. 65),

h) V., betr. Tageg., Fuhr- und Umzugskosten der Beamten und Lehrer in Elsaß-Lothringen, v. 25./10. 80 und 26./5. 90, nebst Ausf.Best. des Statthalters v. 30./6. 90 (G.Bl. f. Elf.Lothr. 80 S. 136; 90 S. 39 und Amtsbl. 90 S. 189).

§ 19. [1]) [2]) [3]) Auf die Rechtsverhältnisse der aktiven und der aus dem Dienste geschiedenen [5]) Reichsbeamten, über welche nicht durch Reichsgesetz [4]) Bestimmung getroffen ist, finden diejenigen gesetzlichen Vorschriften Anwendung, welche an ihren Wohnorten [6]) für die aktiven, beziehungsweise für die aus dem Dienste geschiedenen [5]) Staatsbeamten gelten. Für diejenigen Reichsbeamten, deren Wohnort [6]) außerhalb der Bundesstaaten sich befindet, [7]) [8]) kommen hinsichtlich dieser Rechtsverhältnisse vor deutschen Behörden die gesetzlichen Bestimmungen ihres Heimathsstaates (§ 21) [9]) und, in Ermangelung eines solchen, [10]) die Vorschriften des preußischen Rechts [11]) zur Anwendung.

Diejenigen Begünstigungen, welche nach der Gesetzgebung der einzelnen Bundesstaaten den Hinterbliebenen [12]) der Staatsbeamten hinsichtlich der Besteuerung der aus Staatsfonds oder aus öffentlichen Versorgungskassen denselben gewährten Pensionen,

Unterstützungen oder sonstigen Zuwendungen zustehen, finden auch zu Gunsten der Hinterbliebenen von Reichsbeamten hinsichtlich der denselben aus Reichs- oder Staatsfonds oder aus öffentlichen Versorgungskassen zufließenden gleichartigen Bezüge Anwendung.[13])

[1]) In dem Reg.Entw. v. 8./4. 72 lautete der erste Satz des § 19 dahin:

„Hinsichtlich
1. der Steuerpflicht des Diensteinkommens, der Wartegelder und der Pensionen,
2. der Zulässigkeit der Beschlagnahme der Diensteinkünfte, der Wartegelder und der Pensionen,
3. der Zulässigkeit der Zwangsvollstreckung in das Vermögen oder gegen die Person

kommen den aktiven und den aus dem Dienste geschiedenen Reichsbeamten gegenüber diejenigen gesetzlichen Bestimmungen zur Anwendung, welche an ihren Wohnorten für die Staatsbeamten maßgebend sind."

Diese Fassung entsprach mit Ausnahme der Ziffer 1 dem Gesetzentwurfe, welchen 1868 der Reichstag berathen (vergl. Vorwort u. Drucks. Nr. 189), der Bundesrath jedoch abgelehnt hatte. Geregelt war der Gegenstand der Ziffer 1 durch das R.G. wegen Beseitigung der Doppelbesteuerung v. 13./5. 70 (B.G.Bl. S. 119) bereits insoweit, als die Reichsbeamten, abgesehen von etwaigem Einkommen aus Grundbesitz und Gewerbebetrieb nur am Orte ihres dienstlichen Wohnsitzes nach den Landesgesetzen zu besteuern sind (§§ 2 u. 3 jenes G.). Einzelne Landesgesetze bevorzugen aber die Landesbeamten in der Kommunalbesteuerung des Diensteinkommens, des Wartegeldes und der Pension. Der Reg.Entw. von 1872 wollte also den Reichsbeamten, soweit sie nicht in der gleichzeitigen Eigenschaft eines Landesbeamten (vergl. Vorwort; § 1 A. 3; § 7 A. 8) die Steuervorrechte eines solchen bereits genossen, diese Vorrechte ebenfalls zu gute kommen lassen. Im Plenum des Reichstages wurde jedoch in zweiter Berathung die Ziffer 1 aus Abneigung gegen die Begründung neuer Steuerprivilegien und als unberechtigter Eingriff in den Haushalt der Gemeinden gestrichen und dieser Beschluß auch in dritter Berathung gegen den Wiederherstellungsantrag v. Dörnberg aufrecht erhalten (Sten.B. S. 177 ff. und 905 ff.). Der Bundesrath sah in dieser Anordnung eine Durchbrechung des aus Art. 3 der R.V. zu entnehmenden Prinzipes der Gleichstellung der Reichsbeamten mit den Bundesbeamten und erklärte sie für unannehmbar. „Die Berufsthätigkeit der Reichsbeamten ist Aufgaben gewidmet, welche allen Bundesstaaten gemeinsam sind, was sie für das Reich leisten, dient gleichmäßig dem Interesse jedes einzelnen Bundesstaates; es erscheint daher als eine nothwendige Konsequenz des durch den Art. 3 der Reichsverfassung begründeten gemeinsamen Indigenates, daß, sowie überhaupt jeder Angehörige eines Bundesstaates in jedem anderen Bundesstaate als Inländer zu behandeln ist, so auch jeder Reichsbeamte in jedem Bundesstaate den eigenen Beamten desselben gleichzustellen ist" (Motive Sten.B. 73 Anl. B. 3 S. 2). Die Reichsregierung brachte deshalb in der Vorlage von 1873 (vergl. Vorwort) durch die gegenwärtige Fassung des § 19 jenes Prinzip der Gleichstellung ganz allgemein ohne Aufzählung einzelner Gesichtspunkte zum Ausdruck und erreichte dazu die Genehmigung des Reichstages. Damit gelangte also der konsequent festgehaltene Wille der Reichsregierung, auch jene vielumstrittenen Steuervorrechte, wo und so lange solche in einzelnen Bundesstaaten bestehen, den dort domizilirenden Reichsbeamten ebenfalls zu Gute kommen zu lassen, zur gesetzlichen Anerkennung (vergl. Sten.B. 73 S. 57 bis 62). Der Sinn der Vorschrift ist hiernach der:

Soweit über die beamtenrechtlichen Verhältnisse der Reichsbeamten nicht in dem vorliegenden und anderen Reichsgesetzen bestimmt ist, treten die an ihrem dienstlichen bezw. natürlichen Wohnorte (A. 6) für die dortigen Landesbeamten geltenden besonderen gesetzlichen Bestimmungen und wenn ihr Wohnort sich im Auslande (§ 21 u. § 29 Nr. 3) befindet, die für die Beamten ihres Heimathstaates (A. 9) geltenden Bestimmungen, und wo ein solcher Heimathstaat fehlt, die Vorschriften des preußischen Beamtenrechtes (A. 10) ergänzend und mit den Landesbeamten völlig gleichstellend an die Stelle (vergl. § 13 A. 2; § 14 A. 7; § 16 A. 5; § 158 A. 6 u. 7; § 12 des Kaut.G. Anl. C, sowie die folg. A. 2 u. 3).

[2]) Zu den Vorrechten, welche die Reichsbeamten mit den Landesbeamten theilen, gehören die Rangverhältnisse, soweit darüber nicht besondere Kaiserliche Bestimmung getroffen wird (vergl. § 17 und Sten.B. 73 Anl. B. 3 S. 2), sodann namentlich die in A. 1 erwähnten Steuervorrechte. Solche Vorrechte bestehen im Allgemeinen für Staatssteuern nicht, wohl aber für Gemeindesteuern, namentlich in Preußen. Soweit diese preußischen Steuerbevorzugungen das Einkommen der Militärpersonen, also auch der Militärbeamten (§ 120 Vorbemk. 1) betreffen, sind sie durch eine auf Art. 61 der Bundes- (Reichs-) verf. gestützte Verord. v. 22./12. 68 (B.G.Bl. S. 571) auf die übrigen Staaten des ehemaligen N.D.B. ausgedehnt worden. Hieran hat ein späteres R.G. v. 28./3. 86 (R.G.Bl. S. 65) nur insoweit geändert, als dasselbe das nach jener Verordnung dem Besteuerungsrechte der Gemeinden ebenfalls entzogene außerdienstliche Einkommen aller im Offizierrange stehenden Militärpersonen, wozu nur die oberen Militärbeamten (§ 120 Vorbemk. 1) gehören, dieser Besteuerung im Wege der Landesgesetzgebung frei gegeben hat. In Preußen machte von dieser reichsgesetzlichen Vollmacht das G. v. 29./6. 86 (G.S. S. 181, dazu Novelle v. 22./4. 92 G.S. S. 101) Gebrauch, so daß seitdem auch hier das Privateinkommen der oberen Militärbeamten der Besteuerung durch die Gemeinden unterworfen ist.

Im Uebrigen bestehen hier die Kommunalsteuervorrechte in dem Umfange fort, wie sie die Verord. v. 23./9. 67 (G.S. S. 1648) näher bestimmt, da auch das neue preußische Kommunalabg.G. v. 14./7. 93 (G.S. S. 165) an diesem gesetzlichen Zustande nichts geändert hat (§§ 41 u. 42 das.). Im Wesentlichen verpflichten diese Vorrechte die preußischen Gemeinden, das Diensteinkommen der aktiven servisberechtigten Militärbeamten gänzlich das Diensteinkommen der aktiven Civilbeamten bis zur Hälfte von allen direkten Kommunalauflagen frei zu lassen und bei Besteuerung der anderen Hälfte, wenn das gesammte Diensteinkommen unter 750 M. beträgt, nicht über 1%, wenn unter 1500 M., nicht über $1\frac{1}{2}$% und bei 1500 M. und mehr, nicht über 2% des gesammten Diensteinkommens hinauszugehen. Derselben Besteuerung unterliegen alle (Militär- und Civil-) Beamten-Wartegelder und Pensionen (auch die aus dem U.F.G. §§ 1 und 7 Anl. G.) erst dann, wenn sie 750 M. oder mehr betragen. Vergl. weiter A. 13. Diese Vorrechte kommen also auch allen Reichsbeamten in Preußen und soweit sie Militärbeamte sind auch in den Staaten des ehemaligen N.D.B. zu Gute.

Ueber die Kommunalbesteuerung der Dienstwohnungen der Reichsbeamten bestimmt das hauptsächlich die Stadt Berlin betreffende R.G. v. 31./5. 81 (R.G.Bl. S. 99).

3) Zu ihrer Verheirathung bedürfen Reichsbeamte (unmittelbare und mittelbare) keiner Genehmigung ihrer Vorgesetzten. Denn nach den Motiven zu den §§ 38 u. 39 des R.G. über die Beurkundung des Personenstandes 2c. v. 6./2. 75 (R.G.Bl. S. 23) war es die reichsgesetzliche Absicht, die in dieser Beziehung in einzelnen Landesrechten noch vorgeschriebene Verpflichtung nicht über den Kreis dieser verpflichteten Landesbeamten auszudehnen, es kann also in diesem Falle § 19 nicht Platz greifen (vergl. Drucks. 74/75 B. 3 Nr. 153 S. 33; M.E. v. 19./4. 75 u. v. 20./8. 79 B.M.Bl. 75 S. 115 u. 80

S. 27; Laband § 58 S. 510 A. 5). Nur die Militärbeamten bleiben gemäß § 40 des Mil.G. zur Nachsuchung des Konsenses verpflichtet (vergl. auch § 150 des Mil.Str.G.B.).

4) Zu diesen Reichsgesetzen gehören:

a) die Reichsverfassung (Art. 18, 21, 50, 53, 56);

b) die Civilprozeßordnung, durch welche die unter Nr. 2 u. 3 des Reg.Entw. v. 1872 (A. 1) erwähnten Rechtsgegenstände ihre reichsgesetzliche Regelung fanden (vergl. §§ 673, 715 Nr. 6, 7 u. 9, §§ 733, 734, 749, 785 Nr. 2, § 786 Nr. 2, §§ 791, 793, 794, 798, 812 C.Pr.O.);

c) Gerichtsverfassungsgesetz, dessen §§ 34 u. 85 aktive Militärbeamte, richterliche Reichsbeamte und Reichsbeamte im Sinne des § 25 des R.B.G. vom Schöffen- und Geschworenenamte befreien;

d) Strafgesetzbuch (vergl. dessen §§ 113, 114, 128, 129, 155 Nr. 3, §§ 174, 331 bis 358);

e) Reichsmilitärgesetz (vergl. dessen §§ 39 bis 49, 65, 66);

f) Kautionsgesetz (Anl. C);

g) Wohnungsgeldzuschußgesetz (Anl. K);

h) Relikten- und Unfallfürsorgegesetze (Anl. D, E, F, G).

5) Hier (vergl. § 11 A. 2 und § 12 A. 7) sind darunter im Gegensatz zu den aktiven die inaktiven, im Beamtenverhältniß verbliebenen Beamten, also die Wartegeldempfänger und Pensionäre gemeint (vergl. Sten.B. S. 179 u. 180).

6) Bei den aktiven Beamten der dienstliche Wohnort (§§ 20 u. 21; § 1 des W.G.Z.G. Anl. K), bei den inaktiven Beamten (A. 5) der natürliche Wohnort. Der dienstliche Wohnort (domicilium necessarium) bestimmt sich nach dem Sitze der Behörde, bei welcher der Beamte angestellt ist, beziehungsweise nach dem Sitze des Amtes, das er verwaltet, und bei Militärbeamten nach dem Garnisonorte (vergl. § 8 der Pr. Verord. v. 23./9. 67 G.S. S. 1648; Laband § 49

S. 481 Abs. 3; § 14 der C.Pr.O.; R.G. v. 19./1. 88 u. 28./12. 88 E. B. 20 S. 267 u. B. 22 S. 385). Für den natürlichen Wohnort bleiben die thatsächlichen Verhältnisse entscheidend, es ist derjenige Ort, den der Beamte zum Mittelpunkte seiner bürgerlichen Lebens- und Rechtsverhältnisse bestimmt und an dem er sich zu solchem Zwecke thatsächlich niedergelassen hat (§ 1 Abs. 2 des G. weg. Bes. der Doppelbest. v. 13./5. 70 B.G.Bl. S. 119; R.G. v. 18./6. 85 u. 3./11. 92 E. B. 15 S. 367 u. B. 30 S. 348; auch Ann. B. 8 S. 64).

Wohnen aktive Reichsbeamte in Preußen nicht an ihrem dienstlichen Wohnorte, so haben sie ihr Steuerdomizil hinsichtlich der Kommunalbesteuerung (A. 2) dort, wo sie wohnen, also an ihrem natürlichen Wohnorte (§ 12 des G. v. 27./7. 85 G.S. S. 327 u. §§ 33 u. 41 des Kommunalabg.G. v. 14./7. 93 G.S. S. 152).

7) Denen auch die Wartegeldempfänger hinzutreten, welche mit Genehmigung des Reichskanzlers im Auslande wohnen (§ 29 Nr. 3). Vergl. ferner § 21 A. 5.

8) Die deutschen Schutzgebiete bilden zwar keinen Bundesstaat im Sinne der Reichsverfassung, aber sie sind ein Theil des Reichsgebietes im Sinne des § 21 des Ind.G., ein Reichsland, auf welches Art. 3 der R.V. sich erstreckt, und die dortigen Reichsangehörigen besitzen das passive Wahlrecht für den Reichstag (vergl. § 6 des G. über die Rechtsverh. der deutsch. Schutzgeb. v. 19./3. 88 [R.G.Bl. S. 75] und Motive dazu Drucks. 87/88 B. I Nr. 72 S. 9, sowie Sten.B. B. II S. 1295 u. 1297). Die Schutzgebiete sind daher „Inland", und können deshalb auch nicht im Sinne des R.B.G. als „Ausland" gelten, auf welche § 21 und § 29 Nr. 3 Anwendung litten. Die Worte: „außerhalb der Bundesstaaten" sind gleichbedeutend mit: „außerhalb des deutschen Reiches"; auch das preußische Einkommenst.G. v. 24./6. 91 (G.S. S. 175) sieht die Schutzgebiete als „Inland" an (vergl. dessen § 1 Nr. 1 a u. b und Ausf.Anw. dazu v. 5./8. 91 A. 4).

Die Beamten in den Schutzgebieten unterstehen daher nur dem dortigen Recht und Gericht. Diese Beamten lassen sich, ähnlich wie in Elsaß-Lothringen, in zwei Gruppen theilen. Die eine Gruppe bilden die Postbeamten und die Militärbeamten bei der Kais. Schutztruppe (§ 3 des G. v. 22./3. 91 R.G.Bl. S. 53), welche ebenso, wie die Post-, Eisenbahn- und Militärbeamten in Elsaß-Lothringen, für unmittelbare Zwecke des Reiches Dienste leisten und ihre Kompetenzen aus Reichsfonds beziehen. Ohne Frage sind sie Reichsbeamte im Sinne des R.B.G. Die zweite Gruppe umfaßt die mit der besonderen Verwaltung und Rechtspflege im Schutzgebiete betrauten Beamten, mit Einschluß der obersten, die Leitung und Aufsicht führenden Beamten, sowie die Lehrer. Sie dienen unmittelbar den Zwecken des Landes, mittelbar zugleich den Zwecken des Reiches und erhalten ähnlich, wie die Landesbeamten in Elsaß-Lothringen, ihre Kompetenzen aus Landesfonds. Die obersten Beamten werden vom Kaiser, alle übrigen im Namen des Kaisers vom Reichskanzler, oder in dessen Auftrage von den obersten Landes- (Reichs-) Behörden angestellt, sie sind also ebenfalls Reichsbeamte, und die für Kamerun, Togo und Ostafrika ergangenen Kais. Verord. v. 3./8. 88 u. 22./4. 94 haben die dortigen Landesbeamten ausdrücklich unter das R.B.G. gestellt (§ 1 Vorbemk.). Der Art. 1 dieser Verordnungen lautet ganz ähnlich, wie der Art. I des G. v. 23./12. 73, durch welches die Bestimmungen des R.B.G. auf die Rechtsverhältnisse der Landes- (Reichs-) beamten in Elsaß-Lothringen übertragen wurden. Vergl. ferner Art. 4 der Verord. v. 22./4. 94 und § 1 A. 4.

9) Darunter ist derjenige deutsche Staat (A. 10) zu verstehen, in welchem der Beamte die Staatsangehörigkeit nach Maßgabe des Ind.G. besitzt, der ein anderer sein kann als derjenige deutsche Staat, in welchem er vor seiner Versetzung in das Ausland seinen letzten dienstlichen Wohnsitz hatte (vergl. § 21 A. 2).

10) Zu ergänzen: „deutschen Heimathsstaates." Bei den im auswärtigen Reichsdienste angestellten Ausländern kommt, so lange sie nicht die Reichsangehörigkeit in einem deutschen Bundesstaate nach Maßgabe des G. v. 20./12. 75 R.G.Bl. S. 324 (vergl. § 57 A. 3) erworben haben, nicht das Recht ihres ausländischen Heimathstaates, sondern es kommen die Vorschriften des preußischen Beamtenrechtes subsidiär zur Anwendung (vergl. Laband § 53 S. 509).

11) Darunter darf nach der Analogie des § 21 und des § 12 des Kaut.G. (Anl. C) das in Berlin geltende Recht, also die Bestimmungen des Pr. A.L.R. verstanden werden (vergl. § 21 A. 8; Turnau A. 3; Laband S. 509 A. 3).

12) Vergl. § 7 A. 3.

13) Die Vorschrift dieses Abs. 2 ist wörtlich übergegangen in den § 48 des Mil.G. Nach ihr sind in Preußen gemäß § 1 Nr. 5 u. 6 der Verord. v. 23./9. 67 (vergl. A. 2) auch alle Pensionen der Reichsbeamten-Wittwen und Waisen aus den Fürs.Ges. (Anl. D, E und G), sowie die Kompetenzen derselben für Sterbemonat, Gnadenmonat und Gnadenquartal (vergl. §§ 7 u. 69) von allen direkten Kommunalauflagen befreit. Der Art. 23 Nr. 1 der zum Pr. Einkommenst.G. v. 24./6. 91 (G.S. S. 175) gemäß § 85 desselben ergangenen Ausf.Anw. v. 5./8. 91 hat die Gnadenkompetenzen der Hinterbliebenen von Reichs- und Staatsbeamten und Pensionären auch von der Staatseinkommensteuer ausgeschlossen. Der dafür maßgebend gewesene Grund, daß diese Kompetenzen „einmalige Beihülfen" sein, ist freilich mit ihrer wahren rechtlichen Natur unvereinbar (vergl. § 7 A. 2 und 8 a. E.).

§ 20. Ingleichen stehen bezüglich:

1) **der Mitwirkung bei der Siegelung des Nachlasses eines Reichsbeamten,**

2) **des Vorzugsrechts im Konkurse oder außerhalb desselben wegen der einem Reichsbeamten zur**

Last fallenden Defekte aus einer von demselben geführten Kassen- oder sonstigen Vermögensverwaltung

dem Reiche, beziehungsweise dessen Behörden, im Verhältniß zu den Reichsbeamten dieselben Rechte zu, welche die am dienstlichen Wohnsitze des Reichsbeamten geltende Gesetzgebung des einzelnen Bundesstaates dem Staate, beziehungsweise dessen Behörden den Staatsbeamten gegenüber gewährt. [1] [2] [3]

[1]) Für Preußen vergl. wegen Siegelung der im Nachlasse eines Beamten vorhandenen amtlichen Briefschaften, Akten und Gelder durch die vorgesetzte Dienstbehörde die §§ 6, 7 u. 31 sowie Anh. § 433 Tit. V Th. II der Allg. Gerichtsordnung und Kab.O. v. 14./7. 43 (G.S. S. 321), sowie M.E. v. 22./8. 45 (B.M.Bl. S. 281).

[2]) Bei der gerichtlichen Siegelung im Konkurse ist der Dienstbehörde eine Mitwirkung nicht eingeräumt (§§ 112 bis 114 der Konk.O.).

[3]) Wegen Defekte seiner Beamten gebührt dem Reiche weder im Konkurse, noch außerhalb desselben nach den späteren Bestimmungen der Reichs-Konk.O. und C.Pr.O. noch ein solches Vorzugsrecht, wie es der § 78 der früheren preußischen Konk.O. v. 8./5. 55 (G.S. S. 321) dem Fiskus einräumte, jedoch braucht das Reich im Falle des Konkurses die ihm als Kaution verpfändeten Werthpapiere nicht in die Konkursmasse abzuliefern (§ 11 Abs. 2 des Kaut.G. Anl. C u. § 3 des Einf.G. zur Konk.O. v. 10./2. 77 R.G.Bl. S. 390).

§ 21. [1]) [2]) Reichsbeamte, deren dienstlicher Wohnsitz [3]) sich im Auslande [4]) befindet, [5]) behalten den ordentlichen persönlichen Gerichtsstand, [6]) welchen sie in ihrem Heimathsstaate [7]) hatten. In Ermangelung eines solchen Gerichtsstandes ist ihr ordentlicher persönlicher Gerichtsstand in der Hauptstadt [8]) des Heimathsstaates, und in Ermangelung[9]) eines Heimathsstaates vor dem Stadtgericht zu Berlin[10]) begründet. Ist die Hauptstadt in mehrere Gerichtsbezirke getheilt, so wird das zuständige Gericht im Wege der Justizverwaltung durch allgemeine Anordnung bestimmt.

Auf Wahlkonsuln[11]) finden diese Bestimmungen keine Anwendung.

[1]) Die prozeßrechtlichen Bestimmungen der §§ 21, 143, 144 Abs. 1—3 u. 5, §§ 145, 147, 149—155 sind durch die C.Pr.O. und die Str.Pr.O. unberührt geblieben (§ 13 des Einf.G. zur C.Pr.O. v. 30./1. 77 und § 5 des Einf.G. zur Str.Pr.O. v. 1./2. 77); diejenigen des § 21 sind mit einer praktisch wenig bedeutsamen Abweichung (vergl. A. 9) wörtlich in den § 16 der C.Pr.O. und in den § 11 der Str.Pr.O. übergegangen, kommen also bei allen bürgerlichen Rechtsstreitigkeiten (vergl. v. Wilmowski u. Levy A. 1 zu § 13 des G.B.G.) und ebenso in Strafsachen ausschließlich zur Anwendung, soweit nicht der Gerichtsstand vor den deutschen Konsulargerichten (§ 22) konkurrirt (vergl. wegen des Strafrechtes §§ 3, 4 bis 7, §§ 37 u. 102 des Str.G.B.).

[2]) Da § 19 für die im Auslande domizilirenden Reichsbeamten das Recht ihrer Heimathstaaten (§ 19 A. 1 und 9) als Hülfsrecht bestimmt und die beste Kenntniß dieses Hülfsrechtes, wenn dasselbe streitig wird, den Gerichtsbehörden dieser Heimathstaaten beiwohnt, verlegt auch § 21 den ordentlichen persönlichen Gerichtsstand solcher Beamten, soweit nicht § 22 bei ihnen Platz greift, nach deren Heimathstaaten, gleichviel, ob sie aus diesem Heimathstaate oder aus einem anderen deutschen Bundesstaate

in das Ausland versetzt worden sind. Sie nehmen immer den Gerichtsstand in diesem Heimathstaate mit in das Ausland, auch wenn sie unmittelbar vor ihrer Versetzung dorthin in einem anderen deutschen Staate ansässig waren, also hier ihren letzten persönlichen Gerichtsstand hatten. Im letzteren Falle tritt für die Dauer ihrer auswärtigen Beschäftigung der Gerichtsstand in der Hauptstadt ihres Heimathstaates für sie ein. Ein bayerischer Staatsangehöriger also, der im auswärtigen Amte in Berlin angestellt ist, demnach hier, nicht in seinem Heimathstaate Bayern seinen letzten persönlichen Gerichtsstand hat (§ 13 der C.Pr.O.), erhält, wenn er in das Ausland versetzt wird, seinen Gerichtsstand in München (vergl. Motive S. 71; Sten.B. S. 184; Thudichum A. 2 zu § 21; Laband S. 510 A. 3).

Besitzt der im Auslande angestellte Reichsbeamte keinen deutschen Heimathstaat, fehlt ihm also die Reichsangehörigkeit, so ist sein Gerichtsstand in Berlin und das dort geltende Recht nach § 19 auch sein Hülfsrecht (vergl. § 19 A. 10 u. 11).

3) Vergl. § 19 A. 6.

4) Die deutschen Schutzgebiete sind Inland (vergl. § 19 A. 8, auch § 8 des Str.G.B.).

5) Hierher gehören die im Auslande beschäftigten Beamten des Auswärtigen Amtes und der Reichspostverwaltung, ferner die Beamten bei dem Marinelazareth in Yokohama, sowie die in Grenzlanden stationirten Reichszoll- und Reichseisenbahnbeamten.

6) Derselbe richtet sich nach dem früheren Wohnsitze (vergl. § 19 A. 6; §§ 13 u. 16 der C.Pr.O.; §§ 8 u. 11 der Str.Pr.O.).

7) Vergl. § 19 A. 9.

8) Vergl. oben A. 2.

9) Dieser Zusatz: „und in Ermangelung ..... begründet" fehlt in den späteren Reichsprozeßgesetzen (§ 16 der C.Pr.O. und § 11 der Str.Pr.O.), ist aber dadurch

nicht in Fortfall gekommen (vergl. oben A. 1 u. 2 und v. Wilmowski u. Levy A. 5 zu § 16 C.Pr.O.).

[10]) Seit 1. Oktober 1879 sind an die Stelle des Stadtgerichtes das Amtsgericht I und das Landgericht I getreten (vergl. §§ 12, 21 u. 37 des Pr. Ausf.G. zum G.V.G. v. 24./4. 78 G.S. S. 230).

[11]) Die Berufskonsuln fallen unter die Bestimmung des ersten Absatzes, der Gerichtsstand der Wahlkonsuln (vergl. § 16 A. 16) bestimmt sich nach den allgemeinen Grundsätzen, ist also am Orte ihres Wohnsitzes (vergl. v. Wilmowski u. Levy A. 2 zu § 13 der C.Pr.O.).

§ 22. Befindet sich der dienstliche Wohnsitz des Beamten (§ 21) in einem Lande, in welchem Reichs-Konsulargerichtsbarkeit besteht [1])[2]), so wird durch die vorstehende Bestimmung nicht ausgeschlossen, daß der Beamte zugleich der Reichs-Konsulargerichtsbarkeit nach Maßgabe des Gesetzes vom 8. November 1867 (Bundes-Gesetzbl. S. 137) [3]) unterliegt.

[1]) Dieselbe besteht nur in denjenigen fremden Ländern, in welchen ihre Ausübung durch Herkommen oder Staatsvertrag gestattet ist. Vergl. darüber Laband II § 84 S. 976 und § 1 des G. über die Konsulargerichtsbarkeit v. 10./7. 79 R.G.Bl. S. 197.

[2]) Durch § 2 des G. v. 19./3. 88 (R.G.Bl. S. 75) ist diese Gerichtsbarkeit auch in den deutschen Schutzgebieten mit der Maßgabe eingeführt, daß an die Stelle der Konsuln die vom Reichskanzler zur Ausübung der Gerichtsbarkeit ermächtigten Beamten und an die Stelle der Konsulargerichte die besonderen Gerichte der Schutzgebiete treten. Vergl.:

a) wegen Kamerun und Togo Verord. v. 2./7. 88 (R.G.Bl. S. 211) und Dienstanweisung v. 7./7. 88 (R.C.Bl. S. 404);

b) wegen Südwestafrika Verord. v. 21./12. 87 und

10./8. 90 (R.G.Bl. 87 S. 535 und 90 S. 171) nebst Dienstanweisung v. 27./8. 90 (R.C.Bl. S. 304);

c) wegen Neu-Guinea Verord. v. 5./6. 86, v. 13./7. 88 und v. 11./1. 87 (R.G.Bl. 86 S. 187; 88 S. 221; und 87 S. 4) nebst Dienstanweisung v. 1./11. 86 u. 3./8. 88 (Riebow S. 459);

d) wegen der Marschall-Inseln Verord. v. 13./9. 86 und 7./2. 90 (R.G.Bl. 86 S. 291 und 90 S. 55) nebst Dienstanweisung v. 3./12. 86 u. 10./3. 90 (R.C.Bl. 90 S. 15);

e) wegen Ostafrika Verord. v. 18./11. 87 u. 1./1. 91 (R.G.Bl. 87 S. 527 und 91 S. 1) nebst Dienstanweisung v. 12./1. 91 u. 25./10. 91 (R.C.Bl. S. 14 u. 299).

3) An dessen Stelle ist das G. v. 10./7. 79 (R.G.Bl. S. 197) getreten. Die Konsulargerichtsbarkeit erstreckt sich auf alle bürgerlichen Rechtsstreitigkeiten (§ 21 A. 1) und Strafsachen, welche zur Kompetenz der Amts- und Landgerichte gehören, ihr Recht ist das Reichsrecht, in Handelssachen auch das örtliche Handelsgewohnheitsrecht und subsidiär das im Rechtsgebiete des preußischen Allgemeinen Landrechtes geltende Recht (§§ 3, 4 u. 12 des G. v. 10./7. 79. Vergl. auch wegen Anwendung des Reichsstrafrechtes auf die der Konsulargerichtsbarkeit unterworfenen Personen: R.O.H.G. v. 29./6. 77 E. B. 22 S. 398.

Die Gerichte in den Schutzgebieten (A. 2) sind auch zuständig für Schwurgerichtssachen (vergl. z. B. § 13 der in A. 2a erwähnten V. v. 2./7. 88 und § 8 Nr. 2 u. 3 der dort bezeichneten Dienstanweisung).

Versetzung in ein anderes Amt.

§ 23. Jeder[1]) Reichsbeamte muß die Versetzung in ein anderes Amt von nicht geringerem Range[2])[3]) und etatsmäßigem[4]) Diensteinkommen mit Vergütung der vorschriftsmäßigen Umzugskosten[5]) sich gefallen lassen, wenn es das dienstliche Bedürfniß erfordert[6]).

Als eine Verkürzung im Einkommen ist es nicht anzusehen, wenn die Gelegenheit zur Verwaltung von Nebenämtern[7]) entzogen wird, oder die Ortszulage[8]) oder endlich die Beziehung der für Dienstunkosten[9]) besonders ausgesetzten[9]) Einnahmen mit diesen Unkosten fortfällt[10]).

[1]) Richterliche Beamte können nur ausnahmsweise und unter besonderen Formen wider ihren Willen versetzt werden (§ 8 des G.V.G.). Daher findet auf sie und einzelne ihnen gleich gestellte Beamtenkategorien der § 23 keine Anwendung. Vergl. § 158 und wegen der richterlichen Beamten in Elsaß-Lothringen Art. IV des G. v. 23./12. 73 (§ 1 Vorbemk. a).

[2]) Der mit der Amtsstellung verbundene Dienstrang (vergl. § 2 des W.G.Z.G. Anl. K) muß ein gleicher sein, es genügt nicht, daß dem Beamten sein bisheriger höherer persönlicher Rang belassen wird. Selbst die Strafversetzung darf nicht in ein im Range niedriger stehendes Amt erfolgen (§ 75 A. 5). Im Rechtswege (§ 149) kann aber über diese Frage nicht gestritten werden (vergl. A. 6).

[3]) Daß das neue Amt der Berufsbildung des Beamten entsprechen muß, versteht sich von selbst, auch wenn es nicht für den ganz gleich behandelten Fall der Wiedereinberufung eines Wartegeldempfängers im § 28 ausdrücklich vorgeschrieben wäre (vergl. § 28 A. 2). Dagegen kommt es auf den Umfang der neuen Geschäfte und darauf, in welchem Ressort sie übertragen werden, nicht an (vergl. § 10 A. 2 und § 14 A. 12).

[4]) Der Ausdruck ist aus § 87 Nr. 1 des Pr. V.Disz.G. übernommen. Gemeint ist das Diensteinkommen und zwar das nach § 42 pensionsfähige Diensteinkommen etats

mäßig angestellter Beamten (§ 7 A. 1). Alle nicht pensionsfähigen Bezüge bleiben außer Betracht (vergl. § 101 Abs. 2 des Pr. Ausf.G. zum G.V.G. v. 24./4. 78 G.S. S. 249). Beamte, welche nicht etatsmäßig, gleichviel, ob lebenslänglich (§ 34 A. 1a), angestellt sind (Hülfsarbeiter), bekleiden kein festes Amt, sie werden nach Bedürfniß bald hier, bald dort verwendet, ihre Versetzung ist kein Amtswechsel im Sinne des § 23, sondern eine einfache Dienstreise, für welche ihnen nur die persönlichen Tagegelder und Fuhrkosten zustehen (§ 16 der Verord. v. 21./6. 75 Anl. L). Auch würden diejenigen unter ihnen, welche nur auf Kündigung angestellt sind, sich der Kündigung aussetzen, wenn sie nicht unbedingt Folge leisteten.

Wegen des Rechtsweges vergl. A. 6.

5) Vergl. § 10 der Verord. v. 21./6. 75 Anl. L.

6) Die Worte „wenn es .... erfordert", welche an § 51 des Pr. V.Disz.G. erinnern, sind im Reichstage (Antrag v. Bernuth) ohne nähere Begründung hinzugekommen (Sten.B. S. 185), nach Kanngießer, um eine Direktive für die Reichsregierung und eine Handhabe für den Reichstag zu schaffen, dem Mißbrauch des Versetzungsrechtes entgegen zu treten. Der Zusatz will also das im Gewaltrechte des Staates (§ 1 A. 7) nothwendig begründete freie Versetzungsrecht der Behörde nicht beengen, sondern nur der Willkür vorbeugen. Jedenfalls beruht die Prüfung des dienstlichen Bedürfnisses ausschließlich bei den nach der Dienstpragmatik zur Versetzung berufenen Behörden, richterliche Entscheidung kann darüber niemals angerufen werden. Selbst der Disziplinarrichter hat sich mit dieser Frage nicht zu befassen, falls der der Versetzung nicht gehorchende Beamte zur Disziplinaruntersuchung gezogen wird (E. des Disz.H. v. 24./11. 77, angeführt bei Per. und Sp. A. V zu § 23). Schreitet die Behörde gegen den ungehorsamen Beamten gemäß

§ 14 Abs. 3 zur Einbehaltung des Diensteinkommens der neuen, nicht angetretenen Stelle, so ist hiergegen der Rechtsweg in demselben Umfange wie dort zulässig (vergl. § 14 A. 8, 9 u. 12; § 28 A. 4). Ebenso kann über Verkürzungen bei den Umzugskosten, oder beim Diensteinkommen (A. 4 u. 5) der Richter angerufen (§ 149 und § 155 A. 4), dadurch also der Reichsfiskus unter Umständen genöthigt werden, Zuzahlungen zu dem neuen etatsmäßigen Stelleneinkommen zu leisten, falls die Behörde in solchem Falle nicht vorzieht, ihre Verfügung zu ändern.

Wegen der Landesbeamten im ostafrikanischen Schutzgebiete vergl. außerdem § 34 A. 7.

7) Vergl. § 44.

8) Nicht pensionsfähige Zulagen, welche nur ausnahmsweise und jederzeit widerruflich für besondere Erschwernisse der Lebensführung, oder des Dienstes an einem bestimmten Orte bewilligt und mit dem Wechsel des Ortes hinfällig werden (Theuerungs- und Stellenzulagen).

9) Vergl. § 7 A. 5; § 42 A. 2; §. 57 A. 7 u. § 128 A. 11. Auch Repräsentationsgelder sind nur Ersatz für besondere, dienstlich geforderte Aufwendungen, welcher neben dem zur Bestreitung des standesmäßigen Unterhaltes dienenden persönlichen Gehalte gewährt wird und mit der dienstlichen Nöthigung zu solchen Ausgaben naturgemäß fortfällt (vergl. § 27 A. 3).

10) Eine Verkürzung liegt auch dann nicht vor, wenn der Wohnungsgeldzuschuß oder die an Stelle freier Wohnung gewährte Miethsentschädigung am neuen Orte niedriger, als am bisherigen Wohnorte ist. Denn diese Zuschüsse sind nach den verschiedenen Preisverhältnissen der Dienstorte bemessen und deshalb nur denjenigen Personen zu gewähren, welche an diesen Orten ihren dienstlichen Wohnsitz haben (vergl. § 4 des W.G.Z.G. Anl. K, Motive zu demselben Drucks. 73 B. II Nr. 125 S. 11;

ferner der in A. 4 erwähnte § 101 Abs. 2 des Pr. G. v. 24./4. 78).

Einstweilige Versetzung in den Ruhestand[1)][2)].

[1)] Der Wartegeldempfänger, von welchem in den §§ 24 bis 31 die Rede ist, steht zwischen dem aktiven Beamten und dem Pensionär. Er behält die Pflicht zur Amtsführung (§ 34 Vorbemk. 2), er muß wie der aktive Beamte jederzeit über sich verfügen lassen und seine Wiedereinberufung wird als Versetzung aus dem alten in das neue Amt behandelt (§ 28); er bezieht sein Wartegeld in derselben Weise fort, wie als aktiver Beamte sein Gehalt (§ 27), und seine Hinterbliebenen haben Anspruch auf ein Gnadenquartal (§ 31); er bleibt dem förmlichen Disziplinarverfahren unterworfen (§ 119), wird nach denselben Formen, wie der aktive Beamte zwangsweise (§ 62), oder freiwillig (§ 53) pensionirt, seine Wartezeit hierbei als Dienstzeit gerechnet (§ 46 Nr. 1) und die Pension nach seinem vollen letzten Gehalte bemessen (§ 42 A. 17). Dagegen erhält er als Wartegeld nur $^3/_4$ seines Gehaltes, den Höchstbetrag der Pension (§§ 26 u. 41), unterliegt, weil ohne Amt, nicht der Disziplinargewalt seiner Dienstvorgesetzten (§§ 80 bis 83), ist in der Wahl seines Aufenthaltes ebenso wie der Pensionär unbeengt, nur im Auslande darf er festen Wohnsitz nicht ohne besondere Genehmigung nehmen (§ 29 A. 6), und bleibt auch wie der Pensionär von den Beschränkungen des § 16 und des § 12 Abs. 1 befreit (§ 16 A. 17; § 12 A. 2). Vergl. auch § 40.

[2)] Als Strafe, wie sie unter Umständen der § 46 des Pr. B.Disz.G. zuläßt, ist die einstweilige Versetzung in den Ruhestand dem R.B.G. unbekannt (§§ 73 bis 76).

§. 24[1)]. Jeder[2)] Reichsbeamte kann unter Bewilligung des gesetzlichen Wartegeldes einstweilig in

den Ruhestand versetzt werden, wenn das von ihm verwaltete Amt in Folge einer Umbildung[3]) der Reichsbehörden aufhört[4]).

[1]) „Daß jeder Beamte unter Bewilligung des gesetzlichen Wartegeldes in den einstweiligen Ruhestand versetzt werden kann, falls die von ihm verwaltete Stelle infolge einer organischen Umbildung der Reichsbehörden aufhört, entspricht dem in Preußen geltenden Grundsatze (Verord. v. 14./6. u. 24./10. 48, G.S. S. 153 u. 338, sowie V.M.Bl. 48 S. 187 u. 340; §§ 87 Nr. 2 und 97 des P.Disz.G.).“ Motive S. 71.

[2]) Auch hier sind die in A. 1 zu § 23 erwähnten Beamtenkategorien ausgenommen (§ 158 und Art IV des Elf.Lothr. G. v. 23./12. 73). Dieselben dürfen also nur mit vollem Gehalte zur Disposition gestellt werden (§ 8 Abs. 3 des G.V.G.).

[3]) Infolge organischer Umgestaltung (oben A. 1). Soweit zu einer solchen Umgestaltung nach Reichsstaatsrecht ein besonderes Gesetz erforderlich wird, bleibt von diesen auch die einstweilige Zurruhesetzung abhängig, für welche jenes Gesetz dann auch besondere Bestimmungen treffen kann. Vergl. Laband § 51 S. 495, und für Preußen: Ausf.G. zum G.V.G. v. 24./4. 78 §§ 12 ff. und 95 ff. (G.S. S. 230), Landesverwaltungsgesetz v. 30./7. 83 §§ 147 ff. (G.S. S. 195), sowie die jüngsten G. v. 4./6. 94 (G.S. S. 89) und 1./4 95 (G.S. S. 87), welche die Verhältnisse der mit dem 1./4. 95 infolge Umgestaltung der preußischen Eisenbahn- und Steuerbehörden überzählig gewordenen Beamten regeln.

Andere Gründe, als der im Gesetz bezeichnete, sowie bloße Veränderungen in den Einrichtungen, welche den organischen Fortbestand der Behörde unberührt lassen, rechtfertigen die einstweilige Zurruhesetzung der dadurch entbehrlich werdenden Beamten nicht, § 24 ist als Ausnahmegesetz streng zu interpretiren, doch beruht die

Entscheidung darüber, ob seine Voraussetzung vorliegt, ausschließlich bei der Verwaltungsbehörde, im Rechtswege kann darüber nicht gestritten werden (vergl. R.G. v. 14./11. 84 E. B. 12 S. 70 und § 155 A. 4).

4) Die Vorschrift des § 24 war nothwendig nur für die lebenslänglich angestellten Beamten, welche, wenn die Möglichkeit, sie weiter zu beschäftigen, aus Gründen, welche nicht in ihnen selbst liegen (§§ 34 u. 61), aufhört, ohne beschränkende gesetzliche Bestimmung Anspruch auf Fortbezug ihres vollen Diensteinkommens behalten würden, da sie dasselbe nur durch Straf- oder Disziplinarurtheil verlieren können (vergl. § 75 A. 12 u. 13; § 84 A. 1; §§ 149 u. 155; Sten.B. S. 190, auch Motive S. 73). Nicht lebenslänglich angestellte Beamte (§ 2) können jederzeit, also auch im Falle des § 24 durch Ausübung des vorbehaltenen Widerrufs- oder Kündigungsrechtes aus ihrem Amte entlassen werden (§ 32). Das Gesetz nöthigt aber zu solchem Schritte nicht, § 24 ermächtigt, auch diesen Beamten das gesetzliche Wartegeld zu gewähren: „jeder Reichsbeamte kann unter Bewilligung des gesetzlichen Wartegeldes einstweilen in den Ruhestand versetzt werden" (vergl. auch Thudichum A. 2 zu § 29). Anders das preußische Recht (vergl. Kab.O. v. 9./10. 48 (B.M. Bl. S. 342) und die in A. 5 erwähnten G. v. 24./4. 78 § 105 und v. 30./7. 83 § 151. Die dort ebenfalls angeführten G. v. 4./6. 94 und 1./4. 95 schließen im § 3 bezw. § 6 nur die nicht etatsmäßig angestellten Kündigungsbeamten von dem gesetzlichen Wartegelde aus.

§ 25[1]). Außer dem im § 24 bezeichneten Falle können durch Kaiserliche Verfügung die nachbenannten Beamten jederzeit mit Gewährung des gesetzlichen Wartegeldes einstweilig in den Ruhestand versetzt werden:

der Reichskanzler, der Präsident des Reichskanzler-Amts[2]), der Chef der Kaiserlichen Admiralität[3]), der Staatssekretär im Auswärtigen Amte, die Direktoren und Abtheilungs-Chefs im Reichskanzler-Amte und in den einzelnen Abtheilungen[4]) desselben, sowie im Auswärtigen Amte und in den Ministerien, die vortragenden Räthe und etatsmäßigen Hülfsarbeiter im Auswärtigen Amte, die Militär- und Marine-Intendanten, die diplomatischen Agenten[5]) einschließlich der Konsuln[6])[7])[8]).

[1]) Der Reg.Entw. von 1872 hatte die Kategorien der schlechthin zur Disposition zu stellenden Beamten gegen die Bestimmung im § 87 Nr. 2 des Pr. B.Disz.G. noch erweitert und auch die sämmtlichen vortragenden Räthe und etatsmäßigen Hülfsarbeiter der Reichszentralbehörden mit genannt. Außerdem waren aus Art. VI der Pr. Verord. v. 23./9. 67 (G.S. S. 1617) die Oberpostdirektoren, Vorsteher der Oberpostämter und die Telegraphendirektoren übernommen. Die Motive S. 71 begründen die Vorschrift mit der „Nothwendigkeit einer fortdauernden Uebereinstimmung in prinzipiellen Ansichten zwischen der leitenden Autorität und den ihr zunächst stehenden Beamten". Bei den Gesetzesberathungen im Jahre 1872 strich der Reichstag die Beamten der Postverwaltung, weil sie technische, nicht politische Beamten seien, gestand die Amovibilität nur für diejenigen vortragenden Räthe und Hülfsarbeiter der obersten Reichsbehörden zu, welche ausdrücklich unter dem Vorbehalt der jederzeitigen Versetzung in den einstweiligen Ruhestand angestellt würden und wollte die Zahl der so anstellbaren Beamten auf die Hälfte der etatsmäßigen Stellen derselben Kategorie be-

schränkt wissen (Sten.B. S. 185—197 und 911—913 und Drucks. Nr. 172 S. 654). Diesen Beschlüssen gegenüber hielt die Bundesrathsvorlage von 1873 (Vorwort) mit der jetzigen Fassung des § 25 wenigstens die Amovibilität der sämmtlichen Räthe und Hülfsarbeiter des Auswärtigen Amtes aus dem in den Motiven angegebenen Grunde (siehe oben) für unerläßlich und erreichte hierzu schließlich die Zustimmung des Reichstages (Drucks. 73 Nr. 4 S. 2; Sten.B. 73 S. 63—65).

[2]) An dessen Stelle ist das: „Reichsamt des Innern" und als Vorstand dieser Behörde: „der Staatssekretär des Innern" getreten (Kais. Erl. v. 24./12. 79 R.G.Bl. S. 321).

[3]) Jetzt: „der Staatssekretär des Reichsmarineamtes" (Kais. Erl. v. 30./3. 89 M.V.Bl. S. 51).

[4]) Seit der Auflösung des Reichskanzleramtes in mehrere selbständige oberste Reichsbehörden: „Reichsamt des Innern", „Reichspostamt", „Reichsschatzamt", „Reichsjustizamt" sind die letzteren mit ihren Vorständen und Direktoren an die Stelle getreten (vergl. Laband § 41 S. 362 und § 51 S. 496 A. 2). Ebenso gehört nach § 2 Abs. 2 des G. v. 27./6. 73 (R.G.Bl. S. 164) der Präsident des Reichseisenbahnamtes hierher.

[5]) Die Vorsteher der diplomatischen Missionen: Botschafter, Gesandte, Ministerresidenten und Geschäftsträger (vergl. Laband I § 41 S. 369 und II § 71 S. 8).

[6]) Wahlkonsuln beziehen kein Gehalt und sind jederzeit absetzbar (§ 16 A. 16), das Gesetz hat nur die Berufskonsuln im Auge (Drucks. Nr. 9 S. 61) und hat dieselben ausdrücklich den diplomatischen Agenten eingeschlossen, weil ein in Preußen ergangenes Obertribunalserkenntniß sie nur ausnahmsweise zu dieser Beamtengattung rechnete (§ 87 Nr. 2 des Pr. B.Disz.G. und O.Tr. v. 9./7. 69 E. B. 62 S. 233).

[7]) Hinzugetreten sind:

a) die im Art. II des Elf.Lothr. G. v. 23./12. 73

(§ 1 Vorbemk.) benannten Landesbeamten. An die Stelle des Oberpräsidenten und Vizepräsidenten sind der Staatssekretär und die Unterstaatssekretäre im Ministerium für Elf.Loth. getreten (§§ 3, 5 u. 6 des G. v. 4./7. 79 R.G.Bl. S. 165);

b) der Statthalter in Elsaß-Lothringen (§ 1 des zu a erwähnten G. v. 4./7. 79);

c) der Oberreichsanwalt und die Reichsanwälte (§ 150 des G.V.G.);

d) die Gouverneure, Kanzler und Landeshauptleute in den deutschen Schutzgebieten (§ 2 des G. v. 31./5. 87 R.G.Bl. S. 211).

[8]) Reichsbeamte im Sinne dieses § 25 sind vom Schöffen- und Geschworenenamte befreit (§ 34 Nr. 3 und § 85 Abs. 2 des G.V.G.).

§ 26. Das Wartegeld beträgt bei Gehältern bis zu 150 Thlr. ebensoviel als das Gehalt, bei höheren Gehältern drei Viertheile[1]) des Gehalts[2]), jedoch nicht weniger als 150 Thlr.[3]).

Bei Feststellung der Jahresbeiträge der Wartegelder werden überschießende Thalerbrüche auf volle Thaler abgerundet[4]).

Der Jahresbetrag des Wartegeldes kann 3000[5]) Thlr. nicht übersteigen.

[1]) Das Wartegeld ist höher bemessen worden, als nach den preußischen Verordnungen (§ 24 Vorbemk. 1). „Eine auskömmliche Bemessung des Wartegeldes erscheint deshalb als billig, weil die einstweilige Versetzung in den Ruhestand überhaupt nur auf solche noch dienstfähige Beamte Anwendung zu finden bestimmt ist, denen ein Verschulden nicht zur Last fällt“ (Motive S. 71).

[2]) Darunter ist das Diensteinkommen im Sinne des § 42 zu verstehen. „Dieselben Theile des Diensteinkommens,

welche nach Maßgabe der §§ 42 bis 44 bei Berechnung der Pension zu Grunde zu legen sind, bilden auch die Grundlage bei der Berechnung des Wartegeldes" (R.G. v. 9./6. 82 E. B. 7 S. 73; R.O.H.G. v. 16./2. 77 E. B. 21 S. 387). Folgerichtig müßte hiernach der Wohnungsgeldzuschuß, oder die Miethsentschädigung (§ 42 A. 5) ebenfalls mit dem Durchschnittssatze in Berechnung kommen, zumal der Wartegeldempfänger in der Wahl seines Wohnortes, mit einer hierfür unwesentlichen Ausnahme (§ 29 Nr. 3), ebenso unbeschränkt ist, als der Pensionär, und deshalb die Motive zum § 8 des W.G.Z.G. (Anl. K; Drucks. 73 Nr. 125 S. 12, vergl. auch § 42 A. 13) auf beide ganz gleiche Anwendung finden. Da aber jener § 8 ausdrücklich nur für die Pension die Durchschnittsberechnung anordnet und hinzufügt, daß in allen anderen Beziehungen der W.G.Z. als Bestandtheil der Besoldung gelte, geht die Verwaltungspraxis allgemein bei Festsetzung des Wartegeldes auf den wirklichen (tarifmäßig gezahlten) Betrag des W.G.Z. zurück (vergl. auch § 57 A. 7). Derselben Ansicht sind Kanng. A. 3 und Thudichum A. 2 zu § 26, während Laband § 49 S. 482 Abs. 2 die entgegengesetzte, allein konsequente Auffassung vertritt, der auch das preußische Ausf.G. zum G.V.G. v. 24./4. 78 für die damals auf Wartegeld gestellten preußischen Justizbeamten gefolgt ist. Dort ist im § 104 (G.S. S. 250) bestimmt, daß das dem Wartegelde zu Grunde zu legende Diensteinkommen nach den für den Fall der Pensionirung maßgebenden Grundsätzen zu berechnen und hierbei der W.G.Z. mit dem für die Pensionirung geltenden Durchschnittssatze dem übrigen Diensteinkommen hinzuzurechnen sei.

[3]) Die Summe stammt aus den preußischen Verordnungen (§ 24 A. 1), denen auch die folgenden Absätze 2 u. 3 nachgebildet sind.

[4]) Vergl. § 41 A. 3.

5) Das sind drei Viertheile von den im § 42 Nr. 6 erwähnten 4000 Thalern.

§ 27. Die Zahlung des Wartegeldes erfolgt im voraus in derselben Weise, in welcher bis dahin die Zahlung des Gehalts stattgefunden hat[1]. Die Gehaltszahlung[2]) hört auf und die Zahlung des Wartegeldes beginnt mit dem Ablaufe des Vierteljahres, welches auf den Monat folgt, in welchem dem Beamten die Entscheidung über seine einstweilige Versetzung in den Ruhestand, der Zeitpunkt derselben und die Höhe des Wartegeldes bekannt gemacht worden ist[3]).

1) Vergl. § 5. Anders bei der Pension, welche stets nur in monatlichen Beträgen im voraus gezahlt wird (§ 56).

2) Die Zahlung des gesammten bisherigen Diensteinkommens, des „vollen" Gehaltes im Sinne der §§ 63 Abs. 2 und 67 (folg. A. 3 und § 63 A. 4).

3) Der Beamte soll ähnlich, wie bei der Pensionirung (§§ 55, 63 u. 67), bereits drei Monate vorher über den Termin unterrichtet sein, mit welchem er nur noch Wartegeld bezieht, damit er sich wirthschaftlich auf die neuen Verhältnisse einrichten kann. Geht schon vor diesem Termine die Verwaltung des Amtes zu Ende, sei es, daß dieselbe überhaupt aufhört (§ 24), oder bestimmungsmäßig schon früher einen Nachfolger erhält (§ 25), so fallen auch diejenigen Einkommensbezüge bereits früher fort, beziehungsweise gehen sogleich auf den Nachfolger über, welche lediglich Amtszwecken dienen, also die Entschädigungen für Dienstaufwand und Repräsentation (vergl. § 7 A. 5; § 23 A. 9). „Dem Beamten, welcher einstweilen in den Ruhestand versetzt worden, bis zum Eintritt in den Wartegeldbezug jedoch sein Gehalt bezieht,

liegt Dienstaufwand nicht mehr ob und er ist in der Wahl seines Wohnortes unbeschränkt; er hat deshalb auch auf Fortbezug der Repräsentationsgelder keinen Anspruch, dieselben bezieht vielmehr der Inhaber des Postens, zu dessen würdiger Vertretung sie bestimmt sind." (R.O.H.G. v. 16./2. 77 E. B. 21 S. 378; § 5 Abs. 2 der Url.B. Anl. H).

§ 28[1]). **Die einstweilig in den Ruhestand versetzten Beamten sind bei Verlust des Wartegeldes zur Annahme eines ihnen übertragenen Reichsamtes, welches ihrer Berufsbildung entspricht, unter denselben Voraussetzungen[2])[3]) verpflichtet[4])[5]), unter denen nach § 23 ein Reichsbeamter die Versetzung in ein anderes Amt sich gefallen lassen muß.[2])[3])**

[1]) Der Wartegeldempfänger behält die Pflicht zur Amtsführung, er ist nur unfreiwillig auf beliebigen Widerruf beurlaubt und soll daher sich jederzeit zur Wiederübernahme eines Amtes unter denselben Bedingungen bereit halten, wie der aktive Beamte zum Amtswechsel (§ 24 Vorbemk. 1; Motive S. 76; Sten.B. S. 185). Daraus ergiebt sich die weitere Verpflichtung, über jeden Wechsel seines Wohnortes seiner zuletzt vorgesetzt gewesenen Behörde dienstliche Mittheilung zu machen. Vernachlässigt er diese Pflicht und wird dadurch seine Wiedereinberufung vereitelt, weil ihm die betreffende Aufforderung wegen Unbekanntschaft seines Aufenthaltsortes nicht zugestellt werden kann, so setzt er sich der Dienstentlassung im Disziplinarwege aus (vergl. § 29 A. 7 u. 9).

[2]) Das neue Amt muß also im Range und etatsmäßigen pensionsfähigen Einkommen dem früheren Amte gleich stehen, doch bleiben Unterschiede im Wohnungsgeldzuschuß außer Betracht (§ 23 A. 2, 4 u. 10). Daß der Beamte eine in der Zwischenzeit amtlich oder außeramtlich gefundene gewinnbringende Beschäftigung (§§ 16 u. 30)

aufgeben muß, ist für seine Wiedereinberufung ohne Bedeutung (§ 23 Abs. 2; Kanng. A. 8 zu § 16; Sten.B. S. 185).

Die Textesworte: „welches ihrer Berufsbildung entspricht" sind im Reichstage ohne weitere Begründung und Debatte hinzugekommen (Sten.B. S. 197). Einen besonderen Werth haben sie nicht, das dienstliche Interesse verbietet es von selbst, Beamten ein Amt zu übertragen, für welches sie nicht geeignet sind.

[3]) Da der Wartegeldempfänger in der Wahl seines Wohnortes im Inlande nicht beschränkt ist, mit Genehmigung des Reichskanzlers selbst im Auslande wohnen kann (§ 29 Nr. 3), darf er die Umzugskosten (§ 23 Abs. 1) von seinem letzten natürlichen Wohnorte aus berechnen (§ 17a der Reise- und Umz.-Kosten-Verord. Anl. L).

[4]) Die Verpflichtung ist an die Voraussetzungen des § 28 geknüpft, sonst hängt die Wiederbeschäftigung von dem freien Willen des Beamten ab (§ 30 A. 1; Kanng. A. 1 und Thudichum A. 2 zu § 28). Eine ähnliche Verpflichtung, wie § 28, spricht § 104 Abs. 4 u. 5 des Pr. Ausf.G. zum G.V.G. v. 24./4. 78 (G.S. S. 230) aus. Folgt der Beamte dem Rufe der zuständigen Behörde nicht, so verliert er sein Wartegeld, falls ihm nicht besondere Entschuldigungsgründe zur Seite stehen, über die er hier ebenso, wie im Falle des § 14 Abs. 3 gehört werden und über welche in denselben Grenzen wie dort (§ 14 A. 12) der Rechtsweg offen stehen muß. Dringt er weder in der Verwaltungs- noch in der Rechtsinstanz mit seinen Einwendungen durch, so bleibt es, falls die angebotene Stelle nicht mehr für ihn offen ist, bei dem Verluste des Wartegeldes, bis dem Beamten ein neues Amt angetragen und diesem Rufe nachgekommen wird. Die ohne Wartegeldgenuß zugebrachte Dienstzeit kommt bei der Pensionirung nicht in Berechnung (§ 46 Nr. 1). Ist die Sache danach angethan, kann auch das Disziplinarverfahren auf Dienstentlassung gegen den ungehorsamen

Beamten eingeleitet werden (§ 119; § 29 Nr. 4). Dasselbe bleibt immer erforderlich, wenn dem Beamten gleichzeitig sein Pensionsanspruch (vergl. § 42 A. 17) entzogen werden soll (§ 75 Nr. 2).

[5]) Wie die Versetzung bleibt auch die Wiedereinberufung als solche jedem Angriffe im Rechtswege entzogen, nur über Höhe der Umzugskosten und des etatsmäßigen Diensteinkommens kann der Richter angegangen werden (§ 23 A. 6).

§ 29. Das Recht auf den Bezug des Wartegeldes hört auf[1]):

1) wenn der Beamte im Reichsdienste[2]) mit einem dem früher von ihm bezogenen Diensteinkommen mindestens gleichen Diensteinkommen wieder angestellt wird[3])[4]),

2) wenn der Beamte das deutsche Indigenat verliert[5]),

3) wenn der Beamte ohne Genehmigung[6]) des Reichskanzlers seinen Wohnsitz[7]) außerhalb der Bundesstaaten[8]) nimmt,

4) wenn der Beamte des Dienstes entlassen wird[9]).

[1]) Das Bezugsrecht erlischt. Anders bei § 30. Den Fortfall verfügt bei Nr. 1 die Behörde, welche den Beamten wieder einberufen hat, sonst die zuletzt vorgesetzt gewesene Behörde. Gegen solche Anordnung steht bei Nr. 1, 2 u. 3 der Rechtsweg nach § 149 offen.

[2]) Reichsdienst ist auch der Dienst in Elsaß-Lothringen und in den deutschen Schutzgebieten (vergl. § 19 A. 8 und M.E. v. 10./4. 83 Nr. 9 B.M.Bl. S. 57). Der Dienst in einem Bundesstaate fällt unter § 30 (A. 5 daselbst).

[3]) Der Ausdruck: „wieder angestellt“ ist nicht korrekt.

Eine Wiederanstellung setzt eine Entlassung voraus (§ 33). Der Wartegeldempfänger ist Beamter geblieben (§ 24 Vorbemk. 1, § 28 A. 1), ihm kann nur wieder ein Amt übertragen werden (§ 4 A. 3 u. 4).

4) Die Bestimmung zieht lediglich die Konsequenz aus der im § 28 behandelten Zurückversetzung in den früheren amtlichen Zustand. Für das Abwarten dieses Ereignisses bezog der Beamte das Wartegeld, mit dem Eintreffen jenes muß dieses in Fortfall kommen, im Gegensatz zu dem bloßen Ruhen im Falle des § 30.

5) Durch den Verlust des Indigenates (§§ 13, 20 u. 22 des Ind.G.) wird der Beamte seiner Verpflichtung zur Amtsführung (§ 28 A. 1) entzogen (vergl. Laband § 51 S. 497). Durch Aufenthalt in den deutschen Schutzgebieten geht das Indigenat nicht verloren (§ 19 A. 8). Das Recht auf Wartegeld geht unter (A. 1), lebt also bei etwaiger Wiedererlangung des Indigenates nicht wieder auf, müßte vielmehr von neuem verliehen werden, falls alsdann das Beamtenverhältniß überhaupt noch bestehen und nicht in der Zwischenzeit durch disziplinarrechtlich ausgesprochene Dienstentlassung, weil der Beamte sich seiner Amtspflicht entzogen hat, zerstört sein sollte. Anders beim Pensionär, der eine Dienstverpflichtung nicht mehr hat (§ 57 Nr. 1).

6) Die Verlegung des Wohnsitzes in das Ausland erschwert die jederzeitige Wiedereinberufung zur Dienstleistung, deshalb bleibt sie von besonderer Genehmigung abhängig. Verstößt der Beamte hiergegen, so geht er, ähnlich wie ein ohne Urlaub Abwesender (§ 14 Abs. 3) seines Wartegeldes, hier aber endgültig (A. 1), nicht blos für die Dauer seines unerlaubten Wohnens im Auslande, verlustig und hat außerdem, wie im Falle der Nr. 2 seine Entlassung zu gewärtigen (vergl. Laband S. 497, Sten. B. S. 185).

7) Der beständige Wohnsitz (§ 19 A. 6) ist gemeint. Ein bloßes Sichaufhalten, ein Umherreisen im Auslande

bedarf keiner Genehmigung und bleibt, solange es nicht zum Verluste des Indigenates (A. 5) führt, auf den Bezug des Wartegeldes ohne Einfluß (vergl. Kanng. A. 3 zu § 29; R.G. v. 19./4. 83 Ann. B. 8 S. 64). Sorgt aber der Beamte nicht dafür, daß ihn jederzeit Dienstbefehle erreichen können, so setzt er sich der Dienstentlassung aus (§ 28 A. 1).

[8]) Die deutschen Schutzgebiete sind nicht Ausland im Sinne des § 29 (§ 19 A. 8).

[9]) Das heißt bei ihm: wenn er des Reichsbeamtenverhältnisses, der Fähigkeit, ein Reichsamt zu führen, durch Kündigung (§ 24 A. 4), oder durch Urtheil des Disziplinar- (§ 75 Nr. 2), oder des Strafrichters (§ 78 A. 4) verlustig erklärt wird (vergl. § 75 A. 10).

§ 30. Das Recht auf den Bezug des Wartegeldes ruht[1]), wenn und so lange[2]) der einstweilig in den Ruhestand versetzte Beamte in Folge einer Wiederanstellung[3]) oder Beschäftigung[3]) im Reichs-[4]) oder im Staatsdienste[5]) ein Diensteinkommen bezieht, insoweit als der Betrag dieses neuen Diensteinkommens[6]) unter Hinzurechnung des Wartegeldes den Betrag des von dem Beamten vor der einstweiligen Versetzung in den Ruhestand bezogenen Diensteinkommens[6]) übersteigt. Findet die Beschäftigung des Beamten vorübergehend[7]) gegen Tagegelder oder eine anderweite Entschädigung statt, so wird demselben das Wartegeld für die ersten sechs[8]) Monate dieser Beschäftigung unverkürzt, dagegen vom siebenten Monat ab nur zu dem nach der vorstehenden Bestimmung zulässigen Betrage gewährt[9]).

[1]) Wo die Voraussetzungen für § 28 (A. 2 daselbst)

fehlen, hängt die Uebernahme eines Reichsamtes von dem freien Willen des Beamten ab. Die Folge ist in solchem Falle, wie bei der Pension (§ 57), ein gänzliches oder theilweises Ruhen des Wartegeldes, damit das Recht auf den Bezug desselben jederzeit wieder aufleben kann, wenn der Beamte von dem angenommenen Amte freiwillig oder infolge Widerrufes oder Kündigung wieder zurücktritt, oder wenn der vorübergehende Zweck der Thätigkeit erfüllt ist. Derselbe Rechtszustand tritt bei jeder im Staatsdienste (A. 5) wieder gewonnenen dienstlichen Beschäftigung ein, und hier lebt der Anspruch auf das Reichswartegeld selbst dann wieder auf, wenn das Staatsamt im Disziplinarwege wieder entzogen wird (vergl. auch § 75 A. 9). Es muß in solchem Falle von den Umständen abhängig bleiben, ob durch ein nachfolgendes Reichsdisziplinarverfahren auch die Entlassung aus dem Reichsbeamtenverhältniß (§ 119) mit der Wirkung des § 29 Nr. 4 herbeizuführen ist. Dagegen zerstört ein strafrechtliches, die Fähigkeit zur Amtsführung absolut verneinendes Urtheil (§ 78 A. 4) ohne weiteres auch das Reichsbeamtenverhältniß.

2) Vergl. unten A. 8.

3) Unter „Wiederanstellung" ist der Wiedereintritt in ein etatsmäßiges Amt (§ 7 A. 1), unter „Beschäftigung" die Uebernahme eines außeretatsmäßigen (Hülfsarbeiter-) Amtes zu verstehen (vergl. § 34 Vorbemk. 2, § 57 A. 5 und § 60 A. 5).

4) Vergl. § 29 A. 2.

5) Unter Staatsdienst ist der unmittelbare Staatsdienst in einem Bundesstaate (vergl. § 46 A. 2) zu verstehen. Was der Beamte mit vorgeschriebener Genehmigung (vergl. §§ 22 u. 23 des Ind.G. sowie § 15 A. 1 Abs. 3 u. A. 2) aus fremdem (außerdeutschem) Staatsdienst bezieht, kommt ebensowenig in Betracht, wie der im folg. Abs. behandelte Kommunaldienst (vergl. Turnau A. 2). Für den Eintritt in den Bundesstaatsdienst bedarf es keiner Genehmigung, da

der Wartegeldempfänger in seinem Nahrungsstande in keiner Weise beschränkt werden sollte (siehe weiter unten), wohl aber muß er dafür sorgen, daß er jederzeit seine Entlassung nehmen und in den Reichsdienst zurücktreten kann (§ 28 A. 1 u. 2).

Im Reg.Entw. war sowohl hier wie im § 57 Nr. 2, § 59 u. § 60 Abs. 2 dem unmittelbaren Staatsdienste (siehe oben) auch der Kommunaldienst, der den „ständischen" Dienst (§ 52 A. 4) unter sich begreift (mittelbarer Staatsdienst) hinzugefügt, weil das Mil.P.G. v. 27./6. 71 mit der gleichen Anordnung für die Militärpensionäre vorangegangen war (§§ 33c, 36, 102c u. 106 daselbst). Die Reichsregierung hielt eine Besserstellung der Civilpensionäre gegenüber den Militärpensionären für ungerechtfertigt und wollte auch bei den Wartegeldempfängern keine Ausnahme zulassen. Der Reichstag billigte zwar die völlige Gleichbehandlung der Wartegeldempfänger und Pensionäre bei dieser Frage, strich aber an allen oben erwähnten Stellen des Gesetzes den Kommunaldienst fort, weil es dem Grundsatze des § 16 Abs. 3, daß Wartegeldempfänger und Pensionäre in der Verbesserung ihrer Einkommensverhältnisse nicht beschränkt werden sollen, widerspräche, wenn der eine Beamte, der seinen Nebenverdienst im Gewerbebetriebe oder im Dienste von Gesellschaften finde, günstiger fortkomme, als derjenige, welcher ein besoldetes Kommunalamt annehme. Auch würde die Folge ein Sichfernhalten vom Kommunaldienste sein und dadurch eine sehr unerwünschte Schädigung dieses doch ebenfalls öffentlichen Dienstes eintreten (Sten.B. S. 198 u. 199). Der Reichstag konnte sich hierbei auf die Vorgänge im preußischen Abgeordnetenhause bei Berathung des von der Regierung vorgelegten Entwurfes zum preußischen Civilpensionsgesetz v. 27./3. 72 berufen. Dieser Entwurf hatte ebenfalls, und zwar abweichend von dem bisherigen preußischen Recht (§ 30 Nr. 1 des bis dahin gültigen Pens.Regl. v. 30./4. 25, § 34 Vorbemk. 1), an entsprechender Stelle den Kommunaldienst in das Gesetz aufgenommen (§§ 27, 29 u. 30 jenes Entwurfes, Verh. des Pr. Abg.H. 71/72 Anl. B. 2 Nr. 105), weil im Reiche das Mil.P.G. v. 27./6. 71 hierin vorangegangen war. Der preußische Landtag strich aber aus ähnlichen Erwägungen, wie später der Reichstag den Kommunaldienst aus dem Pensionsgesetze heraus (vergl. §§ 27 bis 29 des Pr. Pens.G. v. 27./3. 72, Verh. des Pr. Abg.H. 71/72 B. 2 S. 1077—1079, Anl. B. 2 No. 189 S. 1090).

Die Ungleichheit, welche hiernach in Preußen, wie im Reiche zwischen den Rechten der Militär- und Civilpensionäre bestehen blieb, hat erst die jüngste Novelle zum Mil.P.G. vom 22./5. 93 durch Entfernung des Kommunaldienstes aus den parallel laufenden Bestimmungen des Mil.P.G. beseitigt (Art. 2 § 33c, Art. 3 u. Art. 106 der Novelle).

Hinsichtlich der Wartegeldempfänger bestand in Preußen bis zu dem Erkenntniß des R.G. v. 13./6. 87 (E. B. 19 S. 284) eine abweichende Praxis (vergl. M.E. v. 5./2. 81 B.M.Bl. S. 77). Jenes Erkenntniß weist nach, daß auch das preußische Recht hinsichtlich der vorliegenden Frage die Wartegeldempfänger nicht anders, als die Pensionäre behandelt wissen will.

6) Nicht blos des wartegeldfähigen (§ 26 A. 2), sondern des gesammten neuen bezw. früheren Diensteinkommens im Sinne des § 57 Nr. 2. Es gelten hier dieselben Grundsätze, wie bei § 57 (vergl. daselbst A. 7).

7) Hierüber vergl. § 60 A. 5 a. E.

8) Die Einziehung, Kürzung und Wiedergewährung des Wartegeldes bei dauernder, wie bei vorübergehender Wiederbeschäftigung richtet sich ebenfalls nach § 60 Abs. 1. Entscheidend bleibt also immer der erste Tag desjenigen Kalendermonates, welcher auf das die Neuregelung der Bezüge bedingende Ereigniß folgt. Dieses Ereigniß bildet bei nur vorübergehender Beschäftigung der Ablauf der sechsmonatigen Freifrist, welche mit dem Tage solcher Be-

schäftigung beginnt und bei welcher etwaige diätenlose Urlaubstage mitgezählt werden (vergl. § 60 A. 2 u. 3 und M.E. v. 5./2. 81 B.M.Bl. S. 78 und v. 26./4. 88 J.M.Bl. S. 109).

[9]) Ueber alle vermögensrechtlichen Fragen des § 30 ist der Rechtsweg nach §§ 149 ff. zulässig.

§ 31. Nach dem Tode eines einstweilig in den Ruhestand versetzten Beamten erfolgt die Gewährung des Gnadenquartals[1]) vom Wartegelde[2]) an die Hinterbliebenen nach den in den §§ 7 und 8 enthaltenen Grundsätzen[3]).

[1]) Beim Pensionär nur ein Gnadenmonat (vergl. § 69 u. § 24 Vorbemk. 1).

[2]) Dasselbe macht hier die „volle Besoldung" des Verstorbenen im Sinne des § 7 aus. Voraussetzung ist aber, daß zur Zeit des Todes das Wartegeld nicht verwirkt war (§ 28 A. 4 und § 29 A. 5 u. 6). Im letzteren Falle würden auch die Ansprüche auf Wittwen und Waisengeld ausfallen (§§ 1 u. 7 des Rel.G. Anl. D).

[3]) Vergl. die Bemerkungen zu §§ 7 u. 8.

Entlassung der auf Probe, Kündigung oder Widerruf angestellten Beamten.

§ 32. Die Entlassung der auf Probe, auf Kündigung oder sonst auf Widerruf angestellten Beamten[1])[2]) erfolgt durch diejenige Behörde, welche die Anstellung verfügt hat[3]).

[1]) Die nicht lebenslänglich (§ 2) angestellten Beamten können jederzeit ohne förmliches Disziplinarverfahren durch Ausspruch des Widerrufes oder der Kündigung aus dem Amte wieder entfernt werden, jedoch muß den durch Kündigung entlassenen Beamten bis zum Ablauf der Kündigungsfrist das volle Diensteinkommen gewährt werden,

auch wenn ihnen schon vorher die Ausübung ihres Amtes im Wege des § 131 entzogen wird (§ 131 A. 4). Der Reg.Entw. enthielt in dieser Beziehung als Absatz 2 den aus § 83 des Pr. V.Disz.G. herübergenommenen Zusatz:

„Dem auf Grund der Kündigung entlassenen Beamten ist in allen Fällen bis zum Ablauf der Kündigungsfrist sein volles Diensteinkommen zu gewähren,"

es fand sich aber in den Motiven S. 71 hierzu die Bemerkung:

„Absatz 2 sichert dem auf Grund der Kündigung zu entlassenden Beamten sein volles Diensteinkommen während der Kündigungsfrist unter allen Umständen, also auch im Falle der Suspension (§§ 115 u. 118, jetzt §§ 125 u. 128),"

nach Absicht der Reichsregierung sollte also auch im Falle einer kraft des Gesetzes (§ 125) eintretenden Suspension, wenn diese zur Kündigung Veranlassung giebt, das Diensteinkommen, soweit dasselbe in die Kündigungsfrist fällt, unverkürzt bezogen werden. So weit wollte der Reichstag nicht gehen, weil er darin eine unberechtigte Begünstigung gegenüber allen anderen Beamten (§ 128) erblickte, und strich deshalb lieber diesen, weil einer solchen Auslegung fähigen Zusatz, von der Ansicht geleitet, daß schon nach allgemeinen Rechtsgrundsätzen der Beamte, solange er nicht in Suspension geräth, stets bis zum Ablauf der Probe- oder Kündigungsfrist im ungeschmälerten Genusse seines Einkommens zu verbleiben habe (Sten.B. S. 198 u. 199; Kanng. § 32 A. 2).

Ohne Kündigung kann auch bei diesen Beamten das Diensteinkommen außer dem Falle des § 14 Abs. 3 nur durch Urtheil des Disziplinarrichters (vergl. § 75 u. § 84 A. 4) oder des Strafrichters (§ 78 A. 4) verloren gehen.

2) Das Recht der Kündigung hat nur die Behörde, nicht der Beamte, dessen Amtsverhältniß keine Dienstmiethe ist (§ 1 A. 7 und Schlußbem.). Will der Beamte ausscheiden, so muß er seine Entlassung nachsuchen (§ 33 A. 3).

3) Vergl. Pr. A.L.R. II 10 § 94.

Die Behörde ist wegen der Gründe ihrer Maßregel nur sich selbst und ihrer vorgesetzten Instanz verantwortlich, es bleibt nur Beschwerde dagegen zulässig und der Rechtsweg geradeso verschlossen, wie gegen eine im förmlichen Disziplinarverfahren erkannte Entlassung (§ 155). Der Anstellungsvertrag ist ein öffentlichrechtlicher (§ 1 A. 7), das Amt selbst kein klagbares Vermögensrecht (§ 149), und das Wesen des vorbehaltenen Widerrufs- oder Kündigungsrechtes (§ 2) bedingt, daß dessen Ausübung dem pflichtmäßigen Ermessen der Anstellungsbehörde überlassen bleiben muß (vergl. R.G. v. 27./5. 81 Gruchot B. 26 S. 1114). Mit dem Ablauf der Kündigungsfrist (A. 1) endigen nicht nur alle ehren-, sondern auch alle vermögensrechtlichen Ansprüche aus dem bisherigen Dienstverhältnisse, insbesondere geht auch die nach § 37 inzwischen erworbene Pensionsberechtigung stets verloren, solange dieselbe nur in dem Anspruche auf zukünftige, im Falle eintretender Dienstunfähigkeit zu gewährende Pension besteht (§ 34 A. 3). Dagegen bleibt dem Beamten sein Pensionsanspruch trotz Kündigung und Widerspruchs der Behörde erhalten und vor Gericht verfolgbar, wenn er nachweislich zur Zeit der Kündigung bereits dienstunfähig war und ihm nicht aus disziplinarrechtlicher Veranlassung gekündigt worden ist. Auch muß ihm der Rechtsweg auf Fortgewährung seines Einkommens zu Gebote stehen, wenn er bestreitet, widerruflich oder kündbar angestellt zu sein, vielmehr eine lebenslängliche Anstellung für sich in Anspruch nimmt (vergl. § 155 A. 2 u. 5).

Wiederanstellung ausgeschiedener Beamten.

§ 33[1]). Zur Wiederanstellung[2]) von Beamten, welche aus dem Reichsdienste freiwillig[3]) oder un-

freiwillig[4]) ausgeschieden sind, bedarf es der Genehmigung der obersten Reichsbehörde[5]).

[1]) Die Bestimmung handelt nur von entlassenen, nicht von solchen Beamten, welche infolge Versetzung in den Ruhestand nur aus ihrem Amte ausgeschieden sind (vergl. § 19 A. 5).

[2]) Im Reichsdienste, etatsmäßig oder nicht etatsmäßig, lebenslänglich oder widerruflich.

[3]) Das Gesetz erkennt hier und im § 100 das Recht des Beamten an, jederzeit, auch während eines straf- oder disziplinargerichtlichen Verfahrens, seine Entlassung zu fordern. Bis dieselbe ertheilt ist, behält er seine Amtspflicht, deren Verletzung die Folgen des § 14 Abs. 3 nach sich zieht (Laband § 52 S. 502; Pr. O.Tr. v. 4./11. 67 Opp. B. 8 S. 660). Dieselbe muß ertheilt werden, sobald der Beamte seine amtlichen Geschäfte vollständig erledigt, insbesondere auch über eine anvertraute Vermögensverwaltung vollständige Rechnung gelegt hat (§ 100). In ihren Wirkungen steht die freiwillig gegebene Entlassung der unfreiwilligen (A. 4) völlig gleich, sie zerstört wie diese das Amtsverhältniß mit allen darauf gegründeten Vermögens- und Ehrenrechten. Sollen letztere (Titel und Rang) dem Beamten verbleiben, muß dieses bei Genehmigung der Entlassung ausdrücklich ausgesprochen, d. h. dieselbe muß in Ehren, oder Gnaden erfolgt sein (vergl. § 17 A. 1; Kanng. § 32 S. 116; Laband a. a. O.; Bluntschli S. 631 Nr. 2; v. Schulze § 102 Nr. 5; Rehm § 60 S. 208; Pr. A.L.R. II 10 §§ 94 bis 97).

[4]) Zufolge Kündigung (§ 32), oder Disziplinar- (§ 75 Nr. 2), oder strafgerichtlichen Verfahrens (§ 78 A. 4). Im letzteren Falle kann jedoch eine Wiederanstellung erst genehmigt werden, wenn die Wirkungen des Strafurtheiles durch landesherrliche, unter Umständen (§ 484 Str.Pr.O.) Kaiserliche Begnadigung, oder durch Ablauf

der in dem Urtheil festgesetzten Zeit (vergl. § 35 Abs. 1, § 128 Abs. 2, § 129 Abs. 2 § 358 Str.G.B.) aufgehoben sind.

5) Vergl. § 159 A. 1. Diese Genehmigung bezweckt eine Kontrole der Reichsregierung darüber, daß Beamte, deren Entfernung aus dem Reichsdienste durch sie (§ 84 Abs. 1) veranlaßt ist, nicht ohne ihre Mitwirkung von Landesregierungen wieder in den — mittelbaren (§ 1 A. 3) — Reichsdienst berufen werden (Sten.B. S. 199).

Pensionirung der Beamten. Anspruch auf Pension[1][2].

1) Mit § 34 beginnen die Bestimmungen über das materielle und formelle Pensionsrecht, jenes ist enthalten in den §§ 34 bis 52, 55 bis 60, 69 bis 71, dieses in den §§ 53 u. 54 — freiwillige Pensionirung —, 60a bis 68 — unfreiwillige Pensionirung. Die Bestimmungen sind geändert und ergänzt durch die G. v. 21./4. 86 (R.G.Bl. S. 80) und v. 25./5. 87 (R.G.Bl. S. 194). Im Wesentlichen folgt das Gesetz dem preußischen Pens.G. v. 27./3. 72 (G.S. S. 268), dessen Grundlage wieder das alte preußische Pens.Regl. v. 30./4. 25 (v. K. Ann. J. 16 S. 843) bildet, und welches durch die G. v. 31./3. 82 (G.S. S. 133) und v. 30./4. 84 (G.S. S. 126) in ähnlicher Weise geändert bezw. ergänzt worden ist, wie durch die oben erwähnten späteren Reichsgesetze das vorliegende Gesetz (vergl. Motive S. 72 ff. und Sten.B. S. 39). Für die unfreiwillige Pensionirung sind außerdem die §§ 88 bis 93 des preußischen B.Disz.G. v. 21./7. 52 (G.S. S. 465) maßgebend gewesen.

Das Pensionsrecht ist zwingendes Recht, ein Paktiren darüber ausgeschlossen (vergl. § 1 A. 7 Schlußbemk.; v. Rönne R.St.R. S. 381 A. 5; Kanng. § 41 A. 2).

2) Der Pensionär ist frei von jeder Dienstpflicht (§ 24 Vorbemk. 1), die Verwerthung seiner noch vorhandenen (A. 6), oder wiedergewonnenen, bei politischen Pensionären

(§ 35) überhaupt nicht verloren gegangenen Arbeitskraft im Interesse des Reichsdienstes, eine Wiederbeschäftigung in demselben hängt von seinem freien Willen ab. Einer neuen Anstellung bedarf es in solchem Falle bei ihm ebenfalls nicht, denn er ist Beamter mit Titel, Rang und Vorrechten seiner Kompetenz (§§ 6, 17, 19) geblieben (§ 4 A. 4), es wird auch ihm ein Amt nur von neuem übertragen (§ 29 A. 3), „er tritt in den" — zur Pension berechtigenden lebenslänglichen oder etatsmäßigen — „Dienst wieder ein" (§§ 58 u. 59), er wird — außeretatsmäßig als Hülfsarbeiter — „wieder beschäftigt" (§ 60 Abs. 2) und kann jederzeit nach Erledigung seiner amtlichen Geschäfte (§ 33 A. 3) wieder aus- und in den Genuß seiner Pension zurücktreten (§ 58 A. 4). Da der Pensionär eine Dienstpflicht nicht mehr hat, ist er in der Wahl seines Wohnsitzes selbst für das Ausland unbeschränkt (§ 57 A. 3) und unterliegt nicht mehr der Dienstdisziplin (§ 57 A. 1; § 119 A. 1). Die Wahrung der Standesehre (§ 10) und die Erfüllung der ihm sonst noch verbliebenen Pflichten (§ 11 A. 2; § 12 A. 7) sind bei ihm mehr eine Ehren- als Rechtspflicht (vergl. Motive S. 73 [§ 58] u. S. 76 [§ 109]).

§ 34[1]. Jeder Beamte, welcher sein Diensteinkommen[2]) aus der Reichskasse bezieht, erhält aus der letzteren eine lebenslängliche[3]) Pension, wenn er nach einer Dienstzeit von wenigstens zehn Jahren[4]) in Folge eines körperlichen Gebrechens oder wegen Schwäche seiner körperlichen oder geistigen Kräfte[5]) zu der Erfüllung seiner Amtspflichten dauernd unfähig ist[6])[7]), und deshalb in den Ruhestand versetzt wird[8]).

[1]) Der § 34 giebt die regelmäßigen Voraussetzungen der Versetzung in den Ruhestand mit Pension an:

a) lebenslängliche, nur durch Disziplinar- oder Strafurtheil entziehbare Anstellung (§ 2), gleichviel, ob das bekleidete Amt ein etatsmäßiges (§ 7 A. 1) ist, oder nicht (vergl. Motive zum Pr. P.G. Drucks. des Abg.H. 71/72 Anl. B. 2 Nr. 105 S. 665, Verh. 71/72 S. 1059; Pr. O.Tr. v. 7./9. 68 Strieth. A. B. 72 S. 132). Ausnahme: § 37;

b) Bezug eines Diensteinkommens aus der Reichskasse. Deshalb sind Wahlkonsuln (§ 16 A. 16) nicht pensionsberechtigt. Vergl. weiter A. 8;

c) eine mindestens zehnjährige Gesammt- (Militär- und Civil-) Dienstzeit (§§ 45 bis 52). Wird der lebenslänglich, oder (§ 37) etatsmäßig angestellte Beamte vor dieser Zeit dienstunfähig, so wird er, und zwar ersterer unter Umständen durch Disziplinarurtheil (§ 68 A. 1) ohne Pension in den Ruhestand versetzt (vergl. § 55 „Höhe der ihm etwa zustehenden Pension"), falls er nicht auf dem Wege des § 39 oder des § 68 zu einer Pension gelangt.

Ausnahme: § 36, ferner § 130 Abs. 2 G.V.G. (Mitglieder des Reichsgerichtes, vergl. § 158 A. 9);

d) dauernde Unfähigkeit zu Erfüllung der Amtspflichten.

Ausnahme: §§ 34a u. 35, außerdem § 10 des Schutztruppen-G. v. 22./3. 91 (vergl. § 34a A. 3).

Als weitere regelmäßige Voraussetzung ergiebt sich aus § 38:

e) daß die Amtsthätigkeit den Lebensberuf erfüllen muß (vergl. auch A. 4).

2) Auch das Wartegeld ist im Sinne dieser Bestimmung ein Diensteinkommen (vergl. § 42 A. 17).

3) Der „Anspruch auf Pension," den die §§ 34 bis 38 behandeln (vergl. Ueberschrift zu § 34), ist das Recht auf zukünftige, beim Zusammentreffen der hier im Gesetze erörterten Voraussetzungen einem Beamten zu gewährende Pension. Dasselbe beruht in dem Anstellungsvertrage, wird als Fortsetzung des Gehaltsanspruches gleichzeitig

mit dem Amtsantritte erworben (folgende A. 4 u. § 4 A. 6, § 7 A. 8 am Schl.) und geht mit dem Verluste des Amtes durch Kündigung (§ 32), oder durch Spruch des Disziplinar- (§ 75 Nr. 2) oder Strafrichters (§ 78 A. 4) ebenfalls verloren. Anders der Anspruch auf den Bezug der gewährten Pension (§ 57 Eingang; vergl. auch §§ 29 u. 30 Eingang). Dieser ist nach Reichsrecht bei Civilpensionären ein unbedingt lebenslänglicher, er erlischt nur durch Tod, niemals durch Strafurtheil (§ 57 A. 1 u. 4; § 75 A. 11 u. 14). Bei Militärpensionären besteht die Ausnahme, daß Verurtheilung zur Zuchthausstrafe wegen Hochverrathes, Landesverrathes, Kriegsverrathes oder wegen Verrathes militärischer Geheimnisse den Verlust der Militärpensionen bewirkt (Art. 2 § 32 und Art. 11 § 100 Nr. 4 der Mil.P.G.N. v. 22./5. 93).

4) Militär- und Civildienstzeit zusammengerechnet (§ 47), wobei es sich gleich bleibt, ob der Beamte wirkliche zehn Jahre im Dienste gestanden hat, oder ob diese Dienstzeit sich nur aus der Anrechnung von Kriegsjahren (§ 49) oder aus der Doppelrechnung (§ 51) ergiebt. „Die Pension beruht darauf, daß das Amt einen Lebensberuf bildet, durch welchen ein Ueberschuß" — den der Staat vom Gehalte aufbewahrt (§ 7 A. 8 a. E., § 57 A. 1) — „erzeugt wird, der das Leben für die Zeit sichert, wo die Kräfte zur Amtsführung nicht mehr vorhanden sind. Dieses Prinzip der Ruhegehalte setzt aber voraus, daß das Amt eine, und zwar nicht ganz kurze Zeit wirklich geführt sei. Tritt die Dienstunfähigkeit gleich nach der Anstellung ein, so ist dieselbe freilich ein persönliches Unglück, fände aber ein Recht auf Pension statt, so würde die Anstellung, die der Staat nur in der Voraussetzung längerer Dienstfähigkeit vornahm, ein reiner, eine lebenslängliche Rente sichernder Glücksfall sein" (Motive S. 72).

5) Vergl. § 61.

6) Nicht absolute Dienstunfähigkeit des Beamten ist

erforderlich, sondern nur die relative Unfähigkeit zur Weiterführung des bekleideten, oder eines diesem im Range und Diensteinkommen gleichstehenden Amtes, auf welches der § 28 seine Amtspflicht mit erstreckt (vergl. § 48 A. 4; § 7 des alten Pr. Pens.Regl. v. 30./4. 25 (Vorbemk. 1); M.E. v. 29./7. 84 Nr. 1 B.M.Bl. S. 194).

[7]) Landesbeamte im ostafrikanischen Schutzgebiete, welche nur für ein dortiges Amt (Tropendienst) unfähig werden, bleiben zur Annahme einer entsprechenden, mit gleichem, oder höherem (pensionsfähigem [§ 28]) Diensteinkommen verbundenen Stelle im Reichs- und außerdem im Staats- oder Kommunaldienste des Mutterlandes verpflichtet. Desgleichen dürfen sie ein Anerbieten, sie unter Wahrung ihres früheren Ranges und Dienstalters in den Reichs-, Staats- oder Kommunaldienst des Mutterlandes wieder aufzunehmen, nicht ablehnen. Im Weigerungsfalle gehen die gegen das Schutzgebiet erworbenen Pensions- und Reliktenansprüche verloren, im Annahmefalle bleiben sie soweit erhalten, als die aus dem neu- oder zurückerhaltenen Reichs-, Staats- oder Kommunalamte erwachsenden Pensions- und Reliktenrechte keinen Ersatz gewähren (Art. 6 der V. v. 22./4. 94 R.G.Bl. S. 116). Macht aber die Behörde eintretenden Falles keinen Gebrauch von diesen Rechten, verleiht sie dem Beamten die Landespension, so genießt er wegen derselben, die kein Wartegeld ist, auch die Rechte aller übrigen Pensionäre (vergl. A. 3 u. Vorbemk. 2) mit den einzigen Abweichungen nach § 57 A. 9 u. § 59 A. 2).

[8]) Die §§ 34 bis 71 und die im Texte berücksichtigten Ergänzungsbest. der Novelle v. 21./4. 86 (vergl. Vorbemk. 1) finden keine Anwendung auf die Mitglieder des Reichsgerichtes (vergl. § 158 A. 9). Dagegen richten sich nach ihnen auch die nicht aus Reichsfonds (A. 1b) zu gewährenden Pensionen der Reichsbankbeamten (§ 1 der V. v. 28./12. 75), sowie der Landesbeamten in Elsaß-Lothringen — bei diesen mit der Maßgabe des Art. IV des G. v. 23./12. 73 (§ 158 A. 8) — und

der Landesbeamten in Kamerun, Togo und Ostafrika (§ 1 Vorbemk. und § 1 A. 4). Desgleichen bleiben dieselben maßgebend für die ordentlichen Pensionen der Militärbeamten (§ 1 A. 3 u. § 120 Vorbemk. 1), während die außerordentlichen Pensionsansprüche solcher Beamten (Pensionserhöhungen, Pensions- und Verstümmelungszulagen) den Bestimmungen der Militär-Pens.G. (§ 157 A. 3) folgen (vergl. namentlich §§ 12, 13, 56, 71, 72 u. 90 des Mil.P.G. v. 27./6. 71; Art. 1 § 16, Art. 2 §§ 32—37, Art. 5, Art. 13 § 52, Art. 18 der Mil.P.G.N. v. 22./5. 93, und für die außerordentlichen Pensionen der Militärbeamten der Schutztruppen § 9 des G. v. 22./3. 91 R.G.Bl. S. 53 und § 2 des G. v. 9./6. 95 R.G.Bl. S. 258). Der § 89 Abs. 1 des Mil.P.G. v. 27./6. 71 ist durch das spätere R.B.G. aufgehoben.

§ 34a. Bei denjenigen aus dem Dienste scheidenden Beamten, welche das fünfundsechzigste Lebensjahr vollendet haben, ist eingetretene Dienstunfähigkeit nicht Vorbedingung des Anspruchs auf Pension.[1][2][3]

[1] Vergl. § 34 A. 1d. Die Bestimmung entstammt gleich der Korrelatbestimmung in § 60a der Novelle v. 21./4. 86 (§ 34 Vorbemk. 1). Sie will dem Beamten die Möglichkeit gewähren, in so hohem Lebensalter seine Pensionirung zu beantragen, ohne damit das Anerkenntniß seiner Dienstunfähigkeit verbinden zu müssen. § 34a steht allen Beamten, auch den im § 158 bezeichneten zur Seite, obwohl letztere dem § 60a, der zu den Bestimmungen des R.B.G. über die zwangsweise Zuruhesetzung gehört, nicht unterliegen. Nur für die im § 158 mitgenannten Mitglieder des Reichsgerichtes hat § 34a wie alle übrigen pensionsrechtlichen Bestimmungen des R.B.G. keine Geltung (vergl. § 60a A. 4; Druckf.

d. R.T. 82/83 Nr. 94 S. 6 bis 8; ferner § 158 A. 4 u. 9 u. Art. VII der Novelle v. 21./4. 86).

2) Der 65jährige Beamte kann die Pensionirung als sein Recht in Anspruch nehmen, während ihm die Verpflichtung immer nachgewiesen werden muß (§ 60a A. 2; Drucks. 82/83 Nr. 94 S. 7 u. 8; Pr. Abg.H. Verh. 82 B. 2 S. 119 2 ff.). Im Rechtswege kann aber dieses Recht nicht erstritten werden, es steht darüber nur der Beschwerdeweg offen (§ 155).

3) Dasselbe Recht ist Offizieren und im Offizierrange stehenden Militärärzten nach dem 60. Lebensjahre, Unteroffizieren nach dem 18. Dienstjahre (§§ 28 u. 58 Abs. 2 des Mil.P.G. v. 27./6. 71), ferner Angehörigen der Kais. Schutztruppen in Ostafrika, Südwestafrika und Kamerun nach 12 ununterbrochen und voll — ohne Doppelrechnung — bei der Truppe zugebrachten Dienstjahren verliehen (§§ 10 u. 11 des G. v. 22./3. 91 R.G.Bl. S. 53, Motive Drucks. 90/91 Nr. 220 S. 11, ferner § 2 des G. v. 9./6. 95 R.G.Bl. S. 258).

§ 35.[1] **Der Reichskanzler, der Präsident des Reichskanzler-Amts,**[2] **der Chef der Kaiserlichen Admiralität**[2] **und der Staatssekretär im Auswärtigen Amte**[3] **können jederzeit auch ohne eingetretene Dienstunfähigkeit ihre Entlassung erhalten und fordern.**[4] **Der Anspruch auf Pension beginnt, wenn der Ausgeschiedene mindestens zwei Jahre das betreffende**[5] **Amt bekleidet hat. Der Mindestbetrag der Pension ist ein Viertel**[6] **des etatsmäßigen Gehaltes.**[7] **Im Uebrigen gelten für die Höhe und den Bezug der Pension die Vorschriften dieses Gesetzes.**[8] [9]

1) Der Reg.Entw. wollte die hier aufgeführten höchsten Reichsbeamten geradeso wie die preußischen Minister be-

handeln, welche, auch wenn sie nur einen Tag Minister bleiben, Anspruch auf Pension von ihrem Ministereinkommen besitzen, vorausgesetzt, daß ihnen überhaupt eine anrechnungsfähige Dienstzeit von mindestens zehn Jahren zur Seite steht (vergl. Sten.B. S. 186 u. 187; § 1 Abs. 3 des Pr. P.G. v. 27./3. 72, bez. Art. 1 der Pr. Novelle v. 31./3. 82 (§ 34 Vorbemk. 1) und Motive zu ersterem G. Druckf. des Abg.H. 71/72 B. 2 Nr. 105 S. 665 und Nr. 189 S. 1086; v. Rönne Pr. St.R. B. III S. 535 A. 4). Der Entwurf verfuhr daher ebenso wie jene preußischen Gesetze, er kannte nicht den jetzigen § 35, sondern ließ der Grundbestimmung im § 34 ebenso wie bei § 1 des Pr. P.G. als zweiten Absatz die Bestimmung folgen: „Bei dem Reichskanzler u. s. w. . . . ist, wenn sie aus dem Reichsdienst ausscheiden, eingetretene Dienstunfähigkeit nicht Vorbedingung der Pension" (Motive S. 72), er gab also damit ebenfalls zu erkennen, daß die andere Vorbedingung des § 34, die zehnjährige Gesammtdienstzeit vorhanden sein müsse. Der Reichstag ließ diese Vorbedingung fallen. Die höchsten Reichsbeamten sollten unabhängig gestellt werden dadurch, daß ihnen gestattet wird, ihre Entlassung beliebig zu verlangen, sowie dadurch, daß ihnen eine auskömmliche Pension zufällt, selbst wenn sie noch keine zehn Jahre im Staats- und Reichsdienste waren, was bei Reichstagsabgeordneten, die zu solchen Stellungen berufen werden, zutreffen kann. Auf der anderen Seite sollte aber auch die Möglichkeit ausgeschlossen werden, daß dem nur einen Tag an der Spitze eines Reichsamtes bleibenden Beamten die Pensionsberechtigung zu Theil und so die Erlangung der wichtigsten Reichsämter als bequemster Weg zu hohen Ruhegehältern benutzt werde. Deshalb wählte man nach englischem Muster als Vorbedingung eine mindestens zweijährige Verwaltung der betreffenden Aemter. So entstand die vom § 34 abgelöste selbständige Bestimmung des § 35 (Druckf. 72 Nr. 163; Sten.B. 72 S. 187, 918 u. 914; Verh. 73 Anl. B. 3

Nr. 4 S. 5; Kanng. A. 3 zu § 35, v. Zedlitz A. 40). Danach besteht im Reiche folgender Rechtszustand:

a) die Beamten des § 35 erlangen ein Recht auf Pension von ihrem Stelleneinkommen wie jeder andere Reichsbeamte, wenn sie nach einer zehnjährigen Gesammtdienstzeit infolge Vollendung des 65. Lebensjahres (§ 34 a), oder nach zehnjähriger, ausnahmsweise (§ 36) auch kürzerer Gesammtdienstzeit infolge von Invalidität (§ 34) aus ihrer Stellung scheiden, mögen sie dieselbe zwei Jahre, oder weniger bekleidet haben!

b) die Beamten erlangen dasselbe gesetzliche Pensionsrecht unabhängig von bisheriger Dienstzeit und Invalidität — in solchem Falle ein Recht auf Entlassung mit Pension — wenn sie mindestens zwei Jahre in solchen Aemtern (A. 6) zugebracht haben (vergl. auch A. 7);

c) die Beamten können eine Pension nicht, auch nicht im Gnadenwege, welcher Invalidität voraussetzt (§ 39) erhalten, wenn sie vor Ablauf von zwei Jahren ohne Invalidität lediglich aus politischen Gründen aus ihrer Stellung endgültig scheiden, sollten sie auch seit zehn Jahren und länger im Reichs- bezw. Staatsdienste gestanden haben.

Dieser letzteren, nach dem preußischen Recht bei zehnjähriger Gesammtdienstzeit ausgeschlossenen Konsequenz des Reichsgesetzes ist nicht aus dem Wege zu kommen, mag dieselbe bei Erlaß des Gesetzes vorausgesehen sein, oder nicht. Alle Versuche (vergl. Laband § 52 S. 504 A. 7) scheitern an der Rechtsthatsache, daß das politische Pensionsrecht des § 35 unbedingt an eine zweijährige Verwaltung der betreffenden Aemter gebunden ist, daß es früher nicht „beginnt“, und daß das natürliche Pensionsrecht des § 34 unbedingt die Invalidität zur Voraussetzung hat. (Vergl. Kanng. A. 1, Thudichum A. 7, Per. u. Sp. A. III zu § 35). Die ungünstigen vermögensrechtlichen Folgen im Falle c sind nur dadurch abzuwenden, daß dem Beamten entweder ein anderes Amt übertragen, oder daß er gemäß § 25 in den einstweiligen Ruhestand versetzt wird. Auf beides hat er aber kein Recht. Im Falle der Versetzung in den einstweiligen Ruhestand läuft die Wartegeldzeit als Dienstzeit (§ 46 Nr. 1 und § 42 A. 17).

²) Jetzt die Staatssekretäre des Innern und des Reichsmarineamtes (§ 25 A. 2 u. 3).

³) Ebenso müssen nach der ratio legis jetzt auch die übrigen Staatssekretäre der Reichsverwaltung (§ 25 A. 4) unter die Bestimmung fallen, wie dieselbe durch § 6 Abs. 2 des G. v. 4./7. 79 (R.G.Bl. S. 165) auch ausdrücklich auf den Staatssekretär und die Unterstaatssekretäre im Ministerium für Elf.Lothr. ausgedehnt worden ist. Ebenso Per. u. Sp. A. I Abs. 2. Anderer Ansicht scheint Laband § 52 S. 504 Nr. Ic zu sein, da es sich um ein Ausnahmegesetz handelt, jedenfalls wäre eine gesetzliche Deklaration erwünscht.

⁴) Sie darf also, ohne gegen das Gesetz zu verstoßen, nicht versagt werden. Wegen der Minister in Preußen vergl. Art. 45 der Verf.Urk. v. 31./1. 51 (G.S. S. 17).

⁵) Hat er mehrere hierher zu rechnende Aemter (A. 2 u. 3) verwaltet, so wird die Zeit zusammen gerechnet. Nicht die bekleidete Stelle, sondern die bekleidete Stellung entscheidet (vergl. Sten.B. S. 913; Thudichum A. 3; Laband S. 504 A. 7 Nr. 5).

⁶) Der Mindestbetrag der gesetzlichen Pension (§ 41) wird hier also bereits nach zweijähriger Dienstzeit zuständig, im Uebrigen tritt nach dem Schlußsatz der Bestimmung (A. 8) für die Höhe der Pension die gesetzliche Regel nach § 41 ein, d. h. sie steigt erst nach vollendetem elften Dienstjahre. Wer nach zwei- oder mehr- bis zu zehnjähriger Verwaltung hierher gehöriger Aemter seine Entlassung nimmt oder erhält und nur diese Amtszeit aufzuweisen hat, bleibt auf den Mindestbetrag der Pension beschränkt. Blickt er auf eine längere, z. B. fünfzehn-

jährige Gesammtdienstzeit zurück, erhält er wie jeder andere Pensionär $^{15}/_{60} + ^{5}/_{60} = ^{20}/_{60}$.

7) Nach Maßgabe des § 42 (folgende A. 8 u. § 23 A. 4).

8) Also die §§ 41, 42 und 55 bis 60. Deshalb gilt für das Aufhören der Gehaltszahlung auch hier der im § 55 bestimmte Termin (vergl. auch §§ 27, 63 u. 67), wenn nicht die Entlassung ausdrücklich zu einem früheren Termine verlangt oder vereinbart wird.

9) Darüber, ob und welche Pension zuständig ist, wird in besonderer, neben der Kaiserlichen Entlassungsordre herlaufender Verfügung seitens der obersten Reichsbehörde, deren Chef der ausscheidende Beamte war, Entscheidung getroffen, gegen welche der Rechtsweg offen steht (§ 54 A. 4 u. 9).

§ 36.[1] **Ist die Dienstunfähigkeit (§ 34) die Folge einer Krankheit, Verwundung oder sonstigen Beschädigung, welche der Beamte bei Ausübung des Dienstes oder aus Veranlassung**[2] **desselben ohne eigene Verschuldung**[3] **sich zugezogen hat, so tritt die Pensionsberechtigung**[4] **auch bei kürzerer als zehnjähriger Dienstzeit ein.**[5] [6]

1) Der § 36, welcher dem § 1 Abs. 2 des Pr. P.G. v. 27./3. 72 (§ 34 Vorbemk. 1) entspricht und sich wie jener an den § 2 Abs. 2 des Mil.P.G. v. 27./6. 71 anschließt, steht in naher Beziehung zum § 39; hier wie dort handelt es sich ausschließlich um diejenigen Beamten, bei welchen eine Pensionsberechtigung überhaupt eintreten **kann**, also um lebenslänglich (§ 34 A. 1 a) oder etatsmäßig (§ 37 A. 1) angestellte und vollbeschäftigte (§ 38 A. 1) Beamte. Der § 36 setzt fest, unter welchen Voraussetzungen ein solcher Beamter ausnahmsweise auch **vor** Erfüllung der erforderlichen Dienstzeit die Pension als sein **Recht** erwirbt, der § 39 bezeichnet die Bedingung (vorhandene Bedürftigkeit), unter der einem solchen vorzeitig dienstunfähig werdenden

Beamten die Pension als Gnade bewilligt werden kann (vergl. § 39 A. 1).

2) Die in § 2 Abs. 2 des Mil.P.G. (A. 1) fehlenden Worte: „oder aus Veranlassung desselben" wurden bei Berathung des für das Reichsgesetz maßgebend gewesenen Pr. P.G. dem dortigen § 1 Abs. 2 (A. 1) aus der Erwägung hinzugefügt, daß die Erfahrung Fälle gezeigt habe, wo der Beamte lediglich wegen der Bekleidung einer bestimmten Stelle, also lediglich wegen seiner Amtseigenschaft verwundet oder beschädigt worden, wie dies bei Tumulten u. s. w. mehrfach vorgekommen sei (Drucks. des Abg.H. 71/72 Nr. 189 S. 3). Als regelmäßige Voraussetzung für die Anwendung des § 36 muß aber ein Kausalzusammenhang zwischen der entstandenen Dienstunfähigkeit und der Dienstausübung verlangt werden. Es genügt ferner, wenn die Dienstunfähigkeit nur die mittelbare Folge einer Krankheit u.s.w. ist, doch muß die erzeugende Ursache auf eine Reichs-Civildienststellung zurückzuführen sein, reicht sie in eine voraufgegangene Staats- oder Reichs-Militärdienststellung zurück, so können daraus Pensionsansprüche gegen den Reichs-Civilfiskus nicht geltend gemacht werden (vergl. M.E. v. 29./7. 84 Nr. 7 V.M.Bl. S. 194).

3) Umfaßt jede, also auch die geringe Verschuldung. Ob der Beamte davon freizusprechen ist, ob überhaupt die Voraussetzungen für die Gewährung einer Pension nach § 36 vorliegen, wenn ein Beamter vorzeitig dienstunfähig wird, kann, falls die Behörde es bestreitet und deshalb die Versetzung in den Ruhestand nach § 54 ohne Pension oder nur mit einer Gnadenpension (§ 39) ausspricht, im Rechtswege verfolgt werden (§ 155 A. 4).

4) Die Pension beträgt stets 15/60 (§ 41 Abs. 3).

5) Neben § 36 ist für alle in reichsgesetzlich der Unfallversicherung unterliegenden Betrieben beschäftigte Beamten der Reichscivilverwaltung, des Heeres und der Marine das U.F.G. v. 15./3. 86 (Anl. G) getreten,

das innerhalb seines Bereiches alle Beamten, also auch die nicht pensionsberechtigten (A. 1) berücksichtigt (§ 3 Abs. 2 a. a. O.) und dessen Wohlthaten nicht schon, wie hier, bei geringem Verschulden (A. 3), sondern erst bei Vorsatz, oder solchem Verschulden verloren gehen, wegen dessen auf Dienstentlassung gegen den Beamten erkannt (§ 75), oder wegen dessen ihm die Fähigkeit zur Beschäftigung in einem öffentlichen Dienstzweige (vergl. § 319 Str.G.B.) aberkannt worden ist (§ 5 a. a. O.).

[6]) Wegen des Begriffes einer „Dienstbeschädigung" bei Militär- und Marinebeamten ist zu verweisen auf §§ 3, 51, 56, 59 des Mil.P.G. v. 27./6. 71 und § 6 des Schutztruppen-G. v. 22./3. 91 (R.G.Bl. S. 53).

§ 37.[1]) **Die unter dem Vorbehalt des Widerrufs oder der Kündigung angestellten Beamten haben einen Anspruch auf Pension nach Maßgabe dieses Gesetzes nur dann, wenn sie eine in den Besoldungs-Etats aufgeführte Stelle bekleiden;**[2]) **es kann ihnen jedoch, wenn sie eine solche Stelle nicht bekleiden, bei ihrer Versetzung in den Ruhestand**[3]) **eine Pension bis auf Höhe der durch dieses Gesetz bestimmten Sätze bewilligt**[4]) **werden.**

[1]) Der § 37 erkennt ausnahmsweise auch nicht lebenslänglich (§ 2) angestellten Beamten (§ 34 A. 1 a) die Pensionsberechtigung nach Maßgabe der §§ 34, 34a u. 36 dann zu, wenn sie eine in den Besoldungsetats aufgeführte Stelle bekleiden, d. h. wenn sie dieselbe derartig inne haben, daß sie auch das etatsmäßige Stelleneinkommen (Gehalt und Wohnungsgeldzuschuß) beziehen (§ 7 A. 1). Dies kann auch bei nur auf Probe (Widerruf) angestellten Beamten zutreffen (vergl. § 21 der Anst.Grundſ. für Mil.Anw. v. 1./10. 82 R.C.Bl. S. 123, B.M.Bl. S. 225; M.E. v. 9./8. 82, 2./11. 82 u. 25./2. 84

B.M.Bl. 82 S. 261, 83 S. 5 u. 84 S. 48). Mangelt es an solcher Anstellung, so läßt § 37 (Schlußsatz) eine Pension im Gnadenwege zu, wenn sonst die Voraussetzungen des § 34 oder des § 36, zehnjährige Dienstzeit oder Dienstbeschädigung, vorliegen, fehlen auch diese, wird z. B. ein diätarisch beschäftigter Beamter bereits nach fünf Jahren dienstunfähig und kann sich nicht auf § 36 berufen, so darf ihm auch im Gnadenwege keine Pension zu Theil werden (§ 39 A. 1).

²) Das Vorhandensein dieser Voraussetzung (A. 1) kann der ohne Pension oder nur mit Gnadenpension (A. 4) in den Ruhestand versetzte Beamte auch im Rechtswege geltend machen (§ 149; R.G. v. 27./5. 81 Gruchot B. 26 S. 1115 u. § 155 A. 5).

³) Vergl. § 53 A. 1 u. § 60a Vorbemk. 3.

⁴) Durch die oberste Reichsbehörde (§ 54), nach deren alleinigem Ermessen bei vorhandener Würdigkeit. Die Mitwirkung des Bundesrathes (§ 39 u. § 68 Abs. 2) ist hier nicht vorgeschrieben, auch „Bedürftigkeit" nicht als Erforderniß (§ 39) hingestellt, die Behörde hat es vielmehr in der Hand, inwieweit sie bei Bemessung der Pension „bis" zur Höhe der gesetzlichen Beträge darauf Rücksicht nehmen will. Die Beamten haben die Hauptbedingung der Pensionsberechtigung, eine zehnjährige Dienstzeit, erfüllt, es ist vielleicht nur zufällig, daß sie nicht zur lebenslänglichen oder etatsmäßigen Anstellung gelangt sind, deshalb erleichtert das Gesetz die Zuwendung einer Pension, die hier auch, wo sie gewährt wird, lebenslänglich zu gewähren ist, während § 39 sie auch auf bestimmte Zeit zuläßt.

§ 38.¹) **Reichsbeamte, deren Zeit und Kräfte durch die ihnen übertragenen Geschäfte nur nebenbei in Anspruch genommen, oder welche ausdrücklich nur auf eine bestimmte Zeit oder für ein seiner Natur nach vorübergehendes Geschäft angenommen werden,**

erwerben keinen Anspruch auf eine Pension nach den Bestimmungen dieses Gesetzes.[2])

Darüber, ob eine Dienststellung eine solche ist, daß sie die Zeit und die Kräfte eines Beamten nur nebenbei in Anspruch nimmt, entscheidet bei der Dienstübertragung[3]) **die dem Beamten vorgesetzte Dienstbehörde.**[4])

[1]) „Der § 37 (jetzt 38) stimmt mit § 5 des Pr. P.G. v. 27./3. 72 überein, er bezweckt, solche Beamte von der Pensionsberechtigung auszuschließen, welche die im Reichsdienst ihnen obliegenden Geschäfte nicht neben einem anderen (Reichs- oder Staats-)Amte, sondern als alleinige amtliche Funktion wahrnehmen, durch diese Funktionen aber ihrer privaten Hauptthätigkeit (einem Gewerbebetriebe ꝛc.) in verhältnißmäßig nur geringem Maße entzogen werden" (Motive S. 72).

Die Bestimmung handelt also nicht von Nebenämtern, welche voraussetzen, daß auch die Hauptbeschäftigung eine amtliche ist — hiervon ist erst im § 44 die Rede —, sondern von solchen alleinigen Aemtern, welche entweder nur vorübergehend, oder nur neben einer privaten Hauptthätigkeit verwaltet werden, in keinem Falle also den Lebensberuf des damit Betrauten erschöpfen und deshalb auch keine Pension gewähren können (vergl. § 34 A. 1e u. 4). Die Motive führen als Beispiel solcher von Gewerbetreibenden oder anderen Ortseinwohnern als Nebengeschäft übernommenen Stellungen die Aemter der Postagenten und Vorsteher von Postämtern III. Klasse an. Als weiteres Beispiel kann auf Reichshaushaltsetat Kap. 13 der Ausg. Tit. 1 (Patentamt) verwiesen werden. Zu den hier mit nicht pensionsfähiger Besoldung aufgeführten nicht ständigen Mitgliedern des Patentamtes können auch im bürgerlichen Leben stehende Privattechniker (Ingenieure und Chemiker) berufen werden, welche alsdann dieses Reichsamt neben ihrem bürgerlichen Hauptberufe verwalten (vergl. Handbuch des Deutsch. Reichs 94 S. 156). Der dem Pr. P.G., wie dem § 38 zu Grunde liegende § 3 des alten Pr. P.Regl. v. 30./4. 25 (§ 34 Vorbemk. 1) benennt als Beispiel die „Kreismedizinalbeamten" (vergl. dazu Verh. des Pr. Abg.H. 71/72 B. 2 S. 1065).

2) Sie kann auch nicht im Wege der Gnade verliehen werden (§ 39 A. 1).

3) Im Reg.Entw. stand übereinstimmend mit § 5 des Pr. P.G. (A. 1): „entscheidet mit Ausschluß des Rechtsweges." Der Reichstag setzte an die Stelle: „entscheidet bei der Dienstübertragung" (Sten.B. S. 199). Während also nach preußischem Recht über diese Frage die Verwaltungsbehörde noch zur Zeit der Pensionirung allein entscheidet, besitzt die Reichsbehörde das Recht der ausschließlichen, im Rechtswege unanfechtbaren Bestimmung hierüber nur bei der Anstellung — § 4 Abs. 1 — spätestens bei der Amtsübertragung — § 4 Abs. 2 — (vergl. § 4 A. 3 u. 4), zu welcher Zeit auch der Beamte es noch in der Hand hat, ob er unter solcher Bedingung das Amt übernehmen will oder nicht. Hat die Behörde sich rechtzeitig im Sinne des § 38 Abs. 1 ausgesprochen, so hängt es auch lediglich von ihrer Entschließung ab, ob und von welchem Zeitpunkte ab sie später, wenn die dienstlichen Anfangsverhältnisse sich ändern sollten, die Pensionsberechtigung zuerkennen will. Ist jener Ausspruch zur gesetzlichen Zeit unterblieben, so hindert dies die Behörde zwar ebenfalls nicht, auch noch bei eintretender Pensionirung auf Grund des § 38 Abs. 1 die Gewährung einer Pension zu versagen, der Beamte kann aber dann hiergegen mit der Behauptung klagbar werden (§ 149), daß er vollbeschäftigt gewesen und deshalb zum Bezuge einer Pension berechtigt sei (vergl. Kanng. A. 3; Thudichum A. 2; Turnau A. 2; auch § 54 A. 4).

4) Vergl. § 159 u. Anl. A Nr. III.

§ 39.[1]) **Wird außer dem im § 36 bezeichneten Falle ein Beamter vor Vollendung des zehnten Dienstjahres dienstunfähig und deshalb in den Ruhestand versetzt[2]) so kann demselben bei vorhandener Bedürftigkeit[3]) durch Beschluß des Bundesrathes[4]) eine Pension entweder auf bestimmte Zeit oder lebenslänglich bewilligt werden.**[5])

[1]) Vergl. § 5 des Mil.P.G. und § 6 des alten Pr. P.Regl. v. 30./4. 25 (§ 34 Vorbemk. 1).

Der § 39 setzt wie § 36, auf den er Bezug nimmt, eine solche amtliche Stellung voraus, aus der die Pensionsberechtigung an sich entstehen **kann**, also **lebenslängliche** (§ 34) oder **etatsmäßige** (§ 37) Anstellung (§ 36 A. 1). Bei allen nicht lebenslänglich angestellten Beamten kann das Gnadenrecht immer nur auf **eine** von den Voraussetzungen ihrer Pensionsberechtigung verzichten, im § 37 auf die etatsmäßige Anstellung, **hier** an der Seite der lebenslänglich angestellten Beamten auf die zehnjährige Dienstzeit, wo **beides** bei ihnen fehlt, auch § 36 nicht zutrifft, ist dem Gnadenrechte für sie weder im § 37 (A. 1 das.), noch im § 39, noch sonstwo im Gesetz eine Stätte gewährt. Gleiches gilt für die Fälle des § 38 (A. 1 u. 2 das.). Daß dies richtig, folgt auch aus §§ 1 u. 14 des Rel.G. v. 20./4. 81 (Anl. D). Dort werden die mit Pension (lebenslänglicher) aus § 39 versehenen Beamten den auf Grund gesetzlichen **Anspruches** in den Genuß einer Pension gelangten Beamten **deshalb** gleich gestellt, weil sie während ihrer Aktivität zur Entrichtung von Wittwen- und Waisengeldbeiträgen verpflichtet waren. Diese Verpflichtung bestand aber vor Erlaß jener Beiträge (Anl. F) nur bei den lebenslänglich oder **etatsmäßig** angestellten vollbeschäftigten Beamten, während alle widerruflich oder kündbar und **nicht** etatsmäßig angestellten, vielmehr nur diätarisch remunerirten Beamten ebenso, wie alle nicht voll beschäftigten Beamten (§ 38) jener Verpflichtung nicht unterlagen und deshalb auch die Reliktenrechte nicht erwerben (vergl. Motive z. Rel.G. Drucks. 81 Nr. 28 S. 17, 18 u. 23; auch Kanng. A. 4e zu § 34).

[2]) Willigt in solchem Falle der lebenslänglich angestellte Beamte in seine Zurruhesetzung, d. h. stellt er selbst den Antrag, oder erhebt er gegen die ihm nach § 62 gemachte Eröffnung keine Einwendungen (§ 63), so wird nach §§ 54 u. 55 — mit, oder ohne Gewährung der Gnadenpension aus § 39 — verfahren, widerspricht er (§ 64), so greift § 68 Platz (§ 68 A. 2). Das Dienstverhältniß jedes nicht lebenslänglich angestellten Beamten wird in gleicher Lage durch Ausübung des Widerrufs- oder Kündigungsrechtes gelöst (§ 60a Vorbemk. 3), bekleidet er eine etatsmäßige Stelle, so kann ihm daneben die Gnadenpension des § 39 zu Theil werden (A. 1).

[3]) Vergl. § 37 A. 4 und M.E. v. 29./7. 84 Nr. 16 (B.M.Bl. S. 194).

[4]) Auf Antrag der obersten Reichsbehörde (vergl. § 68 Abs. 2). Für die Landesbeamten in Els.Lothr. bestimmt darüber das dortige Ministerium (§ 8 des G. v. 4./7. 79 R.G.Bl. S. 165), und für die Landesbeamten in Kamerun, Togo und Ostafrika der Reichskanzler (vergl. § 5 A. 2).

[5]) Höchstens 15/60 (§ 41 Abs. 3).

[6]) Nimmt der Beamte eine zehnjährige Dienstzeit, oder die Voraussetzungen des § 36 für sich in Anspruch, und glaubt er hiernach, ein Recht auf Pension zu besitzen, so kann er den Rechtsweg (§ 149) betreten (§ 155 A. 4; vergl. auch § 36 A. 3 u. § 68 A. 4).

Anspruch auf Umzugskosten.

§ 40. Hat der in den Ruhestand oder in den einstweiligen Ruhestand versetzte Beamte seinen dienstlichen Wohnsitz[1]) im Auslande,[2]) so sind demselben

die Kosten des Umzuges[3]) nach dem innerhalb des Reichs von ihm gewählten Wohnorte zu gewähren.[4])

[1]) Vergl. § 19 A. 6.

[2]) Hier muß unter „Ausland" auch das außereuropäische Deutschland mitbegriffen werden, sonst würden die in den deutschen Schutzgebieten angestellten, nicht zu den dortigen Landesbeamten zählenden Reichsbeamten (vergl. § 19 A. 8), von der Rechtswohlthat ausgeschlossen bleiben. Auch das in der folgenden A. 4 erwähnte Gesetz v. 1./4. 88 hat diese Beamten nach S. 4 seiner Motive mit einbegreifen wollen. Für die (aus Landesfonds besoldeten) Landesbeamten in Kamerun, Togo und Ostafrika haben Art. 4 der V. v. 3./8. 88 und Art. 7 der V. v. 22./4. 94 (§ 1 Vorbemk.) dem Reichskanzler die Bestimmung darüber übertragen, inwieweit ihnen bei ihrer Versetzung in den einstweiligen oder dauernden Ruhestand die Kosten des Umzuges nach einem anderen, innerhalb des deutschen Reiches gewählten Wohnorte aus Landesfonds zu erstatten sind.

[3]) Nach § 17 der V. v. 21./6. 75 (Anl. L) zu den verordnungsmäßigen Sätzen. Anders A. 4, und für die gesandtschaftlichen und Konsulatsbeamten gilt die besondere Bestimmung des § 20 der V. v. 23./4. 79 (R.G.Bl. S. 127).

[4]) Das G. v. 1./4. 88 (R.G.Bl. S. 131) hat die im § 8 Abs. 3 des Konf.G. den Familien im Auslande verstorbener Berufskonsuln eingeräumte Vergünstigung der Rückbeförderung in die Heimath auf Reichskosten allgemein auf die Familien aller derjenigen im Auslande (mit Ausschluß bloßer Grenzorte) sowie in den deutschen Schutzgebieten (vergl. A. 2) verstorbenen Reichsbeamten ausgedehnt, welche pensionsberechtigt, also lebenslänglich oder etatsmäßig angestellt waren (§ 39 A. 1), und welche ihre Besoldung aus Reichsfonds erhielten, also beispielsweise nicht zu den Beamten der Reichsbank (§ 1 A. 4) gehörten, jedoch mit der Maßgabe, daß nicht wie hier

(A. 3) die verordnungsmäßigen Sätze gewährt, sondern nur die wirklich entstandenen Unkosten für die Reise und für die Beförderung der Einrichtungsgegenstände (Umzugsgut) ersetzt werden (Motive Drucks. 87/88 Nr. 37 S. 5). Dieses Gesetz kommt nach Art. 1 der V. v. 22./4. 94 (vergl. A. 2) in Deutsch-Ostafrika auch auf die hinterbliebenen Familien der dortigen Landesbeamten zur Anwendung, bei denen der Landesfonds die Kosten zu tragen hat.

Betrag der Pension.

§ 41.[1]) **Die Pension beträgt, wenn die Versetzung in den Ruhestand nach vollendetem zehnten, jedoch vor**[2]) **vollendetem elften Dienstjahre eintritt, $^{15}/_{60}$ und steigt von da ab mit jedem weiter zurückgelegten Dienstjahre um $^{1}/_{60}$ des in den §§ 42 bis 44 bestimmten Diensteinkommens.**

Ueber den Betrag von $^{45}/_{60}$ dieses Einkommens hinaus findet eine Steigerung nicht statt.

In dem im § 36 erwähnten Falle beträgt die Pension $^{15}/_{60}$, im Falle des § 39 höchstens $^{15}/_{60}$ des vorbezeichneten Diensteinkommens.

Bei jeder Pension werden überschießende Thalerbrüche auf volle Thaler abgerundet.[3])

[1]) Die Abs. 1 bis 3 beruhen auf Art. II der Novelle v. 21./4. 86 und entsprechen dem Art. I § 8 der Pr. P.G.Novelle v. 31./3. 82 (vergl. § 34 Vorbemk. 1). Früher lauteten die Bruchtheile in Abs. 1 — $^{20}/_{80}$ u. $^{1}/_{80}$, in Abs. 2 — $^{60}/_{80}$ und in Abs. 3 — $^{20}/_{80}$. Der Mindest- und Höchstbetrag der Pension ist also unverändert geblieben, dagegen steigt die Pension jetzt in höheren Sätzen

und erreicht den Höchstbetrag bereits nach 40 Dienstjahren. In derselben Weise ist § 9 des Mil.P.G. abgeändert durch die zu gleicher Zeit erlassene Novelle v. 21./4. 86 (R.G.Bl. S. 78).

Ein Abweichen von den Sätzen des § 41 nach oben oder unten durch vertragsmäßige Festsetzungen ist ausgeschlossen (vergl. § 34 Vorbemk. 1 a. E.).

Günstigere Bestimmungen bestehen nur für die Mitglieder des Reichsgerichtes (vergl. § 158 A. 9).

[2]) Es kommen also nur volle Dienstjahre zur Anrechnung, selbst wenn nur ein Tag am ganzen Dienstjahre fehlt, bleibt dasselbe außer Ansatz.

[3]) Absatz 4 entspricht dem § 9 des Pr. P.G. v. 27./3. 72. Die Vorlage der preußischen Regierung über die zu diesem Gesetze ergangene Novelle v. 30./4. 84 (§ 34 Vorbemk. 1) wollte jenen § 9 durch die Bestimmung ersetzen:

„Bei jeder Pension werden überschießende Markbrüche in volle Mark abgerundet."

Dieselbe fand aber nicht die Zustimmung des Landtages, weil man die bisherige Berechnungsweise nicht ungünstiger gestalten wollte. Nach Ablehnung einer im Abgeordnetenhause beschlossenen Aenderung einigten sich schließlich beide Häuser des Landtages dahin, es einfach bei der bisherigen Bestimmung zu belassen (vergl. Verh. des Pr. Abg.H. 83/84 B. 3 S. 1803 bis 1807, Anl. B. 2 Nr. 68, B. 3 Nr. 140, B. 4 Nr. 172; Verh. des Pr. Herr.H. 83/84 B. 1 u. 2 S. 127 u. 128 sowie Anl. Nr. 61). Infolge dessen hat auch die dem preußischen Rechte folgende Reichsgesetznovelle v. 21./4. 86 die Bestimmung im Abs. 4 des § 41 unberührt gelassen. Um derselben gerecht zu werden, ist der nach der Markrechnung ermittelte Pensionsbetrag zunächst in Thaler umzurechnen. Ein sich hierbei ergebender Thalerbruch wird auf volle Thaler abgerundet und der so ermittelte Thalerbetrag wieder in Mark umgerechnet. Eine Pension von 331,50 Mark giebt in der Thalerrechnung: 110 Thaler 50 Pf., abgerundet 111 Thaler. Folglich beträgt die Pension 333 Mark.

§ 42. Der Berechnung der Pension wird das von dem Beamten zuletzt[1]) bezogene gesammte Diensteinkommen, soweit es nicht zur Bestreitung von Repräsentations- oder Dienstaufwandskosten[2]) gewährt wird, nach Maßgabe der folgenden näheren Bestimmungen[3]) zu Grunde gelegt:

1) Feststehende[4]) Dienstemolumente, namentlich freie Dienstwohnung,[5]) sowie die anstatt derselben gewährte Miethsentschädigung,[5]) Feuerungs- und Erleuchtungsmaterial, Naturalbezüge an Getreide, Winterfutter u. s. w., sowie der Ertrag von Dienstgrundstücken kommen nur insoweit zur Anrechnung, als deren Werth in den Besoldungs-Etats auf die Geldbesoldung[6]) des Beamten in Rechnung gestellt[7]) oder zu einem bestimmten Geldbetrage als anrechnungsfähig bezeichnet ist.[7])[8])
2) Dienstemolumente,[9]) welche ihrer Natur nach steigend und fallend sind, werden nach den in den Besoldungs-Etats oder sonst bei Verleihung des Rechts auf diese Emolumente deshalb getroffenen Festsetzungen und in Ermangelung[10]) solcher Festsetzungen nach ihrem durchschnittlichen Betrage während der drei letzten Etatsjahre[11]) vor dem Etatsjahre,[11]) in welchem die Pension festgesetzt wird, zur Anrechnung gebracht.
3) Blos zufällige Diensteinkünfte, wie widerruflich Tantième, Kommissionsgebühren, außerordentliche Remunerationen, Gratifikationen und dergleichen kommen nicht zur Berechnung.[12])

4) Bei den servisberechtigten Militärbeamten wird der mittlere Stellen- beziehungsweise Chargen- (Personal-) Servis als Theil des Gehalts betrachtet.[13])

5) Das gesammte zur Berechnung zu ziehende Diensteinkommen einer Stelle darf den Betrag des höchsten Normalgehalts[14]) derjenigen Dienstes-kategorie, zu welcher die Stelle gehört, nicht übersteigen.

Ohne diese Beschränkung kommen jedoch solche Gehaltstheile oder Besoldungszulagen, welche zur Ausgleichung eines von dem betreffenden Beamten in früherer Stellung bezogenen Diensteinkommens demselben mit Pensionsberechtigung gewährt sind, zur vollen Anrechnung.[15])

6) Wenn das nach den Bestimmungen dieses Paragraphen ermittelte Einkommen eines Beamten insgesammt mehr als 4000 Thaler beträgt, wird von dem überschießenden Betrage nur die Hälfte in Anrechnung gebracht.[16])

Die Pension für die einstweilen in den Ruhestand versetzten Beamten wird von dem zur Zeit ihrer Versetzung in den Ruhestand bezogenen gesammten Diensteinkommen berechnet.[17])[18])

[1]) Das bis zu der bekannt gegebenen Verfügung über die Versetzung in den Ruhestand (§ 54) durch behördliche Bewilligung (§ 4 A. 5) dem Beamten rite zugefallene gesammte Stelleneinkommen. Auf Gehaltsaufbesserungen, welche nach dieser Zeit bis zu dem Tage für den Beginn des Ruhestandes (§ 55) nach

dem Reichshaushaltsetat noch hätten bewilligt werden können, hat der Beamte keinen rechtlichen Anspruch, doch hat die Denkschrift zum Reichshaushaltsetat für 94/95 S. 56 zu 1 Abs. 2 nachgelassen, Dienstalterszulagen, welche planmäßig bis zu dem gesetzlichen Termine für den Beginn des Ruhestandes anfallen, nachträglich noch zu berücksichtigen, wenn sie dem Beamten bei längerem Verbleiben im Dienste nicht vorenthalten sein würden. Ein Klagerecht darauf (§ 149) besteht aber nicht (vergl. neben § 4 A. 5 u. 10 auch Kanng. A. 1).

[2]) Naturgemäß kann nur dasjenige Diensteinkommen als Pension weiter gezahlt werden (§ 7 A. 8 a. E., § 34 A. 3 u. 4), welches für den Unterhalt der Person (persönliches Diensteinkommen), nicht für die Verwaltung des Amtes bestimmt ist. Es scheiden also aus der Berechnung alle Bezüge aus, welche zur Bestreitung der Repräsentation (vergl. Reichshaushaltsetat Ausg. Kap. 3 Tit. 1, Ausg. Kap. 4 Tit. 1; § 23 A. 9; § 27 A. 3), sowie des sonstigen Dienstaufwandes (§ 6 A. 4; § 7 A. 5; § 57 A. 6) gedient haben. Vergl. historisch § 15a 2 des alten Pr. P.Regl. v. 30./4. 25 (§ 34 Vorbemk. 1).

[3]) In den nachfolgenden Bestimmungen wird das nach Abzug der Amtsunkosten (A. 2) übrig bleibende gesammte persönliche Diensteinkommen in seine Theile zerlegt.

[4]) Die Nr. 1 umfaßt die unter den Besoldungstiteln des Etats vorgesehenen feststehenden (vergl. A. 9) Bezüge in Geld (Geldbesoldung) und Geldeswerth (Naturalien).

[5]) Soweit die Bestimmung sich auf Dienstwohnungen und Miethsentschädigungen mit erstreckt, ist sie durch das spätere W.G.Z.G. v. 30./6. 73 (Anl. K) nicht unwesentlich ergänzt worden. Dieses Gesetz hat der pensionsfähigen Besoldung etatsmäßig angestellter (§ 7 A. 1) Beamten den Wohnungsgeldzuschuß hinzugefügt und zugleich bestimmt, daß Dienstwohnungen — freie, von Miethsvergütung (§ 18 A. 4) befreite, wie nicht freie, einer solchen Vergütung unterworfene — sowie die anstatt

freier Wohnung gewährten besonderen Miethsentschädigungen bei Bemessung der Pensionen aller zum Wohnungsgeldzuschusse berechtigten Beamten stets mit dem Durchschnittsbetrage des Wohnungsgeldzuschusses anzurechnen seien (§§ 7 u. 8 jenes Ges.). Nicht zu diesen Beamten gehören:

a) die im Range über den Direktoren der obersten Reichsbehörden stehenden Beamten, denn diese können keiner der Kategorien beigezählt werden, welche der dem Gesetze (Anl. K) angeheftete Tarif unter I 2, II 2, III 2, V u. VI aufführt (§§ 1 u. 2 des Ges.). Die solchen Beamten — Reichskanzler, Staatssekretäre — nach dem Reichshaushaltsetat zustehenden freien Dienstwohnungen gelten als zur Repräsentation (A. 2) verliehen (vergl. Motive z. Pr. P.G. Verh. des Abg.H. 71/72 Anl. B. 2 Nr. 105 S. 667);

b) nach § 1 des Ges. (Anl. K) die außerhalb Deutschlands domizilirenden Reichsbeamten, namentlich die Gesandschafts- und Konsulatsbeamten, sowie die auswärts beschäftigten Postbeamten. Die Kompetenzen dieser Beamten sind den örtlichen Verhältnissen entsprechend anderweitig festgesetzt. Dasselbe ist der Fall bei den in den deutschen Schutzgebieten angestellten Beamten. Vergl. die folg. A. 8;

c) nach § 9 des Ges. (Anl. K) die Reichseisenbahnbeamten in Elsaß-Lothringen, weil nach den Motiven des Gesetzes (Drucks. 73 Nr. 125 S. 9 u. 12) die für Gewährung des Wohnungsgeldzuschusses maßgebenden Verhältnisse bereits bei Regelung der dienstlichen Bezüge dieser Beamten entsprechend berücksichtigt sind. Nach dem Etat erhalten sie zwar noch gewisse, nach den Wohnorten verschieden bemessene Gehaltszuschüsse, dieselben sind aber nicht pensionsfähig (Etat Kap. 4 der Einnahme, Bemerkung bei der Ueberschrift: „Besoldungen Tit. 13 bis 16"; vergl. auch R.G. v. 15./5. 88 Jurst.W. 88 S. 249 Nr. 19). Aehnlich verhält es sich mit den „Ortszulagen" der Landesbeamten in Elsaß-Lothringen. Wo solche noch gewährt werden, sind sie pensionsfähig nur, wenn ausnahmsweise der Landeshaushaltsetat es ausdrücklich festsetzt (§ 18 des G. v. 24./3. 81 und § 11 des G. v. 19./3. 86 G.Bl. f. Elf.Lothr. 81 S. 15 u. 86 S. 11. Vergl. auch A. 6).

[6]) Zu dieser unter den Besoldungstiteln des Etats ausgeworfenen pensionsfähigen „Geldbesoldung" (A. 4) müssen regelmäßig auch die an derselben Stelle mit festen Beträgen angesetzten, dauernd, nicht widerruflich (Nr. 3 des §) zu verleihenden „Funktionszulagen" gerechnet werden, bleiben also nur dann ausgeschlossen, wenn ein besonderer Vermerk im Etat ihnen ausdrücklich die Pensionsberechtigung versagt, dagegen gehören „Orts- und Stellenzulagen" im Sinne des § 23 Abs. 2 (vergl. das. A. 8) regelmäßig unter die Nr. 3 des § 42, können also nur dann bei Bemessung der Pension berücksichtigt werden, wenn ein besonderer Vermerk im Etat sie hierzu befähigt.

[7]) Vergl. z. B. Etat des Reichsheeres in Preußen Kap. 14 Tit. 7 (Dienstbekleidung des Pförtners im Kriegsminist.), Kap. 15 Tit. 1 daselbst (Naturalbezüge der Hausdiener bei der General-Militärkasse), Kap. 27 Tit. 1 (Garnisonverwaltung), Kap. 29 Tit. 1 u. 3 (Medizinalwesen), Kap. 84 Tit. 3 (Reichsinvalidenfonds), Kap. 24 Tit. 8 (freie Bedienung der zu den Militärbeamten gehörenden Zahlmeister). Historisch vergl. § 15c bis e des alten Pr. P.Regl. (§ 34 Vorbemk. 1).

[8]) Die gesandschaftlichen und Konsulatsbeamten, die auswärts beschäftigten Postbeamten, sowie die Beamten in den deutschen Schutzgebieten (§ 19 A. 8) beziehen wegen der besonderen Verhältnisse ihrer Dienstorte Ausnahmebesoldungen, die aber bei Bemessung ihrer Pensionen nur zu einem bestimmten, im Etat festgesetzten Betrage angerechnet werden dürfen (Etat des auswärtigen Amtes für 94/95 Kap. 5 Tit. 1 bis 32 und 34 bis 118,

Schlußbemk. hinter Tit. 119). Einnahme Kap. 3 (Postverwaltung) Tit. 20, 21 u. 22 Bemerk. je a. E. und Spezialetat der Schutzgebiete für 94/95 Bemk. zu Tit. 1 der Ausgabe; vergl. auch § 7 des Schutztruppengeſ. v. 22./3. 91 (R.G.Bl. S. 53).

[9]) Ebenso wie bei Nr. 1 dauernd (Gegensatz Nr. 3) mit dem Amte verbundene, aber nicht, wie bei Nr. 1, ihrem Betrage nach feststehende, sondern schwankende Einkünfte, wie z. B. in Preußen die Gebühren der Gerichtsvollzieher und Domänenrentamtsdiener, ferner dort sowohl, wie im Reiche die Fahr-, Stunden- und Nachtgelder, sowie die Materialersparnißprämie der Eisenbahnbeamten des Fahrdienstes (vergl. preußischer Etat für 94/95 Ausg.Kap. 1 Besoldungstit. 3 Abs. 3, Ausg.Kap. 23 Besoldungstit. 4 Schlußbemk., Ausg.Kap. 74 Besoldungstit. 8; Reichsetat 94/95 Einnahme-Kap. 4 Tit. 16 Schlußbemk.). Historisch vergl. § 15 f des alten Pr. P.Rgl. (§ 34 Vorbemk. 1).

[10]) Wenn sowohl der Etat wie die bewilligende Verfügung der Behörde (§ 4 A. 5) darüber schweigen.

[11]) Die Worte: „Etatsjahre" entstammen der Novelle v. 25./5. 87 (§ 34 Vorbemk. 1), früher hieß es: „Kalenderjahre."

[12]) Nr. 3 bringt den Gegensatz zu Nr. 1 u. 2 (A. 4 u. 9). Zu den hier erwähnten bloß zufälligen, oder nur jederzeit widerruflich gewährten Dienstbezügen gehören regelmäßig auch die oben Anmk. 6 erwähnten „Orts- und Stellenzulagen" im Sinne des § 23 Abs. 2. Historisch vergl. § 15h des alt. Pr. P.Regl. (§ 34 Vorbemk. 1).

[13]) Die Nr. 4 trifft für den Servis der Militärbeamten (§ 120 Vorbemk. 1) dieselbe Bestimmung, wie § 10b des Mil.P.G. v. 27./6. 71 für den Servis der Offiziere. Der an die Stelle des früheren Naturalquartiers getretene Servis stellt denjenigen Theil der Civilbeamtenbesoldung dar, welcher in der letzteren zur Bestreitung der Kosten für Wohnung, Mobiliar, Heiz-, Koch- und Erleuchtungs-

material enthalten ist (vergl. G. v. 25./6. 68 nebst Anl. B.G.Bl. S. 523—567, und G. v. 28./5. 87 R.G.Bl. S. 159 ff.; Drucks. des R.T. 73 Nr. 193 S. 5 unten I). Derselbe wird geradeso behandelt, wie der neben ihm Offizieren und Militärbeamten gleichfalls zustehende Wohnungsgeldzuschuß, beide kommen mit ihrem Durchschnittssatze zur Anrechnung (vergl. Anl. K §§ 1 u. 8) „weil die Höhe des Ruhegehaltes nicht von dem zufälligen Umstande abhängig gemacht werden darf, ob der ausscheidende Offizier oder Beamte nach seinem letzten dienstlichen Wohnsitze einer höheren oder niedrigeren Servisklasse angehört hat, während ihm nach der Pensionirung die Wahl eines beliebigen Wohnortes freisteht" (Motive z. W.G.Z.G. Drucks. 73 No. 125 S. 12). Beim Servise besteht indessen die Abweichung, daß bei Berechnung des Mittelsatzes nur die Servisklassen derjenigen Garnisonorte (§ 19 A. 6) in Betracht gezogen werden, in welchen sich Dienststellen der betreffenden Art (Intendanturen rc.) befinden, sodaß also beispielsweise bei Intendanturbeamten und Auditeuren die unteren Servisklassen III bis V unberücksichtigt bleiben (vergl. Motive zum Mil.P.G. Verh. 71 Anl. B. 3 Nr. 96 S. 251/252; Kriegs-M.E. v. 21./10. 76 A.V.Bl. S. 217).

14) Darunter ist regelmäßig der Höchstbetrag des etatsmäßigen Gehaltes in Geld und Naturalien unter Hinzutritt des Durchschnittsatzes des dem Gehalte beizuzählenden Wohnungsgeldzuschusses (oben A. 5), sowie des Stellenservises, wo dieser außerdem in Betracht kommt (A. 13) zu verstehen (vergl. M.E. v. 29./7. 84 Nr. 9 Abs. 2 V.M.Bl. S. 194). Inwiefern noch sonstige pensionsfähige Bezüge hinzutreten dürfen, muß der Etat bestimmen (vergl. Reichsetat 94/95 Einnahme-Kap. 4 T. 16 Schlußbemerk. (Nebenemolumente des Eisenbahn-Fahrpersonales); Preußischer Etat 94/95 Ausg.Kap. 6 Tit. 2 a. E., Ausg.Kap. 8 Tit. 2 a. E., Ausg.Kap. 9 Tit. 1

a. E., Ausg.Kap. 23 Tit. 4 a. E., Ausg.Kap. 58 Tit. 2 a. E., Ausg.Kap. 73 und 74 je Tit. 6 a. E.).

15) Der zweite Absatz ist wie alle übrigen Bestimmungen des § 42, mit Ausnahme des Schlußsatzes und der Nr. 4, aus § 10 des Pr. P.G. v. 27./3. 72 (Nr. 4 das.) übernommen, und verdankt seine dortige Entstehung der Kommission des preuß. Abg.H., welche damit die Rechte derjenigen aus den neuen Landestheilen übernommenen Beamten schützen wollte, deren Gehälter gesetzlich oder durch Allerhöchste Resolution höher bestimmt worden seien, als der Betrag des höchsten Normalgehaltes der bezüglichen Dienstalterskategorie betrage (Drucks. des Pr. Abg.H. 71/72 Anl. B. 2 Nr. 189 S. 1088 und Verh. B. 2 S. 1066).

16) Die andere Hälfte wird bei so hohen Gehältern als Entschädigung für Repräsentation (A. 2) angesehen (vergl. Motive zum Pr. P.G. Drucks. des Abg.H. 71/72 B. 2 der Anl. Nr. 105 S. 667). Dasselbe bestimmt § 11 des Mil.P.G.

17) Diese Schlußbestimmung wurde vom Reichstag (Antrag Kanngießer) aus doppeltem Grunde hinzugefügt. Sie soll klarstellen, daß auch der Wartegeldempfänger, wenn er dienstunfähig wird, oder das 65. Lebensjahr vollendet hat, seine Pensionirung verlangen (§ 53 u. § 34 a A. 2), andererseits aber auch die Reichsregierung in solchem Falle dessen Pensionirung in den Formen des Gesetzes (§§ 60 a ff.) herbeiführen und dadurch, falls der Beamte noch nicht das zum höchsten Pensionssatze, den er als Wartegeld bezieht (§ 24 Vorbemk. 1), erforderliche Dienstalter besitzt, die Reichskasse von dem höheren Wartegelde gegen Gewährung des niedrigeren Pensionssatzes entlasten kann. Sodann soll sie außer Zweifel stellen, daß bei Berechnung der Pension einerseits nicht das Wartegeld, andererseits aber auch kein höheres Diensteinkommen, als dasjenige zu Grunde zu legen ist, welches bei Bestimmung des Wartegeldes maßgebend war (§ 26), also unter Ausschluß aller während der Wartegeldzeit der früheren Amtsstellung

etwa zugeflossenen Besoldungserhöhungen (Sten.B. S. 185, 186 u. 914; Kanng. S. 101 vorl. Abs.).

[18]) Ueber alle Fragen des § 42 ist der Rechtsweg offen (§ 149 u. § 155 A. 4 u. 6).

§ 43. Ein Beamter, welcher früher[1]) ein mit einem höheren Diensteinkommen[6]) verbundenes Amt bekleidet und dieses Einkommen wenigstens ein Jahr[2]) bezogen hat, erhält, sofern der Eintritt[3]) oder die Versetzung[3]) in ein Amt von geringerem[4]) Diensteinkommen[6]) nicht lediglich[4]) auf seinen im eigenen Interesse gestellten Antrag[5]) erfolgt oder aber als Strafe auf Grund des § 75 gegen ihn verhängt ist, bei seiner Versetzung in den Ruhestand eine nach Maßgabe des früheren höheren Diensteinkommens[6]) unter Berücksichtigung der gesammten Dienstzeit berechnete Pension[6]). Jedoch soll die gesammte Pension das letzte pensionsberechtigte Diensteinkommen[6]) nicht übersteigen[7]).

[1]) Gleichbedeutend mit: „bisher," die Aktivität darf nicht unterbrochen sein (vergl. § 7 des Mil.P.G.). Die Bestimmung bezieht sich also nicht auf entlassene, später wieder aufgenommene (§ 33) Beamte und ebensowenig auf Pensionäre. Treten letztere in eine zur Pension berechtigende Stelle wieder ein, so greift § 58 Platz.

[2]) Ist bloß die letzte Gehaltszulage noch kein Jahr bezogen, so scheidet auch nur diese bei der Vergleichung der beiden Diensteinkommen aus.

[3]) „Eintritt" in ein anderes Amt an demselben Dienstorte, „Versetzung" in ein Amt an einem anderen Dienstorte.

[4]) Eine solche Versetzung mit Verminderung des Diensteinkommens bleibt nur mit Zustimmung des

Beamten möglich (§ 23), soll aber § 43 darauf Anwendung finden, darf sie nicht lediglich im Interesse des Beamten erfolgen, es muß auch ein Interesse der Verwaltung betheiligt sein. Ein Beamter rückt in eine höher dotirte Stellung auf, genügt aber auf die Dauer nicht und tritt deshalb nach ein oder zwei Jahren in sein früheres oder ähnliches Amt zurück (vergl. Verh. des Pr. Abg.H. 71/72 B. 2 S. 1667). Oder ein Beamter genügt zwar nicht mehr den Anforderungen seines bisherigen Amtes, wohl aber noch den Ansprüchen eines anderen Amtes aber von geringerem Diensteinkommen und zieht die Versetzung in dieses Amt seiner sonst (§ 34 A. 6) nothwendigen Pensionirung vor. Auch hier ist an der möglichsten Ausnutzung der noch vorhandenen Arbeitskraft das Finanzinteresse des Reiches mit betheiligt.

Die Motive (S. 72) führen als Beispiel an, wenn im auswärtigen Dienst ein Beamter (zustimmend § 23) auf ein Amt mit geringerem (pensionsfähigem) Gehalt, aber höherer (nicht pensionsfähiger) Lokalzulage versetzt wird (vergl. Etat 94/95 des auswärtigen Amtes Kap. 5 Tit. 1 bis 32 u. 34 bis 118 und Schlußbemk. hinter Tit. 119).

5) Z. B. seitens eines etatsmäßig, aber auf Kündigung angestellten Beamten, um einer sonst drohenden Entlassung durch Kündigung zu entgehen.

6) Es muß also auch das frühere Diensteinkommen ebenso, wie das letzte (vergl. Schlußsatz) mit Pensionsberechtigung bezogen worden sein, wenn die Bestimmung anwendbar sein soll (vergl. auch M.E. v. 29./7. 84 Nr. 10 Abs. 3 B.M.Bl. S. 194).

7) Man wollte verhüten, daß ein Beamter als Pensionär ein höheres Einkommen verzehrt, als er am Ende seiner Aktivität bezog (vergl. Verh. des Pr. Abg.H. 71/72 zu dem entsprech. § 11 des Pr. P.G., B. 2 S. 1067).

§ 44. Das mit Nebenämtern oder Nebengeschäften

verbundene Einkommen begründet nur dann einen Anspruch auf Pension, wenn eine etatsmäßige Stelle als Nebenamt bleibend verliehen ist[1])[2])[3]).

[1]) Vergl. § 12 des Pr. P.G.

„Dieser Paragraph sichert also jedem Beamten, welchem neben seinem Hauptamte eine etatsmäßige Stelle als Nebenamt bleibend verliehen ist, einen Pensionsanspruch auch bezüglich des mit diesem Nebenamte verbundenen Einkommens. Es entspricht dem Interesse des Reiches, die Uebernahme von reichsdienstlichen Nebenämtern durch Beamte der einzelnen Bundesstaaten nicht zu erschweren, sondern vielmehr möglichst zu fördern" (Motive S. 73).

Die Bestimmung setzt also dreierlei voraus:

a) Die Verwaltung eines Hauptamtes im Reichs- oder (unmittelbaren oder mittelbaren § 46 A. 2) Bundesstaatsdienst (anders § 38, vergl. A. 1 das.);

b) die Etatsmäßigkeit (§ 37 A. 1) des daneben verliehenen Reichsamtes;

c) die bleibende, d. h. nicht bloß auf bestimmte Zeit, oder auf die Dauer des Hauptamtes, oder widerruflich oder kündbar, sondern die lebenslänglich erfolgte Verleihung.

Daß einem Reichsbeamten die Genehmigung zur Annahme eines Nebenamtes stets nur widerruflich ertheilt werden darf (§ 16 Abs. 2), hindert nicht die bleibende Verleihung eines solchen Amtes an ihn seitens eines anderen Reichsressorts und den Erwerb des Pensionsrechtes aus diesem Amte für den Fall, daß die Genehmigung nicht widerrufen wird. Im anderen Falle hat der Beamte seine Entlassung aus dem Nebenamte zu nehmen (§ 33 A. 3).

[2]) Vergl. wegen solcher Nebenämter den Reichshaushaltsetat:

a) Kap. 3a der Einnahme, Tit. 1 der Ausg. wegen des Kurators der Reichsdruckerei (widerruflich, oder für die Dauer des Hauptamtes verliehen, daher nicht pensionsfähiges Einkommen);

b) Kap. 9 der Ausg. Tit. 1 wegen des Vorsitzenden und des ständigen Beisitzers des Oberseeamtes (regelmäßig nur für die Dauer des Hauptamtes verliehen § 29 u. § 7 des G. v. 27./7. 77 R.G.Bl. S. 555 u. 550, daher wie bei a);

c) Kap. 13 der Ausg. Tit. 1 wegen der ständigen und nicht ständigen Mitglieder des Patentamtes (erstere regelmäßig für die Dauer des Hauptamtes, letztere immer nur auf 5 Jahre ernannt, § 13 des Pat.G., daher wie bei a);

d) Kap. 77 der Ausg. Tit. 2 wegen der drei Mitglieder der Verwaltung des Reichsinvalidenfonds (vom Bundesrathe stets auf 3 Jahre gewählt, § 11 des G. v. 23./5. 73 R.G.Bl. S. 120, daher wie bei a);

e) Kap. 7c der Ausg. Tit. 1 wegen der Mitglieder des Bundesamtes für das Heimathwesen (lebenslänglich zu verleihende Stellen § 42 des G. v. 6./6. 70 B.G.Bl. S. 368, daher pensionsfähiges Einkommen).

Sollten ausnahmsweise die Nebenämter unter a u. b und bei c die Aemter der ständigen Mitglieder lebenslänglich verliehen werden (§ 7 Abs. 2 des unter b und § 13 des unter c erwähnten G.), so müßte auch für die Dauer eines solchen Amtsverhältnisses der Etat das Stelleneinkommen als ein pensionsfähiges auswerfen, um nicht in Widerspruch mit dem vorliegenden § 44 zu gerathen, welchem eine abweichende Etatsvorschrift, der die Kraft eines Gesetzes fehlt, nicht derogiren könnte (vergl. Laband II §§ 127 u. 128; v. Schulze II § 200; auch § 4 A. 5).

[3]) Durch eine Versetzung aus dem Hauptamte muß auch das bleibend verliehene Nebenamt mit seinem Pensionsrechte dann verloren gehen (vergl. § 23 Abs. 2), wenn mit der Versetzung ein solcher Wechsel des Wohnortes

verbunden ist, daß die fernere Ausübung des Nebenamtes dienstlich ausgeschlossen bleibt (vergl. Laband § 43 S. 398 A. 2).

Berechnung der Dienstzeit.

§ 45. Die Dienstzeit wird vom Tage der ersten eidlichen Verpflichtung für[2]) den Reichsdienst[4]) an gerechnet.

Kann jedoch ein Beamter nachweisen, daß seine Vereidigung erst nach seinem Eintritte in den Reichsdienst stattgefunden hat, so wird die Dienstzeit von dem letzteren Zeitpunkte an gerechnet[1])[2])[3])[4])[5])[6])[7])[8]).

1) Unbeschadet der Bestimmungen in den §§ 46, 47 u. 52 erlangt nur diejenige Zeit die Befähigung, bei der Pensionirung angerechnet zu werden, welche im Beamtenverhältniß zum Reiche verbracht ist (vergl. A. 2; §§ 9 u. 10 des alten Pr. P.Regl. v. 30./4. 25 (§ 34 Vorbemk. 1) und M.E. v. 10./4. 83 Nr. 1 B.M.Bl. S. 56). Aber nicht der Tag der Zustellung der ersten Anstellungsurkunde (§ 4 A. 3) entscheidet für den Beginn dieser Zeit, sondern der Tag der ersten Uebernahme amtlicher, besoldeter, oder nicht besoldeter, lebenslänglich oder auf Probe, Widerruf oder Kündigung übertragener Funktionen in etatsmäßiger (§ 7 A. 1), oder nicht etatsmäßiger, voll oder nicht voll (§ 38) beschäftigter Reichsdienststellung. Da diesem ersten Amtsantritte regelmäßig die eidliche Verpflichtung für das übertragene Amt unmittelbar vorauf gehen soll (§ 3), greift das Gesetz zunächst auf den Tag dieser Vereidigung als den am sichersten nachweisbaren Termin zurück. Ist die eidliche Verpflichtung verspätet erfolgt, oder auch ganz unterblieben (§ 3 A. 1), so muß der Beginn der ersten Amtsthätigkeit — hier „Eintritt" in den Dienst, im § 3 „Antritt" des Dienstes genannt — anderweitig festgestellt werden (vergl. R.G. v. 23./2. 91 E. B. 28 S. 197).

²) Nur die Verpflichtung „für den Reichsdienst", die Eidesleistung als Reichsbeamter kommt in Betracht. Hat der zu einem Reichsamte Berufene ausnahmsweise bereits vor dieser Zeit, während er nur im privatrechtlichen (Arbeiter-) Verhältniß zum Reiche stand, den Staatsdienereid geleistet, weil er vorübergehend, als bloßer Aushelfer amtliche Funktionen zu verrichten hatte, oder einzelne der ihm obliegenden Geschäfte amtlicher Natur waren, so wird es zwar genügen, bei seiner etwa später erfolgenden Aufnahme in das Beamtenverhältniß und Uebertragung eines Amtes verpflichtend auf jenen früher geleisteten Eid zu verweisen, anrechnungsfähig im Sinne des § 45 kann aber die vor dieser neuen Verpflichtung liegende Beschäftigung nur ausnahmsweise dadurch werden, daß § 46 Nr. 4, unter Umständen auch Nr. 3 (vergl. § 46 A. 5) auf sie Anwendung leidet, oder daß ihr die Anrechnung im Gnadenwege (§ 52 Nr. 4) zu Theil wird. Die Hülfsbahnwärter, Hülfsweichensteller, Hülfsbremser der Reichseisenbahnverwaltung stehen im Arbeiterverhältniß und werden trotzdem vereidigt, weil sie bahnpolizeiliche Funktionen auszuüben haben, dadurch erlangen sie aber nur in Beziehung auf die ihnen übertragenen polizeilichen Dienstverrichtungen dem Publikum gegenüber die Rechte der öffentlichen Polizeibeamten, während ihr inneres als ein privatrechtliches ausdrücklich begründetes Verhältniß zu der Reichsverwaltung dadurch nicht berührt wird (vergl. § 68 Abs. 2 der Betriebsordnung für die Haupteisenbahnen Deutschlands v. 5./7. 92 R.G.Bl. S. 717; M.E. v. 10./4. 83 Nr. 2, 3, 5 Abs. 2, sowie v. 16./3. 93 B.M.Bl. 83 S. 56, 93 S. 106; § 4 A. 3 a. E. und die folg. A. 3).

³) Wo im Gegensatz zu den in A. 2 gedachten Fällen in Wirklichkeit ein Beamtenverhältniß besteht, reichsamtliche Funktionen in der Absicht, die Beamteneigenschaft beizulegen, die bei Reichsbeamten aus einem schriftlichen Berufungsakte erkennbar sein muß (§ 1

A. 7 e, § 4 A. 8, § 60 A. 5), übertragen worden sind, macht es keinen Unterschied, daß dieselben aus erziehlichen oder praktischen Rücksichten zunächst in der Stellung eines Gehülfen bei einem Reichsbeamten verrichtet werden, der dieselben nicht aus eigenen, sondern aus zu diesem Zwecke in der Form von Pauschsummen überwiesenen Reichsgeldern entschädigt. Daher haben auch die Post- (Privat-) Gehülfen, welche bei Postverwaltern beschäftigt werden, aber im Reichsbeamtenverhältniß stehen, vollen Anspruch auf Anrechnung der so verbrachten Dienstzeit (A.Post-D.A. X I §§ 21 ff.; Pr. O.V.G. v. 18./4 90 E. B. 19 S. 56). Ebenso wird Postillonen die Dienstzeit angerechnet, welche sie im privatrechtlichen Verhältniß zu den Posthaltern, ihren Brotherren, zubringen, da dieses Verhältniß ihre daneben bestehende Beamteneigenschaft unberührt läßt (A.Post-D.A. VI I § 34; R.G. v. 30./10. 86 E. B. 17 S. 62 und v. 8./11. 92 Jurst.W. 93 S. 49 Nr. 48; M.E. v. 21./2. 95 V.M.Bl. S. 86/87). Dagegen kann eine Beschäftigung, welche ohne behördliche Mitwirkung und Beeinflussung nicht für das Reich, sondern für einen Reichsbeamten, unter dessen alleiniger Verantwortlichkeit, als dessen Privatgehülfe, wenn auch behufs Vorbereitung für den erhofften späteren Reichsdienst aufgesucht und gefunden ist, bei der Pensionirung nicht als eine Reichsdienstzeit in Berechnung kommen, sondern nur unter Umständen im Gnadenwege (§ 52 A. 8 Abs. 3) anrechnungsfähig werden (vergl. Pr. O.Tr. v. 27./11. 77 E. B. 81 S. 141; Verh. des Pr. Abg.H. 71/72 Anl. B. 2 Nr. 105 S. 667 zu § 19 u. Nr. 189 S. 1091, Verh. 1882 Anl. B. 2 Nr. 143 S. 1421 u. 1422).

[4]) Reichsdienst im Sinne des § 45 ist auch der Landesdienst in Els.Lothr. und in den deutsch. Schutzgeb. (§ 29 A. 2.)

[5]) Die Dienstzeit läuft solange fort, als das Dienstverhältniß nicht dauernd gelöst ist, also auch während der Krankheit, Beurlaubung, des unerlaubten Fernbleibens vom Dienst (§ 14), der Verbüßung einer

Freiheitsstrafe (§ 14 A. 11), während der Suspension (§ 125 Vorbemk. 1) und des Wartegeldbezuges (§ 46 Nr. 1). Mit der dauernden Versetzung in den Ruhestand (§ 34) hört zwar nicht jedes Beamtenverhältniß, wohl aber jede Dienstpflicht auf (§ 34 Vorbemk. 2) und kann deshalb die im dauernden Ruhestande verbrachte Zeit, wenn ein Pensionär später wieder in den Dienst eintritt, niemals als eine Dienstzeit angerechnet werden (§ 58).

[6]) Ein ununterbrochener Lauf der Dienstzeit bis zu dem im § 55 bezeichneten Endpunkte ist nicht erforderlich, der Beamte hat Anspruch auf Anrechnung seiner gesammten, im Reichs- bezw. Bundesstaatsdienst (§ 46 Nr. 2) zugebrachten Zeit (vergl. § 10 des alten Pr. P.Regl. v. 30./4. 25, § 34 Vorbemk. 1; v. Zedlitz A. 58; Kanng. A. 5 zu § 46). Ist dies richtig, so bleibt unverständlich, weshalb bei einem zur Strafe entlassenen, später aber durch Wiederanstellung rehabilitirten und sodann aus dem neuen Amte in den Ruhestand tretenden Beamten wohl die vor der Entlassung im Militärdienst, dagegen die im Civildienst verbrachte Zeit nur in dem Falle angerechnet werden soll, wenn die Entlassung durch Kündigung, nicht aber, wenn sie durch Kriminal- oder Disziplinarurtheil (§ 75 Nr. 2 u. § 78 A. 4), oder auf dem Wege des § 100 herbeigeführt war (M.E. v. 29./7. 84 Nr. 12 V.M.Bl. S. 194; Kanng. A. 5 zu § 46). Durch die Form, welche die Strafentlassung angenommen hat, ändert sich nicht deren Charakter, sie hebt, wenn rechtsgültig erfolgt, in jedem Falle alle mit dem verlorenen Amte verknüpft gewesenen ehren- und vermögensrechtlichen Ansprüche auf (§ 32 A. 3). Dagegen löscht sie die Natur der bisherigen Dienstzeit nicht aus, diese ist und bleibt eine Staatsdienerzeit, die nur für die bisherigen Ansprüche ihre Bedeutung eingebüßt hat. Wird der entlassene Beamte später wieder in den Reichsdienst aufgenommen (§ 33) und tritt alsdann aus einer an

sich zur Pension berechtigenden Stellung in den Ruhestand, so muß auch die frühere Amtsthätigkeit, die inzwischen nicht zu einer privaten geworden ist, bei Ermittlung der Gesammtdienstzeit im Sinne des Gesetzes zur Anrechnung kommen. Denn es fehlt im Gesetze an einer positiven Bestimmung, welche diese Anrechnung verböte. Ein solches Verbot enthielten § 1 Nr. 3 auch § 17 des alten Pr. P.Regl. v. 30./4. 25 (§ 34 Vorbemk. 1), die nur aus einer von Pflichtwidrigkeiten freien, aus einer „pflichtmäßigen" Dienstzeit Pensionsansprüche überhaupt entstehen ließen, eine Bedingung, die das R.B.G. nicht kennt (Kanng. § 34 A. 4b). Auf jener Bestimmung des früheren preußischen Pensionsrechtes beruht ausschließlich die E. des R.G. v. 28./6. 80 (E. B. 2 S. 292), sie steht deshalb der hier vertretenen Ansicht nicht entgegen. (Vergl. auch Per. u. Sp. A. VIII zu § 45).

7) Ueber das Ende der Dienstzeit vgl. § 55 A. 3 bis 6; § 60 a Vorbemk. 3; § 67 A. 2; § 68 A. 4 a. E.; § 75 A. 13 u. 20; § 100 A. 5.

8) Ueber die Fragen des § 45 steht auch der Rechtsweg zu (§ 155 A. 4 u. 6).

§ 46. Bei Berechnung der Dienstzeit kommt auch die Zeit in Anrechnung, während welcher ein Beamter

1) unter Bezug[1]) von Wartegeld im einstweiligen Ruhestande, oder
2) im Dienste eines Bundesstaates[2]) oder der Regierung eines zu einem Bundesstaate gehörenden Gebiets[3]) sich befunden hat, oder
3) als anstellungsberechtigte ehemalige Militärperson[4]) nur vorläufig oder auf Probe[5]) im Civildienste des Reichs, eines Bundesstaates[2]),

oder der Regierung eines zu einem Bundesstaat gehörenden Gebiets[3]) beschäftigt worden ist[5]), oder

4) eine praktische[6]) Beschäftigung außerhalb des Dienstes des Reichs oder eines Bundesstaates[2]) ausübte, insofern und insoweit[7]) diese Beschäftigung vor Erlangung der Anstellung in einem Reichs- oder unmittelbaren[2]) Staatsamte behufs der technischen[7]) Ausbildung in den Prüfungsvorschriften ausdrücklich angeordnet[7])[8])[9]) ist.[9])

Im Falle der Nr. 2 wird die Dienstzeit nach den für die Berechnung der Dienstzeit im Reichsdienste gegebenen Bestimmungen[10]) berechnet[11]).

[1]) Die Zeit des Verlustes des Wartegeldes (§ 28 A. 4 u. § 29 A. 1) rechnet also nicht als Dienstzeit.

[2]) Sowohl im aktiven Militär-, als im Civildienst (A. 10), doch kommt hier nur die Verwaltung eines unmittelbaren Staatsamtes (vgl. die Nr. 4) in Betracht, der mittelbare Staatsdienst (Gemeinde-, landständische-, Schul-Dienst § 69 II 10 Pr. A.L.R.) gehört unter § 52 Nr. 1 (vergl. § 52 A. 4 u. § 30 A. 5).

[3]) Hierunter fällt die aktive Militär- und Civildienstzeit unter den ehemaligen Regierungen der mit Preußen durch G. v. 20./9. 66 u. 24./12. 66 (G.S. S. 555 u. 875) vereinigten Landestheile, und bei Elsaß-Lothringischen Beamten auch die Militär- und Civildienstzeit unter der früheren französischen Regierung, aber immer nur nach Maßgabe des vorliegenden Gesetzes (A. 10). Vergl. auch §§ 14 u. 34 des Pr. P.G. u. § 10 Abs. 2 des alten Pr. P.Regl. (§ 34 Vorbemk. 1), ferner §§ 19a u. 20 des Mil.P.G.

[4]) Vergl. § 157 A. 2.

[5]) Die Zeit der „Probedienstleistung", oder „Probeanstellung", unter Umständen auch bloßen „informatorischen d. h. außeramtlichen Beschäftigung," mag dieselbe zu einer definitiven Uebernahme in den Civildienst geführt haben, oder nicht. Hier soll also ausnahmsweise ebenfalls (vergl. die Nr. 4) auch eine außeramtliche derartige Beschäftigung anrechnungsfähig sein, denn für die amtliche brauchte es nicht besonders gesagt zu werden. Steht die Militärperson noch im aktiven Dienst, so wird sie zu solcher probeweisen Beschäftigung abkommandirt (vergl. §§ 14, 19 u. 21 der Anst.Grunds. für Mil.Anw. (§ 37 A. 1), Best. des Pr. Kr.Minist. v. 20./3. 85 A.V.Bl. S. 73; M.E. v. 10./4. 83 Anl. Nr. 5 Abs. 3 V.M.Bl. S. 56, auch M.E. v. 6./1. 75 Nr. 3 Abs. 4 V.M.Bl. S. 67).

[6]) Jede Studienzeit bleibt also ausgeschlossen.

[7]) In nicht weiterer Ausdehnung, als in den Prüfungsvorschriften ausdrücklich angeordnet ist. Die Bestimmung hat nur solche technische Beamten — Nicht-Techniker haben nur den Gnadenweg des § 52 (A. 8 daselbst) — im Auge, welche, bevor sie zur Prüfung und Anstellung in einem Reichs- oder unmittelbaren Staatsamte zugelassen werden können, eine in den bestehenden Prüfungsvorschriften zeitlich bestimmt begrenzte praktische sachtechnische (kunstverständige) Vorbildung nachweisen müssen (vergl. z.B. M.E. v. 22./11. 91 Abs. 3 zweiter Theil u. Abs. 5 V.M.Bl. 92 S. 36/37) und deshalb, wenn diese, aber auch keine längere Zeit, nicht angerechnet würde, gegenüber anderen Beamten (Juristen, Verwaltungsbeamten), welche ihre praktische Ausbildung im (unbesoldeten) Reichs- oder Staatsamte (Referendariat, Supernumerariat) erhalten, benachtheiligt sein würden (vergl. Verh. des Pr. Abg.H. 71/72 zu dem entsprechenden § 14 des Pr. P.G. Anl. B. 2 Nr. 189 S. 1089, Verh. B. 2 S. 1067 u. 1068; M.E. v. 10./4. 85 Anl. Nr. 7 V.M.Bl. S. 57).

[8]) Wo sie nur herkömmlich ist, greift § 52 Nr. 3 Platz.

[9]) Nach besonderer gesetzlicher Vorschrift (§ 9 der Mil. P.G.N. v. 4./4. 74 R.G.Bl. S. 25) wird oberen Marinebeamten, welche früher der Handelsmarine angehört haben, die Fahrzeit mit derselben vom 21. Lebensjahre ab (§ 48 A. 1) bis zum Eintritt in die Kriegsmarine zur Hälfte angerechnet, weil die in der Handelsmarine gewonnenen Kenntnisse und Erfahrungen auch der Kriegsmarine zu gute kommen (Motive zum G. v. 4./4. 74 Verh. des R.T. 74 Anl. B. 3 Nr. 10 S. 103).

[10]) Das sind die §§ 45 bis 52. Die im Dienste des Reiches und die im Dienste eines Bundesstaates oder dessen Rechtsvorgängers (A. 8) zugebrachte Zeit soll bei einer Reichscivilpension nach ganz gleichen Grundsätzen berechnet werden. Es entscheidet also bei beiden Dienstzeiten die Vereidigung, bezw. der Dienstantritt (§ 45), es wird auch die in einem Bundesstaate oder im Staate seines Rechtsvorgängers vor Gründung des deutschen Reiches verbrachte Militärdienstzeit wie eine Reichsmilitärdienstzeit angerechnet (§ 47), es bleibt aber ausgeschlossen jede vor dem 21. Lebensjahre liegende Civil- und Friedensmilitärdienstzeit (§ 48 A. 1 u. 2) und es wird überall nur die aktive Militärdienstzeit (§ 47 A. 1) berücksichtigt. Vergl. in letzterer Beziehung auch R.G. v. 31./1. 82 (E.B. 6 S. 40); M.E. v. 21./5. 74 Abs. 2 — Abs. 1 desselben betrifft den Fall des § 32 des Pr. P.G. (§ 70 des R.B.G.) —, v. 24./9. 74 Nr. 5, v. 6./1. 75 Nr. 4 und v. 3./6. 78 (B.M.Bl. 74 S. 166 u. 249, 75 S. 67 u. 78 S. 116).

Weiter, als hiermit gekennzeichnet, geht aber auch die Bestimmung im Schlußsatze des § 46 nicht, insbesondere liegt darin nicht ausgedrückt, daß auch die Vorfrage, ob der Dienst, dessen Zeit in Anspruch genommen wird, im Beamtenverhältniß zum Bundesstaate geleistet ist, lediglich nach den Grundsätzen des Reichsrechtes, dem das Erforderniß einer schriftlichen Berufung eigenthümlich ist (§ 4 A. 8), entschieden werden solle. Hierfür können naturgemäß nur die dienstpragmatischen Vorschriften des betreffenden Bundesstaates maßgebend sein. Das Reichsgericht gelangt zu seiner abweichenden Entscheidung v. 24./3. 82 (E.B. 6 S. 105) auch nur dadurch, daß es für die Reichsbeamteneigenschaft das Erforderniß schriftlicher Berufung verneint (vergl. darüber A. 4 zu § 4), denn hiervon abgesehen werden die entscheidenden Grundsätze für die Beilegung der Beamteneigenschaft im Wesentlichen überall die gleichen sein (vergl. § 1 A. 7).

11) Rechtsweg überall zulässig (§ 155 A. 4).

§ 47. Der Civildienstzeit wird die Zeit des aktiven Militärdienstes 1) 2) 3) hinzugerechnet. 1) 4)

1) Vergl. § 17 des Pr. P.G. Der Civildienstzeit im Reiche und Bundesstaate tritt die Militär- (Heer- oder Marine-) Dienstzeit im Reiche und Bundesstaate hinzu (vergl. § 45 u. § 46 A. 2 u. 3), aber es kommt überall nur die aktive Militärdienstzeit, also nicht die Zeit des Beurlaubtenstandes in Anrechnung (vergl. § 18 Abs. 2 des Mil.P.G. und §§ 38 u. 56 des Mil.G.) und es bleibt ausgeschlossen jede vor das 21. Lebensjahr fallende Militärdienstzeit, soweit sie nicht eine Kriegszeit ist (vergl. § 46 A. 10 und § 48 A. 1 u. 2).

Eine Kontinuität des Dienstes ist auch hier (vergl. § 45 A. 6) nicht erforderlich (Verh. des Pr. Abg.H. 71/72 Anl. B. 2 Nr. 189 S. 1089 Spalte 1 a. E.).

2) Die in der Kaiserlichen Marine auf Seereisen außerhalb der Ost- und Nordsee zugebrachte Militärdienstzeit wird auch während des Friedens (vergl. § 49) wegen der damit verbundenen besonderen Anstrengungen und Gefahren für Leben und Gesundheit bei der Pensionirung doppelt in Anrechnung gebracht, wenn die während derselben Indiensthaltung zurückgelegte Fahrperiode außerhalb jener

heimischen Gewässer mindestens 6 Monate gedauert, oder bei kürzerer Dauer besonders schädliche Folgen für die Gesundheit der Schiffsbesatzung gehabt hat. Im letzteren Falle bleibt aber die Doppelrechnung von Kaiserlicher Entschließung abhängig (Art. I des G. v. 24./3. 87 R.G.Bl. S. 149 und Motive dazu Drucks. 87 Nr. 12 S. 6; Art. 4 der Mil.P.G.N. v. 22./5. 93 R.G.Bl. S. 174; § 50 Abs. 3 des Mil.P.G.).

[3]) In gleicher Weise und aus gleichem Grunde (A. 2) wird die Militärdienstzeit bei den Kaiserlichen Schutztruppen für Ostafrika, Südwestafrika und Kamerun bei der Pensionirung doppelt gerechnet, sofern sie mindestens 6 Monate ununterbrochen gedauert hat und nicht bereits als Kriegsjahr (§ 49) zu erhöhtem Ansatz kommt. Seereisen außerhalb der Ost- und Nordsee rechnen hierbei der Verwendung in Afrika gleich (§ 11 des Schutztr.G. für Ostafrika v. 22./3. 91 R.G.Bl. S. 55 und § 2 des Schutztr.G. für Südwestafrika und Kamerun v. 9./6. 95 R.G.Bl. S. 258).

[4]) Der Rechtsweg steht offen (§ 155 A. 4 u. 6).

§ 48. **Die Dienstzeit, welche vor den Beginn des einundzwanzigsten Lebensjahres fällt, bleibt außer Berechnung.**[1])

Nur[2]) die in die Dauer eines Krieges fallende und bei einem mobilen oder Ersatz-Truppentheile abgeleistete Militärdienstzeit kommt, ohne Rücksicht auf das Lebensalter, zur Anrechnung.

Als Kriegszeit gilt in dieser Beziehung die Zeit vom Tage einer angeordneten Mobilmachung, auf welche ein Krieg folgt, bis zum Tage der Demobilmachung.[3])[4])

[1]) Abs. 1 beruht auf Art. II der Novelle v. 21./4. 86 (§ 34 Vorbemk. 1). Die frühere Bestimmung ließ die

pensionsfähige Dienstzeit in Uebereinstimmung mit § 22 des Mil.P.G. v. 27./6. 71 und § 16 des Pr. P.G. v. 27./3. 72 bereits mit dem 18. Lebensjahre beginnen. Nachdem zu dem Pr. P.G. die Novelle v. 31./3. 82 (G.S. S. 133) ergangen war, folgte die Reichsgesetzgebung mit der Novelle v. 21./4. 86 nach. Beide Novellen gingen mit Rücksicht auf die von ihnen gewährte günstigere Gestaltung der Pensionsskala (§ 41 A. 1) wieder auf das im § 9 des alten Pr. P.Regl. v. 30./4. 25 (§ 34 Vorbemk. 1) angenommene 21. Lebensjahr zurück. „Eine solche Vorschrift empfiehlt sich auch dadurch, daß sie einigermaßen die Ungleichheiten beseitigt, welche hinsichtlich des Beginnes der Pensionserdienung als Folge der Bestimmungen über die theoretische Vorbereitung der Beamten zu den verschiedenen Zweigen des öffentlichen Dienstes bestehen. Denjenigen Beamten, deren in ein früheres Lebensalter fallende Dienstzeit nach der bisherigen Gesetzgebung bei der Pensionsberechnung zu berücksichtigen war, wird für den Fortfall solcher Berücksichtigung durch die günstigere Gestaltung der Pensionsskala regelmäßig ein reichlicher Ersatz gewährt werden“ (Motive Drucks. 82/83 Nr. 94). Zum Schutze wohlerworbener Rechte verordnet Art. V der Novelle v. 21./4. 86, daß, wenn die nach Maßgabe ihrer §§ 41 u. 48 bemessene Pension geringer ausfällt, als die Pension, welche dem Beamten hätte gewährt werden müssen, wenn er am Tage vor ihrem, nach Art. VI auf den 28./4. 86 fallenden Inkrafttreten nach den bis dahin für ihn geltenden früheren §§ 41 (A. 1 das.) u. 48 pensionirt worden wäre, alsdann diese letztere Pension an Stelle der ersteren zu bewilligen ist.

Nicht mit der gleichen abändernden Vorschrift folgte die Novelle zum Mil.P.G., die unter demselben 21./4. 86 erlassen wurde (R.G.Bl. S. 78). Diese erhöhte zwar ebenfalls den bisherigen Militärpensionssatz von $^1/_{80}$ auf $^1/_{60}$, beließ es aber für den Beginn der pensionsfähigen

Dienstzeit mit Rücksicht auf die besonderen Verhältnisse der militärischen Laufbahn bei dem 18. Lebensjahre (vergl. Motive Drucks. 82/83 Nr. 95). Die Militärdienstzeit gelangt hiernach verschieden zur Anrechnung, je nach dem es sich um eine Militärpension aus dem Mil.P.G., oder um eine Civilpension aus dem R.B.G. handelt, bei ersterer beginnt sie mit dem 18., bei letzterer erst mit dem 21. Lebensjahre: Denn der Grundsatz des § 48 Abs. 1 umfaßt gleichmäßig die gesammte, nach § 47 zu berücksichtigende — Militär- wie Civil- — Dienstzeit (vergl. Drucks. 82/83 Nr. 94 S. 7 oben; § 11 Abs. 1 des alten Pr. P.Regl. v. 30./4. 25 (§ 34 Vorbemk. 1) und die folg. A. 2). Aus diesem Grunde hat auch eine nach § 46 Nr. 4 und § 52 Nr. 3 bedingungsweise anrechnungsfähige „praktische Beschäftigung", soweit sie vor das 21. Lebensjahr fällt, stets außer Ansatz zu bleiben. Dies folgt klar aus den seine Nr. 3 mit umfassenden Eingangsworten des § 52: „nach Maßgabe der Bestimmungen in den §§ 45 bis 49." (Vgl. auch Drucks. des Pr. Herr.H. 82 Nr. 38 S. 3). Dasselbe gilt von der bei der Pensionirung der oberen Marinebeamten zur Hälfte anrechnungsfähigen Fahrzeit mit der Handelsmarine (§ 46 A. 9). An die Stelle des 18. Lebensjahres im § 9 des G. v. 4./4. 74 ist das 21. Lebensjahr der Novelle v. 21./4. 86 getreten, da die ordentlichen Pensionen der Militärbeamten im Heere und in der Marine sich ausschließlich nach dem R.B.G. und dessen Ergänzungen richten (vergl. § 34 A. 8 und Erl der Admiralität v. 2./10. 86 M.V.Bl. S. 220).

[2]) Sonst unterliegt also die Anrechnung der Militärdienstzeit bei jeder nach dem R.B.G. zu bemessenden Pension der Regel des Abs. 1. Deshalb kann bei solcher Pension auch jede Friedens-Marinedienstzeit immer erst vom 21. Lebensjahre ab zum Ansatz gelangen, selbst wenn der Beamte als früherer Angehöriger der Marine bereits vor dieser Zeit gemäß §§ 54 u. 60 des Mil.P.G. an

Bord eines Kriegsschiffes der Kais. Marine eingeschifft gewesen ist. (Vergl. M.E. v. 10./4. 83 Nr. 11 Abs. 2 B.M.Bl. S. 58.)

[3]) Die Abs. 2 u. 3 entsprechen wörtlich dem § 22 des Mil.P.G.

[4]) Der Rechtsweg steht offen (§ 155 A. 4 u. 6).

§ 49.[1]) Für jeden Feldzug, an welchem ein Beamter im Reichsheere, in der Kaiserlichen Marine oder in der Armee eines Bundesstaates derart theilgenommen hat, daß er wirklich vor den Feind gekommen, oder in dienstlicher Stellung den mobilen Truppen in das Feld gefolgt[2]), oder auf einem zur Verwendung gegen den Feind bestimmten Schiffe oder Fahrzeuge der Kaiserlichen Marine eingeschifft gewesen ist, wird demselben zu der wirklichen Dauer der Dienstzeit ein Jahr hinzugerechnet.

Ob eine militärische Unternehmung in dieser Beziehung als ein Feldzug anzusehen ist, und inwiefern bei Kriegen von längerer Dauer mehrere Kriegsjahre in Anrechnung kommen sollten, darüber wird in jedem Falle durch den Kaiser Bestimmung getroffen.[3])[4]) Für die Vergangenheit bewendet es bei den hierüber in den einzelnen Bundesstaaten getroffenen Bestimmungen.[5])[6])[7])[8])

[1]) „Im § 49 befindet sich eine Bestimmung über doppelte Berechnung der Dienstzeit, in welcher der Beamte persönlicher Gefahr im Kriege ausgesetzt war" (Motive S. 73). Der Beamte (Militärbeamte und wer etwa sonst in der Stellung eines Reichsbeamten an einem Feldzuge theilnimmt) wird hier den Kombattanten an die Seite gestellt,

für welche die §§ 23 u. 60 des Mil.P.G. (A. 2) dasselbe bestimmen.

[2]) Die Worte: „oder in dienstlicher Stellung den . . . gefolgt" befinden sich auch im § 17 des Pr.P.G., während der dem Reichsgesetz wie dem preußischen Gesetz zu Grunde liegende § 23 des Mil.P.G. dafür den Ausdruck hat: „bei den mobilen Truppen angestellt gewesen . . ." Nach den Motiven zu dem preußischen Gesetz sollten mit dem von jenem § 23 absichtlich abweichenden allgemeineren Ausdruck: „in dienstlicher Stellung gefolgt" nicht nur die bei der Truppe fest angestellten, sondern auch die bei derselben nur infolge eines Kommissoriums oder in einer ähnlichen, sie denselben Gefahren und Beschwerden des Feldzuges aussetzenden Stellung verweilenden Beamten getroffen werden (Verh. des Pr. Abg.H. 71/72 Anl. B. 2 Nr. 105 S. 667). Unerläßliche Voraussetzung aber ist, daß der Beamte als solcher im Heere selbst, im Verbande desselben am Feldzuge theilgenommen hat, es genügt nicht eine bloße Beschäftigung im Feindeslande in einer durch Civilverwaltungsbedürfnisse veranlaßten Beamtenstellung (R.G. v. 21./3. 93 Jurst. W. 93 S. 246 Nr. 54 und Bolze B. 16 Nr. 604).

[3]) Als solche Kais. Bestimmungen vgl.:

a) Erl. v. 4./6. 85 (M.V.Bl. S. 102) wegen der Aktion in und bei Kamerun 1884,

b) Erl. v. 19./11. 89 (M.V.Bl. S. 83) wegen der Aktion an der Ostküste Afrikas 88/89 und auf den Samoainseln am 18./12. 88, dazu R.Mar.Amts-Erl. v. 15./3. 90 (M.V.Bl. S. 29),

c) Erl. v. 24./10. 91 (M.V.Bl. S. 265) wegen der milit. Unternehmungen der Truppen des Reichskommissars für Ostafrika,

d) Erl. v. 5./9. 92 (M.V.Bl. S. 195) wegen des Gefechtes bei Miang (Kamerun),

e) Erl. v. 5./12. 92, 17./4. 93, 2./8. 94 u. 5./9. 95 (M.V.Bl. 92 S. 267, 93 S. 81, 94 S. 172 u. 95

S. 227) wegen der Kämpfe der Schutztruppe für Ostafrika in den Jahren 1891, 92, 93 u. 94.

4) Nach Art. 17 der Mil.P.G.N. v. 22./5. 93 kann der Kaiser auch bestimmen, daß denjenigen Beamten des Reichsheeres und der Kais. Marine, welche seit dem Inkrafttreten des Mil.P.G. v. 27./6. 71 auf Befehl einem Feldzuge einer ausländischen Armee oder Marine beigewohnt haben und fernerhin beiwohnen, zu der wirklichen Dauer der Dienstzeit ein Jahr und bei dergleichen Kriegen von längerer Dauer ein Zeitraum von mehreren Jahren zuzurechnen sei. Nach den Motiven (Drucks. 92/93 Nr. 112 S. 26) ist dabei vorausgesetzt, daß auch eine auf Allerhöchsten Befehl ausgeführte Betheiligung an einem derartigen Feldzuge, welche vor den Erlaß des Mil.P.G. v. 27./6. 71 fällt, entsprechend der bis dahin in Preußen bestandenen Praxis bei der Pensionirung berücksichtigt werden kann. Diese Praxis gestattete die Anrechnung einer solchen Feldzugszeit als Kriegsdienstzeit nach denselben Grundsätzen, welche bezüglich der in der preußischen Armee mitgemachten Feldzüge zur Anwendung kamen (vergl. folg. A. 6).

5) Sowohl im § 17 des Pr. P.G., wie im § 23 des Mil.P.G. (A. 2) bildet dieser hier dem zweiten Absatze unmittelbar angehängte Schlußsatz: „Für die Vergangenheit u. s. w." einen besonderen dritten Absatz und giebt dadurch an beiden Stellen auch äußerlich zu erkennen, daß er sich auf den Gesammtinhalt der Gesetzesbestimmung erstrecken, also den ersten Absatz ebenfalls umfassen will. Dieselbe Bedeutung hat hier der Schlußsatz, denn § 49 will lediglich den Grundsatz der beiden vorerwähnten Gesetzesvorschriften über Doppelanrechnung eines Kriegsjahres auch auf die im Heere und dessen dienstlichen Verbande befindlichen Reichsbeamten (A. 1 u. 2) übertragen. „Derselbe Grundsatz — § 49 — findet sich in der Reichs-, wie in der preußischen Pensionsgesetzgebung bereits anerkannt"(Motive

S. 78). Ob also die Bedingungen für die Doppelanrechnung eines Kriegsjahres erfüllt sind, muß bei allen vor dem Erlaß des R.B.G. liegenden Feldzügen nach den bis dahin für den Beamten gültig gewesenen Bestimmungen seines Heimathsstaates (folg. A. 6) geprüft werden (R.G. v. 29./1. 83 Ann. B. 7 S. 270).

[6]) Als solche Bestimmungen kommen für Preußen in Betracht:

a) Kab.O. v. 14./6. 55 (G.S. S. 515), welche allgemein allen Beamten der Militärverwaltung die Anrechnung eines Kriegsjahrs unter denselben Voraussetzungen zusichert, unter denen dies den Truppen selbst zugestanden wird;

b) Kab.O. v. 20./11. 48, 13./2. u. 6./11. 49, v. 6./5. 58 u. 19./1. 50 (B.M.Bl. 48 S. 395, 49 S. 54 u. 292, 58 S. 149 u. 50 S. 87) wegen der Kämpfe in Schleswig-Holstein, in der Pfalz, in Baden, in Posen und in Sachsen in den Jahren 1848, 49 u. 50, sowie wegen des Gefechtes des Dampfschiffes „Adler“ am 27./6. 49 mit der Dänischen Kriegsbrigg: „St. Croix“. Die Theilnahme der Beamten als solcher (A. 1 u. 2) an Gefechten wird hier als erfolgt erachtet, wenn sie zum Verbande der kämpfenden Truppen gehört und sich im Gefolge derselben ihrer Berufspflicht gemäß während des Gefechtes thatsächlich befunden haben;

c) Kab.O. v. 18./12. 64 (B.M.Bl. 65 S. 21) wegen des Krieges gegen Dänemark 1864;

d) Kab.O. v. 6./11. 66 (J.M.Bl. 71 S. 150) wegen des Feldzuges gegen Oesterreich 1866. Hierzu ist zugleich ein Kaiserlicher Erlaß v. 11./2. 75 ergangen (B.M.Bl. S. 154), welcher die Anrechnung des Feldzuges 1866 allgemein allen in den Civildienst des Reiches übergetretenen Beamten zugesteht, welche bei Truppen der in jenem Jahre im Kriege befindlich gewesenen deutschen Staaten gestanden haben, sofern dieselben an einem Gefecht theilgenommen, oder behufs Ausführung von Operationen zu kriegerischen Zwecken die Grenzen ihrer damaligen Heimathländer verlassen haben;

e) Kab.O. v. 16./5. 71 (V.M.Bl. S. 159 u. A.V.Bl. 71 S. 113) wegen des Feldzuges gegen Frankreich 1870/71 (der Fall der A. 5 a. E. erwähnten E. des R.G. v. 29./1. 83).

Vergl. zu b bis e: M.E. v. 10./4. 83 Nr. 13 a bis d (V.M.Bl. S. 58) und zu der dortigen Nr. 13a auch M.E. v. 29./11. 83 (C.Bl. d. Abg. S. 262), ferner zu e den Kriegs-M.E. v. 11./5. 77 (A.V.Bl. S. 83) und M.E. v. 26./9. 83 (V.M.Bl. S. 257).

Auf die Theilnahme der Marine am französischen Feldzuge 1870/71 bezieht sich außerdem der Kais. E. v. 27./2. 72 (M.V.Bl. S. 33).

7) Für elsaß-lothringische Beamte läßt man bezüglich der Feldzüge, welche sie in der französischen Armee mitgemacht haben, die betreffenden französischen Bestimmungen entscheidend sein (vergl. § 46 A. 3).

8) Der Rechtsweg steht offen (§ 155 A. 4 u. 6 und die A. 5 a. E. erwähnte E. des R.G.).

§ 50. Inwieweit die Zeit eines Festungsarrestes oder einer Kriegsgefangenschaft angerechnet werden könne, ist nach den für die Pensionirung der Militärpersonen des Reichsheeres und der Kaiserlichen Marine geltenden gesetzlichen Bestimmungen zu bemessen. 1)

1) In dieser Beziehung bestimmt § 24 des Mil.P.G: „Von der Anrechnung ausgeschlossen ist:

a) die Zeit eines Festungsarrestes von einjähriger und längerer Dauer, sowie

b) die Zeit der Kriegsgefangenschaft.

Unter besonderen Umständen kann jedoch in diesen Fällen die Anrechnung und zwar in dem Falle unter a mit

Genehmigung des Kontingentsherrn, in dem Falle unter b mit Kaiserlicher Genehmigung stattfinden."

Die Kaiserlichen Erl. v. 11./4. 71 (A.V.Bl. S. 60) u. 18./5. 71 (V.M.Bl. S. 159) genehmigen die Anrechnung der französischen Kriegsgefangenschaft 1870/71, wenn während derselben das zuständige Gehalt bezahlt worden ist, aber bei Berechnung von Kriegsjahren kommt eine solche Zeit nur dann in Betracht, wenn der Beamte (z. B. Geistliche) in Ausübung seines Berufes in Gefangenschaft gerathen und behalten worden ist (Kais. Erl. v. 17./5. 72 A.V.Bl. S. 183, und Erl. v. 14./7. 74).

§ 51.[1]) **Den gesandtschaftlichen und den besoldeten[2]) Konsulatsbeamten, welche in außereuropäischen Ländern eine längere als einjährige[3]) Verwendung gefunden haben, wird die daselbst zugebrachte Dienstzeit bei Verwendung in Ost- und Mittelasien, Mittel- und Südamerika bei der Pensionirung doppelt in Anrechnung gebracht.**

Bei Verwendung von gesandtschaftlichen oder von besoldeten Konsulatsbeamten in anderen außereuropäischen Ländern als den vorbezeichneten ist es dem Beschlusse des Bundesraths vorbehalten, dem Vorstehenden entsprechende Bestimmungen zu treffen.[4])[5])[6])

[1]) „Es ist bekannt, daß in mehreren außereuropäischen Ländern, wo gesandtschaftliche oder besoldete Konsulatsbeamten des Reiches stationirt sind, das Klima ein für Europäer gefährliches, die Kräfte des Körpers und Geistes vor der Zeit aufreibendes ist. Dies gilt insbesondere von China, Mittelasien, Mittel- und Südamerika. Zugleich kommt in Betracht, daß diejenigen Beamten, welche Posten in außereuropäischen Ländern annehmen, der Heimath meist auf viele Jahre und jedenfalls mehr wie

in Europa entfremdet werden und für das dadurch gebrachte Opfer billigerweise schadlos zu halten sein dürften, wenn anders die Gewinnung tüchtiger Kräfte für dergleichen Posten nicht in Frage gestellt werden soll. Auf diesen Erwägungen beruht die Vorschrift des § 51, welche dem § 50 des Mil.P.G. v. 27./6. 71 nachgebildet ist" (Motive S. 73).

2) Im Gegensatz zu den Wahlkonsuln (§ 16 A. 16 u. § 34 A. 1b).

3) Nicht durch Zurückversetzungen unterbrochene.

4) Auf Grund dieser Ermächtigung hat der Bundesrath die Doppelanrechnung ferner zugestanden:

a) durch Beschluß v. 18./11. 80 (R.C.Bl. S. 773) den besoldeten Konsulatsbeamten bei längerer als einjähriger Verwendung auf Inseln der Südsee,

b) durch Beschluß v. 21./1. 86 (R.C.Bl. S. 55) den in den deutschen Schutzgebieten von Togo, Kamerun und Südwestafrika — andere kamen damals noch nicht in Betracht —, sowie in Sansibar mit konsularischen Befugnissen angestellten Beamten bei längerer als einjähriger Verwendung daselbst.

Dem letzteren Beschlusse gegenüber erschien es nicht mehr wie billig, die hier nur den mit konsularischen Befugnissen in den deutschen Schutzgebieten angestellten Beamten eingeräumte Vergünstigung auch für alle übrigen daselbst fungirenden Kais. Beamten zu ermöglichen, da sie alle den gleichen wirthschaftlichen Erschwernissen und klimatischen Gefahren (A. 1) ausgesetzt sind. Deshalb wurde die im § 51 Abs. 2 dem Bundesrathe ausgestellte, auf gesandtschaftliche und Konsulatsbeamte beschränkte Vollmacht durch das G. v. 31./5. 87 § 1 (R.G.Bl. S. 211 und Motive Drucks. 87 Nr. 87) auf alle Kais. Beamten erstreckt, welche in deutschen Schutzgebieten verwendet werden, und hierauf gestützt hat der Bundesrath am 22./12. 91 (Deutsch. Kolonialbl. 92 S. 1) dahin beschlossen, daß allen Kaiserlichen (vergl. A. 5)

Beamten, welche in deutschen Schutzgebieten eine längere als einjährige (A. 3) Verwendung gefunden haben, die daselbst zugebrachte Dienstzeit bei der Pensionirung doppelt in Anrechnung zu bringen ist.

Aus gleichen Gründen der Billigkeit und Rechtsausgleichung hatte bereits das kurz voraufgegangene G. v. 24./3. 87 (R.G.Bl. S. 149) in seinem Art. II verordnet, daß insoweit, als nach Maßgabe des § 51 des R.B.G. und der vorerwähnten Bundesrathsbeschlüsse v. 18./11. 80 u. 21./1. 86 den Beamten des auswärtigen Dienstes die Doppelanrechnung zu Theil wird, derselbe Vortheil auch den Beamten der Kais. Marine zu gute kommen solle, welche, ohne zur Besatzung eines Schiffes derselben zu gehören, in den betreffenden Reichs-Schutzgebieten und den übrigen hier in Betracht kommenden außereuropäischen Ländern im Marineverwaltungsdienst (z. B. bei dem Marinelazareth zu Yokohama) eine längere als einjährige Verwendung fänden (vergl. Motive Drucks. 87 Nr. 12). Gehören solche Beamte zur Besatzung eines Kais. Schiffes, so genießen sie auch dieselben Rechte wie diese (vergl. Art. I und Art. II Schlußbestimmung des G. v. 24./3. 87 in Verbindung mit § 56 des Mil.P.G. und § 47 A. 2). Desgleichen theilen die den Kaiserlichen Schutztruppen für Ostafrika, Südwestafrika und Kamerun angehörigen Beamten — vergl. §§ 2 u. 3 des Schutztr.G. v. 22./3. 91 — das diesen Truppen im § 11 jenes Gesetzes zugestandene Recht (§ 47 A. 3), und dasselbe Recht bereits eintretender Doppelanrechnung bei nur sechsmonatlicher ununterbrochener Dienstleistung ist durch Art. 17 Nr. 2 der Mil.P.G.N. v. 22./5. 93 auch denjenigen Beamten des Reichsheeres und der Kais. Marine verliehen, welche, ohne zum Verbande der Schutztruppe oder zur Besatzung eines Kais. Schiffes zu gehören, in den Reichs-Schutzgebieten und deren Hinterländern im kolonialen Reichsinteresse Verwendung gefunden haben. Nach den Motiven ist hierbei an eine

Betheiligung bei besonderen, neben den speziellen Aufgaben der Schutztruppe (§ 1 des Schutztr.G. v. 22./3. 91) herlaufenden wissenschaftlichen oder militärischen Expeditionen gedacht. „Die Voraussetzung erhöhter Anrechnung ist sowohl für die Beamten des auswärtigen Dienstes — § 51 des R.B.G. und § 1 des G. v. 31./5. 87 —, wie für die Angehörigen der Kais. Marine — Art. II des G. v. 24./3. 87 —, daß ihre Verwendung in außereuropäischen Ländern mindestens ein Jahr gedauert hat, für die Angehörigen der Schutztruppe für Ostafrika ist im § 11 des G. v. 22./3. 91 die Mindestzeit auf 6 Monate festgesetzt. Wenn für letztere Bestimmung maßgebend war, daß der Dienst bei der Schutztruppe in außergewöhnlichem Maße mit Entbehrungen und körperlichen Anstrengungen verbunden ist, so erscheint es billig, die gleiche Vergünstigung denjenigen Militärpersonen (Personen des Soldatenstandes und Beamten des Reichsheeres und der Marine, § 120 Vorbemk. 1) zu gewähren, welche wissenschaftliche oder militärische Expeditionen in unerforschte oder feindliche Theile des Innern der Schutzgebiete und deren Hinterländer führen oder begleiten" (Drucks. 92/93 Nr. 112 S. 28).

5) Ein Erlaß des Reichskanzlers v. 6./5. 94 (R.C.Bl. S. 261) bestimmt, daß auch den Landesbeamten in Kamerun, Togo und Ostafrika die daselbst zugebrachte Dienstzeit, wenn sie über ein Jahr gedauert hat, doppelt bei der Pensionirung anzurechnen sei. Hätte es hierzu noch einer besonderen Rechtsverleihung bedurft, so würde nur der Bundesrath dazu befugt gewesen sein (A. 4 Abs. 1 u. 2). Jene Beamten fallen aber als vom Kaiser, bezw. im Namen des Kaisers angestellte (§ 19 A. 8), also ebenfalls Kaiserliche Beamte bereits unter den Beschluß des Bundesrathes v. 22./11. 91 (A. 4 Abs. 2).

6) Der Rechtsweg steht offen (§ 155 A. 4 u. 6).

§ 52.[1]) **Mit Genehmigung des Bundesraths**[2])

kann nach Maßgabe der Bestimmungen in den §§ 45 bis 49[3]) die Zeit angerechnet werden, während welcher ein Beamter

1) sei es im In- oder Auslande als Sachwalter oder Notar fungirt, im Gemeinde-,[4])[5]) Kirchen-[6]) oder Schuldienste oder im Dienste einer landesherrlichen Haus- oder Hofverwaltung sich befunden, oder
2) im Dienste eines dem Reiche nicht angehörigen Staates gestanden hat,[7]) oder
3) außerhalb des Dienstes des Reichs oder eines Bundesstaates praktisch beschäftigt gewesen ist, insofern und insoweit diese Beschäftigung vor Erlangung der Anstellung in einem Reichs- oder unmittelbaren Staatsamte herkömmlich war.[8])

1) „Die Vorschrift entspricht im Allgemeinen dem § 19 des Pr.P.G. v. 27./3. 72" (Motive S. 73).

„Bei dem durchaus exceptionellen Charakter, welchen die Berücksichtigung aller hier erwähnten Verhältnisse trägt, ist ein sparsamer und vorsichtiger Gebrauch geboten." Deshalb wird im preußischen Gesetz die Allerhöchste Genehmigung, hier die Genehmigung des Bundesraths verlangt (vgl. Motive zum Pr.P.G. Verh. des Abg. H. 71/72 Anl. B. 2 Nr. 105 S. 667; Kanng. A. 2; v. Zedlitz A. 67).

2) Für die Landesbeamten in Kamerun, Togo und Ostafrika ertheilt diese Genehmigung der Reichskanzler, und für die Landesbeamten in Elsaß-Lothringen das dortige Ministerium (vergl. § 5 A. 2).

3) Also gemäß § 48 auch nur vom Beginn des 21. Lebensjahres ab (§ 48 A. 1).

4) Oder im Dienste anderer, dem Staate untergeordneter, öffentlichen Zwecken dienender Körperschaften (Kreis, Provinz, Deich- und Feuersozietäten u. s. w. [„ständischer" Dienst] auch Handelskammern). Vergl. § 46 A. 2; Motive S. 71 Bemk. zu § 30; Motive zum Pr.P.G. Verh. des Abg. H. 71/72 Anl. B. 2 Nr. 105 S. 668 Bemk. zu § 30 bis 32; § 106 des Mil.P.G.; Motive zu Art. 11 der Mil.P.G.N. Drucks. 92/93 Nr. 112 S. 20; Thilo S. 80; v. Rönne Pr.St.R. III S. 404; R.G. v. 5./10. 85 Bolze II Nr. 1347; Pr.O.V.G. v. 5./2. 85 u. 21./3. 90 (Handelskammer) E.B. 11 S. 71 u. B. 19 S. 63.

5) Wegen der Mitglieder des Reichsgerichtes vergl. § 158 A. 9.

6) Vergl. Pr.O.V.G. v. 27./9. 90 u. 1./4. 92 (E.B. 19 S. 451 u. B. 22 S. 36).

7) Elsaß-Lothringen und die deutschen Schutzgebiete gehören dem Reiche an (§ 45 A. 4; § 19 A. 8).

8) Die Bestimmung steht in naher Beziehung zu § 46 Nr. 4. Die voramtliche Beschäftigung, welche dort unter gewisser Voraussetzung angerechnet werden muß, soll hier unter anderer Voraussetzung (Herkommen) im Gnadenwege angerechnet werden können, aber, wie dort (§ 46 A. 7), auch hier nur „insofern", als sie der für das Staatsamt erforderlichen Befähigung Vorschub geleistet hat, und „insoweit", d. h. in der Ausdehnung, als sie zu diesem Zwecke nach Erfahrung und Herkommen nothwendig war.

Nach den Motiven zu § 19 des Pr.P.G. (A. 1) waren hierbei hauptsächlich Rücksichten auf die Verhältnisse des Lootsenwesens (vergl. Anl. O unter III B Marinelootsen und Steuerleute) maßgebend. „Das Personal des Lootsendienstes, zu welchem nur erprobte Seeleute verwendbar sind, rekrutirt sich aus den Kauffahrteifahrern. Der Gewinnung tüchtiger Kräfte stellt sich aber die Schwierigkeit entgegen, daß dieselben im Privatdienste einen lohnenderen Erwerb finden und daß der Hauptvortheil, welchen der Staatsdienst ihnen bietet, eine Pension für die Tage der Dienstunfähigkeit, bei dem späten Dienstantritte und der dadurch bedingten kurzen Dienstzeit überaus kärglich ausfällt. Im Interesse des Dienstes liegt es sonach, den Beamten des Lootsenwesens in geeigneten Fällen die Mitanrechnung so vieler in Privatverhältnissen zugebrachter Jahre bewilligen zu können, als nothwendig waren, um diejenigen seemännischen Erfahrungen anzusammeln, welche zur Anstellung im Lootsendienst gefordert werden müssen" (Verh. des Abg.H. 71/72 Anl. B. 2 Nr. 105 S. 667 und Nr. 189 S. 1089).

Der Gnadenweg der Nr. 3 des § 52 steht aber auch Nicht-Technikern (vergl. § 46 A. 7) offen, auch diesen kann eine außeramtliche praktische Vorbeschäftigung in der Stellung als Gehülfe oder Schreiber behufs Erlangung verwaltungs- oder justizdienstlicher Befähigung (vergl. § 45 A. 3 a. E.) nach Maßgabe bestehenden Herkommens angerechnet werden (vergl. Verh. des Abg.H. 71/72 B. 2 S. 1068 (Aeußerung des Reg.-Kommissars) u. S. 1072 (Aeußerung des Berichterstatters), daselbst Anl. B. 2 Nr. 189 S. 1091 Spalte 2 zu § 34 Abs. 3, auch Drucks. des Abg.H. 82 Nr. 143 S. 10; Meißner S. 46 u. 47).

Nachweis der Dienstunfähigkeit.

§ 53.[1]) **Zum Erweise der Dienstunfähigkeit eines seine Versetzung in den Ruhestand nachsuchenden Reichsbeamten ist die Erklärung der demselben unmittelbar vorgesetzten Dienstbehörde**[2]) **erforderlich, daß sie nach pflichtmäßigem Ermessen den Beamten für unfähig halte, seine Amtspflichten**[3]) **ferner zu erfüllen.**

Inwieweit andere Beweismittel zu erfordern oder

der Erklärung der unmittelbar vorgesetzten Behörde entgegen für ausreichend zu erachten sind,[4]) hängt von dem Ermessen der über die Versetzung in den Ruhestand entscheidenden Behörde[5]) ab.

[1]) Die §§ 53 bis 55 handeln von der freiwilligen, die §§ 60a bis 68 von der unfreiwilligen Pensionirung. Während die §§ 53 bis 55 naturgemäß auch bei den auf Widerruf oder Kündigung angestellten, pensionsberechtigten (§ 37) Beamten zur Anwendung gelangen müssen und in solchem Falle eine Kündigung erübrigt, bleiben die §§ 60a bis 68 auf die lebenslänglich angestellten Beamten beschränkt (§ 60a Vorbemk. 3).

[2]) Vgl. § 159 und Anl. A unter IV. Bei der Pensionirung der Wartegeldempfänger (§ 42 A. 17) hat die zuletzt unmittelbar vorgesetzt gewesene Dienstbehörde die Erklärung abzugeben (vergl. § 12 A. 7 Eingang; § 119 Abs. 2).

[3]) Nicht bloß die Pflichten des gegenwärtigen, sondern auch diejenigen eines diesem gleichstehenden anderen Amtes (vergl. § 34 A. 6).

[4]) Die Worte: „oder der Erklärung entgegen für ausreichend zu erachten sind" wurden von der Kommission des Pr. Abg.H. dem entsprechenden § 20 des Pr.P.G. hinzugefügt, um klar zu stellen, daß die Erklärung der unmittelbar vorgesetzten Behörde zwar in jedem Falle unerläßlich und unter Umständen allein ausreichend, aber auch in dem Falle für die entscheidende höhere Behörde (§ 54) nicht unbedingt maßgebend sei, wenn jene Erklärung die Dienstunfähigkeit verneint, daß vielmehr in allen Fällen diese Entscheidung auf Grund des beigebrachten, oder auf Erfordern von dem Beamten nachträglich ergänzten Beweismateriales eine völlig freie bleibe (vergl. Verh. des Pr. Abg.H. 71/72 Anl. B. 2 Nr. 189 S. 1089 u. 1090; Meißner S. 48;

Thudichum A. 2 zu § 53). Historisch vergl. § 17 des alten Pr. P.Regl. v. 30./4. 25 (§ 34 Vorbemk. 1).

5) Vergl. § 54.

§ 54. Die Bestimmung darüber, ob[1]) und zu welchem Zeitpunkte[1])[2]) dem Antrage eines Beamten auf Versetzung in den Ruhestand stattzugeben ist,[3]) sowie ob[4]) und welche[4]) Pension demselben zusteht, erfolgt durch die oberste Reichsbehörde,[5]) welche die Befugniß zu solcher Bestimmung auf die höhere Reichsbehörde übertragen kann.[6])[7]) Bei denjenigen Beamten, welche eine Kaiserliche Bestallung[8]) erhalten haben, ist die Genehmigung des Kaisers zur Versetzung in den Ruhestand[9]) erforderlich.

1) Ueber beide Fragen entscheidet ausschließlich die Verwaltungsbehörde nach Maßgabe des § 53, der Rechtsweg ist dagegen verschlossen (vergl. § 64 A. 2 u. § 155 A. 4 u. 5).

2) Persönlichen Wünschen des Beamten darf hierbei nur insoweit Rechnung getragen werden, als darunter weder das dienstliche, noch das finanzielle Interesse des Reiches leidet. Muß unbedingt auf die weitere Thätigkeit des Beamten verzichtet werden, so soll auch dessen Zurruhesetzung erfolgen (§ 61). Dieser Verpflichtung vor dem Gesetze darf die Behörde nicht dadurch ausweichen, daß sie ihre Entscheidung solange zurückhält, bis sich der von dieser abhängige gesetzliche Termin für den Beginn des Ruhestandes (§ 55) mit den persönlichen Interessen des Beamten deckt (vergl. auch Kanng. A. 3 zu § 61; Rehm § 60 S. 209 Nr. 1 c).

3) Da nach dem Eintritt in den Ruhestand die einmal bewilligte Pension nicht mehr durch Urtheil des Straf- oder Disziplinarrichters entzogen werden kann (§ 57 A. 1; § 75 A. 14), darf während des Laufes eines straf-

oder disziplinargerichtlichen Verfahrens einem Antrage auf Pensionirung nicht stattgegeben werden. Ebenso muß ein bereits eingeleitetes Pensionirungsverfahren ausgesetzt werden, sobald gegen den Beamten eine straf- oder disziplinargerichtliche Untersuchung eröffnet wird (vergl. Kanng. A. 4b zu § 34; M.E. v. 29./7. 84 Nr. 2 B.M.Bl. S. 194).

[4]) Ueber beide Fragen, über die Berechtigung zur Pension, über Diensteinkommen und anzurechnende Dienstzeit und die hiervon abhängige Höhe der Pension ist mit der einzigen, aus § 38 Abs. 2 sich ergebenden Beschränkung (vergl. § 38 A. 3) der Rechtsweg nach Maßgabe der §§ 149 ff. geöffnet (§ 155 A. 4 bis 6; vergl. auch § 23 des Pr. P.G. in der Fassung der Novelle v. 30./4. 84 und Verh. des Pr. Abg.H. 71/72 Anl. B. 2 Nr. 189 S. 1090).

[5]) Vergl. § 159 A. 1 und § 150 A. 2. Gegen diese Bestimmung giebt es, wenn dadurch die Pensionirung abgelehnt wird, keinen Rekurs an den Bundesrath (§ 66 Abs. 2).

[6]) Die gesperrt gedruckten Worte sind durch die Novelle v. 25./5. 87 (§ 34 Vorbemk. 1) hinzugekommen, welche damit eine Entlastung der Centralinstanz bezweckte. Die Rechte des Beamten bleiben durch die gegen die Bestimmung der untergebenen „höheren Reichsbehörde" (Verzeichniß Anl. A Nr. II) immer zulässige Beschwerde an die oberste Reichsbehörde ausreichend geschützt. Diese Beschwerde, welche aber gegenüber der Vorschrift im § 55 keine aufschiebende Wirkung hat (vergl. § 55 A. 3 und Motive zur Nov. v. 25./5. 87 Drucks. 87 Nr. 17 S. 4), ist an eine Frist nicht gebunden, doch geht, wenn sie nicht innerhalb sechs Monaten nach Zustellung der angefochtenen Entscheidung erhoben wird, das Klagerecht aus §§ 149 ff. (oben A. 4) verloren (vergl. § 150 A. 5).

Die Reichsnovelle v. 25./5. 87 ist mit ihren ergänzenden Bestimmungen nur der preußischen Novelle v. 30./4. 84 (vergl. § 34 Vorbemk. 1) gefolgt, welche in ihrem Art. 1 § 21 Abs. 3 u. § 22 Abs. 2 ähnlich, wie hier und aus gleichem Grunde verordnet (vergl. Motive zu derselben Drucks. des Pr. Herr.H. 83/84 Nr. 32 S. 6).

7) Auch über die Pensionsgesuche der mittelbaren, von den Landesherren anzustellenden Reichsbeamten (§ 1 A. 3) entscheiden nur die zuständigen Reichsbehörden, bezw. diejenigen Landesbehörden (Militärbehörden des Reichsheeres, § 1 A. 6 a. E.), welche die betreffenden Funktionen der Reichsbehörden auszuüben haben (vergl. das Behördenverzeichniß Anl. A).

8) Das sind alle diejenigen Beamten, welche vom Kaiser zu ihren Aemtern ernannt worden sind (§ 2 der Verord. v. 23./11. 74 (Anl. A); Art. 4 der Verord. v. 22./4. 94 R.G.Bl. S. 115; § 4 A. 2). Alle übrigen Beamten (vergl. § 3 der Verord. v. 23./11. 74 Anl. A) fallen nicht unter die Bestimmung, auch wenn sie durch besonderes Kaiserliches Patent einen bloßen Titel erhalten haben (vergl. auch § 21 des Pr. P.G. und § 19 Nr. 1 des alten Pr. P.Regl. v. 30./4. 25).

9) Nur die Versetzung in den Ruhestand ist Gegenstand der Kaiserlichen Genehmigung (Abschied, Dimissoriale), darüber, ob und welche Pension zuständig ist, entscheidet die oberste Reichsbehörde in besonderer Verfügung, wogegen der Rechtsweg (A. 4) offen ist.

Zahlbarkeit der Pensionen.

§ 55.[1]) Die Versetzung in den Ruhestand tritt, sofern nicht auf den Antrag oder mit ausdrücklicher Zustimmung des Reichsbeamten ein früherer Zeitpunkt festgesetzt wird,[2]) mit dem Ablauf des Vierteljahres ein, welches auf den Monat folgt, in welchem dem Beamten die Entscheidung[3]) über seine Versetzung in den Ruhestand[4]) und die Höhe der ihm

etwa zustehenden Pension (§ 54) bekannt gemacht[5]) worden ist.[6])

[1]) Der § 55 enthält den allgemeinen, in den §§ 63 Abs. 2 u. 67 wiederkehrenden Grundsatz (vergl. auch § 27), daß der Beamte, wenn er nicht selbst einen kürzeren Termin wählt, mindestens ein Vierteljahr vorher über den Zeitpunkt seines Eintrittes in den Ruhestand unterrichtet sein soll, um seine häuslichen Einrichtungen danach treffen zu können. Ebenso § 24 des Pr. P.G. (Vergl. Pr. Kab.O. v. 20./3. 25 v. K. Ann. J. 9 S. 295; § 27 A. 3; Kanng. A. II. zu § 67).

[2]) Nur in diesem Falle muß der Termin für den Beginn des Ruhestandes in der Pensionsentscheidung besonders erwähnt werden, in allen anderen Fällen ergiebt er sich von selbst aus dem Gesetze (vergl. §§ 63 Abs. 2 u. 67) und pflegt nur deshalb auch in solchen Fällen in die Entscheidung aufgenommen zu werden, weil er das Ende der für die Höhe der Pension maßgebenden Dienstzeit markirt (A. 4).

[3]) Hat eine höhere Reichsbehörde (§ 54) die Versetzung in den Ruhestand ausgesprochen, so bleibt auch für § 55 der Tag bezw. Monat der Zustellung (A. 5) dieser Entscheidung maßgebend, selbst wenn dieselbe hinsichtlich der Pensionsbestimmung durch die dagegen angerufene oberste Reichsbehörde abgeändert wird (vergl. § 54 A. 6 Motive zur Novelle v. 25./5. 87).

[4]) Bis zum Eintritt in den Ruhestand (A. 2) behält der Beamte sein Amt und seine Amtspflicht, der er sich nach Empfang der Entscheidung nicht ohne weiteres entziehen, sondern von der er sich nur beurlauben lassen kann. Deshalb wird auch bis dahin die pensionsfähige Dienstzeit berechnet (A. 2), und wenn der Beamte vorher stirbt, noch das volle Gehalt im Sinne des § 7 als Gnadenquartal gewährt (§ 7 A. 7c). Würde daher ein Beamter vor jenem Termine rechtskräftig zu einer

Strafe verurtheilt, welche den Verlust des Amtes von Rechtswegen nach sich zieht (§ 78 A. 4), so ginge mit diesem bis dahin noch besessenen Amte auch der daraus abgeleitete Pensionsanspruch, also der Rechtsboden der Pensionsentscheidung verloren. Der Beamte könnte alsdann nicht in den Genuß der Pension gelangen (vergl. § 34 A. 3 u. 4; R.G. v. 11./2. 87 E. B. 17 S. 242). Dasselbe gilt zu § 63 Abs. 2 und § 67.

5) Die Bekanntmachung (Zustellung) erfolgt bei dieser freiwilligen Pensionirung auf dem gewöhnlichen an besondere Formen nicht gebundenen Verwaltungswege (vergl. § 133).

6) Die Bestimmung gilt auch für die ordentlichen Pensionen der Militärbeamten. Nicht der Tag, an welchem die Ordre ihrer Verabschiedung ergangen ist (§ 18 in Verbindung mit § 56 des Mil.P.G.), begrenzt seit dem R.B.G. ihre Dienstzeit und den vollen Gehaltsbezug, sondern ausschließlich der im § 55 hierfür festgesetzte Termin (vergl. § 34 A. 8; Per. u. Sp. A. IV zu § 45 u. A. III zu § 55). Siehe ferner § 53 A. 1.

§ 56. Die Pensionen werden monatlich im Voraus gezahlt. 1)

1) Vergl. § 4 A. 6 u. § 5 A. 1.

Kürzung, Einziehung und Wiedergewährung der Pensionen.

§ 57. 1) **Das Recht auf den Bezug der Pension** 2) **ruht:**

1) **wenn ein Pensionär das deutsche Indigenat verliert, bis zu etwaiger Wiedererlangung desselben;** 3)

2) **wenn und so lange** 4) **ein Pensionär im Reichs- oder im Staatsdienste** 5) **ein Diensteinkommen** 6)

bezieht, insoweit, als der Betrag dieses neuen Diensteinkommens[7]) unter Hinzurechnung der Pension[8]) den Betrag des von dem Beamten vor der Pensionirung bezogenen Diensteinkommens[7]) übersteigt.[9])

[1]) Der Bezug der Beamtenpension ist ein unbedingt lebenslänglicher (§ 34 A. 3), er kann daher wohl zeitweilig ruhen, aber niemals, wie beim Wartegelde (§ 29 A. 1) vor dem Tode erlöschen. Im Reg.Entw. ging dem § 57 folgender § 56 vorauf:

„Das Recht auf den Bezug der Pension erlischt durch rechtskräftige Verurtheilung zu einer Strafe, welche, wenn sie während der Dienstzeit des Beamten verhängt worden wäre, den Verlust des Amtes kraft des Gesetzes nach sich gezogen hätte."

Der Reichstag verwarf diese Bestimmung, in welcher er einen Eingriff in wohlerworbene Rechte erblickte. Der Beamte genieße die Pension nicht deshalb, weil er sich würdig betrage, sondern weil er für den Staat gearbeitet habe. Die Pension sei wohlverdientes, während der Dienstzeit für den Beamten aufgespartes Gehalt (§ 34 A. 4) und Verdientes könne man nicht mehr durch schlechtes Betragen abgesprochen erhalten (Sten.B. S. 199). Aus denselben Gründen hatte bereits eine ähnliche, aus § 23 des ehemaligen preußischen Strafgesetzbuches v. 14./4. 51 in den Reg.Entw. zum Reichsstrafgesetzbuche übernommene Bestimmung, nach welcher der Verlust der bürgerlichen Ehrenrechte auch den Verlust der Pension nach sich ziehen sollte, bei den Reichstagsverhandlungen von 1870 (B. 1 S. 214 u. 215) die Zustimmung des Reichstages nicht gefunden und fehlt dieselbe deshalb auch in dem Reichsstrafgesetzbuche (vergl. § 33 daselbst). Die Folge ist, daß jede strafrechtliche Verurtheilung des Civilpensionärs — wegen des Militärpensionärs vergl. § 34

A. 3 —, selbst die Verurtheilung zu Zuchthausstrafe ohne Rechtswirkung auf den Weiterbezug der Pension bleibt, und diese Einwirkung ist auch dann ausgeschlossen, wenn die bestrafte Handlung noch in die Amtszeit zurück reicht. Denn nicht das Begehen der Handlung entzieht ohne weiteres das Amt und dessen Kompetenz, sondern erst die strafgerichtliche Verurtheilung, und diese trifft bei dem Pensionär das Amt nicht mehr an. Ebensowenig könnte einer solchen Verurtheilung noch ein Disziplinarverfahren auf Verlust der Pension (§ 75 Nr. 2) nachfolgen, da der Pensionär der Dienstdisziplin nicht mehr untersteht (vergl. § 34 Vorbemk. 2 u. A. 3, § 54 A. 3, § 55 A. 4, § 59 A. 3, § 75 A. 14; Kanng. A. 3 u. Thudichum A. 4 zu § 57; v. Rönne R.St.R. I S. 386 A. 1; R.G. v. 11./2. 87 u. 9./10. 88 E. B. 17 S. 240 u. B. 21 S. 186).

Eine Aberkennung der bürgerlichen Ehrenrechte entzieht dem Pensionär nur das Recht auf Titel, Rang, Orden und Ehrenzeichen (§ 33 des Str.G.B.).

[2]) Sowohl der Rechts- wie der Gnadenpensionen (§§ 37 Satz 2, 39, 68) und der vom Disziplinarrichter nach § 75 letztem Abs. belassenen Pension.

[3]) Der Pensionär kann zum Unterschiede von dem Wartegeldempfänger (§ 29 A. 6) seinen Wohnsitz auch im Auslande ungehindert wählen (§ 34 Vorbemk. 2), und wenn er dadurch sein Indigenat verliert, so soll zwar nicht, wie beim Wartegeldempfänger (§ 29 A. 5) sein Bezugsrecht aufhören, wohl aber die Ausübung desselben bis zur etwaigen Wiedererlangung desselben ruhen, weil, wie die Motive (S. 73) hierzu bemerken, eine Pflicht zur Sustentation Emeritirter nur den Staats- und Bundesangehörigen gegenüber besteht. Aus letzterem Grunde würde Ausländern, welche eine besoldete etatsmäßige Reichsdienststelle im Auslande bekleiden, bei eintretender Dienstunfähigkeit der Bezug einer erdienten Reichspension solange vorenthalten bleiben, als

sie nicht die Reichsangehörigkeit erlangt haben. Die Möglichkeit hierzu war ihnen nach § 9 des Ind.G. verschlossen. Deshalb erging zur Ergänzung dieser Lücke die Novelle v. 20./12. 75 (R.G.Bl. S. 224), nach welcher kein Bundesstaat einem solchen Reichsbeamten die nachgesuchte Naturalisation versagen darf (vergl. Motive zu jener Nov. Drucks. 75 Nr. 73 S. 279).

4) Vergl. § 60. Der Pensionär kann freiwillig von dem besoldeten neuen Amte wieder zurücktreten (§ 34 Vorbemk. 2; § 58 A. 4), er kann dasselbe aber auch durch Kündigung oder Urtheil des Disziplinar- oder Strafrichters verlieren (§ 32; § 75 Nr. 2; § 78 A. 4), in beiden Fällen lebt das ruhende Pensionsbezugsrecht wieder auf (vergl. A. 1 u. § 75 A. 11). Dagegen bleibt ein bloßes Einbehalten eines Theiles des neu erworbenen Diensteinkommens infolge eintretender Suspension ohne jeden Einfluß auf den ruhenden Pensionsbezug (§ 128 A. 8).

5) Vergl. wegen des Reichsdienstes § 29 A. 2 u. § 45 A. 4, wegen des Staatsdienstes § 30 A. 5 sowie § 46 A. 2. Der Reg.Entw. wollte hier ebenso, wie beim § 30 auch den Kommunaldienst (mittelbarer Staatsdienst) einbeziehen, der Reichstag strich ihn aus demselben Grunde, wie bei § 30, fort (vergl. § 30 A. 5).

Der neue Dienst kann ein zu neuer Pension berechtigender (§§ 58 u. 59), oder nicht berechtigender, im letzteren Falle ein auf Dauer berechneter, oder bloß vorübergehender (§ 60 Abs. 2) sein, Bedingung ist in jedem Falle nur, daß er ein amtlicher ist (§ 60 A. 5).

6) Es kommt immer nur ein nach Maßgabe der §§ 58, 59 u. 60 Abs. 2 neu erworbenes, nicht ein behaltenes Diensteinkommen in Betracht. Ist ein Reichsbeamter nur aus seinem früheren Hauptamte pensionirt, aber in einem besoldeten Reichs- oder Staatsnebenamte (§ 44) verblieben, so bleibt dieser Bezug eines Diensteinkommens sammt allen späteren Erhöhungen

desselben auf den Bezug der Pension aus dem Hauptamte ohne Einfluß (vergl. M.E. v. 5./6. 94 B.M.Bl. S. 101).

7) Bei der Gegenüberstellung des neuen und alten Diensteinkommens scheiden auch hier auf beiden Seiten diejenigen Bezüge aus, welche zur Bestreitung der Repräsentation und des sonstigen Dienstaufwandes bestimmt sind, bezw. waren, denn diese sind wie die gesetzlichen Reiseentschädigungen (Anl. L) lediglich Ersatz für baare Auslagen, welche die Amtsführung veranlaßt, verschieden nach den Bedürfnissen der einzelnen Aemter (vergl. § 42 A. 2, auch Art. 11 § 103 der Mil.P.G.N. v. 22./5. 93). Was als solche Bezüge anzusehen ist, muß der gegebene Fall entscheiden, meist sind es Pauschsummen, die ihren Zweck bestimmt erkennen lassen. Sie scheiden dann zum vollen Betrage aus, ohne Rücksicht auf daran mögliche und thatsächlich gemachte Ersparnisse (vergl. R.G. v. 11./6. 85 Gruchot B. 29 S. 953; ferner M.E. v. 8./2. 77, 10./10. 78 u. 24./5. 85 B.M.Bl. 77 S. 67, 78 S. 239 u. 85 S. 165). Aus ähnlichem Grunde müssen auch alle lediglich für die Vertheuerung und Erschwerung der Amtsführung an einem bestimmten Orte gewährten zufälligen Bezüge (lokale Theuerungszulagen, § 42 A. 6 u. 12) bei der hier vorzunehmenden Berechnung ausfallen. Im Uebrigen tritt das gesammte für die persönliche Dienstthätigkeit gewährte neue Stelleneinkommen, soweit dasselbe auf Rechtstitel beruht, also unter Ausschluß außerordentlicher Remunerationen und Gratifikationen, in Vergleich zu dem gesammten, ebenso beurtheilten früheren Einkommen, zu der „vollen früheren Besoldung" im Sinne des § 7 (vergl. A. 5 daselbst). Erst wenn dieses gesammte frühere Einkommen, nicht schon, wenn der nach § 42 pensionsfähige Betrag desselben (vergl. namentlich die Nr. 6 des § 42) durch die Bezüge an Pension und neuem, gerade so berechneten Stellen-

einkommen überschritten wird, tritt eine entsprechende Schmälerung des Pensionsbezuges ein. Die abweichende Vorschrift für Militärpensionen im § 33c des Mil.P.G. (Art. 2 der Mil.P.G.N. v. 22./5. 93) ist vom R.B.G. nicht übernommen. Ihrer Natur nach im Betrage schwankende Einkünfte werden bei beiden Diensteinkommen mit einem entsprechenden (dreijährigen § 42 Nr. 2 a. E.) Durchschnittssatze, die dahin gehörigen Nebenemolumente des Eisenbahn-Fahrpersonales mit demjenigen Betrage in Ansatz zu bringen sein, welcher nach Bestimmung des Reichshaushaltsetats zur Besoldung gerechnet wird (vergl. § 7 A. 5 u. § 42 A. 9).

Die Berechnung einer Wohnungskompetenz ohne Unterschied, ob sie als Dienstwohnung, Wohnungsgeldzuschuß oder Miethsentschädigung eingeräumt ist, erfolgt immer nach dem gesetzlichen Wohnungsgeldzuschußbetrage, doch soll auch hier nicht der bei Bemessung der Pensionen maßgebende Durchschnittssatz, der in diesem Falle ebenfalls gerechter sein würde (vergl. § 26 A. 2), sondern der wirkliche tarifmäßige Betrag des Wohnungsgeldzuschusses der alten und neuen Stelle, mit welchem diese Kompetenz regelmäßiger Bestandtheil der Besoldung ist (Anl. K § 8), zur Vergleichung kommen. Wird der Pensionär nicht in einer etatsmäßigen, als solche mit dem Wohnungsgeldzuschusse ausgerüsteten Stelle wieder beschäftigt (§ 60 Abs. 2), erhält er aber eine Dienstwohnung überwiesen, so kommt für diese der tarifmäßige Betrag des Wohnungsgeldzuschusses derjenigen Beamtenstelle in Rechnung, für welche die Wohnung nach dem Etat bestimmt ist (vergl. die auch für das Reich maßgebenden Pr. M.E. v. 16./3. u. 6./9. 81 B.M.Bl. S. 78 u. 205).

Dieselben Grundsätze wie hier kommen bei § 30 zur Anwendung (§ 30 A. 6).

8) Bei pensionirten Militärbeamten zählt neben der ordentlichen (eigentlichen) Pension nicht auch eine außerdem bezogene außerordentliche Pension (Pensionserhöhung,

Pensions- und Verstümmelungszulage, § 34 A. 8) mit. Diese verbleibt dem Pensionär stets ungeschmälert, gleichviel, welche Höhe das neue Diensteinkommen erreicht. Nur im Falle der Nr. 1 des § 57 ruht auch diese Pension im Verein mit der ordentlichen Pension (Art. 2 § 38c, § 34, § 35 Abs. 1, Art. 11 § 103 u. § 108 Abs. 4 der Mil.P.G.N. v. 22./5. 93 u. §§ 101a u. 102 Eingang des Mil.P.G. v. 27./6. 71).

[9]) Die von Landesbeamten im ostafrikanischen Schutzgebiete gegen das Schutzgebiet erworbenen Pensionen treten bereits ganz oder theilweise außer Bezug, sobald solche Pensionäre aus einer Reichs- oder Staats- oder, hier abweichend (siehe oben A. 5) mit berücksichtigten, Kommunaldienststelle des Mutterlandes ein Diensteinkommen wiedergewinnen, welches solchen Landespensionen ganz oder theilweise gleichkommt (Art. 6 der V. v. 22./4. 94 R.C.Bl. S. 115; vergl. auch § 34 A. 7 u. § 59 A. 2).

§ 58.[1]) Ein Pensionair, welcher in eine an sich zur Pension berechtigende Stellung des Reichsdienstes[2]) wieder eingetreten ist (§ 57 Nr. 2),[3]) erwirbt für den Fall des Zurücktretens in den Ruhestand[4]) den Anspruch auf Gewährung einer nach Maßgabe seiner nunmehrigen verlängerten Dienstzeit und des in der neuen Stellung bezogenen Diensteinkommens[5]) berechnete Pension[5]) nur dann, wenn die neu hinzutretende Dienstzeit wenigstens ein Jahr betragen hat.

Mit der Gewährung einer hiernach neu berechneten Pension fällt bis auf Höhe des Betrages derselben das Recht auf den Bezug der früheren Pension hinweg.[6])[7])

[1]) Der § 58 soll verhüten, daß Pensionäre, welche nur vorübergehend und auf kurze Zeit zur Aushülfe im Reichsdienst wieder beschäftigt werden, aus dem dadurch herbeigeführten geringen Zuwachs an Dienstzeit Veranlassung nehmen, mit Ansprüchen auf Festsetzung einer höheren Pension aufzutreten. Eine solche neue Dienstzeit soll nur dann geeignet sein, neue Pensionsansprüche, und zwar von dem neuen Diensteinkommen zu erzeugen, wenn sie mindestens ein Jahr lang in einer zur Pension berechtigenden Stellung, also entweder in einem lebenslänglichen, oder etatsmäßigen Amte (§§ 36 u. 39 A. 1) zugebracht ist (Motive S. 73, und Motive zu dem gleichlautenden § 28 des Pr. P.G., Verh. des Pr. Abg.H. 71/72 Anl. B. 2 Nr. 105 S. 668).

[2]) Vergl. § 29 A. 2, § 45 A. 4, § 57 A. 5.

[3]) Die Nr. 2 des § 57 umfaßt nicht nur den hier und im § 59 allein in Betracht gezogenen (A. 1) zur Pension berechtigenden Dienst, sondern auch den solche Pensionsrechte nicht gewährenden, widerruflich oder kündbar gegen diätarische oder anderweite Entschädigung übertragenen Dienst (§ 57 A. 5 a. E.). Verschafft ein solcher Dienst nach wenigstens einjähriger Dauer auf dem Wege des § 37 (daselbst A. 1 u. 4) eine höhere Gnadenpension, so findet natürlich auch auf diese Pension die Bestimmung im zweiten Absatze (A. 6) Anwendung (vergl. auch Per. u. Sp. A. II § 58).

[4]) Ohne Pension kann er jederzeit aus dem neuen Amte nach Abwicklung seiner Dienstgeschäfte wieder aus- und in den Genuß seiner alten Pension zurücktreten (§ 34 Vorbemk. 2), mit Pension von dem neuen Diensteinkommen nur unter den gesetzlichen Voraussetzungen (§ 34 A. 6) und unter den gesetzlichen Formen (§§ 53 ff., §§ 60a ff.). „Zugleich wird für die Fälle Bestimmung getroffen, in welchen ein Pensionär nach erfolgter Wiederanstellung im Staats- (hier Reichs-) dienst demnächst von neuem pensionirt wird" (Motive zum

§ 28 des Pr. P.G. oben A. 1 a. E; auch Thudichum A. 2 u. 3 zu § 58).

5) Zu dem neuen, nach § 42 zu bestimmenden Diensteinkommen gehört die neben demselben gemäß § 57 zahlbar gebliebene Pension selbstredend nicht (vergl. M.E. v. 29./7. 84 Nr. 10 B.M.Bl. S. 194). Bei Berechnung der neuen Pension kommt die gesammte (alte und neue) Dienstzeit in Betracht.

6) Erreicht die neue Pension die frühere, so fällt letztere, die bis dahin ganz oder theilweise ruhte (§ 57), fort, erreicht sie dieselbe nicht, kommt allein die frühere wieder voll zur Anweisung. Ueber den terminus a quo vergl. § 60 A. 2 u. 3.

7) Auch die in den Reichs-Schutzgebieten von Kamerun, Togo und Ostafrika erdienten Landespensionen kommen nach der vorliegenden, dort ebenfalls geltenden Bestimmung (§ 34 A. 8) insoweit in Fortfall, als ein solcher Landespensionär im kolonialen oder mutterländischen Reichsdienste eine neue Pension von gleichem oder höherem Betrage erwirbt.

§ 59. **Erdient ein Pensionair, welcher in eine an sich zur Pension berechtigende Stellung des Staatsdienstes eingetreten ist, in dieser Stellung eine Pension, so findet neben derselben der Fortbezug der auf Grund dieses Gesetzes gewährten Pension nur[1]) in dem durch § 57 Nr. 2 begrenzten Umfange[1]) statt.[2]) [3])**

1) Eine Schmälerung früherer Reichsdienstpension infolge später hinzuerdienter Staatsdienstpension darf hiernach nur dann und insoweit eintreten, als dieses spätere Staats-Pensionseinkommen unter Hinzurechnung der älteren Reichspension das von dem Beamten vor seiner

Pensionirung aus dem Reichsdienste bezogene gesammte letzte Reichsdiensteinkommen (§ 57 A. 7) übersteigt. Die Bestimmung weicht hierin sowohl von dem Pr. P.G. v. 27./3. 72 § 28 Abs. 3, wie von dem diesem im Reiche voraufgegangenen Mil.P.G. v. 27./6. 71 § 35 ab, welche beide Staats- und Reichsdienst in dieser Frage ganz gleich behandeln. Weßhalb das Reichsrecht hier jenen Vorbildern (vergl. Vorwort a. E.) nicht gefolgt ist, ergeben die Gesetzesmaterialien nicht. Vermuthlich hat § 36 des Mil.P.G. die Veranlassung gegeben, welcher für die von Militärpensionären im Kommunaldienst von neuem erdienten Pensionen diese besondere Vorschrift hatte und bis zum Art. 3 der Novelle v. 22./5. 93 (R.G.Bl. S. 174) in Kraft war. Der Kommunaldienst war auch im § 59 des Reg.Entw. enthalten, in welchem es lautete: „des Staats- oder Kommunaldienstes" (vergl. Drucks. 72 Nr. 9 S. 64). Nach Streichung des Kommunaldienstes aus dem Gesetze (§ 30 A. 5) blieb die Bestimmung für den Staatsdienst (§ 57 A. 5) allein bestehen.

Ueber den terminus a quo vergl. § 60 A. 2 u. 3.

²) Bei Pensionen, welche Pensionäre des ostafrikanischen Schutzgebietes in einem späteren Staatsdienste des Mutterlandes zu ihrer gegen das Schutzgebiet erworbenen Landespension hinzu erwerben, ist das Reichsrecht zu dem preußischen Recht (A. 1) zurückgekehrt, es findet darauf nicht § 59, sondern § 58 Abs. 2 Anwendung, auch die spätere Staatsdienstpension soll bis zu ihrer Höhe eine frühere Schutzgebiets- (Reichs-) Pension in Fortfall bringen, und dieselbe Wirkung hier auch einer in neuem Kommunaldienste des Mutterlandes erdienten Pension beiwohnen (Art. 6 der Verord. v. 22./4. 94 R.G.Bl. S. 115; vergl. auch § 34 A. 7 u. § 57 A. 9).

³) Durch den Grundsatz des Reichsrechtes, daß eine einmal zuerkannte Reichspension durch kein Kriminalurtheil wieder entzogen werden kann (§ 57 A. 1) werden

abweichende Vorschriften der Landespensionsrechte nicht berührt (R.G. v. 28./5. 80 [meiningensches Pensionsrecht] u. v. 9./10. 88 [anhaltisches Pensionsrecht] E.B. 2 S. 66 u. B. 21 S. 186). Geht demnach ein Reichs- und gleichzeitig Bundesstaatspensionär seiner Staatspension infolge strafgerichtlicher Verurtheilung wieder verlustig, so muß die von solcher Verurtheilung nicht betroffene Reichspension, soweit sie infolge des Bezuges jener Staatspension eine Schmälerung erlitten hatte, wieder voll zur Anweisung gelangen.

§ 60.[1]) **Die Einziehung, Kürzung oder Wiedergewährung der Pension auf Grund der Bestimmungen in den §§ 57 bis 59 tritt mit dem Beginn desjenigen Monats ein, welcher auf das eine solche Veränderung nach sich ziehende Ereigniß**[2]) **folgt.**[3])

Im Falle vorübergehender Wiederbeschäftigung im Reichs- oder im Staatsdienste gegen Tagegelder oder eine anderweite Entschädigung findet die im Schlußsatze des § 30 enthaltene Vorschrift Anwendung.[4])[5])[6])

[1]) Dasselbe bestimmen § 37 des Mil.P.G., jetzt in der Fassung des Art. 2 der Mil.P.G.N. v. 22./5. 93 und § 29 des Pr. P.G.

[2]) Der Antritt des neuen Dienstes, eine spätere Erhöhung der neuen Besoldung (§ 57), der Erwerb neuer Pension (§§ 58 u. 59), im Falle des folgenden zweiten Absatzes der Ablauf der sechsmonatigen Freifrist (§ 30 A. 8).

[3]) Ob das Ereigniß (A. 2) auf den 1., oder ob es auf den 2. oder 3. Tag eines Monates fällt, immer liegt es innerhalb dieses Monates, kann also auch, wenn es auf den ersten Tag eines Monates fällt, immer

erst vom ersten Tage des folgenden Monates ab die hier beigelegten Wirkungen äußern. Seine am ersten Tage des Monates im voraus fällige Pension (§ 56) soll der wiederbesoldete bezw. mit neuer Pension versehene Beamte noch unverkürzt behalten (vergl. Beschluß des Bundesrathes v. 22./2. 75 II C Nr. 7 u. 8 R.C.Bl. S. 142, V.M.Bl. 75 S. 146). Da aber auch die Wiedergewährung der Pension dem Grundsatze des § 60 Abs. 1 unterliegt, kann, falls die neue Besoldung ausnahmsweise innerhalb eines Monates endigt (vergl § 75 A. 11 u. 13), auch der Wiederbezug der Pension erst vom ersten Tage des folgenden Monates ab beginnen oder der Beamte muß, wenn er bereits vom ersten Tage des letzten nicht mehr vollendeten Geschäftsmonates ab in den Genuß seiner Pension zurückgelangen will, auf die antheilige Besoldung dieses Monates verzichten (vergl. die zum Theil abweichenden M.E. v. 4./9. 75 u. 17./7. 76 V.M.Bl. 75 S. 264 u. 76 S. 189).

4) Im Reg. Entw. war auch hier der Kommunaldienst hinzugefügt, den der Reichstag strich (§ 30 A. 5).

5) Ob die Wiederbeschäftigung im Reichs- oder Staatsdienste eine dauernde, oder ob sie nur eine vorübergehende in dem hier gemeinten Sinne (siehe weiter unten) ist, in jedem Falle muß sie wie bei §§ 58 u. 59 eine amtliche sein. Reichs- und Staatsdienst heißt Reichs- und Staatsamt, jeder außeramtliche, auf privatrechtlichen Titel zurückzuführende Erwerb aus Arbeitsleistungen für den Reichs- oder Staatsfiskus (vergl. § 13 A. 7) bleibt wie jeder andere Privaterwerb auf den Bezug der Pension und im Falle des § 30 auf den Bezug des Wartegeldes (§ 30 A. 3) ohne jeden Einfluß (R.G. v. 17./9. 91 E.V. 28 S. 80; Art. 2 § 37 Schlußs. der Mil.P.G.N. v. 22./5. 93 und dazu Drucks. 92/93 B. 8 Nr. 228 S. 7, 9 u. 10; ferner jetzt auch M.E. v. 9./4. 95 V.M.Bl. S. 88).

Die Frage, wann eine Wiederbeschäftigung als eine

amtliche, wann als eine außeramtliche anzusehen ist, muß in jedem Falle nach den in der A. 7 zu § 1 entwickelten Grundsätzen beurtheilt werden. Ihre Beantwortung ist für den Reichsdienst gegenüber dem Bundesstaatsdienst dadurch erleichtert, daß jener immer eine schriftliche Kundgebung der zuständigen Behörde voraussetzt, aus welcher mit Sicherheit zu schließen ist, daß die Reichsbeamteneigenschaft verliehen, dem Berufenen Geschäfte, welche nach der Dienstpragmatik als amtliche gelten, in der Absicht dienstlicher Unterordnung, nicht obligationenrechtlicher Gleichordnung, mit öffentlicher Vollmacht und unter öffentlicher Autorität übertragen werden sollen (§ 1 A. 8 u. Schlußbemk., § 4 A. 3, § 45 A. 2 u. 3). Der Charakter des verliehenen Diensteinkommens ist nicht von wesentlicher Bedeutung (§ 1 A. 7c), selbst ein Wochen- oder Stück- z. B. Schreiblohn kann eine Beamtenbesoldung sein, wenn auch regelmäßig in solchem Falle nur ein privatrechtliches Arbeitsmiethsverhältniß anzunehmen sein wird. In dieser Beziehung ist von Bedeutung der zweite Absatz im § 106 des Mil.P.G. v. 27./6. 71 in der Gestaltung, die ihm die Novelle zu demselben v. 22./5. 93 Art. 11 gegeben hat. Hier wird für das Militärpensionsrecht bestimmt, daß jedes aus Dienstverrichtungen „gegen stückweise Bezahlung, gegen Boten-, Tage- oder Wochenlohn" herrührende, aus einer Reichs- oder Staatskasse gezahlte Entgelt auf Pensionen der Militärinvaliden niemals angerechnet werden soll, selbst wenn die Verwendung des Pensionärs in solcher Dienststellung zum Reiche oder Staate zur Befriedigung eines dauernden Bedürfnisses und mit Aussicht auf dauernde Beschäftigung, also unter Voraussetzungen erfolgt, unter denen eine solche Stellung ebenfalls ein Beamtenverhältniß sein kann (vergl. § 1 A. 7e). Zugleich ergeben die Gesetzesmaterialien (Drucks. 92/93 Nr. 228 S. 9 u. 10), daß der in der alten Bestimmung des § 106 ausdrücklich mit erwähnte „Kopialienverdienst" nur deßhalb aus der jetzigen Bestimmung fortgelassen ist, weil man ihn als bereits unter die „stückweise Bezahlung" fallend ansah. Solange also Militärpensionäre als Kanzlisten kein festes Diensteinkommen, sondern nur Kopialien beziehen, dürfen diese auf ihre Militärpensionen ebenfalls nicht angerechnet werden, selbst wenn der Pensionär nach den dienstpragmatischen Vorschriften des Staates, in welchem er eine auf diese Weise gelohnte Wiederbeschäftigung gefunden hat, bei dauernder Uebertragung derselben als sog. ständiger Schreibgehülfe in Beamtenstellung übertritt (vergl. für Preußen § 8 der Kanzlei-Ordnung für die Justizverwaltung v. 9./2. 95 J.M.Bl. S. 40; O.V.G. v. 5./4. 92 E.V. 22 S. 54). Der klar ausgesprochene Wille des Reichstages bei der jetzigen Fassung des zweiten Absatzes im § 106 der Mil.P.G.N. ging dahin, alle hier gekennzeichneten Beschäftigungen entgegen dem zum früheren § 106 vom Bundesrathe gefaßten Beschlusse v. 22./2. 75 (R.C.Bl. S. 142) aus der Reihe amtlicher Geschäfte zu streichen, eine Anrechnung des hieraus erzielten Erwerbes auf Militärpensionen — der Ober- wie Unterklasse — grundsätzlich auszuschließen (Drucks. 92/93 Nr. 228 S. 7, 9 u. 10). Im Sinne dieser neuen Bestimmung bildet erst ein etatsmäßiges (§ 7 A. 1), oder mindestens monatsweise fixirtes sonstiges Einkommen aus einem Reichs- oder Staatsamte eine anrechnungsfähige Beamtenbesoldung (vergl. M.E. v. 10./4. 94 Eis.V.Bl. S. 64).

Ist nun auch dieser Rechtszustand nicht unmittelbar auf die Civilpensionäre übertragbar, hier vielmehr die Beurtheilung der Frage, ob der von einer Reichs- oder Staatsbehörde wiederbeschäftigte Pensionär Beamteneigenschaft hat, oder ob lediglich ein privatrechtliches Vertragsverhältniß zu der Behörde besteht, eine durch jenen § 106 neuerer Fassung nicht gebundene, so wird doch, soweit hierbei der Reichsdienst in Frage kommt, dem bei der Neugestaltung des Militärpensionsrechtes kundgegebenen reichsgesetzgeberischen Willen die gebührende Berücksichtigung nicht versagt werden dürfen. Für den Dienst in der Reichspostverwaltung bleibt hier auf die Bestimmungen im Anhange zum § 346 Absch. X Abth. 2 der Allg. Dienst-Anw. zu verweisen.

Besteht nach dem Vorhergehenden über den reichs- oder staatsamtlichen Charakter der Beschäftigung kein Zweifel, ist sie aber nur eine vorübergehende, so soll das dafür gewährte Einkommen erst nach Ablauf von sechs Monaten auf die Weiterzahlung der Pension und im Falle des § 30 auf den Weiterbezug des Wartegeldes einwirken (§ 30 A. 8). Vorübergehend im Sinne dieser Bestimmung ist eine Beschäftigung aber nur dann, wenn dafür bloß Tagegelder oder eine ähnliche Entschädigung (Gebühren, Naturalien, beim Bundesstaatsdienste auch Kopialien 2c.) gezahlt wird und wenn sie außerdem von vornherein als eine bloß vorübergehende beabsichtigt, für ein seiner Natur nach zeitlich beschränktes Bedürfniß (Stellvertretung, Bauausführung) bestimmt war (vergl. § 38), nicht aber dann, wenn sie, wenn auch zunächst probeweise angetreten, doch als eine dauernde in Aussicht genommen und nur, weil der Beamte sich nicht bewährt, durch Kündigung oder Widerruf hinterher zu einer vorübergehenden wird (vergl. M.E. v. 28./2. 75, 17./6. 76 Nr. 1 u. 6 und v. 9./4. 95 Nr. 4 B.M.Bl. 75 S. 81, 76 S. 189 und 95 S. 89).

[6]) Ueber die Berechnung eines Tagegelder-(Diäten-)einkommens, wenn dasselbe im Laufe eines Jahres sich verändert oder unterbrochen wird, vergl. M.E. v. 3./2. 94 B.M.Bl. S. 26.

Zwangsweise Versetzung in den Ruhestand.[1])[2])[3])

[1]) Die nachfolgenden §§ 61 bis 68 entsprechen den §§ 88 bis 93 des Pr. B.Disz.G., welche der Reg.Entw. wörtlich übernommen hatte (Motive S. 73). Der Reichs-

tag nahm daran einige Aenderungen vor, um die Rechte der Beamten besser zu schützen (vergl. § 64 A. 1).

²) Die §§ 60a bis 68 finden keine Anwendung:
a) auf die im § 158 aufgeführten Beamten,
b) auf die richterlichen Beamten in Elsaß-Lothringen (§ 158 A. 8).

³) Auch bei allen nicht lebenslänglich, sondern nur widerruflich oder kündbar angestellten Beamten ist die Behörde an die besonderen Formen der §§ 60a bis 68 nicht gebunden. Treten bei ihnen die Voraussetzungen des § 61 ein, so werden sie zwar ebenfalls immer über die Gründe ihrer Zurruhesetzung und, wenn sie nach § 37 pensionsberechtigt sind, über die Höhe der zu gewährenden Pension mit ihren Einwendungen innerhalb angemessener Frist zu hören sein, rechtlich genügt aber für die Zurruhesetzung selbst der Ausspruch des Widerrufes, oder der Kündigung, der dort, wo eine Pension festzusetzen ist, spätestens mit Zustellung der darüber nach § 54 zu treffenden Entscheidung erfolgen muß (vergl. § 32 A. 1 u. 3). Die Dienstzeit wird in solchen Fällen durch den Ablauf der Kündigungsfrist begrenzt.

§ 60a.[1]) **Sucht ein Beamter, welcher das fünfundsechzigste Lebensjahr vollendet hat, seine Versetzung in den Ruhestand nicht nach, so kann diese nach Anhörung des Beamten unter Beobachtung der Vorschriften der §§ 53 ff. in der nämlichen Weise verfügt werden, wie wenn der Beamte seine Pensionirung selbst beantragt hätte.**[2])

¹) § 60a ist die Korrelatbestimmung zu § 34a, beide beruhen auf der Novelle v. 21./4. 86 (§ 34 Vorbemk. 1). Daß aber § 60a ebenfalls zu den Bestimmungen gehört, welchen die im § 158 bezeichneten Beamten nicht unter-

liegen (Vorbemk. 2), obwohl sie, abgesehen von den Mitgliedern des Reichsgerichtes, das Recht des § 34a besitzen, ist in den Motiven zur Novelle v. 21./4. 86 (Drucks. 82/83 Nr. 94 Nr. IV) ausdrücklich bemerkt (vergl. § 34a A. 1 u. § 158 A. 3).

[2]) Die bloße Vollendung des 65. Lebensjahres verschafft nur das Recht (§ 34a A. 2), nicht auch die Verpflichtung, in den Ruhestand zu treten, diese bleibt immer abhängig von dem Nachweise der Dienstunfähigkeit, die aber in so hohem Lebensalter die Vermuthung für sich hat. Deshalb sollen hier die einfacheren Formen der §§ 53 ff. genügen, der Beamte aber in jedem Falle (protokollarisch oder durch Schriftwechsel) vorher gehört werden, damit er Gelegenheit hat, Mißverständnisse aufzuklären, Bedenken vorzubringen, oder durch Benutzung seines Rechtes aus § 34a jedem weiteren Verfahren vorzubeugen und eine Verständigung über den Zeitpunkt seiner Pensionirung herbeizuführen (Motive Drucks. 82/83 Nr. 94 Nr. II u. III).

§. 61. Ein Reichsbeamter, welcher durch Blindheit, Taubheit oder ein sonstiges körperliches Gebrechen oder wegen Schwäche seiner körperlichen oder geistigen Kräfte zu der Erfüllung seiner Amtspflichten [1]) dauernd [2]) unfähig ist, soll [3]) in den Ruhestand versetzt werden.

[1]) Vergl. § 34 A. 6.

[2]) Solange noch Aussicht auf Genesung vorhanden ist, darf zur Pensionirung nicht geschritten werden (vergl. § 14 A. 3). Rechtsweg darüber ausgeschlossen (§ 64 A. 2; § 155 A. 4 u. 5).

[3]) Die Behörde muß also auch in solchem Falle hierzu übergehen (vergl. § 54 A. 2).

§ 62. Sucht der Beamte in einem solchen Falle seine Versetzung in den Ruhestand nicht nach, [1]) so

wird ihm oder seinem nöthigenfalls hierzu besonders zu bestellenden Kurator[2]) von der vorgesetzten Dienstbehörde[3]) unter Angabe der Gründe der Pensionirung und des zu gewährenden Pensionsbetrages[4]) eröffnet,[5]) daß der Fall seiner Versetzung in den Ruhestand vorliege.

[1]) Geschieht es, so wird nach §§ 53 ff. verfahren.

[2]) Wenn nach pflichtgemäßer Ueberzeugung der vorgesetzten Dienstbehörde der Beamte selbst seine Rechte nicht mehr genügend wahrnehmen kann, bleibt regelmäßig das zuständige Bezirksgericht um Bestellung eines solchen Kurators ad hoc nach Maßgabe der Landesgesetze anzugehen (vergl. z. B. § 90 der Pr. Vormundschafts-O. v. 5./7. 75 G.S. S. 452). Nur wo dieser Weg versagen, oder entgegen den Absichten des Gesetzes mit Weiterungen verbunden sein sollte, wird auch die Verwaltungsbehörde in dem Gesetze die Vollmacht finden dürfen, selbst einen solchen Kurator mittels Handschlags an Eidesstatt zu verpflichten (vergl. Per. u. Sp. § 62 A. II; Seydel S. 312).

[3]) Vergl. § 159 u. Anl. A Nr. III.

[4]) Auch über die Grundlagen des Pensionsbetrages, über die Art seiner Berechnung nach Diensteinkommen und Dienstzeit muß die Eröffnungsverfügung die erforderliche Auskunft geben. Zieht sich die Entscheidung über die Pensionirung infolge erhobenen Widerspruches in die Länge (§§ 64 ff.), und verrückt sich dadurch der für das Ende der Dienstzeit in der Eröffnungsverfügung angenommene gesetzliche Termin (§ 55 A. 1, 2 u. 4; § 63 A. 4), so muß der Pensionsbetrag hinterher berichtigt werden.

[5]) Die Eröffnung kann protokollarisch, oder durch schriftliche, gemäß § 133 zuzustellende Verfügung erfolgen.

§ 63. **Wenn der Beamte gegen die ihm gemachte**

Eröffnung (§ 62) innerhalb sechs Wochen[1]) keine Einwendung erhoben hat,[2]) so wird in derselben Weise verfügt, als wenn er seine Pensionirung selbst nachgesucht hätte.[3])

Die Zahlung des vollen Gehalts[4]) dauert bis zum Ablaufe desjenigen Vierteljahres,[5]) welches auf den Monat folgt, in dem ihm die Verfügung[6]) über die erfolgte Versetzung in den Ruhestand mitgetheilt ist.[7])

[1]) Der Tag der Zustellung der Eröffnungsverfügung (§ 62 A. 5) zählt nicht mit (vergl. § **111** Abs. 2). Die Frist ist keine Präklusivfrist im prozeßrechtlichen Sinne, sie kann nach den Umständen des Falles erstreckt, auch ein verspäteter Widerspruch solange noch zugelassen werden, als nicht die höhere oder die oberste Reichsbehörde gemäß § 54 die Pensionirung ausgesprochen hat.

[2]) Oder wenn die Einwendungen nur die Höhe der Pension oder deren gänzliche Versagung angreifen (vergl. § 64 A. 2). Der Widerspruch kann sowohl bei der eröffnenden, als auch bei der dem Beamten unmittelbar vorgesetzten Behörde (§ 53) angebracht werden.

[3]) Es entscheidet also zunächst die vorgesetzte Dienstbehörde (§ 62 A. 3), wenn sie von der obersten Reichsbehörde hierzu ermächtigt ist (§ 54), sonst giebt sie die Verhandlungen an die oberste Reichsbehörde ab, welche stets zu entscheiden hat, wenn die Genehmigung des Kaisers erforderlich wird (vergl. § 54 A. 6 u. 9).

[4]) Wie das Amt selbst, so dauert auch der Genuß des gesammten mit demselben verbundenen „vollen“ Einkommens bis zum Tage des Eintretens in den Ruhestand (§ 55 A. 4). Dies schließt nicht aus, daß, wenn die Verwaltung des Amtes infolge freiwilliger oder unfreiwilliger (§ 66 A. 8) Beurlaubung bereits vor jenem Termine aufhört, alle Entschädigungen für Dienstaufwand

gemäß § 5 Abs. 2 der Url.V.O. (Anl. H) bereits früher in Fortfall kommen (vergl. § 27 A. 3).

5) Vergl. § 55 A. 1. Der Anspruch ist durch den Rechtsweg nach § 149 geschützt.

6) Darunter ist die erste die Versetzung in den Ruhestand aussprechende Verfügung zu verstehen. Ist dagegen noch Beschwerde zulässig, so schiebt diese den Ablauf des Gehaltsvierteljahres nicht hinaus (vergl. § 54 A. 6 u. § 55 A. 3).

7) Die Mittheilung muß nach § 133 erfolgen.

§ 64.[1] **Werden von dem Beamten gegen die Versetzung in den Ruhestand**[2] **Einwendungen erhoben, so beschließt die oberste Reichsbehörde,**[3] **ob dem Verfahren Fortgang zu geben sei.**

In diesem Falle hat der damit von der obersten Reichsbehörde zu beauftragende Beamte die streitigen Thatsachen zu erörtern, die erforderlichen Zeugen und Sachverständigen eidlich zu vernehmen, und dem zu pensionirenden Beamten oder dessen Kurator zu gestatten, den Vernehmungen beizuwohnen.[4]

Zum Schluß ist der zu pensionirende Beamte oder dessen Kurator über das Ergebniß der Ermittelungen mit seiner Erklärung und seinem Antrage zu hören.[5]

Zu den Verhandlungen ist ein vereideter Protokollführer[6] **zuzuziehen.**

1) Das Gesetz hat hier und im § 65 ähnliche Bestimmungen, wie sie das preußische R.Disz.G. v. 7./5. 51 in seinen §§ 60 bis 62 enthält. Sie beruhen auf den Beschlüssen des Reichstages, welcher damit den Rechten der Beamten größeren Schutz gewähren wollte (A. 4). Der Reg.Entw. gab lediglich den § 90 des preuß. V.Disz.G. wieder, der von jedem förmlichen Beweisver-

fahren absieht (vergl. § 60a Vorbemk. 1; Drucks. Nr. 133 S. 575 u. 576; Sten.B. S. 697; Kanng. S. 147).

2) Nur über die Fragen: ob und zu welchem Zeitpunkt die Versetzung in den Ruhestand zu erfolgen hat, wird, wenn der Beamte widerspricht (§ 63 A. 1), in den Formen der §§ 64 ff. weiter verhandelt und entschieden, und diese Entscheidung ist ebenso, wie das sie stützende Verwaltungsverfahren gegen jeden Angriff im Rechtswege nach § 155 geschützt (§ 155 A. 4 u. 5). Beschränken sich dagegen die Einwendungen des Beamten auf die Fragen: ob und welche Pension festzusetzen sei, so wird dadurch die nach § 63 zu fällende Entscheidung nicht aufgehalten (§ 63 A. 2), da der Beamte gegen diese Entscheidung, soweit sie den Pensionsbetrag behandelt, nach Erschöpfung des Beschwerdeweges noch den Rechtsweg nach §§ 149 ff. hat (vergl. § 54 A. 4 u. § 150 A. 1 u. 5).

3) Vergl. § 159 A. 1. Die Behörde beschließt nach freiem Ermessen über die Erheblichkeit der Einwendungen und deren weitere Erörterung, sie wird ohne weiteres zur Entscheidung nach § 66 übergehen, wenn beispielsweise nur der für den Beginn des Ruhestandes in Aussicht genommene Termin bemängelt wird.

4) Das hier angeordnete Verfahren bezweckt, der entscheidenden Reichsbehörde ein selbständiges und glaubwürdiges Beweismaterial zu liefern und dem Beamten volle Vertheidigung zu gewähren. Ladungen, Mittheilungen und Beweisaufnahmen richten sich nach den Vorschriften des Strafprozesses (vergl. § 133 u. § 94 A. 5). Der Beamte darf im Gegensatz zu § 94 hier den Vernehmungen beiwohnen, ist also zur Beweisaufnahme zuzuziehen und mit seinen Anträgen zu hören, wenn er auch die Entscheidung darüber und die Fragestellung an die Zeugen ausschließlich dem Untersuchungsbeamten überlassen muß. Abgelehnte Anträge kann er in der Schlußverhandlung (Abs. 3) wiederholen und ist weiter durch das

Beschwerderecht an die oberste Reichsbehörde (§ 65) geschützt (vergl. Kanng. S. 147).

[5]) Es muß also immer ein Schlußverhör stattfinden, bei welchem dem Beamten der wesentliche Inhalt der Beweisaufnahme bekannt zu geben und seine Erklärungen und Anträge entgegenzunehmen sind.

[6]) Vergl. § 95 A. 3.

§ 65. Die geschlossenen Akten werden der obersten Reichsbehörde eingereicht, welche geeigneten Falles eine Vervollständigung der Ermittelungen anordnet.

Die baaren Auslagen[1]) für die durch die Schuld des zu pensionirenden Beamten veranlaßten erfolglosen Ermittelungen fallen demselben zur Last.[2])

[1]) Vergl. § 124 A. 1.

[2]) Darüber wird in der Entscheidung über die Pensionirung (§ 66) mit entschieden. Die Bestimmung im zweiten Absatze soll absichtlichen Verschleppungen, um möglichst lange das Gehalt zu genießen (§ 67), wirksam entgegen treten.

§ 66. Hat der Beamte eine Kaiserliche Bestallung erhalten,[1]) so erfolgt die Entscheidung über die Versetzung in den Ruhestand vom Kaiser im Einvernehmen[2]) mit dem Bundesrath.

In Betreff der übrigen[3]) Beamten steht die Entscheidung der obersten Reichsbehörde[4]) zu. Gegen diese Entscheidung hat der Beamte binnen einer Frist von vier Wochen[5]) nach deren Empfang den Rekurs[6]) an den Bundesrath.[7]) Des Rekursrechts ungeachtet kann der Beamte von der obersten Reichsbehörde[4]) sofort der weiteren Amtsverwaltung vorläufig enthoben werden.[8])

1) Vergl. § 54 A. 8.

2) Im Reg.Entw. stand: „nach Anhörung", der Reichstag setzte an die Stelle: „im Einvernehmen". Dadurch sollte aber nur der Einfluß des Bundesrathsgutachtens auf die Entschließung des Kaisers verstärkt, keineswegs diese an die Zustimmung des Bundesrathes unbedingt gebunden werden (vergl. § 87 A. 2; Thudichum Einleitung S. 267; Kanng. § 66 A. 1).

Bei den hierher gehörigen Landesbeamten in Kamerun, Togo und Ostafrika entscheidet der Kaiser allein (Art. 2 der Verord. v. 3./8. 88 und Art. 2 u. 4 der Verord. v. 22./4. 94, vergl. § 1 Vorbemk. und § 19 A. 8).

3) Vergl. § 3 der Verord. v. 23./11. 74 (Anl. A) und Art. 4 der vorerwähnten Verord. v. 22./4. 94 (R.G.Bl. S. 115).

4) Vergl. § 159 A. 1.

5) Als Rechtsmittelfrist eine Präklusivfrist (vergl. auch Thudichum § 66 A. 2b). Der Tag der Zustellung (§ 133) zählt nicht mit (vergl. § 63 A. 1).

6) Gegenstand des Rekurses ist nur die Versetzung in den Ruhestand (§ 64 A. 2). Form und Inhalt des Rechtsmittels, sowie dessen weitere Behandlung in der angerufenen Instanz giebt das Gesetz frei. Es kommt also auch auf die Benennung nicht an, und der Beamte kann unbeschränkt nova vorbringen, nur setzt er sich bei überflüssigen Ermittelungen den Folgen des § 65 Abs. 2 aus. Diesem Rechte des Beamten steht das freie Ermessen des Bundesrathes gegenüber, ob er weitere Erhebungen veranlassen, oder ablehnen und nach Inhalt der Akten entscheiden will (vergl. auch Thudichum § 66 A. 2c).

7) Die Rechtsmittelfrist muß auch als gewahrt gelten, wenn das Rekursgesuch zwar nicht rechtzeitig beim Bundesrath, wohl aber rechtzeitig bei der obersten Reichsbehörde eingegangen ist (ebenso Per. u. Sp. § 66 A. 1).

8) Der Rekurs hat keine aufschiebende Wirkung (vergl.

auch § 67 A. 2). Diese Enthebung ist aber keine Disz.-Maßregel im Sinne des § 127 mit den vermögensrechtlichen Folgen des § 128, sondern nur eine durch das Dienstinteresse gebotene unfreiwillige Beurlaubung. Der Beamte hat ein wohlerworbenes Recht nur auf die Beibehaltung seines Gehaltes, nicht auf Beibehaltung seines Amtes (vergl. § 1 A. 7 Abs. 2 u. § 131 A. 4).

§ 67. Die Zahlung des vollen Gehalts[1]) dauert bis zum Ablauf des Vierteljahres,[1]) das auf den Monat folgt, in welchem dem in Ruhestand versetzten Beamten die Entscheidung des Kaisers oder der obersten Reichsbehörde[2]) zugestellt worden ist.

[1]) Vergl. § 63 A. 4 u. 5; § 55 A. 1, 2 u. 4.

[2]) § 66 A. 4. Die Reichstagskommission hatte hier hinzugefügt: „beziehungsweise des Bundesrathes" (Drucks. 72 Nr. 107 S. 490). Im Plenum wurde dieser Zusatz wieder gestrichen. Der Zustellungstag der Entscheidung der obersten Reichsbehörde bleibt auch dann für die Vermögensrechte aus § 67 (vergl. auch § 54 A. 6) maßgebend, wenn der Rekursweg nach § 66 betreten wird und lediglich zur Bestätigung der angefochtenen Entscheidung führt. Die Verfolgung eines unbegründeten Rechtsmittels darf nicht zu einer verlängerten Gehaltszahlung, also zu einer Belohnung solchen Verhaltens führen (Motive S. 73 zu § 64; Sten.B. S. 697). Vergl. auch § 91 des Pr. B.Disz.G. v. 21./7. 52, dazu St.M.Beschl. v. 3./1. u. 9./3. 59 (B.M.Bl. S. 45 u. 109), sowie Pr. O.Tr. v. 1./5. 74 (E. B. 72 S. 107).

§ 68.[1]) Ist ein Beamter vor dem Zeitpunkte, mit welchem die Pensionsberechtigung für ihn eingetreten sein würde, dienstunfähig geworden, so kann er gegen seinen Willen[2]) nur unter Beobachtung derjenigen Formen, welche für das förmliche Disziplinarver-

fahren[3]) vorgeschrieben sind, in den Ruhestand versetzt werden.[4])

Wird es jedoch von der obersten Reichsbehörde[5]) mit Zustimmung des Bundesrathes[6]) angemessen[7]) befunden, dem Beamten eine Pension zu dem Betrage zu bewilligen, welcher ihm bei Erreichung des vorgedachten Zeitpunktes zustehen würde,[8]) so kann die Pensionirung desselben nach den Vorschriften der §§ 61 bis 67 erfolgen.

1) Der § 68 bezieht sich nur auf lebenslänglich angestellte Beamte. Wie diese wider ihren Willen nur in den schützenden Formen des Disz.Verf. ohne Pension ihres Dienstes entlassen werden können (§ 75 Nr. 2 u. § 84 A. 4), so sollen sie auch ein Recht auf dieselben Formen haben, wenn sie vor dem Zeitpunkte, mit welchem die Pensionsberechtigung eintritt (§ 34 A. 1c), nach der von ihnen bestrittenen Ansicht ihrer obersten Reichsbehörde (§§ 54 u. 84) dienstunfähig geworden sind und deßhalb wider ihren Willen ohne Pension in den Ruhestand versetzt werden sollen. Entschließt sich in solchem Falle die oberste Reichsbehörde mit Zustimmung des Bundesrathes für die Gewährung der gesetzlichen, aber der vollen gesetzlichen Mindestpension, wozu Abs. 2 des § 68 die Befugniß einräumt (A. 8), so treten auch nur die gewöhnlichen Formen der unfreiwilligen Pensionirung (§§ 62 ff.) ein.

Beamte, welche zwar etatsmäßig, aber nur auf Widerruf oder Kündigung angestellt sind, haben weder auf ein förmliches Disziplinar- (§ 84 A. 4), noch auf ein förmliches Pensionirungsverfahren Anspruch, für sie kommt in gleicher Lage nur § 39 in Betracht (§ 39 A. 2; § 60a Vorbemk. 3).

2) Wenn er innerhalb der, jedoch nicht präklusiven Frist des § 63 (§ 63 A. 1) widerspricht (vergl. § 39 A. 2).

3) Im Reg.Entw. stand: „für die Disziplinar-Untersuchung", entsprechend dem § 93 des Pr. V.Disz.G. (§ 60a Vorbemk. 1). Die R.T.K. setzte an die Stelle: „für das förmliche Disziplinarverfahren" (Drucks. 72 Nr. 107 S. 490), ersichtlich, um jeden Zweifel auszuschließen, daß in solchem Falle nicht bloß die Untersuchung, sondern auch die Entscheidung über die Zurruhesetzung sich in den Formen des Disz.-Verf. (§§ 84 ff.) zu bewegen und von den hier eingesetzten besonderen Behörden (§ 86) auszugehen habe (vergl. A. 4).

4) Geschieht es, so kann der Beamte noch auf dem Gnadenwege des § 39 zu einer Pension gelangen. Dagegen bleibt die der Disziplinarkammer im § 75 letzter Abs. eingeräumte Befugniß hier schon aus dem Grunde ausgeschlossen, weil sie bei dem Beamten unbestrittene Pensionsberechtigung voraussetzt (§ 75 A. 16), welche seitens der obersten Reichsbehörde verneint sein muß (A. 1), wenn gemäß § 68 die Formen des Disz.-Verf. Platz greifen sollen (vergl. auch Thudichum § 68 A. 2 u. Laband § 52 S. 508 A. 1). In diesem Disz.-Verf. wird lediglich darüber verhandelt und entschieden, ob der Beamte dienstunfähig und deßhalb in den Ruhestand zu versetzen ist. Daneben bleibt es dem Beamten unbenommen, wenn er entgegen der Meinung seiner obersten Reichsbehörde glaubt, ein Recht auf Pension nach § 34 oder § 36 zu besitzen, hierüber gemäß §§ 149 ff. richterliche Entscheidung anzurufen (§ 54 A. 4 u. § 64 A. 2).

Dienstzeit (§ 45 A. 7) und Gehaltszahlung (§ 63 A. 4) dauern hier (vergl. § 55 A. 2) bis zum Tage der Rechtskraft der die Zurruhesetzung aussprechenden Entscheidung.

5) Vergl. § 159 A. 1.

6) Bei den Landesbeamten in Elsaß-Lothringen befindet darüber ausschließlich das dortige Ministerium (§§ 3 u. 8 des G. v. 4./7. 79 R.G.Bl. S. 165) und bei den Landes-

beamten in Kamerun, Togo und Ostafrika ausschließlich der Reichskanzler (vergl. § 5 A. 2).

[7]) Freies, nicht, wie bei § 39 durch den Nachweis der Bedürftigkeit gebundenes Ermessen.

[8]) Also auf Lebenszeit und zum vollen gesetzlichen Mindestbetrag. Will die Behörde soweit nicht gehen, so muß sie die Pensionirung nach Abs. 1 herbeiführen und kann dann unter Umständen eine geringere Gnadenpension auf dem Wege des § 39 erwirken (A. 4).

Bewilligung für Hinterbliebene.

§ 69.[1]) Hinterläßt ein Pensionair[2]) eine Wittwe oder eheliche Nachkommen,[3]) so wird die Pension[4]) noch für den auf den Sterbemonat folgenden Monat[5]) gezahlt. An wen die Zahlung erfolgt, bestimmt die oberste Reichsbehörde, welche die Befugniß zu solcher Bestimmung auf die höhere Reichsbehörde übertragen kann.[6])

Die Zahlung der Pension für den auf den Sterbemonat folgenden Monat kann mit Genehmigung der obersten Reichsbehörde auch dann stattfinden, wenn der Verstorbene Eltern, Geschwister, Geschwisterkinder oder Pflegekinder, deren Ernährer er gewesen ist, in Bedürftigkeit hinterläßt, oder wenn der Nachlaß nicht ausreicht, um die Kosten der letzten Krankheit und der Beerdigung zu decken.[7])

Der über den Sterbemonat hinaus gewährte einmonatliche Betrag der Pension kann nicht Gegenstand der Beschlagnahme sein.[8])

[1]) Vergl. § 31 des Pr. P.G. v. 27./3. 72 (§ 34 Vorbemk. 1) u. § 39 des Mil.P.G., ferner § 7 A. 2.

²) Auch ein weiblicher Pensionär (§ 7 A. 2).

³) Vergl. § 7 A. 3.

⁴) Auch die Gnadenpension (§ 37 A. 4 u. § 39) und die von der Disziplinarbehörde im Falle des § 75 Nr. 2 Abs. 2 belassene Unterstützung (§ 75 A. 18).

⁵) Vergl. § 7 A. 4.

⁶) Die gesperrt gedruckten Worte sind durch die Novelle v. 25./5. 87 aus gleichem Grunde, wie beim § 54 hinzugefügt. Vergl. § 54 A. 6 und wegen des Bestimmungsrechtes § 7 A. 9.

⁷) Vergl. § 8 A. 1 bis 6.

⁸) Vergl. § 7 A. 10.

Transitorische Bestimmungen.[1]

[1]) Das Gesetz will durch diese Uebergangsbestimmungen (§§ 70 u. 71) die zur Zeit seines Inkrafttretens, das heißt, da das Gesetz am 4./4. 73 publizirt ist, die am 18./4. 73 (vergl. Art. 2 der R.V.) bereits wohl erworbenen Rechte schützen, ähnlich, wie Art. V der Novelle v. 21./4. 86 (§ 48 A. 1), Art. 18 Abs. 2 der R.V. (§ 7 A. 8), § 46 des Mil.P.G., dazu R.G. v. 31./1. 82 (E. B. 6 S. 40), Art. VI § 4 des Elf.Lothr.G. v. 23./12. 73 (§ 1 Vorbemk. unter a) und §§ 32 u. 36 des Pr. P.G.

§ 70. Ist die nach Maßgabe dieses Gesetzes[1]) bemessene Pension geringer als die Pension, welche dem Beamten hätte gewährt werden müssen, wenn er vor dem Erlasse[2]) dieses Gesetzes nach den damals für ihn geltenden Bestimmungen[3]) pensionirt worden wäre, so wird die letztere Pension an Stelle der ersteren bewilligt.[4])

[1]) Und der Novelle v. 21./4. 86 (§§ 41 u. 48 A. 1).

[2]) Das heißt: „am Tage vor dem Inkrafttreten", vergl.

Art. V der Novelle v. 21./4. 86 (§ 48 A. 1), also unter Berechnung der Dienstzeit bis zum 17./4. 73 (Vorbemk. 1).

[3]) Und nach dem damals bezogenen Diensteinkommen, also unter Ausschluß aller erst nach dieser Zeit eingetretenen Gehaltserhöhungen.

[4]) Der Sinn der Bestimmung ist hiernach (A. 1 bis 3) der: Ist die zur Zeit der Pensionirung nach den Bestimmungen des R.B.G. und dessen Novelle v. 21./4. 86 von dem zuletzt bezogenen Diensteinkommen berechnete Pension niedriger, als diejenige Pension, auf welche der Beamte Anspruch gehabt hätte, wenn er am 17./4. 73 von dem damals bezogenen Diensteinkommen nach den bis dahin für ihn bestandenen landesgesetzlichen Vorschriften in den Ruhestand versetzt worden wäre, so kommt die letztere Pension zur Anweisung (vergl. R.G. v. 4./5. 80 E. B. 1 S. 306, sowie v. 14./12. 88 u. 22./9. 91 Jurst.W. 89 S. 45 Nr. 15 u. 91 S 476 Nr. 32; Bolze B. 13 Nr. 598).

Ein weiter gehendes Recht kann auch aus Art. 18 Abs. 2 der R.V., über dessen Entstehung § 7 A. 8 zu vergleichen ist, nicht hergeleitet werden. Bestände ein Widerspruch zwischen beiden Gesetzesstellen, so müßte der Verfassungsartikel den Vorrang behalten, da der jüngere § 70 des R.B.G. sich als eine Verfassungsänderung (Art. 78 der R.V.) in keiner Weise zu erkennen giebt. Dann aber würden die wohlerworbenen Rechte der unmittelbaren Reichsbeamten, die allein den Art. 18 der R.V. für sich in Anspruch nehmen könnten (vergl. § 1 A. 3 u. § 7 A. 8), in weiterem Umfange geschützt sein, als die ausschließlich auf den § 70 des R.B.G. angewiesenen mittelbaren Reichsbeamten, was der reichsgesetzlichen Vernunft, die diese Rechte durchweg auf gleiche Stufe stellt, zuwiderliefe. Der § 70 wendet lediglich den allgemeinen Grundsatz des § 18 der R.V., daß die bis zur anderweiten reichsgesetzlichen Regelung wohl erworbenen Rechte zu schützen sind, auf die Pensionsrechte der Reichsbeamten — der mittelbaren, wie unmittelbaren — an.

§ 71.[1]) Insofern vor der Uebernahme eines Beamten in den Reichsdienst hinsichtlich der aus den früheren Dienstverhältnissen demselben erwachsenden[2]) Pensions-Ansprüche mittelst eines vor dem Erlasse[3]) dieses Gesetzes abgeschlossenen Staatsvertrages[4]) besondere Festsetzungen getroffen sind, sollen diese Festsetzungen auch für die Berechnung der jenem Beamten demnächst aus der Reichskasse zu gewährenden Pension maßgebend sein.[5]) Indeß sollen statt der gedachten besonderen Bestimmungen die im gegenwärtigen Gesetze enthaltenen Vorschriften insoweit Anwendung finden, als sie für den Beamten günstiger sind.[6])[7])

[1]) Vergl. § 36 des Pr. P.G. (§ 34 Vorbemk. 1).

Der § 71 will die durch besonderen Rechtstitel – Staatsverträge — gewährleisteten Rechte schützen, welche weitergehende sein können, als die, welche § 70 schützt.

[2]) Das heißt: „für den Fall der Pensionirung" erwachsenden, also hinsichtlich derjenigen Ansprüche, welche dem Beamten aus den früheren Dienstverhältnissen nach den für diese maßgebend gewesenen dienstpragmatischen Vorschriften für den Fall der Pensionirung erwachsen wären.

[3]) Vor dem 18./4. 73 (§ 70 Vorbemk. 1).

[4]) Oeffentliche Bekanntmachung desselben ist nicht erforderlich (vergl. Laband § 62 S. 663, auch R.G. v. 22./9. 91 Jurst.W. 91 S. 476 Nr. 32).

[5]) Die Motive bemerken S. 73: „Der § 69 (71) bezieht sich auf Art. IX u. X des Prager Friedens v. 23. August 1866, den Postvertrag mit Dänemark v. 7. April 1868 und den Vertrag v. 28. Januar 1867 wegen Uebernahme der Thurn- und Taxis'schen Post."

Es gehört ebenso hierher die Zusatzkonvention v. 11./12. 71 (R.G.Bl. 72 S. 9) zum Frankfurter Friedensvertrage

v. 10./5. 71 (R.G.Bl. S. 223 Art. 17, vergl. weiter unten).

Die Art. IX u. X des Prager Friedens lauten:

IX.

„Den etatsmäßigen Beamten, Dienern und Pensionisten des Bundes werden die ihnen gebührenden, bezw. bereits bewilligten Pensionen pro rata der Matrikel zugesichert."

X.

„Der Bezug der von der Kaiserl. Oesterreichischen Statthalterschaft in Holstein zugesicherten Pension bleibt den Interessenten bewilligt".

Die beiden in den Motiven erwähnten Postverträge v. 7./4. 68 Art. 2 (B.G.Bl. S. 157) u. 28./1. 67 Art. 8 (Pr. G.S. S. 354) bestimmen übereinstimmend, daß die von ihnen berührten Postbeamten aus ihren bisherigen Dienstverhältnissen mit ihren: „dermaligen Dienstbezügen und erworbenen Ansprüchen" in den Reichsdienst zu übernehmen sind. Geradeso heißt es im § 6 der später zwischen dem Reiche und Baden wegen Uebernahme der badischen Postverwaltung abgeschlossenen Konvention v. 6./7. 71:

„Die bei der Großherzoglichen Postverwaltung angestellten Beamten werden in den Reichspostdienst mit ihren „dermaligen Dienstbezügen und erworbenen Ansprüchen" übernommen",

und hierzu hat das Reichsgericht in seinem bereits § 70 A. 4 erwähnten Urtheil v. 22./9. 91 (Jurst.W. S. 476) erkannt, daß unter den „erworbenen Ansprüchen" nicht auch diejenigen begriffen werden könnten, welche etwa den Beamten in Zukunft erwachsen wären, wenn sie in ihren früheren Dienstverhältnissen geblieben und belassen sein würden, daß vielmehr die Pensionsansprüche der ehemaligen badischen Postbeamten ebenfalls nicht über die im § 70 gewährleisteten Rechte (§ 70 A. 4) hinausreichten. Es kam aber bei dieser Entscheidung eine weitere, weder in dem Dänischen, noch in dem Thurn- und Taxis'schen Postvertrage anzutreffende Bestimmung der badischen Konvention in Frage, welche ausdrücklich auf die zukünftige Reichsgesetzgebung verweist, dieser — also auch dem vorliegenden R.B.G. — die anderweitige Regelung der in der Konvention enthaltenen Materien vorbehält. Man wird deßhalb durch jene E. des Reichsgerichts noch nicht verhindert sein, die in dem Dänischen und Thurn- und Taxis'schen Postvertrage gewährleisteten Pensionsrechte zu Gunsten der Beamten ähnlich zu bestimmen, wie § 35 des Pr. P.G. (A. 1) für die hohenzollernschen, in den preußischen Staatsdienst übernommenen Beamten vorsieht. Danach bleibt nach Maßgabe einer Kab.O. v. 26./8. 54 (Pr. G.S. 55 S. 33) zu unterscheiden zwischen dem zur Zeit des Uebertrittes in den Reichsdienst bezogenen, dem „dermaligen" Diensteinkommen und den im späteren Reichsdienst hinzugekommenen Erhöhungen. Von dem ersteren Einkommen wird die Pension nach den früheren beamtenrechtlichen Vorschriften, unter deren Herrschaft dasselbe erworben ist, von dem letzteren Diensteinkommen ausschließlich nach Reichsrecht bestimmt, in beiden Fällen aber unter Zugrundelegung der gesammten — vorreichsdienstlichen und reichsdienstlichen — Dienstzeit, soweit jede der beiden Rechtsmaterien sie für ihre Pension gelten läßt. Die Summe beider Pensionen bildet im Falle der Pensionirung das den Beamten in den Verträgen verbriefte Recht (vergl. auch Verh. des Pr. Abg.H. 71/72 B. 2 S. 1060 u. 1091 und Anl. B. 2 S. 1092).

In gleicher Weise werden auch die „im französischen Staats- und Militärdienst erworbenen Rechte" zu bestimmen sein, welche der Art. 2 Abs. 3 der eingangs erwähnten Zusatzkonvention v. 11./12. 71 zum Frankfurter Friedensvertrage den aus Elsaß-Lothringen herstammenden, in ihren Aemtern bestätigten ehemaligen französischen Civil- und Militärbeamten vorbehalten hat.

[6]) Das Gesetz will wohlerworbene Rechte schützen (§ 70 Vorbemk. 1), aber nicht besonders bevorzugen. Deßhalb kann dieser Schlußsatz nur dahin aufgefaßt werden, daß entweder die vertragsmäßig verbriefte, oder die Pension des R.B.G. dem Beamten zustehen soll, je nachdem die eine oder andere sich günstiger für ihn stellt. Fiele also die nach A. 5 ermittelte Pension niedriger aus, als eine von dem letzten gesammten Diensteinkommen ausschließlich nach den Bestimmungen des R.B.G. ermittelte Pension, so würde die letztere, weil sie günstiger ist, an die Stelle zu treten haben.

Ob das Reichsgericht in seiner, zu der ähnlichen Bestimmung in § 36 Abs. 2 des Pr. P.G. (A. 1) ergangenen E. v. 28./1. 91 (Jurist.W. S. 142) weiter hat gehen und allgemein in solchem Falle für zulässig hat erklären wollen, die dem Beamten günstigsten Bestimmungen beider Pensionsrechtssysteme als Basis der Pensionsfestsetzung zu nehmen, läßt sich ohne genauere Kenntniß des thatsächlichen Falles nicht mit voller Sicherheit erkennen.

[7]) Sind in Staatsverträgen, wie z. B. in dem in der A. 5 miterwähnten Thurn- und Taxis'schen Vertrage, auch Wittwenpensionen oder sonstige Hinterbliebenenrechte gewährleistet, so können diese nicht neben späterhin aus den Reichs-Rel.G. (Anl. D u. G) erworbenen Ansprüchen, sondern nur insoweit, als sie in letzteren keine Deckung finden, in Anspruch genommen werden (R.G. v. 2./11. 83 E. B. 10 S. 81).

Allgemeine Bestimmungen über Dienstvergehen und deren Bestrafung.[1]) [2])

[1]) Die nachfolgenden Bestimmungen, deren Grundlage das Pr. B.Disz.G. v. 21./7. 52 (G.S. S. 465) bildet, sind nicht strafrechtliche im Sinne des öffentlichen

Strafrechtes, so daß dieses durch dieselben ergänzt würde, sondern sie wollen nur die Mittel gewähren, zur Aufrechterhaltung der Zucht und Ordnung innerhalb des öffentlichen Dienstverhältnisses, sowie zur Lösung desselben, wenn der Beamte sich des in ihn gesetzten Vertrauens unwürdig erweist und eine Kündigung ausgeschlossen ist. Die Disziplinarstrafen sind nicht wie die Kriminalstrafen Selbstzweck, sondern sie sind nur Mittel zum Zweck. Das Disziplinarrecht wurzelt in dem Gewaltverhältniß, welches der Staatsdienervertrag zwischen Staat und Diener begründet (§ 1 A. 7), es schützt die Erfüllung der Dienstpflicht, wie in Privatrechtsverhältnissen die bürgerliche Klage die Vertragspflicht, und seine Ausübung unterliegt nicht der strafrechtlichen Verjährung. Die Reinigung des Beamtenstandes von unwürdigen Elementen muß jederzeit möglich bleiben. Vergl. Laband § 48 S. 462 ff., 470; Rehm § 58 S. 191 ff.; Schulze § 100 S. 324 bis 327, Seydel S. 62 u. 63; Labes in Hirths Ann. J. 89 S. 239, 241, 253, 255, 256, 258d ff.

Mit dieser Auffassung stimmen auch die Motive des Gesetzes überein:

„Mit dem Amte sind theils spezielle Pflichten verbunden, theils hat der Beamte durch sein Verhalten überhaupt sich des Amtes würdig zu erweisen und die Standesehre zu wahren. Es ist in beiden Beziehungen die besondere Aufsicht einer höheren Autorität nöthig. Die letztere hat einerseits korrektive Disziplin zu üben, indem sie durch Strafen, die außerhalb des Gebietes der Kriminalität liegen, die entstandenen Unordnungen beseitigt, andererseits epurirende Disziplin, indem sie die schädlichen und unbrauchbaren Elemente entfernt, ohne daß diese reinigende, im Interesse des Dienstes nöthige Maßregel eine unter den kriminalistischen Gesichtspunkt fallende Strafe wäre" (Motive S. 73).

„Die Vergehen der Beamten sind entweder gemeine,

unter das Strafgesetzbuch fallende Delikte, oder Dienstvergehen. Die gemeinen Delikte haben, weil sie die Würde des Amtes verletzen, jedesmal auch eine disziplinare Seite. Die Dienstvergehen sind doppelter Natur: sie sind entweder bloße Dienstvergehen, die nur disziplinarisch zu verfolgen sind, oder Verbrechen bezw. Vergehen im Amte, die zugleich unter die Bestimmung des Strafgesetzbuches fallen" (Motive S. 74).

Abweichend äußert sich das preußische Oberverwaltungsgericht in seiner E. v. 31./10. 91 (E. B. 22 S. 445). Dort wird für das preußische Recht die in der Literatur (vergl. Meyer in Hirths Ann. 76 S. 672 ff.; Zorn S. 328) ebenfalls vertretene entgegengesetzte Auffassung in Anspruch genommen, daß das Disziplinarrecht ein Spezialstrafrecht für Beamte sei, die Disziplinarstrafen die öffentlichen Strafen ergänzten, das Disziplinarverfahren nur eine besondere Form des Strafprozesses bilde. Allein gegen seine Begründung, daß der innere Unterschied zwischen beiden Verfahren nur der sei, daß im Strafverfahren das allgemeine Interesse der Gemeinschaft an der Nichtverletzung der strafrechtlich gesicherten allgemeinen Menschenpflichten eines Jeden gegen Alle, und im Disziplinarverfahren das besondere Interesse der Gemeinschaft an der Nichtverletzung der besonderen Pflichten der Beamten geschützt werde, läßt sich doch einwenden, daß, soweit in beiden Fällen gleichermaßen das allgemeine öffentliche Interesse betheiligt ist, auch die Amtsvergehen dem Strafrecht unterstellt sind (§§ 331—359 des R.Str.G.B.), daß aber, wo solches nicht oder doch nur untergeordnet der Fall ist, d. h. bei den reinen Dienstvergehen, den bloßen Verfehlungen gegen die besonderen Amtspflichten, auch die charakteristische öffentliche Pflicht zur Verfolgung fehlt. Hier ist das Ziel der Strafe nicht die öffentliche Sühne für die Verletzung der bürgerlichen Rechtsordnung, sondern lediglich die Ordnung und Reinhaltung des öffentlichen Dienstes.

Vergl. auch Kanng. Bemk. zu § 73; ferner § 77 A. 1, § 90 A. 2 und Reichstags-Verh. 84/85 B. 3 S. 2094 (§ 72 A. 2 a. Schl.).

[2]) Die §§ 72 bis 118 u. 124 finden keine Anwendung:
a) auf die im § 158 aufgeführten Beamten,
b) auf die richterlichen Beamten in Elsaß-Lothringen (Art. IV des G. v. 23./12. 73 G.Bl. f. Els.Lothr. S. 479),
c) auf Pensionäre (§ 34 Vorbemk. 2), und die §§ 80 bis einschl. 83 auch nicht auf Wartegeldempfänger (§ 119).

Wegen der Militärbeamten vergl. § 120 Vorbemk. 1 und § 123 A. 1, wegen der Kündigungsbeamten § 84 A. 4 und wegen der Landesbeamten in den Schutzgebieten § 84 A. 2.

§ 72. Ein Reichsbeamter, welcher die ihm obliegenden Pflichten (§ 10) verletzt, begeht ein Dienstvergehen[1]) und hat die Disziplinarbestrafung verwirkt.[2])[3])

[1]) Das Gesetz sieht von einer Aufzählung der einzelnen Dienstvergehen ab, weil es sich als eine Unmöglichkeit erweist, die Dienstvergehen ähnlich wie die Strafvergehen in bestimmte Klassen einzureihen und für jede Pflichtwidrigkeit einen besonderen Thatbestand zu umschreiben. Auch darf die einzelne dienstwidrige Handlung oder die Verletzung der Amtsehre (§ 10), wo nicht gemeine Strafrechtsdelikte diese ohne weiteres aufheben, niemals für sich allein den Gegenstand der disziplinaren Würdigung bilden, sondern es bleibt stets das gesammte amtliche und außeramtliche Verhalten des Beamten in Betracht zu ziehen, und darin darf in dessen eigenem Interesse dem freien Ermessen der zum Urtheil berufenen Behörde keine Schranke gezogen werden (§ 76 A. 1). Gegen einen etwaigen Mißbrauch solchen Ermessens schützen den Beamten, wenn erhebliche Interessen für ihn auf dem

Spiele stehen (§ 75), die besonderen Formen — Voruntersuchung, öffentliche Verhandlung — sowie die besondere Zusammensetzung (§ 89 A. 1) der Behörden des förmlichen Disziplinarverfahrens (Motive S. 73 u. 74; Sten.B. S. 43 u. 702; Kanng. S. 154). Vergl. im Uebrigen § 10 A. 2 u. 3.

[2]) Darf ein Beamter auch wegen solcher Handlungen zur Disziplinaruntersuchung gezogen werden, welche vor seiner Anstellung begangen sind? (vergl. § 64 der R.A.O.; Labes in Hirths Ann. J. 89 S. 262 a. Schl.).

Der Wortlaut des Gesetzes — reichsamtliche Pflichten — verneint die Frage. Da auch die Judikatur im verneinenden Sinne entschied, legte die Reichsregierung in der Reichstagssession 1884/85 einen Gesetzentwurf vor, welcher den § 72 dahin ergänzte, daß wegen aller in einem früheren Amte — eines Bundesstaates — begangenen Dienstvergehen, die ungeahndet geblieben, Reichsbeamte unbeschränkt, und wegen aller in einem außeramtlichen Vorleben begangenen Handlungen dann nach den Bestimmungen der §§ 72 ff. nachträglich zur Verantwortung zu ziehen seien, wenn jene Handlungen die Entlassung aus dem Amte (§ 73 Nr. 2) begründeten. Diesen Gesetzentwurf lehnte aber der Reichstag ab. Die aufgeworfene Frage ist daher nach Reichsrecht und ebenso auch nach preußischem Recht (vergl. E. des O.V.G. v. 30./3. 92 E. B. 22 S. 423) zu verneinen. Es bleibt nach beiden Rechten möglich, daß ein Beamter, obwohl er in seinem Vorleben eine Ehrenstrafe erlitten hat, die, wäre sie bekannt gewesen, seine Anstellung verhindert hätte, dennoch im Amte belassen werden muß. Den Reichstag leiteten bei seiner ablehnenden Stellungnahme Abneigung gegen jede Ausdehnung disziplinarrechtlicher Verfolgungen und die Erwägung, daß Fälle von ernstlicher Bedeutung für die Reinhaltung des Beamtenstandes bei der allen Anstellungen regelmäßig voraufgehenden sorgfältigen Prüfung zu den größten Seltenheiten gehören müßten (Sten.B. 84/85 B. 3 S. 2087 bis 2103 und Anl. B. 6 Nr. 204).

3) Da Dienstvergehen nicht verjähren (Vorbemk. 1), bleibt die disziplinarrechtliche Verfolgung strafrechtlich bereits verjährter Handlungen möglich (Kanng. S. 197; Thudichum A. zu § 72; Laband S. 462; Pr. O.Tr. v. 28./2. 61 Opp. B. I S. 285).

§ 73. Die Disziplinarstrafen bestehen in:

1) **Ordnungsstrafen,**[1]

2) **Entfernung aus dem Amte.**[2]

1) Zu den Ordnungsstrafen im Sinne des Disziplinarrechtes (§ 74) gehören nicht die Exekutivstrafen (§ 82 Abs. 3), welche auch die C.Pr.O. §§ 342 Nr. 3, 345, 375 und die Str.Pr.O. §§ 48 Abs. 1, 50, 69 kennen (vergl. § 82 A. 8).

2) Nach § 75 entweder Strafversetzung oder Strafentlassung, letztere, hier selbständige Strafe, ist im Kriminalrecht Straffolge (vergl. § 78 A. 4).

§ 74.[1] **Ordnungsstrafen sind:**

1) **Warnung,**[2]

2) **Verweis,**[2]

3) **Geldstrafe,**[2]
bei besoldeten Beamten bis zum Betrage des einmonatlichen Diensteinkommens,[3] **bei unbesoldeten bis zu dreißig Thalern.**

Geldstrafe kann mit Verweis verbunden werden.[4]

1) Der Zusatz: „bei besoldeten Beamten .... Thalern" und der Schlußsatz: „Geldstrafe kann .... verbunden werden" fehlten im Reg.Entw. An ihrer Stelle stand als Nr. 4 die aus § 15 des Pr. V.Disz.G. übernommene „Arreststrafe" gegen untere Beamte auf die Dauer von höchstens acht Tagen (Drucks. 72 Nr. 9 S. 65). Der

Reichstag strich nach dem Antrage seiner Kommission diese Strafe, weil die persönliche Freiheit unter dem Schutze des ordentlichen Richters stehe, Arrest seiner Natur nach Kriminalstrafe sei, das Ehrgefühl abstumpfe und das Ansehen des Beamten herabsetze. An die Stelle des Arrestes traten die Bestimmung über das Höchstmaß der Geldstrafe und der jetzige Schlußsatz (Sten.B. S. 701; Drucks. Nr. 107 S. 491).

Die Arreststrafe darf hiernach gegen Reichs c i v i l beamte nicht verhängt werden, während M i l i t ä r beamte der Militärarreststrafe unterliegen (§ 120 Vorbemk. letzter Abs. und § 123 A. 1).

[2]) Vergl. §§ 80 u. 81. Jede dieser drei Ordnungsstrafen ist an die Beachtung des für ihre Verhängung im § 82 vorgeschriebenen summarischen Verfahrens gebunden. Auch die „Androhung der Entlassung" bleibt als verschärfter V e r w e i s (Motive S. 74 Sp. 2) abhängig von den Formen des § 82. Dagegen bilden bloße Zurechtweisungen und Rügen k e i n e Disziplinarstrafen im Sinne des Gesetzes, sie sind an keine Form gebundene — mündliche oder schriftliche — Augenblicksäußerungen des Leitungsrechtes jedes Vorgesetzten, bestimmt, im Einzelfalle den Beamten an seine Pflicht zu erinnern, geschützt, aber auch begrenzt durch § 193 des R.Str.G.B. (vergl. § 82 A. 1 u. 6; Sten.B. S. 703 u. 704; Kanng. S. 157; Laband S. 467; § 4 der Disz.Str.O. f. H. und § 4 der gleichen Str.O. f. M.).

[3]) Des persönlichen — pensions- und nicht pensionsfähigen — Diensteinkommens unter Ausschluß aller Entschädigungen für Dienstaufwand (vergl. § 7 A. 5). Bekleidet der Beamte m e h r e r e (Haupt- und Neben-) Aemter, so bildet die Grenze der einmonatliche Betrag des gesammten persönlichen Einkommens b e i d e r Aemter, gleichviel, ob die vorgesetzte Behörde des Haupt- oder Nebenamtes straft (O.V.G. v. 17./6. 93 E.B. 25 S. 412).

[4]) Besonderen praktischen Werth hat diese Strafenver-

bindung, der man auch im § 63 der R.A.O. begegnet, nicht, man wird immer nur die eine oder die andere Strafe verhängen. Der § 15 des Pr. R.Disz.G. v. 7./5. 51, dem die Vorschrift entnommen ist, kannte die Geldstrafe als selbständige Ordnungsstrafe überhaupt nicht, hier hatte sie als Zusatzstrafe also einen besonderen Zweck. Scheinbar suchte man nach einem Ersatze für die beseitigte Arreststrafe (A. 1), um neben der Strafversetzung (§ 75 A. 3) noch eine weitere Strafvorstufe vor der Dienstentlassung (§ 75 Nr. 2) zu behalten (Sten.B. S. 701; Kanng. S. 158).

§ 75. Die Entfernung aus dem Amte[1]) kann bestehen:

1) In Strafversetzung.[2])[3])

Dieselbe erfolgt durch Versetzung in ein anderes Amt[4]) von gleichem Range,[5]) jedoch mit Verminderung des Diensteinkommens um höchstens ein Fünftel.[6]) Statt der Verminderung des Diensteinkommens kann eine Geldstrafe verhängt werden, welche ein Drittel des Diensteinkommens eines Jahres nicht übersteigt.[7])

Die Strafversetzung wird durch die oberste Reichsbehörde[8]) in Ausführung gebracht.[2])

2) In Dienstentlassung.[9])[10])

Dieselbe hat den Verlust des Titels und Pensionsanspruchs[11])[12]) von Rechts wegen zur Folge.[13]) Hat vor Beendigung des Disziplinarverfahrens das Amtsverhältniß bereits aufgehört,[14]) so wird, falls nicht der Angeschuldigte unter Uebernahme der Kosten[15]) freiwillig auf Titel und Pensionsanspruch verzichtet, auf deren Verlust an Stelle der Dienstentlassung erkannt.[14])

Gehört der Angeschuldigte zu den Beamten, welche einen Anspruch auf Pension haben,[16]) und lassen besondere Umstände eine mildere Beurtheilung zu, so ist die Disziplinarbehörde ermächtigt, in ihrer Entscheidung zugleich festzusetzen, daß dem Angeschuldigten ein Theil[17]) des gesetzlichen Pensionsbetrages auf Lebenszeit oder auf gewisse Jahre zu belassen sei.[18])[19])[20])

1) Vergl. §§ 73 Nr. 2 u. 84 ff.

2) Im Reg.Entw. lautete diese Nr. 1 wie § 16 Nr. 1 des Pr. V.Disz.G. dahin:

„Die Entfernung aus dem Amte kann bestehen:

1) in Versetzung in ein anderes Amt von gleichem Range, jedoch mit Verminderung des Diensteinkommens und Verlust des Anspruches auf Umzugskosten oder mit einem von beiden Nachtheilen“,

der Reichstag beschloß nach dem Antrage seiner Kommission (Drucks. Nr. 107 S. 491) die jetzige Fassung (Sten.B. S. 701 u. 915). Man wählte den Ausdruck: „Strafversetzung“, um die Natur dieser Versetzung als Strafe gegenüber der Versetzung aus lediglich dienstlichen Gründen (§ 23) schärfer hervortreten zu lassen, und man verpflichtete zum Strafvollzuge allgemein die oberste Reichsbehörde, um diesen Vollzug in jedem Falle zu sichern. Außerdem hielt man eine bestimmte Grenze für die Höhe der jährlichen Besoldungseinbuße für erforderlich und schloß den Verlust der Umzugskosten ganz aus, weil der Disz.-Richter bei der weiten Ausdehnung des Versetzungsgebietes im Reiche die Tragweite eines solchen Verlustes nicht übersehen, also darauf auch nicht erkennen könne (vergl. Kanng. S. 161 u. 162; v. Zedlitz A. 94). Umzugskosten müssen also an Reichsbeamte auch bei Strafversetzungen stets gewährt werden.

[3]) „Die sog. Strafversetzung bildet den Uebergang zu den Maßregeln der epurirenden Disziplin. Sie ist meist mit fühlbaren Vermögensnachtheilen verbunden und paßt besonders für Fälle, in welchen die dem Beamten zur Last fallende Verletzung der Amtsehre mehr lokaler Natur ist und nur die Entfernung von einem bestimmten Orte erforderlich macht" (Motive S. 74). Die Strafversetzung ist also vom Reichsgesetzgeber beibehalten worden, weil man diese Zwischenstufe zwischen Ordnungsstrafen und Entlassung, diesen: „Uebergang zu den Maßregeln der epurirenden Disziplin" (vergl. § 72 Vorbemk. 1) nicht entbehren wollte. Vergl. für Preußen Thilo S. 98. Viel werth ist diese Strafe nicht. Ihre Ausführung bietet oft Schwierigkeiten. Da die Umzugskosten niemals aberkannt werden dürfen (A. 1), bleibt für die Strafwirkung meistens nur die Einkommensverminderung bestehen, und auch diese wird nicht selten durch billigere Lebensverhältnisse oder sonstige Annehmlichkeiten am Strafort wieder ausgeglichen. Oft wird ferner die Versetzung in eine ganz andere Beamtenklasse nothwendig und dann unter Umständen das Ehrgefühl dieser Klasse angetastet. Es läßt sich indessen nicht verkennen, daß durch die Möglichkeit, zu einer solchen Vorstrafe vor der Entlassung greifen zu können, vielfach Härten verhütet werden (vergl. auch Sten.B. S. 701 Sp. 1 u. Kanng. S. 161).

[4]) Derselben, oder einer anderen Kategorie (vergl. § 23 A. 3).

[5]) Vergl. § 23 A. 2. Die Degradation ist nicht unter die Zahl der zulässigen Strafen aufgenommen. Entscheidend war dabei nicht die subjektive Ehrenkränkung des schuldigen Beamten, sondern die objektive Schädigung der Ehre des Amtes, weil eine Degradation „den Degradirten in den Augen des Publikums herabsetzt und

die unteren Kategorien des Dienstes gleichsam als Strafklassen erscheinen läßt" (Motive S. 74).

6) Was nach § 23 Abs. 2 (A. 7 bis 10 das.) nicht als eine Verkürzung des Diensteinkommens anzusehen ist, kann auch hier nicht als eine Verminderung des (pensionsfähigen) Diensteinkommens gelten.

Daß die Besoldungseinbuße (vergl. A. 2) eine dauernde bleiben solle, ist im Gesetz nicht verlangt. Der Disziplinarrichter setzt zur Strafe das Diensteinkommen um höchstens ein Fünftel herab, und es bleibt dann Sache des Beamten, ein Wiederaufrücken im Gehalte sich durch Führung und Leistung zu verdienen. Die Bestimmung darüber ruht bei der vorgesetzten Dienstbehörde.

Tritt der Beamte während des Genusses des vom Disziplinarrichter herabgesetzten Gehaltes in den Ruhestand, so wird auch nur nach diesem „zuletzt bezogenen" (§ 42 Eingang) Diensteinkommen die Pension bestimmt.

7) Diese alternative Geldstrafe ist aus § 1 Abs. 2 der Novelle v. 26./3. 56 zum Pr. R.Disz.G. (G.S. 56 S. 201) übernommen. Hier (vergl. oben A. 6 Eingang) wird das Diensteinkommen wie bei § 74 Nr. 3 (vergl. A. 3 das.) ermittelt.

8) Vergl. § 159 A. 1.

9) Dieselbe hebt dauernd alle Rechtswirkungen des bestandenen Reichsdienerverhältnisses auf, einer späteren neuen Anstellung steht sie nicht unbedingt entgegen (vergl. § 33 A. 4 u. § 45 A. 6). Auch bewirkt dieselbe nicht ohne weiteres, wie das Kriminalurtheil (§ 78 A. 4), den Verlust aller öffentlichen Aemter, wenn der Angeschuldigte außer dem Reichsamte noch andere öffentliche Aemter im Bundesstaats- oder auch Kommunaldienste bekleidet (vergl. auch § 30 A. 1).

10) Der Dienstentlassung, die in solchem Falle die Aberkennung der Fähigkeit, ein Reichsamt zu führen, bedeutet, unterliegen auch die Wartegeldempfänger (vergl. § 24 Vorbemk. 1, § 29 A. 9, § 119 A. 1 u. 2).

11) Gegen die Reichskasse, inwiefern auch ein gleichzeitiger Anspruch gegen eine auf privatrechtlicher Grundlage beruhende Beamtenpensionskasse dadurch berührt wird, hängt von den Statuten eines solchen Privatinstitutes ab (vergl. R.G. v. 8./12. 85 Bolze B. II Nr. 1341).

Unberührt bleibt das Recht auf den Bezug einer bereits aus früherem Reichsamte erdienten Pension, dieses Recht lebt vielmehr, soweit es bis dahin ruhte, wieder auf (vergl. A. 14 sowie § 57 A. 1 u. 4 und § 59 A. 3).

12) Dieselbe Wirkung hat die Amtsentlassung infolge strafgerichtlichen Urtheiles (§ 78 A. 4), denn der Pensionsanspruch ist nur die Fortsetzung des mit dem Amte hinweggefallenen Besoldungsanspruches (vergl. § 34 A. 3 u. 4, § 55 A. 4; R.G. v. 9./10. 88 E. B. 21 S. 186).

13) Das Diensteinkommen endigt in solchem Falle ebenso, wie in dem gleichstehenden eines strafgerichtlichen Erkenntnisses, welches den Amtsverlust nach sich zieht (§ 78 A. 4), mit dem Tage der Rechtskraft des gesprochenen Urtheils (vergl. § 5 A. 1). In Preußen wird in dem gleichen Falle die Zahlung des Gehaltes noch bis zum Ablauf des Monats zugelassen, in welchem das Urtheil rechtskräftig geworden ist (M.E. v. 4./7. 84 B.M.Bl. S. 160). Ein Rechtsgrund ist hierfür nicht aufzufinden, es bleibt nur der praktische übrig, nicht mit Bruchtheilen eines Gehaltes rechnen zu wollen.

14) Darunter ist die gänzliche Auflösung des Beamtenrechtsverhältnisses, also nicht ein bloßes dauerndes Aufhören der Amtsthätigkeit, nicht ein bloßes Uebertreten in den dauernden Ruhestand zu verstehen. Das Pensionirungsverfahren soll überhaupt nicht während eines Disz.Verf. eingeleitet oder zu Ende geführt werden (§ 54 A. 3). Käme demnach der Fall vor, daß ein Beamter während eines gegen ihn schwebenden Disz.Verf. in den dauernden Ruhestand träte, so müßte mit dem

Eintritte dieses Ereignisses das Disz.Verf. aufgehoben und die Kosten müßten von der Reichskasse getragen werden, denn der Pensionär untersteht der Amtsdisziplin nicht mehr (§ 119; § 34 Vorbemk. 2 u. § 72 Vorbemk. 2 c). Der Pensionsanspruch, d. h. der Anspruch auf eine zukünftige, im Fall der Invalidität gesetzlich zugesicherte Pension (§ 34 A. 3), von dem im § 75 allein die Rede ist, bildet die Voraussetzung für das Recht auf den Bezug der Pension (§ 57 Eingang, § 29 Eingang, § 34 A. 3). Ist der Beamte einmal in dieses Genußrecht der Pension gelangt, kann bei ihm nicht mehr von einem Verzichte auf den Anspruch darauf und von einem Aberkennen desselben die Rede sein. Es ist die Absicht des Gesetzgebers gewesen, daß eine einmal erdiente Pension als wohlerworbenes Vermögensrecht dem Spruche jedes Straf- und Disziplinarrichters entzogen bleiben solle (§ 57 A. 1; Thudichum § 75 A. 5). Daher kann die in der E. des R.G. v. 11./2. 87 (E. B. 17 S. 243 u. 244) behauptete Anomalie, daß zwar ein wegen eines mit Zuchthausstrafe bedrohten Verbrechens zur Untersuchung gezogener, vor rechtskräftiger Verurtheilung in den Genuß einer Pension gelangter Beamter diese behalte, dagegen ein nur in ein Disz.Verf. verwickelter Beamter einer im Laufe dieses Verfahrens erworbenen Pension durch Spruch des Disz.Richters verlustig werde, in Wirklichkeit nicht eintreten. Im ersten Falle geht das Strafverfahren gegen den inzwischen pensionirten Beamten weiter, im zweiten hört das Disz.Verf. auf, der Pensionsbezug bleibt in beiden Fällen unberührt.

Scheidet demnach der Pensionär aus der hier vorliegenden Bestimmung gänzlich aus, so fragt es sich, wann dieselbe überhaupt praktisch werden kann. Nach Thudichum A. 4, wenn gegen einen auf Kündigung angestellten, zur förmlichen Disziplinaruntersuchung gezogenen Beamten die Frist der inzwischen ausgesprochenen Kündigung abläuft. Kanngießer S. 162 A. aa erwähnt den bei den Kammerverhandlungen über § 16 des Pr. B.Disz.G. (vergl. Thilo S. 99) bezeichneten Fall, wenn das amtliche Verhältniß von selbst, z. B. wegen Ablaufes der ihm gesetzten Zeit früher als das Disz.Verf. aufhört. Allein wer das Kündigungsrecht besitzt, bedarf nicht des förmlichen Disz.Verf. (§ 32 A. 1 u. 3), und aus einem Amtsverhältniß auf Zeit entstehen keine Pensionsansprüche (§ 38). Im letzteren Falle würde also das Urtheil des Disz.-Richters nur über die Kosten (§ 124) und über den Titel zu erkennen, d. h. diesen abzuerkennen haben.

Bleibt noch die dritte, von Thudichum und Kanngießer a. a. O. ebenfalls erwähnte Möglichkeit, wonach der Ausspruch der Dienstentlassung dadurch überflüssig wird, daß der Beamte gemäß § 100 selbst auf diese anträgt. Hauptsächlich dieser Fall ist im Gesetze gemeint. Dies folgt aus der nahen Verbindung, in der die im Reg.Entw. fehlenden, erst vom Reichstage der Bestimmung eingefügten Worte: „falls nicht der Angeschuldigte . . . verzichtet“ mit jenem § 100 stehen, der seine Entstehung ebenfalls nur dem Reichstage verdankt (§ 100 A. 1). Es können hierbei folgende Fälle eintreten:

a) der Angeschuldigte kommt um seine Entlassung ein, bevor die Disziplinarkammer mit der Sache befaßt ist (§ 101) — der eigentliche Fall des § 100. — Einem solchen Gesuche muß die oberste Reichsbehörde entsprechen, sobald der Beamte seinen dienstlichen Verpflichtungen vollständig nachgekommen ist (§ 33 A. 3; § 100 A. 1). Unbedingte Folge einer solchen Genehmigung ist nicht die Einstellung des Verfahrens. Dessen Zweck wird nur dann völlig erreicht, und damit seine Einstellung zum Gebote des Gesetzes (§ 100), wenn der Angeschuldigte gleichzeitig auf Titel und Pensionsanspruch verzichtet. Wegen der Kosten (A. 15) greift dann § 100 Abs. 2 Platz (§ 100 A. 8). Die freiwillig gegebene und angenommene Entlassung hebt zwar ebenfalls das Amtsverhältniß mit allen daraus herzuleitenden vermögens- und ehrenrechtlichen Ansprüchen auf (§ 33 A. 3), wenn aber der Angeschuldigte im Laufe eines Disz.Verf. die ausdrückliche Anerkennung dieser Rechtsfolgen durch Ablehnung der Verzichtserklärung verweigert, so kann die oberste Reichsbehörde sich dieselben durch einen alsdann herbeizuführenden Spruch des Disz.Richters vor jeder künftigen Anfechtung (§ 155) noch besonders sicher stellen lassen. Dieser erkennt dann nicht mehr auf Entlassung, sondern spricht in seinem Urtheile nur aus, daß der Angeschuldigte weder zum Bezuge einer Pension, noch zur Weiterführung seines Titels berechtigt sei und die Kosten — ganz oder theilweise (§ 124) — zu erstatten habe;

b) der Angeschuldigte stellt das Entlassungsgesuch erst während des Verfahrens in erster Instanz vor der Disziplinarkammer. Dann muß die Sache so lange ausgesetzt werden, bis die oberste Reichsbehörde, an welche das Gesuch abzugeben ist, darüber entschieden hat. Sobald diese Entscheidung im bejahenden Sinne erfolgt ist, wird, wenn der Angeschuldigte gleichzeitig die im Gesetze verlangte Verzichtserklärung abgiebt, das gegenstandslos gewordene Verfahren ebenfalls durch einfachen Gerichtsbeschluß eingestellt. Wird dagegen jene gesetzliche Erklärung nicht abgegeben, so erkennt auf Antrag der Staatsanwaltschaft die Disziplinarkammer wie im Falle a;

c) der Angeschuldigte verlangt seine Entlassung erst nach abgeschlossenem Verfahren I. Instanz, aber bevor das Erkenntniß, das ihn zu einer Geldstrafe verurtheilt, rechtskräftig geworden ist. Dann gehört es zu den amtlichen Verpflichtungen, deren Erfüllung vor Ertheilung der Entlassung verlangt werden *kann*, wenn man auch regelmäßig darauf verzichten wird, daß der Angeschuldigte zunächst dem Erkenntnisse nachkommt;

d) der Angeschuldigte unterbricht mit seinem Entlassungsgesuche erst das bereits in der II. Instanz anhängige Verfahren, in welchem er in I. Instanz zu einer Ordnungsstrafe, oder zur Strafversetzung verurtheilt ist. Dann wird nach Annahme des Gesuches durch die oberste Reichsbehörde das weitere Verfahren ebenfalls durch Beschluß des Disz.H. eingestellt, wenn der Angeschuldigte die gesetzliche Erklärung abgiebt. Wird diese Erklärung verweigert, so ist zu unterscheiden, ob die Staatsanwaltschaft — allein oder in Gemeinschaft mit dem Angeschuldigten — an der Berufung betheiligt ist, oder ob diese nur von dem Angeschuldigten eingelegt ist. Im ersteren Falle erkennt auf Antrag der Staatsanwaltschaft der Disz. H. wie unter a und b, im zweiten Falle gilt das Entlassungsgesuch zugleich als Zurücknahme der Berufung und die Akten werden auf Kosten des Angeschuldigten weggelegt.

15) Der baaren Auslagen (§ 124).

16) Außer lebenslänglicher Anstellung, oder Besitz einer etatsmäßigen Stelle muß also bei dem Beamten auch eine mindestens zehnjährige Dienstzeit (§ 34), oder die Voraussetzung des § 36 anzutreffen sein, sonst darf die Bestimmung keine Anwendung finden, auch nicht im Wege der kaiserlichen Gnade (vergl. § 118 A. 2).

17) Also in keinem Falle das Ganze. Diese Schranke muß auch das Begnadigungsrecht des Kaisers beachten (§ 118 A. 2).

18) Statt: „zu belassen“ lautete der Reg.Entw., wie § 16 des Pr.B.Disz.G.: „als Unterstützung zu verabreichen sei“. Die Abänderung des Reichstages (Drucks. Nr. 107 S. 492 und Sten.B. S. 701) sollte klar stellen, daß der Disz.-Richter in solchem Falle nicht Gnade ausübe, die ausschließlich dem Kaiser vorbehalten ist (§ 118), sondern eine sachgemäße Entscheidung unter Annahme mildernder Umstände treffe (vergl. Kanng. S. 163e;

v. Zedlitz A. 95). Nach Kanngießer (a. a. O. u. § 34 A. 4b) soll diese Entscheidung den Sinn haben, daß dem Angeschuldigten ein Teil seines Gehaltes als **Pension** belassen, der Pensionsanspruch also nur **theilweise** beseitigt werde. Dem kann man nicht beipflichten. Das Beamtenverhältniß ist aufgelöst, Titel und Pensionsanspruch sind und bleiben aberkannt, „zugleich" kann, wenn Milderungsgründe vorliegen, dem Angeschuldigten ein Theil des gesetzlichen Pensions**betrages** für seinen ferneren Unterhalt zugesprochen werden. Als **was** sagt das Gesetz nicht. Eine **Pension** ist es nicht, denn der Entlassene ist nicht mehr Beamter, es findet deshalb auch der § 6 auf diese Bezüge keine Anwendung, wenngleich es üblich ist, den § 69 auf sie auszudehnen (§ 69 A. 4). In Wirklichkeit handelt es sich, wie im Reg.Entw. richtig ausgedrückt war, um eine **Unterstützung**. Der gesetzliche Pensionsbetrag giebt dafür nur den Berechnungsmaßstab ab, und das Urtheil des Disz.-Richters verleiht ihr einen Rechtstitel. **Wann** die Voraussetzungen für eine solche Milderung der Strafentlassung anzunehmen sind, muß der Beurtheilung des gegebenen Falles und der Rechtsprechung des obersten Disziplinargerichts überlassen bleiben, Vorschriften, wie sie für Preußen der M.E. v. 14./4. 89 (B.M.Bl. S. 161) aufstellt, können für das Reichs-Disziplinarrecht nicht gelten.

19) Tritt die Dienstentlassung als Folge strafgerichtlichen Urtheiles (§ 78 A. 4), oder infolge Kündigung ein, so kann die Bestimmung keine Anwendung finden. Die Befugniß ist nur dem erkennenden Disziplinarrichter verliehen und kann auch nur dann Platz greifen, wenn dieser über den Disziplinarfall selbst erkennt, d. h. die Dienstentlassung ausspricht, nicht aber, wenn der Beamte diesem Spruche dadurch vorbeugt, daß er selbst um die Entlassung einkommt (A. 14 a--d).

20) Bei Ermittelung des Pensionsbetrages, von welchem die Unterstützung einen Bruchtheil bildet, wird die Dienst-

zeit bis zu dem Tage der beendigten Gehaltszahlung gerechnet (A. 13).

Gelangt der entlassene Beamte später wieder zu einer pensionsberechtigenden Anstellung und tritt aus dieser in den Ruhestand, so muß bei Festsetzung seiner Pension auch jene frühere Reichsdienstzeit angerechnet werden (§ 45 A. 6).

§ 76. Welche der in den §§ 73 bis 75 bestimmten Strafen anzuwenden sei, ist nach der größeren oder geringeren Erheblichkeit des Dienstvergehens mit besonderer Rücksicht auf die gesammte Führung des Angeschuldigten zu ermessen.[1])

[1]) Der § 76 enthält den allgemeinen Grundsatz für die Strafzumessung (vergl. § 17 des Pr. V.Disz.G.) „Die dienstlichen Verstöße und Vergehen lassen sich nicht so genau klassifiziren, wie gemeine Vergehen, es kommt auf das gesammte Verhalten des Beamten im Dienste und in Privatverhältnissen an, und ein freieres Ermessen ist daher für die Erhaltung der Disziplin nicht zu entbehren" (Motive S. 75 zu § 80; § 72 A. 1).

§ 77.[1]) **Im Laufe einer gerichtlichen Untersuchung**[2]) **darf gegen den Angeschuldigten ein Disziplinarverfahren wegen der nämlichen Thatsachen nicht eingeleitet werden.**

Wenn im Laufe eines Disziplinarverfahrens[3]) **wegen der nämlichen Thatsachen eine gerichtliche Untersuchung gegen den Angeschuldigten eröffnet**[4]) **wird, so muß das Disziplinarverfahren bis zur Beendigung des gerichtlichen Verfahrens ausgesetzt werden.**[5])[6])[7])

[1]) Die Strafrechtspflege und die Beamtendisziplin ver-

folgen völlig selbständige, an und für sich von einander unabhängige Ziele, jene ahndet Verletzungen der allgemeinen **Bürgerpflichten**, diese Verstöße gegen die besonderen **Amtspflichten** (§ 72 Vorbemk. 1), und wer von beiden gleichzeitig zur Rechenschaft gezogen wird, darf sich nicht zur Abwehr auf den Grundsatz: „ne bis in idem“ berufen. Wo aber ein solcher Konkurrenzfall eintritt — „die gemeinen Delikte haben, weil sie die Würde des Amtes verletzen, jedesmal auch eine disziplinare Seite“ § 72 Vorbemk. 1 —, würde die Lage des Beamten erschwert werden, wenn er sich gleichzeitig in zwei Untersuchungen verantworten müßte, und andererseits auch der einheitliche Strafwille des Staates Gefahr laufen, hier als Schuld zu verneinen, was er dort als Schuld bejahte, und umgekehrt. Beides sollen die §§ 77 u. 78 verhüten. Die Motive bemerken dazu: „Der Kriminalprozedur ist die Priorität vor dem Disz.Verf. eingeräumt, weil die Lage des Beamten erschwert wird, wenn er sich gleichzeitig in zwei Untersuchungen verantworten soll. Auch ist das Strafverfahren in manchen Fällen präjudiziell für das Disz.Verf., theils, falls dasselbe zu einer Freisprechung führt, unter gewissen Modifikationen — § 78 —, theils, wenn es eine Verurtheilung herbeiführt, aus welcher der Verlust des Amtes ohnehin folgt“ (Motive S. 74 Sp. 1 unten, dazu § 78 A. 1, 3 u. 4). Vergl. ferner Motive zur R.A.O. Drucks. 78 Nr. 5 S. 93; Laband I S. 468 Nr. 5; Labes in Hirths Ann. J. 89 S. 271; v. Schulze § 100 S. 326; Seydel S. 63; Pr.O.Tr. v. 24./3. 62 E.B. 47 S. 409 J.M. Bl. 62 S. 151.

2) Sobald die Eröffnung der Voruntersuchung (§ 179 der Str.Pr.O.) oder des Hauptverfahrens (§ 201 der Str.Pr.O.) beschlossen, oder ein richterlicher Strafbefehl (§§ 447 bis 452 der Str.Pr.O.) erlassen ist, oder ausnahmsweise die Voraussetzungen des § 211 der Str.Pr.O. eintreten. Von diesen Prozeßhandlungen muß also die Anklagebehörde der vorgesetzten Dienstbehörde sofort Kenntniß

geben (vergl. für Preußen M.E. v. 25./8. 79 Nr. 10 B.M.Bl. S. 223).

Das die Erhebung der öffentlichen Klage bloß vorbereitende Verfahren (§§ 156 ff. der Str.Pr.O.) hindert weder die Einleitung, noch den Lauf eines Disz.Verf. (vergl. auch Seydel S. 64).

3) Wo im Gesetze von einem „Einleiten" und einem „Laufe" des Disz.Verf. die Rede ist, wird darunter nur das förmliche Disz.Verf. verstanden (§ 78 Abs. 2; § 84; § 127). Im Sinne des Gesetzes liegt es aber, daß jedes disziplinarrechtliche Vorgehen ausgesetzt wird, sobald die Voraussetzungen des § 77 eintreten (vergl. Thilo S. 86 A. zu § 4). Nicht berührt wird von dieser Gesetzesbestimmung die Ausübung eines bei der Anstellung vorbehaltenen Widerrufs- oder Kündigungsrechtes (§ 32 A. 3).

4) Siehe oben A. 2.

5) Da dem Kriminalverfahren, bei welchem das öffentliche Interesse überwiegt, unbedingt der Vorrang vor dem Disz.Verf. eingeräumt ist (A. 1), so ergiebt sich daraus auch die Verpflichtung der Disz.Behörde, sobald aus ihrem Untersuchungsmateriale der Thatbestand einer unter das Strafgesetz fallenden Handlung erkennbar wird, die nicht lediglich zu den Antragsdelikten (§§ 61 ff., 194 u. 232 des Str.G.B.) gehört, hiervon der Anklagebehörde sofort Kenntniß zu geben und von der Entschließung dieser Behörde die Fortsetzung des Verfahrens abhängig zu machen (vergl. auch Kanng. A. zu § 77).

6) Eine nach § 127 verfügte Suspension dauert fort (vergl. § 127 A. 1).

7) Wird nach Beendigung des gerichtlichen Verfahrens das Disz.Verf. nicht fortgesetzt, so bleibt der Angeschuldigte von den bisherigen Kosten des Disz.Verf. (§ 124) befreit, und zwar auch dann, wenn die Fortsetzung lediglich deßhalb unterbleibt, weil das Strafurtheil bereits den Verlust des Amtes zur Folge hatte (§ 124 A. 2 u. Kanng.

S. 166). Befand sich jedoch im letzteren Falle der Angeschuldigte im Zustande der Suspension, so bleibt er auch den vermögensrechtlichen Folgen derselben (§ 128) unterworfen, muß sich also die Verwendung des einbehaltenen Gehaltstheiles nicht nur zur Deckung erwachsener Stellvertretungs-, sondern auch zur Deckung entstandener Untersuchungs-Kosten gefallen lassen (vergl. § 129 A. 3 u. § 130 A. 3b α u. β).

§ 78. **Wenn von den gewöhnlichen Strafgerichten auf Freisprechung erkannt ist, so findet wegen derjenigen Thatsachen, welche in der gerichtlichen Untersuchung zur Erörterung gekommen sind, ein Disziplinarverfahren nur noch insofern statt, als dieselben an sich und ohne ihre Beziehung zu dem gesetzlichen Thatbestande der strafbaren Handlung, welche den Gegenstand der Untersuchung bildete, ein Dienstvergehen enthalten.**[1][2])

Ist in einer gerichtlichen Untersuchung eine Verurtheilung[3]) **ergangen, welche den Verlust des Amtes nicht zur Folge gehabt hat,**[4])[5]) **so bleibt derjenigen Behörde, welche über die Einleitung des Disziplinarverfahrens zu verfügen hat (§ 84 Abs. 1),**[6]) **die Entscheidung darüber vorbehalten, ob außerdem ein Disziplinarverfahren einzuleiten oder fortzusetzen sei.**

[1]) Mag das Anklagematerial für direkt widerlegt oder bloß für nicht erwiesen erachtet, oder in den erwiesenen Thatsachen der gesetzliche Thatbestand der strafbaren Handlung nicht erkannt sein, in jedem Falle bleibt die thatsächliche und rechtliche Feststellung eines freisprechenden Kriminalurtheiles (§ 266 Abs. 4 der Str.Pr.O.) auch unbedingt bindend für den Disz.-Richter. Was der zunächst

(§ 77) zum Urtheil berufene Kriminalrichter auf dem ihm ausschließlich zugewiesenen Strafgebiete, gleichviel aus welchem Grunde, rechtskräftig verneint hat, darf der ihm nachfolgende Disz.-Richter nicht mehr für seine Zwecke bejahen. Nur insoweit, als die Untersuchungsthatsachen befreit von den rechtskräftig verneinten kriminellen Eigenschaften noch ein Dienstvergehen — Verstoß gegen Amtspflichten oder Amtsehre (§§ 10 u. 72) — enthalten, sind einem nachfolgenden Disz.Verf. die Wege geöffnet.

Der von der Anschuldigung der Unterschlagung freigesprochene Kassenbeamte kann durch die gerichtliche Untersuchung mit derartigen Unregelmäßigkeiten in der Kassenführung belastet worden sein, daß sein Verbleiben im Kassenamte aus dienstlichen Rücksichten nicht zulässig, mindestens eine ernste disziplinarische Rüge am Platze ist. Stellen sich dann in der Disz.-Untersuchung Thatsachen heraus, welche die Wiederaufnahme des geschlossenen Kriminalverfahrens nach § 402 der Str.Pr.O. rechtfertigen könnten, legt z. B. der Beamte vor dem Disz.-Richter ein Geständniß seiner Kriminalschuld ab (§ 402 Nr. 4 a. a. O.), so muß das weitere Verfahren zunächst den Gerichtsbehörden überlassen werden, und wenn es hier bei dem freisprechenden Erkenntnisse bleibt (§§ 408, 410, 413 a. a. O.), darf auch der Disz.-Richter einem solchen Geständniß keinen Werth beilegen (vergl. auch Per. u. Sp. § 78 A. II a. Schl.).

2) Dieselbe Wirkung, wie einem das Verfahren rechtskräftig abschließenden Erkenntnisse, kann im Sinne dieser Bestimmung dem bloßen Beschlusse des Gerichtes, durch welchen das Verfahren eingestellt, bezw. der Angeschuldigte außer Verfolgung gesetzt wird (§ 202 der Str.-Pr.O.), nicht beigelegt werden. Ein solcher Beschluß hebt nur die Verfolgung des Angeschuldigten auf Grund des bisherigen, ungenügend befundenen Anklagemateriales auf, das jeder Zeit ergänzt und dann zu einer neuen Verfolgung benutzt werden kann (vergl. § 210 der Str.Pr.O.

u. R.G. v. 26./1. 86 (E. Str. B. 13 S. 295). Dadurch wird das freie Beurtheilungsrecht (§ 108) des Disz.-Richters nicht beengt, derselbe kann in solchem Falle einer anderen Auffassung folgen, als der Kriminalrichter. Nur wenn er diese abweichende Auffassung erst auf Grund neuer Thatsachen und Beweismittel gewänne, bliebe er gemäß § 77 (A. 7 das.) verpflichtet, zunächst die Wiederaufnahme der Anklage durch die von ihm zu unterrichtende Staatsanwaltschaft abzuwarten.

Strafrechtliche Verjährung hindert ebenfalls nicht die disziplinarrechtliche Verfolgung (§ 72 A. 3).

3) Daß im Falle einer Verurtheilung die Stellung des Disz.-Richters zu dem Urtheile des Kriminalrichters eine gänzlich andere sein sollte, als im Falle einer Freisprechung, würde an sich so wenig folgerichtig sein, daß es für eine solche Absicht eines klaren Ausdruckes im Gesetze bedurft hätte. Dasselbe behält aber bei unbefangener Betrachtung auch im Falle der Verurtheilung in gleicher Abgrenzung, wie im Falle der Freisprechung, dem Disz.-Richter nur noch darüber die Beurtheilung vor, ob „außerdem", also zusätzlich zu der verhängten Kriminalstrafe, noch eine Bestrafung auf dem Gebiete des Disz.-Rechtes (A. 1) am Platze ist, in keinem Falle dagegen darüber, ob die Bestrafung auf dem dem Disz.-Richter gänzlich entzogenen Gebiete des Strafrechtes zu Recht oder Unrecht erfolgt ist. Dem Kriminalverfahren ist die Priorität vor dem Disz.Verf. eingeräumt (§ 77), in beiden bethätigt sich der Strafwille des Staates, und die Einheit und Autorität dieses Willens verlangt, daß der Disz.-Richter, wie er nicht bejahen kann, was der Kriminalrichter endgültig verneint hat, weil es außerhalb seiner Kompetenz liegt, dafür die gesetzliche Sühne eintreten zu lassen, auch umgekehrt nicht verneinen und als zu Unrecht bestraft hinstellen darf, was jener bejaht hat.

Dennoch hat das preußische Staatsministerium als oberste Disz.-Instanz in Preußen (§ 86 A. 1) zu dem mit § 78 völlig gleichlautenden § 5 des Pr. V.Disz.G.

durch Beschluß v. 23./3. 91 (C.Bl.U.B. S. 340) dahin für Recht erkannt, daß der Disz.-Richter, welcher einen vom Strafrichter abgeurtheilten Fall vor sich hat, an die Entscheidung des letzteren nach dem Wortlaute des Gesetzes nur im Falle einer Freisprechung gebunden, im Falle einer Verurtheilung dagegen in der ihm vom Gesetze an anderer Stelle (§ 38 des Pr. Disz.G. u. § 108 des R.B.G.) eingeräumten freien Beurtheilung des Thatbestandes nicht behindert sei. Eine gleiche Auffassung scheint auch ein älterer M.E. v. 12./5. 66 Abs. 3 (B.M.Bl. S. 161) vertreten zu wollen. Hiergegen wendet sich das Pr. O.V.G. in seiner E. v. 31./10. 91 (E.B. 22 S. 429 ff.), in welcher dasselbe auf gesetzeshistorischer und rechtlicher Grundlage in eingehender und überzeugender Weise von neuem seine beständig festgehaltene Rechtsansicht begründet, daß der Disz.-Richter an das Ergebniß eines vorangegangenen strafgerichtlichen Verfahrens immer gebunden, daß er nicht berechtigt ist, die vom Strafrichter rechtskräftig festgestellte That- und Schuldfrage, mag sie von diesem verneint oder bejaht sein, einer selbständigen Nachprüfung zu unterziehen.

In demselben Sinne hat der R.Disz.H. bereits in seiner E. v. 1./4. 74 (R.C.Bl. S. 143) sich ausgesprochen und in späteren E. beharrlich hieran festgehalten (vergl. diese E. bei Per. u. Sp. § 78 A. II). Umsomehr muß für das Reichsrecht als disziplinarrechtliche Wahrheit gelten, daß, wie Kanngießer, der bei der Entstehung des Gesetzes wesentlich betheiligt war, sich in seinen Erläuterungen zu § 78 ausdrückt, auch bei Verurtheilungen nicht die vom Strafrichter festgestellte strafbare Handlung noch Gegenstand disziplinarer Ermittelung und Beurtheilung sein darf, sondern nur die Folge der Verurtheilung für die amtliche Stellung.

[4]) Der Verlust des Amtes tritt kraft des Gesetzes ein:

a) bei Verurtheilung zu Zuchthausstrafe (§ 31 des Str.G.B.);

b) bei Aberkennung der bürgerlichen Ehrenrechte (§ 33 des Str.G.B.);
c) bei Aberkennung der Fähigkeit zur Bekleidung öffentlicher Aemter (§§ 35 Abs. 2, 128, 129 u. 358 des Str.G.B.);
d) bei Aberkennung der bekleideten öffentlichen Aemter (§§ 81, 83, 84, 87 bis 91, 94, 95, auch 319 des Str.G.B.).

Für Militärbeamte gelten außerdem die §§ 43 u. 153 des Mil.Str.G.B.

Der Reg.Entw. enthielt als § 74 noch folgende, dem § 7 des Pr.B.Disz.G. nachgebildete Bestimmung:

„Ist von dem gewöhnlichen Strafrichter auf eine Freiheitsstrafe von längerer als einjähriger Dauer, auf eine schwerere Strafe oder auf die Zulässigkeit von Polizeiaufsicht erkannt, so zieht das Straferkenntniß den Verlust des Amtes von selbst nach sich",

mit der Begründung, daß bei derartiger Bestrafung eine Fortführung des Amtes selbstverständlich nicht mehr möglich sei und also nur eine überflüssige Prozedur vermieden werde, wenn man diese Folge direkt ausspreche (Motive S. 74). Der Reichstag strich aber nach dem Antrage seiner Kommission diese Bestimmung, weil er darin einen Uebergriff in das Gebiet des Strafrechtes und einen Verstoß gegen das R.Str.G.B. erkannte, welches bei bloßer Gefängnißstrafe den Amtsverlust nicht ausspricht (Sten.B. S. 699; Kanng. A. 2 zu § 78). Aus ähnlichen Erwägungen hat das R.O.H.G. in seiner E. v. 5./3. 74 (B. 13 S. 37 bis 39) den entsprechenden § 7 des Pr. B.Disz.G., insofern derselbe weiter als das Str.G.B. geht, durch dieses für aufgehoben erklärt. Ob diese Erwägungen richtig sind, unterliegt berechtigten Zweifeln, da es nicht Aufgabe des Strafrechtes ist, folglich auch dessen Absicht nicht gewesen sein kann, dem Beamtendisziplinarrecht in den Konsequenzen, welche dasselbe für seine Zwecke aus Verurtheilungen des Strafrichters ziehen will, irgendwelche Schranken zu setzen (vergl. § 77 A. 1; Seydel S. 62 u. 92). Etwaige Härten, welche die unleugbar praktische Bestimmung des Reg.Entw. im besonderen Ausnahmefalle (Kanng. A. 2) mit sich geführt hätte, würden in dem Begnadigungsrechte des Kaisers (§ 118) ihren Ausgleich gefunden haben. Das Pr. Staatsministerium (A. 3 Abs. 2) hat sich auch für das preußische Disziplinarrecht der oben erwähnten Entscheidung des R.O.H.G. nicht angeschlossen (Seydel S. 77; vergl. auch Thudichum § 78 A. 1 und Per. u. Sp. § 78 A. IX).

5) Das durch Strafgerichtserkenntniß verloren gegangene Amt lebt nicht ipso iure wieder auf, wenn jenes Erkenntniß im Wiederaufnahmeverfahren (§§ 399 ff. der Str.Pr.O.) ganz, oder in der den Amtsverlust nach sich ziehenden Eigenschaft beseitigt wird. Das Beamtenrechtsverhältniß und dessen Ansprüche waren kraft des Gesetzes rite gelöst und können deshalb nur durch Neuanstellung wieder geknüpft werden (vergl. § 130 A. 4; Löwe § 413 S. 808 A. 4; R.G. v. 22./10. 88 E. B. 22 S. 48).

Wegen unschuldig erfolgter Verurtheilung im Disz. Verf. vergl. ferner § 117 A. 2.

6) Diese im Reg.Entw. fehlende, erst von der R.T.K. eingeschobene Bezugnahme auf § 84 beweist die Absicht, jeden Zweifel zu beseitigen, daß als Nachfolger eines mit Verurtheilung endigenden Kriminalverfahrens stets nur das auf Entfernung aus dem Amte gerichtete, wenn auch nicht nothwendig damit schließende (§ 98; § 108 Abs. 3) förmliche Disz.Verf. eintreten darf (vergl. auch § 77 A. 3). Im Falle einer strafgerichtlichen Freisprechung (Abs. 1) kann auch das gewöhnliche Disz. Verf. Platz greifen. Abs. 1 redet ganz allgemein von einem „Statt finden des Disz.Verf.", welches förmliches und summarisches Verfahren zugleich umfaßt (§ 80 Vorbemk. 1).

§ 79. Spricht das Gesetz bei Dienstvergehen,

welche Gegenstand eines Disziplinarverfahrens werden, die Verpflichtung zur Wiedererstattung oder zum Schadensersatze oder eine sonstige civilrechtliche Verpflichtung aus, so gehört die Klage der Betheiligten vor das Civilgericht.[1]) Die Befugniß der vorgesetzten Behörde, einen Beamten zur Erstattung eines widerrechtlich erhobenen oder vorenthaltenen Werthbetrages anzuhalten, wird hierdurch nicht ausgeschlossen.[2])

[1]) Die Bestimmung giebt den § 6 des Pr.V.Disz.G. wieder. Sie will klar stellen, daß im Disz.Verf. die Verfolgung der aus dem Dienstvergehen entstandenen Civilansprüche ausgeschlossen ist und vor das Civilgericht gehört (vergl. Motive S. 74; § 13 A. 3 u. 4 u. § 154). Wegen des Kriminalverfahrens vergl. §§ 188 u. 231 des Str.G.B.

[2]) Dieser zweite Satz beruht auf einem Antrage des Reichstagsabgeordneten Dr. Bähr. Derselbe brachte in der zweiten Lesung (Sten.B. S. 718) den Antrag ein, den Disz.-Gerichten (§ 86) die Befugniß einzuräumen, bei ihrer Entscheidung zugleich die Verpflichtung des Beamten zur Entschädigung eines durch dessen Handlung Verletzten auszusprechen. Der Beschluß sollte ähnlich wie ein Defektenbeschluß (§§ 143 u. 144) im Rechtswege anfechtbar, aber vorläufig vollstreckbar sein. Der Reichstag lehnte den Antrag ab, weil das Disz.Verf. lediglich das Staatsinteresse, nicht das Interesse eines dabei nicht zugezogenen Privaten wahrzunehmen habe (Sten.B. S. 718/19). In der dritten Lesung kehrte der Antrag in der im Gesetze wiedergegebenen beschränkten Fassung, in welcher er an die §§ 81 bezw. 100 der Pr.Disz.G. v. 7./5. 51 und 21./7. 52 erinnert, wieder und gelangte zur Annahme. Danach kommen die Disziplinargerichte überhaupt nicht in Betracht. Es handelt sich in jedem Falle nur um die Befugniß der

vorgesetzten Dienstbehörde, den, sei es im gewöhnlichen, oder förmlichen Verfahren bestraften Beamten auch zur Erstattung widerrechtlich eingenommener Beträge, Gebühren ꝛc. im Aufsichtswege anzuhalten. Ein Exekutionsrecht, wie Thudichum A. 2d anzunehmen scheint, hat der Verwaltungsbehörde hier nicht eingeräumt werden sollen (vergl. Sten.B. S. 915; Kanng. Bemk. zu § 79).

Von dem Disziplinarverfahren.[1])

[1]) Vergl. § 72 Vorbemk. 1.

Das Disz.Verf. zerfällt in:

a) das gewöhnliche (summarische) — §§ 80 bis 83 —,

b) das förmliche — §§ 84 bis 119 u. 124 —.

Das erstere ist für die leichteren Disz.-Strafen: die Ordnungsstrafen, das letztere für die schwereren: Strafversetzung und Strafentlassung bestimmt. Bei beiden hat der Reichstag die Formen zum Schutze gegen Willkür verstärkt. Es heißt zwar in den Motiven zum Reg.Entw. an einer Stelle (S. 74): „Die Formen des Verfahrens sind für Ordnungs- wie für Disz.-Strafen bestimmt geregelt, sodaß Unregelmäßigkeiten und Willkürlichkeiten nach Möglichkeit ausgeschlossen werden", und an anderer Stelle (S. 75 zu § 81, jetzt § 80): „Das Verfahren wird bei den leichteren Fällen ein sehr einfaches und summarisches sein können, sodaß umständliche Vorschriften nur zu unnöthigen Weiterungen führen würden. Mit seiner Entschuldigung und Vertheidigung wird der betroffene Beamte immer und zwar geeigneten Falles protokollarisch gehört werden", der G.Entw. selbst aber schrieb, dem Pr.V.Disz.G. folgend, für die Verhängung bloßer Ordnungsstrafen nirgend eine vorherige Anhörung des Beamten ausdrücklich vor, er verlangte nur für die Geldstrafe, daß sie durch eine mit Gründen zu unterstützende schriftliche Verfügung verhängt werden müsse. Der Reichstag fügte deshalb, um den

Grundsatz sicher zu stellen, daß Niemand ungehört auch nur mit einer Warnung bestraft werden dürfe, als neue Bestimmung den § 82 dem Gesetze hinzu (Sten.B. S. 44, 702 bis 704; 915 bis 917). Vergl. weiter § 82.

§ 80. Jeder Dienstvorgesetzte ist zu Warnungen und Verweisen[1]) gegen die ihm untergeordneten Reichsbeamten befugt.

[1]) Vergl. § 74 A. 2. Gegen den Oberrichter und die Bezirksrichter im Schutzgebiete von Ostafrika kann nur der Reichskanzler Ordnungsstrafen verhängen (Art. 8 Nr. 3 der V. v. 22./4. 94 R.C.Bl. S. 115).

§ 81. Geldstrafen können

1) von der obersten Reichsbehörde[1]) gegen alle Reichsbeamte, und zwar bis zum höchsten zulässigen Betrage (§ 74 Nr. 3),

2) von den derselben unmittelbar untergeordneten Behörden und Vorstehern von Behörden[2]) bis zum Betrage von zehn Thalern,

3) von den den letzteren untergeordneten Behörden und Vorstehern von Behörden[3]) bis zum Betrage von drei Thalern

verhängt werden.

[1]) Vergl. § 159 A. 1 u. Anl. A Nr. I. Oberste Reichsbehörde für die Landesbeamten in Kamerun, Togo und Ostafrika (§ 19 A. 8) ist der Reichskanzler (§ 159 A. 1), für die Landesbeamten in Ostafrika, mit Ausnahme des Oberrichters und der Bezirksrichter (§ 80 A. 1), hat Art. 8 Nr. 1 der V. v. 22./4. 94 (R.C.Bl. S. 115) das Recht des § 81 Nr. 1 auch dem Gouverneur gegenüber den ihm unterstellten Beamten beigelegt.

[2]) Vergl. Anl. A Nr. II. In Ostafrika sind mit dieser

Befugniß bekleidet: der Chef der Finanzverwaltung, der Oberzolldirektor und die Bezirksamtmänner (Art. 8 Nr. 2 der vorerwähnten V. v. 22./4. 94).

3) Vergl. Anl. A Nr. IV A, B u. C.

§ 82.[1]) **Vor der Verhängung einer Ordnungsstrafe ist dem Beamten Gelegenheit**[2]) **zu geben, sich über die ihm zur Last gelegte Verletzung seiner amtlichen Pflichten**[3]) **zu verantworten.**[4])

Die Verhängung der Ordnungsstrafen erfolgt unter Angabe der Gründe durch schriftliche Verfügung oder zu Protokoll.[5])[6])[7])

Ist eine Geldstrafe für den Fall der Nichterledigung einer speziellen dienstlichen Verfügung binnen einer bestimmten Frist angedroht, so kann nach Ablauf der Frist die Geldstrafe ohne Weiteres festgesetzt werden.[8])

1) Die Bestimmung verdankt ihre Entstehung dem Reichstag (§ 80 Vorbemk.). Der Berichterstatter der R.T.K. erklärte im Reichstage dazu: „Die Kommission hat bei ihren im § 82 enthaltenen Beschlüssen zurückgeblickt auf § 76 der Vorlage. Nach diesem Paragraph ist die Strafe, die im einzelnen Falle anzuwenden ist, „mit besonderer Rücksicht auf die gesammte Führung des Angeschuldigten zu ermessen". Durch diese Bestimmung wächst die Bedeutung der Ordnungsstrafen, von denen der § 82 handelt. Die Ordnungsstrafen influiren auf die Höhe der Strafen, die vielleicht später gegen den so Bestraften zur Anwendung kommen. Unter diesen Umständen hielt es die Kommission für unerläßlich, daß jedenfalls, auch vor Verhängung einer bloßen Ordnungsstrafe, dem Angeschuldigten rechtliches Verhör verstattet werde. Weiter hielt aber auch die Kommission es für nothwendig, daß für jede Ordnungsstrafe in einer schriftlichen Straf-

verfügung mit Gründen auch ein urkundlicher Nachweis geschaffen werde, damit man bei künftigen Bestrafungen die Beschaffenheit des früheren Straffalles erkenne und nicht etwa zum Nachtheil des Mannes, um dessen Bestrafung es sich handelt, urtheile. Sind diese Formen vernachlässigt worden, dann haben die etwa ertheilten Zurechtweisungen (§ 74 A. 2) gar nicht den Charakter von Disz.-Strafen und können also bei künftigen Bestrafungen weniger in Betracht gezogen werden" (Sten.B. S. 704). Vergl. auch §§ 12 u. 13 des Pr. Kirch.-Disz.G. für die Provinz Hannover v. 24./4. 94 (G.S. S. 96).

²) Der Ausdruck ist absichtlich gewählt, um anzuzeigen, daß eine besondere solenne Form für die verantwortliche Abhörung nicht beabsichtigt ist. Es genügt, wenn nur auf mündlichem oder schriftlichem Wege dem Beamten die Möglichkeit zu seiner Vertheidigung gewährt wird. Macht er hiervon keinen Gebrauch, verweigert er die Erklärung oder antwortet er innerhalb gestellter Frist nicht, so ist er im Sinne des Gesetzes gehört (Sten.B. S. 703, 704, 915; Kanng. S. 170).

³) Vergl. § 10 A. 2 u. 3; § 72 Vorbemk. 1 u. A. 1 daselbst.

⁴) Bestreitet der Beamte das ihm zur Last gelegte Vergehen, so muß ihm dasselbe nachgewiesen werden, und hier entsteht die Frage, ob die Reichsverwaltungsbehörde in solchem Falle die Landesgerichtsbehörde um eidliche Vernehmung von Zeugen angehen kann. Das Gesetz schweigt darüber ebenso, wie das bei ihm maßgebend gewesene Pr. B.Disz.G. In Preußen hatte sich aber eine Verpflichtung der Gerichte, Requisitionen der Verwaltungsbehörden in Disz.-Sachen nachzukommen, auf Grund der Rechtsprechung seines früheren O.Tr. herausgebildet (Goltd. Arch. B. 9 S. 57 u. 487, B. 14 S. 486; Opp. B. 2 S. 249 u. 408, B. 7 S. 315, B. 14 S. 522, B. 15 S. 18, B. 16 S. 575). Seit der Reichsjustiz-

gesetzgebung besteht eine solche Verpflichtung der Gerichtsbehörden nur noch insoweit, als besondere Reichsgesetze, wie der § 86 der R.A.O., § 101 des Unf.-Vers.G., § 31 des Pat.G., § 20 des G., betr. die Untersuchung von Seeunfällen, v. 27./7. 77 (R.G.Bl. S. 549) dieselbe auferlegen. Denn die §§ 157 ff. des G.V.G. finden nur auf die ordentliche streitige Gerichtsbarkeit und deren Ausübung, d. h. auf die Gerichtsbarkeit in allen bürgerlichen Rechtsstreitigkeiten und Strafsachen vor den ordentlichen Gerichten Anwendung (§ 2 des Einf.G. zum G.V.G.) und lassen deshalb eine Ausdehnung auf das Disz.Verf., so daß die in diesem in Wirksamkeit tretenden Behörden ohne weiteres in den Kreis der zur Rechtshülfe berechtigten Behörden einzubeziehen wären, keineswegs zu (vergl. Beschluß des R.G. v. 21./10. 89 E. Str. B. 19 S. 438; § 90 A. 2; § 94 A. 5; auch Laband II § 85 S. 379). Kann also die Schuld des Beamten auf keinem anderen Wege als durch zeugeneidliche Vernehmungen festgestellt werden, so bleibt nur übrig, das förmliche Disz.Verf. gegen ihn zu eröffnen.

5) Der Zusatz: „oder zu Protokoll" hat hauptsächlich diejenigen Fälle im Auge, in denen ein Verweis auf der Stelle ertheilt, oder eine Geldstrafe auf Grund einer vorgängigen Vernehmung sofort verhängt wird. Dieses Protokoll, das auch gültig bleibt, wenn die Unterschrift verweigert wird, ersetzt alsdann die besondere schriftliche Verfügung. Dabei ist aber vorausgesetzt, daß dem Beamten auf Verlangen auch in solchem Falle (vergl. § 98 Abs. 2) eine Abschrift des Strafprotokolles ertheilt wird, um sich besser dagegen (§ 83) vertheidigen zu können (Sten.B. S. 915 u. 916; Kanng. S. 170).

6) Ist die Form des § 82 nicht beachtet, so liegt entweder nur eine Rüge (oben A. 1 u. § 74 A. 2), oder eine Ungesetzlichkeit vor, gegen welche den Beamten der § 83 schützt.

[7]) Erstattung der baaren Auslagen setzt nach Reichsrecht ein förmliches Disz.-Erkenntniß voraus (§ 124 Abs. 2). Daher bleibt der nur im gewöhnlichen Verfahren bestrafte Beamte von jeder Kostenerstattung befreit (vergl. § 124 A. 2; Kanng. § 124 A. 4).

Auch in Preußen bleibt der Angeschuldigte von den im nicht förmlichen Disz.Verf., im sog. Skrutinialverfahren erwachsenden Kosten befreit (M.E. v. 22./2. 92 V.M.Bl. S. 79).

[8]) Der Abs. 3 behandelt die Exekutivstrafe, die keine Ordnungsstrafe im Sinne des Disz.-Rechtes (§ 73 A. 1), sondern ein bloßes Zwangsmittel bildet und als solches weder an die Höhe (§ 81) noch an die Formen (§ 82 Abs. 1 u. 2) der Ordnungsstrafe gebunden ist, wenn man auch hinsichtlich der Höhe die Grenzen des § 81 regelmäßig nicht überschreiten wird. Sie kann sowohl gegen einzelne Beamte, wie gegen Behörden zur Anwendung kommen und entspringt wie die bloße Rüge (§ 74 A. 2) dem behördlichen Aufsichtsrechte. Nothwendiges Erforderniß ist die vorhergehende Androhung. „In dem Rechte der Aufsicht liegt die Befugniß, die ordnungswidrige Ausführung eines Amtsgeschäftes zu rügen und die Erledigung eines Amtsgeschäftes durch Ordnungsstrafen zu erzwingen. Der Festsetzung einer Strafe muß die Androhung derselben vorausgehen" (§ 80 des Pr. Ausf.G. zum G.V.G. v. 24./4. 78 G.S. S. 245). Vergl. ferner § 28 der Novelle zu den Pr. Disz.G. v. 9./4. 79 G.S. S. 345, und Motive dazu Drucks. des Herr.H. 78/79 Nr. 17 S. 47, Verh. das. S. 69—72; O.Tr. v. 5./11. 62 Opp. B. 3 S. 109; § 100 des Pr. B.Disz.G.; § 16 des Pr. O.R.K.G.; M.E. v. 5./7. 66 V.M.Bl. S. 133; Seydel S. 92 u. 329.

Ueber diese Natur der Strafvorschrift herrschte auch im Reichstage keine Meinungsverschiedenheit, sie war im Gegentheil die Veranlassung, daß man der Exekutivstrafe einen besonderen Platz an dieser Stelle des Gesetzes einräumte, damit bei dem weitgehenden Gebrauche, der von dem Ausdrucke: „Ordnungsstrafe“ gemacht zu werden pflegt, einer Verwechslung mit der im Abs. 1 u. 2 behandelten Disz.-Strafe und ferner der Meinung vorgebeugt werde, daß auch bei der Exekutivstrafe der Beamte vor ihrer Anordnung gehört werden müsse (Sten.B. S. 703, 915 u. 916; Kanng. S. 157 u. 171).

§ 83. Gegen die Verhängung von Ordnungsstrafen findet nur[1]) Beschwerde[2]) im Instanzenzuge[3]) statt.

[1]) Der Rechtsweg ist ausgeschlossen (§ 155), ebenso das Verlangen nach Eröffnung des förmlichen Disz.-Verf. (vergl. § 98 A. 1).

[2]) Im gewöhnlichen Verfahren ist die Beschwerde, im förmlichen Verfahren die Berufung das einzige Rechtsmittel gegen verhängte Ordnungsstrafen (§ 108 Abs. 3 u. § 110 Abs. 1).

Die Beschwerde ist weder an eine Form noch Frist gebunden und hält die Vollstreckung nicht auf, „meist kommt es auch auf augenblickliche Vollstreckung an“ (Motive S. 75 zu § 81).

[3]) Wie er im § 81 vorgeschrieben ist. Die mit Beschwerde angegangene höhere Dienstbehörde kann die Strafe auch verschärfen, geeigneten Falles selbst die Einleitung des förmlichen Disz.Verf. (§ 84) herbeiführen, da es sich hier nicht um disziplinarrichterliche Entscheidungen (vergl. § 110 A. 4b), sondern um bloße Strafverfügungen vorgesetzter Dienstbehörden handelt. Auch von Amtswegen kann die höhere Behörde eine ihr zu milde erscheinende Straffestsetzung der untergebenen Behörde beseitigen und eine strengere Maßregel an die Stelle treten lassen.

§ 84.[1])[2]) Der Entfernung aus dem Amte[3]) muß[4]) ein förmliches Disziplinarverfahren vorhergehen.

Die Einleitung desselben wird von der obersten Reichsbehörde[5]) verfügt.[6])

Das Disziplinarverfahren besteht in einer schriftlichen Voruntersuchung und einer mündlichen Verhandlung.[7])

[1]) „Kein Vorgesetzter oder Departementschef kann einen Civilbedienten wider seinen Willen einseitig entsetzen oder verabschieden" (Pr. A.L.R. II 10 § 98).

„Die Vorschriften über das förmliche Disz.Verf. (§§ 84 ff.) sind bestimmt, dem angeschuldigten Beamten alle mit dem Zwecke der Disziplin irgend vereinbaren Garantien zu gewähren. Es findet eine kommissarische Voruntersuchung statt, nach deren Ausfall immer noch eine bloße Ordnungsstrafe die ganze Sache erledigen kann (§ 98). Dann folgt mündliche Hauptverhandlung, Entscheidung nach kollegialischer Berathung der Disz.=Behörde und event. Berufung an die höhere Instanz" (Motive S. 75).

Der Reichstag nahm an dem in dieser Weise begründeten, hauptsächlich den Grundsätzen des Pr. B.Disz.G. folgenden Reg.Entw. verschiedene Aenderungen vor, um für die Rechte des Angeschuldigten und für die Unabhängigkeit der Rechtsprechung weitere Sicherheiten zu schaffen. Er mußte hierbei völlig selbständig vorgehen, da ihm das Vorbild einer allgem. R.Str.Pr.O. damals noch fehlte. Es wurde der Schwerpunkt des Verfahrens, der im Reg.Entw. in der schriftlichen Voruntersuchung lag (Motive S. 75 u. 76), mehr in die mündliche Verhandlung (§§ 104—108) verrückt, diese mit der im Reg.=Entw. ausgeschlossenen Oeffentlichkeit bekleidet (§§ 103 u. 116), das richterliche Element der Disz.=Gerichtshöfe verstärkt (§§ 89 u. 91), und die Ausübung des Disz.=Richteramtes statt an eine dreijährige Wahlperiode, wie der Reg.Entw. wollte, an die Dauer des Hauptamtes (§ 93) geknüpft (Sten.B. S. 702, 705—718, 917—924; Drucks. Nr. 107 u. 133; Kanng. Einl. zu § 84).

[2]) Für die Landesbeamten in Kamerun, Togo und Ost-Afrika tritt an die Stelle der §§ 84—124 das summarische Verfahren des Art. 5 der V. v. 3./8. 88 bezw. des Art. 9 der V. v. 22./4. 94 (§ 1 Vorbemk. u. § 19 A. 8). Vergl. ferner § 72 Vorbemk. 2.

[3]) § 75 Nr. 1 u. 2. Ebenso im Falle des § 68.

[4]) Nur bei lebenslänglich angestellten Beamten obligatorisch, bei Beamten auf Widerruf oder Kündigung fakultativ, z. B. dann am Platze, wenn die Entlassung zu hart sein, eine Strafversetzung genügen würde, oder wenn die Wohlthat des § 75 letzter Abs. nicht ausgeschlossen erscheint (vergl. § 75 A. 19), oder wenn die Schuldthatsachen auf anderem Wege nicht zuverlässig festgestellt werden können (§ 82 A. 4), oder wenn der Beamte bei einem Unfalle mit einem seine Dienstentlassung rechtfertigenden Verschulden betheiligt und selbst beschädigt worden ist, da nur ein förmliches Disz.-Erkenntniß in solchem Falle den Anspruch auf die Bezüge aus dem U.F.G. beseitigt (§ 5 des U.F.G. Anl. G). Vergl. § 32 A. 1.

[5]) § 159 A. 1.

[6]) Oder hinterher genehmigt (§ 85 Abs. 2).

[7]) Die §§ 94—97 behandeln die schriftliche Voruntersuchung, die §§ 101—109 u. 116 die mündliche Verhandlung. Letztere kann niemals ohne die erstere stattfinden. Selbst wenn der Angeschuldigte von vornherein geständig ist, muß dem wesentlichen Erforderniß einer Voruntersuchung genügt werden (vergl. Pr. O.V.G. v. 8./9. 83 u. 9./6. 88 E. B. 12 S. 429 u. B. 16 S. 396). Anders § 70 der R.A.O. und § 23 des Pr. R.Disz.G. v. 7./5. 51.

§ 85. Die oberste Reichsbehörde[1]) ernennt[2]) den untersuchungsführenden Beamten und diejenigen Beamten, welche im Laufe des Disziplinarverfahrens die Verrichtungen der Staatsanwaltschaft[3]) wahrzunehmen haben.

Ist Gefahr im Verzuge, so kann die Verfügung der Einleitung des Disziplinarverfahrens und die Ernennung des untersuchungsführenden Beamten vorläufig von einer der im § 81 unter Nr. 2 bezeichneten Behörden oder einem der dort bezeichneten Beamten ausgehen. Es ist alsdann die Genehmigung der obersten Reichsbehörde einzuholen und, sofern diese versagt wird, das Verfahren einzustellen.[4])

[1]) § 159 A. 1.

[2]) Die Behörde hat in der Auswahl der Beamten völlig freie Hand, sie kann dabei auch auf die Beamten der Bundesstaaten (Landesbeamten) zurückgehen, ohne bei der Ertheilung eines solchen bloßen dienstlichen Auftrages an die Zustimmung der Landesbehörden oder des Beamten selbst gebunden zu sein (Sten.B. S. 705, 917, 919; Thudichum A. 1 zu § 85; v. Zedlitz A. 104).

Der von der Regierung bekämpfte Antrag der R.T.K., als Voruntersuchungsbeamte nur etatsmäßige Richter zuzulassen, welche die denselben vorgesetzte Landesbehörde auf Ersuchen der obersten Reichsbehörde bestellen sollte, wurde in der dritten Lesung aufgegeben (Drucks. 72 Nr. 107 S. 493; Sten.B. S. 705 ff., 918).

[3]) Beim Disz.H. werden diese Verrichtungen nach Anordnung der obersten Reichsbehörde von der Reichsanwaltschaft oder von besonders damit beauftragten Beamten wahrgenommen (§ 23 Nr. 7 der Anl. N).

Die Staatsanwaltschaft nimmt hier nicht dieselbe Stellung, wie im Strafprozesse ein, sie ist nicht Wächterin des Gesetzes, sondern Vertreterin einer Partei, der obersten Reichsbehörde, und hat deßhalb nicht zugleich das Interesse des Angeschuldigten wahrzunehmen (vergl. § 94 A. 5; § 110 A. 4; Kanng. § 94 A. 3b u. 6).

[4]) Diesen zweiten Absatz (vergl. § 23 des Pr. B.Disz.G.) hatte die R.T.K. ganz gestrichen, er wurde aber in der

dritten Lesung wieder hergestellt (Sten.B. S. 706 u. 918). Es kann allerdings Fälle geben, in welchen ein augenblickliches Eingreifen mit den Mitteln des förmlichen Disz.Verf. von wesentlichem Werthe ist und der § 131 allein für die betheiligten Disz.-Interessen (Sicherung der Beweise, Beschlagnahme von Papieren ꝛc.) nicht ausreicht. Gegen mißbräuchliche Anwendung kann durch angemessene Verwaltungsvorschriften Schutz gewährt werden (vergl. Thudichum A. 2).

§ 86. Die entscheidenden Disziplinarbehörden, welche je nach Bedürfniß zusammentreten, sind

1) in erster Instanz die Disziplinarkammern,[1])

2) in zweiter Instanz der Disziplinarhof.[2])

[1]) Selbständige Disz.Ger.-Höfe (§ 89), zuständig für alle Beamtenklassen, während in Preußen für die dortigen mittleren und unteren Beamten die Provinzialbehörden, für die höheren Beamten ein besonderer Disz.H. in Berlin und über beiden als II. Instanz das Staatsministerium als Disz.-Behörden fungiren (§§ 24 u. 41 des B.Disz.G.).

[2]) Der Reg.Entw. lautete: „In zweiter Instanz der Disz.H. in Berlin", an die Einrichtung in Preußen (A. 1) erinnernd. Nach dem Reg.Entw. sollte dieser Disz.H. aus einem Präsidenten und acht anderen Mitgliedern bestehen, von denen wenigstens drei zu den Bevollmächtigten zum Bundesrathe und wenigstens vier zu den Mitgliedern der im Reichsgebiete befindlichen höchsten Gerichtshöfe gehören sollten. Der R.T. beschloß nach dem Antrage seiner Kommission, daß die richterlichen Beamten des Disz.H. mit Einschluß des Präsidenten nur aus den Mitgliedern des R.O.H.G. zu wählen seien (§ 91), und verlegte deshalb durch den bei § 87 eingefügten Abs. 3 den Sitz des Disz.H. an den Sitz des R.O.H.G., jetzt des Reichsgerichtes, also nach Leipzig (§ 2 des G. v. 11./4. 77 R.G.Bl. S. 415). Dadurch kam der

oben erwähnte Zusatz: „in Berlin" in Fortfall (Sten.B. S. 707 ff., 711, 712 u. 919).

§. 87. An folgenden Orten:

Potsdam, Frankfurt a. O., Königsberg, Danzig, Stettin, Köslin, Bromberg, Posen, Magdeburg, Erfurt, Breslau, Liegnitz, Oppeln, Münster, Arnsberg, Düsseldorf, Köln, Trier, Darmstadt, Frankfurt a. M., Kassel, Hannover, Schleswig, Leipzig, Karlsruhe, Schwerin, Lübeck und Bremen

wird je eine Disziplinarkammer errichtet.[1])

Durch Anordnung des Kaisers können im Einvernehmen[2]) mit dem Bundesrath einzelne Disziplinarkammern auch an anderen Orten[3]) errichtet werden.

Der Disziplinarhof tritt am Sitze des Reichs-Oberhandelsgerichts[4]) zusammen.

[1]) Das heißt: sie treten dort nach Bedürfniß zusammen (§ 86 Eingang; § 87 Abs. 3). Nicht am Orte wohnende Mitglieder (vergl. § 93) haben Anspruch auf Tagegelder und Reisekosten (§ 18).

[2]) Im Reg.Entw. stand: „unter Zustimmung". Der Reichstag gab also durch die Abänderung zu erkennen, daß der Kaiser hier, wie im Falle des § 88 Abs. 1 und des § 66 Abs. 1 bei seiner Anordnung sich zwar möglichst, aber nicht unbedingt an die Zustimmung des Bundesrathes zu halten habe (vergl. § 66 A. 2 u. Thudichum A. 1).

[3]) So:

a) in Stuttgart für das Königreich Württemberg durch die Verord. v. 11./7. 73 (§ 88 A. 2),

b) in Straßburg für den Bezirk Elsaß-Lothringen mit Einschluß derjenigen Beamten der Reichseisenbahn-

Verwaltung, welche ihren dienstlichen Wohnsitz im Auslande (Luxemburg, französische Grenzstationen, Schweiz) haben, durch die Verord. v. 7./1. 74 u. durch das G. v. 5./11. 74 (R.G.Bl. S. 3 u. 128).

4) Vergl. § 86 A. 2. Seit 1./10. 79 ist an die Stelle des R.O.H.G. das Reichsgericht getreten (§ 1 des G. v. 16./6. 79 R.G.Bl. S. 157).

§. 88. Die Bezirke der Disziplinarkammern werden vom Kaiser im Einvernehmen [1]) mit dem Bundesrathe abgegrenzt. [2])

Zuständig im einzelnen Falle ist die Disziplinarkammer, in deren Bezirk der Angeschuldigte zur Zeit der Einleitung des förmlichen Disziplinarverfahrens seinen dienstlichen Wohnsitz [3]) hat, und wenn dieser Wohnsitz im Auslande sich befindet, die Disziplinarkammer in Potsdam. [4])

Streitigkeiten über die Zuständigkeit verschiedener Disziplinarkammern werden vom Disziplinarhof entschieden.

1) Vergl. § 87 A. 2.

2) Diese Abgrenzung ist erfolgt durch Verord. v. 11./7. 78 (R.G.Bl. S. 293).

3) Vergl. § 19 A. 6. Bei Wartegeldempfängern entscheidet der letzte dienstliche Wohnsitz (§ 119 Abs. 2).

4) Vergl. § 25 des Pr.V.Disz.G.

§ 89. [1]) Jede Disziplinarkammer besteht aus sieben Mitgliedern. Der Präsident und wenigstens drei andere Mitglieder müssen in richterlicher Stellung in einem Bundesstaate sein. [2])

Die mündliche Verhandlung und Entscheidung in den einzelnen Disziplinarsachen erfolgt durch fünf

Mitglieder. Der Vorsitzende und wenigstens zwei Beisitzer müssen zu den richterlichen Mitgliedern gehören.[3])

[1]) Die den §§ 89 u. 91 entsprechenden §§ 90 u. 92 des Reg.Entw. begünstigten bei der Bildung der Disz.-Ger.-Höfe das administrative Element, namentlich konnte dieses in allen Fällen das Präsidium stellen. Dagegen übertragen die aus den Beschlüssen des Reichstages hervorgegangenen §§ 89 u. 91 den Vorsitz ausschließlich dem richterlichen Element und sichern durch die geschlossene, also nicht nach Belieben des Präsidenten zu erweiternde Zahl (numerus clausus) der Mitglieder des erkennenden Gerichtes — fünf (§ 89 Abs. 2) bezw. sieben (§ 91 Abs. 2) — in jedem Entscheidungsfalle den richterlichen Theilnehmern das Uebergewicht (§ 84 A. 1; Sten.B. S. 706 bis 713; Kanng. Bemk. zu § 89; v. Zedlitz A. 108).

[2]) Der Bundesrath wählt die Mitglieder jeder Kammer und des Disz.H., der Kaiser ernennt sie (§ 93), wodurch sie zu Reichsbeamten im Nebenamte werden (§ 1 A. 2 u. § 93 A. 2).

[3]) Jedes Spruchgericht wird von dem Präsidenten aus den Mitgliedern seiner Kammer nach näherer Anweisung der Geschäftsordnung (§ 92 u. §§ 1 bis 7 der Anl. N) gebildet.

§ 90.[1]) Wenn auf den Antrag des Beamten der Staatsanwaltschaft oder des Angeschuldigten der Disziplinarhof das Vorhandensein von Gründen anerkennt, welche die Unbefangenheit der zuständigen Disziplinarkammer zweifelhaft machen, so tritt eine andere durch den Disziplinarhof ernannte Disziplinarkammer an deren Stelle.[2])[3])

[1]) Vergl. § 27 des Pr.B.Disz.G.

[2]) Das G. giebt dem Disz.H. das Urtheil über die

von einer Partei angeregte Befangenheitsfrage völlig frei, er hat nicht nöthig, sich hierbei peinlich an die Vorschriften der Str.Pr.O. (§§ 22 ff.) zu halten, wenn er sich auch im Wesentlichen nach ihnen richten wird. Das Disz.-Verf. ist dem Strafverfahren wohl nachgebildet, aber keine besondere Art desselben. Als bloßes Mittel zur Ordnung und Reinhaltung des öffentlichen Dienstes führt es niemals zu einer öffentlichen Strafe im Sinne des Strafrechtes und schließt deshalb auch die Verhaftung, vorläufige Festnahme oder Vorführung des Angeschuldigten ausdrücklich aus (§ 94 Abs. 2; § 72 Vorbemk. 1 u. § 77 A. 1; Laband I S. 471 A. 2). Diese grundsätzliche Verschiedenheit verhindert jede Nöthigung, die für den Strafprozeß maßgebenden materiellen und formellen Bestimmungen auch als unbedingt maßgebend für das Disz.Verf. anzusehen. Nur insoweit als das letztere Verfahren ohne die Mittel des ersteren seinen im Gesetze vorgezeichneten Zwecken nicht würde gerecht werden können und daher die analoge Heranziehung dieser Mittel als eine zweifellos vom Gesetz gewollte anzusehen ist, oder insofern es sich um allgemeine, in beiden Verfahren gleichmäßig zu beachtende Rechtsgrundsätze handelt, dürfen die Bestimmungen des Strafprozesses ergänzend zur Anwendung gelangen. Dies gilt namentlich von dem Beweisverfahren, von der Vorladung der Zeugen und Sachverständigen (§ 133), von dem Zwange zum Erscheinen, zum Zeugniß und zur Eidesleistung (§§ 94 u. 105), sowie von der Durchsuchung und Beschlagnahme (vergl. § 94 A. 5; § 22 Nr. 3 Abs. 7 der Gesch.O. Anl. N; Laband II S. 462—465; Löwe § 51 S. 278 A. 6; Labes in Hirths Ann. J. 89 S. 258d; Rehm §§ 58 u. 59 S. 197).

Zu weit dürften daher, wie auch Per. und Sp. A. II zu § 90 ausführen, die E. des Disz.H. v. 10./2. 81 und 5./11. 83 (erwähnt bei Per. und Sp. a. a. O.) gehen, wenn sie die Vorschriften im dritten Abschnitt der Str.Pr.O. §§ 22 ff. über „Ausschließung und Ablehnung der Gerichtspersonen" strikte auf das

Disz.Verf. übertragen. Folgerichtig dürfte dann auch der Voruntersuchungsbeamte niemals in der von ihm untersuchten Sache an der Entscheidung Theil nehmen (§ 23 Abs. 2 der Str.Pr.O.). Aber gerade um diese Folge einer uneingeschränkten Uebertragung der Vorschriften der Str.Pr.O. auf das Disz.Verf. sicher zu verhüten, hat der § 12 der Novelle zu den Pr.Disz.G. v. 9./4. 79 (G.S. S. 345) in seine Bestimmung den Satz aufgenommen, daß der mit der Voruntersuchung beauftragte Beamte von der Theilnahme an den Entscheidungen nicht auszuschließen sei. Ebenso § 20 Abs. 3 des Pr. Kirch.Disz.G. für die Provinz Hannover v. 24./4. 94 G.S. S. 97.

Sowohl in den Verhandlungen des Reichstages über das vorliegende G., wie in den Verhandlungen des Pr. Landtages über das G. v. 9./4. 79 (siehe oben) blieb die Regierung ihrer Auffassung treu, daß das Disz.Verf. nicht als eine Unterart des Straf-Verf. anzusehen sei, während in den Kommissionen der betheiligten Körperschaften, weniger in diesen selbst, auch die entgegengesetzte Meinung ihre Vertretung fand. Zu einer prinzipiellen Entscheidung kam es nirgend, und deshalb können die Gesetzesmaterialien für die Richtigkeit der einen oder anderen Auffassung kein vollgiltiges Beweismaterial abgeben (vergl. Motive S. 73—76 u. § 72 Vorbemk. 1; Sten.B. S. 702, 705 ff., 920, 921, 923, 924; Motive zum Pr. G. v. 9./4. 79 Drucks. des Herr.H. 78/79 Nr. 17 S. 49 Schlußbemk., K.Ber. das. Nr. 49 S. 137; Verh. das. S. 68; Drucks. des Abg.H. 78/79 K.Ber. B. 3 Nr. 179 S. 2; Verh. des Abg.H. 78/79 S. 1085 u. 1088).

3) Die Bestimmung greift nur auf Antrag, nicht außerdem von Amtswegen (§ 30 der Str.Pr.O.) Platz. Der Antrag kann auch noch in der mündlichen Verhandlung gestellt werden, in der die Prozeßbetheiligten möglicherweise die erste Kenntniß von der Zusammensetzung der Disz.-Kammer erhalten, und wenn das Verfahren mit der

ersten mündlichen Verhandlung noch nicht zum Abschlusse gelangt, muß der Antrag auch in der folgenden Verhandlung noch zulässig bleiben, da das Gesetz eine Schranke, wie § 25 der Str.Pr.O., nicht zieht. Das weitere Verfahren bleibt in solchem Falle zu vertagen, bis der Disz.H. über das an ihn abzugebende Gesuch entschieden hat. In II. Instanz ist ein derartiges Gesuch nicht zugelassen.

§ 91. Der Disziplinarhof besteht aus elf Mitgliedern, von denen wenigstens vier zu den Bevollmächtigten zum Bundesrathe, der Präsident und wenigstens fünf zu den Mitgliedern des Reichs-Oberhandelsgerichts [1]) gehören müssen.

Die mündliche Verhandlung und Entscheidung in den einzelnen Disziplinarsachen erfolgt durch sieben Mitglieder. Der Vorsitzende und wenigstens drei Beisitzer müssen zu den richterlichen Mitgliedern gehören. [2])

[1]) Vergl. § 87 A. 4.

[2]) Vergl. § 86 A. 2 u. § 89 A. 1, sowie § 23 Nr. 1 bis 6 der Gesch.O. Anl. N.

§ 92. [1]) Die Geschäftsordnung bei den Disziplinarbehörden, insbesondere die Befugnisse des Präsidenten und die Reihenfolge, in welcher die richterlichen [2]) Mitglieder an den einzelnen Sitzungen theilzunehmen haben, wird durch ein Regulativ geordnet, welches der Disziplinarhof zu entwerfen und dem Bundesrath zur Bestätigung einzureichen hat. [3])

[1]) Der dem § 11 des B.G. über das R.O.H.G. v. 12./6. 69 (B.G.Bl. S. 203) nachgebildete § 92 ist vom Reichstage eingefügt, um Willkürlichkeiten des Präsidenten bei der

Bildung des Gerichtes vorzubeugen (Druckſ. Nr. 133 S. 580; Sten.B. S. 706, 707, 714).

[2]) Die nicht richterlichen Mitglieder beruft der Präsident nach freiem Ermessen ein, wobei thunlichst derjenige Verwaltungszweig zu berücksichtigen ist, welchem der Angeschuldigte angehört (§ 5 der Gesch.O. Anl. N). Man sah im Reichstag und in dessen Kommission die Verwaltungsbeamten als ein in den Spruchkollegien fungirendes sachverständiges Laienelement an (Sten.B. S. 709).

[3]) Die Gesch.O. v. 18./4. 80 (Anl. N) ist an die Stelle der früheren v. 19./12. 73 (R.C.Bl. S. 390) getreten.

§ 93. Die Mitglieder der Disziplinarkammern und des Disziplinarhofs werden für die Dauer der zur Zeit ihrer Ernennung von ihnen bekleideten Reichs- oder Staatsämter [1]) vom Bundesrath gewählt, vom Kaiser ernannt, und für die Erfüllung der Obliegenheiten ihres Amts [2]) verpflichtet. [3])

[1]) Der Reg.Entw. wollte die Disz.Richter, ähnlich wie in Preußen die Mitglieder des dortigen Disz.H. (§ 29 des Pr. B.Disz.G.), alle drei Jahre wechseln lassen unter Gestattung der Wiederwahl. Der Reichstag hielt einen solchen fortwährenden Wechsel für unvereinbar mit dem richterlichen Charakter der Disz.-Behörden und knüpfte deshalb dieses Nebenamt an die Dauer des zur Zeit seiner Uebertragung bekleideten Haupt-, Reichs- oder Staatsamtes. Eine Versetzung oder Beförderung aus diesem Hauptamte beseitigt also ebenfalls das damit verbundene Nebenamt, im Uebrigen endigt dasselbe regelmäßig erst mit der einstweiligen oder dauernden Versetzung in den Ruhestand. Die aus dem Bundesrathe gewählten Mitglieder des Disz.H. (§ 91) können alljährlich wechseln (Art. 8 der R.V.). Vergl. § 84 A. 1 und Druckſ. Nr. 133 S. 580.

²) Für die aus den Bundesstaaten gewählten Mitglieder (Landesbeamten) ein unbesoldetes Reichsamt als Nebenamt, das sie nur durch besondere Anstellung erwerben und deshalb ausschlagen können, da es einen Zwang zur Annahme eines Amtes (§ 1 A. 7) nicht giebt (vergl. § 89 A. 2).

Dagegen liegt in der Uebertragung der disziplinarrichterlichen Funktionen an Reichsbeamte nur eine Erweiterung ihrer reichsamtlichen Pflichten, die sich jeder Beamte gefallen lassen muß (§ 10 A. 2; Sten.B. S. 711; Kap. 66 Tit. 7 des Reichshaushaltsetats — Etat des Reichsgerichtes — A. a. Schl.; § 28 Nr. 7 der Gesch.O. Anl. N; Thudichum § 93 A. 2).

³) Von dem Präsidenten des Disz.-Gerichtes. Eidliche Verpflichtung (§ 3) ist nicht vorgeschrieben, folglich nicht erforderlich (vergl. Per. u. Sp. A. III zu § 95).

§ 94. [1]) In der Voruntersuchung wird der Angeschuldigte unter Mittheilung der Anschuldigungspunkte[2]) vorgeladen[3]) und der Beamte der Staatsanwaltschaft zugezogen. Dieselben werden, wenn sie erscheinen, mit ihren Erklärungen und Anträgen gehört. Die Zeugen werden, nach Befinden eidlich,[4]) vernommen, und die sonstigen Beweise erhoben.[5]) Den Vernehmungen der Zeugen darf weder der Beamte der Staatsanwaltschaft noch der Angeschuldigte beiwohnen.[6])

Die Verhaftung,[7]) vorläufige Festnahme[8]) oder Vorführung[9]) des Angeschuldigten ist unzulässig.[10])

¹) Der § 95 des Reg.Entw. lautete wie die Abs. 1 u. 2 des § 32 des Pr. B.Disz.G., dagegen war der dortige Abs. 3, welcher die Zuziehung eines vereideten Protokollführers zu allen Untersuchungsverhandlungen verlangt,

nicht aufgenommen. Es fehlte also jede Bestimmung über die Beurkundung der Beweisverhandlungen. Außerdem blieben bei der Fassung des Reg.Entw. die Stellung der Staatsanwaltschaft und ihre, wie des Angeschuldigten Rechte in der Voruntersuchung unklar. Der Reichstag gab der Bestimmung ihre jetzige Gestalt und fügte die §§ 95—97 neu hinzu, wodurch die Voruntersuchung auf eine breitere, dem Angeschuldigten besseren Schutz gewährende Grundlage gestellt wurde (vergl. § 84 A. 1; Drucks. Nr. 107 S. 495 u. Nr. 133 S. 580, 581; Sten.B. S. 714—716, 919—924).

2) Damit der Angeschuldigte bereits bei seiner ersten Vernehmung im Stande ist, den ganzen Fall zu übersehen und seine Vertheidigung vorzubereiten, soll die Mittheilung der Anschuldigungspunkte bereits mit der Vorladung erfolgen, jedenfalls muß sie in irgend einer Form seiner ersten verantwortlichen Vernehmung voran gegangen sein.

3) Nach § 133, vergl. auch § 22 Nr. 8 der Anl. N. Ein besonderes Präjudiz ist nicht vorgeschrieben. Erscheint der Angeschuldigte nicht, so muß ohne ihn die Untersuchung zu Ende geführt werden, ein Zwang zum Erscheinen besteht im Disz.Verf. für den Angeschuldigten nicht (Abs. 2; § 102; § 116 Abs. 4; § 90 A. 2; Motive S. 75).

Ein Vertheidiger als Vertreter oder Beistand ist nur für die mündliche Verhandlung (§ 101 Abs. 1 u. § 102), nicht für die Voruntersuchung gestattet (vergl. A. 6).

4) Wie die Vernehmung, soll auch die Beeidigung der Zeugen und Sachverständigen regelmäßig bereits in der Voruntersuchung erfolgen, da eine Beweisaufnahme in der mündlichen Verhandlung im Interesse der Kostenersparniß (§ 104 A. 1) nur dann stattfindet, wenn § 105 oder § 106 hierzu Veranlassung geben. Die Beeidigung wird also stets vorzunehmen sein, wenn die Aussagen nach Ermessen des Voruntersuchungsbeamten von Einfluß auf

die Entscheidung sein können (vergl. § 73 der R.A.O. und § 21 des Pr. Kirch.Disz.G. für die Provinz Hannover v. 24./4. 94 G.S. S. 97). Anders im Strafverfahren, dessen Schwerpunkt in der mündlichen Hauptverhandlung liegt (§ 65 der Str.Pr.O.).

5) Für die Beweisaufnahme, namentlich für die Vernehmung von Zeugen und Sachverständigen, für deren Vorladung, Zwang zum Erscheinen, zum Zeugniß und zur Eidesleistung gelten die Vorschriften des Strafprozesses — §§ 50 ff., 59 ff., 69, 70, 75 bis 80, 84, 86, 93, 186 der Str.Pr.O. — (vergl. § 90 A. 2; § 106 A. 3). Amtseidliche Versicherungen sind demnach bei Zeugenvernehmungen ausgeschlossen (vergl. §§ 60 u. 79 der Str.Pr.O.; M. E. v. 20./7. 94 B.M.Bl. S. 118). Auch die außergewöhnlichen Beweismittel des Strafprozesses: die Beschlagnahme und Durchsuchung (§§ 94 ff. der Str.Pr.O.) sind im Disz.Verf. zulässig (R.G. v. 13./6. 84 E.Str.B. 10 S. 429), doch bleibt hierzu nur der untersuchungsführende Beamte, nicht auch der Beamte der Staatsanwaltschaft (§ 85 A. 3) befugt (vergl. Kanng. § 94 A. 6; Thudichum § 94 A. 5).

Dagegen besteht ein Recht, die Gerichte der Bundesstaaten für die Zwecke des Disz.Verf. in Anspruch zu nehmen, nicht. Der um Beweiserledigung angegangene Richter handelt nicht gegen seine Pflicht, wenn er dem Ersuchen der Disz.-Behörde nachkommt, genöthigt kann er aber hierzu nicht werden (§ 82 A. 4). Umsomehr muß den zur Beweisaufnahme befugten Beamten und Behörden im Disz.Verf. das Recht zugestanden werden, die in der Str.Pr.O. zur Durchführung des Zeugnißzwanges gegebenen Strafbestimmungen selbständig zu handhaben (vergl. § 22 Nr. 3 Abs. 7 der Gesch.O. Anl. N). Auch in den Motiven heißt es S. 75 Sp. 2 oben:

„Ueber die Beweisaufnahme, namentlich die Vernehmung von Zeugen, deren Vorladung, Zwang zum Erscheinen und Beeidigung werden die Regeln des gewöhnlichen Strafverfahrens gelten müssen".

[6]) Weder das Beisein des Angeschuldigten, noch der Staatsanwaltschaft ist in dem Beweisverfahren der Voruntersuchung zugelassen, um diese nicht unnöthig zu erschweren. In diesem Sinne hatte die eigene Kommission des Reichstages die hierüber sich nicht klar aussprechende Bestimmung des Reg.Entw. (A. 1) ausgestaltet (Drucks. Nr. 107 S. 494). Der Reichstag beschloß aber in zweiter Lesung entgegengesetzt, es sollte sowohl dem Angeschuldigten, wie dem Staatsanwalt die Anwesenheit bei den Zeugenvernehmungen frei stehen, nur die von einer Seite außerdem beantragte Zulassung eines Vertheidigers wurde abgelehnt (Drucks. Nr. 133 S. 580; Sten.B. S. 714). In dritter Lesung wurde der Beschluß der Reichstagskommission in der jetzigen Fassung wieder hergestellt (Sten.B. S. 919—924). Die Rechte der Vertheidigung schützen ausreichend die Vorschriften der §§ 97, 101 Abs. 2 u. § 106, nach welchen der Angeschuldigte und dessen Vertheidiger über das Ergebniß der Voruntersuchung vollständigen Aufschluß erhalten, und über erhebliche Thatsachen die Zeugen auf Verlangen in der mündlichen Verhandlung nochmals gehört werden müssen.

[7]) Vergl. § 112 der Str.Pr.O.

[8]) Vergl. § 127 der Str.Pr.O.

[9]) Vergl. §§ 229 u. 235 der Str.Pr.O.

[10]) Vergl. § 90 A. 2 u. § 102 A. 4.

§ 95. [1]) **Ueber jede Untersuchungshandlung**[2]) **ist durch einen vereideten Protokollführer**[3]) **ein Protokoll aufzunehmen. Den vernommenen Personen ist ihre Aussage unmittelbar nach der Protokollirung vorzulesen, um denselben Gelegenheit zur Berichtigung und Ergänzung zu geben.**

[1]) Vergl. § 94 A. 1.

2) Nicht bloß jede Verhandlung, sondern jede Untersuchungshandlung, also auch Durchsuchungen und Beschlagnahmen sind in der hier vorgeschriebenen beweisenden Form zu beurkunden. Ebenso §§ 185 u. 186 der Str.Pr.O.

3) Es genügt, wenn der zugezogene Beamte durch Handschlag an Eidesstatt unter Hinweis auf den von ihm geleisteten Diensteid ad hoc verpflichtet wird (M. E. v. 2./11. 52 B.M.Bl. S. 285 u. Pr. O.V.G. v. 11./1. 88 B.M.Bl. S. 33).

§ 96. 1) Wenn der Voruntersuchungs-Beamte die Voruntersuchung für geschlossen erachtet, so theilt er die Akten dem Beamten der Staatsanwaltschaft mit. Hält dieser eine Ergänzung der Voruntersuchung für erforderlich, so hat er dieselbe bei dem Voruntersuchungs-Beamten zu beantragen, welcher, wenn er entgegengesetzter Ansicht ist, die Entscheidung der obersten Reichsbehörde2) einzuholen hat.

1) Vergl. § 94 A. 1; § 27 des Pr. Richter-Disz.G.

2) Vergl. § 159 A. 1.

§ 97. 1) Nach geschlossener Voruntersuchung ist dem Angeschuldigten der Inhalt der erhobenen Beweismittel mitzutheilen.2) 3) Darauf werden die Akten an die oberste Reichsbehörde4) eingesendet.

1) Vergl. § 94 A. 1.

2) Gehört braucht er darüber hier (vergl. § 64 A. 5) nicht zu werden, da noch das Hauptverfahren, die mündliche Verhandlung, nachfolgt (§§ 101 ff.) und im Falle des § 98 der Voraussetzung für die Verhängung einer Ordnungsstrafe (§ 82) bereits durch § 94 genügt ist.

Eine Verlesung sämmtlicher Schriftstücke ist ebensowenig

erforderlich, als eine abschriftliche Mittheilung derselben. Es reicht aus, wenn der Angeschuldigte nach geschlossener Voruntersuchung vorgeladen und mit dem wesentlichen Inhalt des Beweismateriales bekannt gemacht wird. Ein Recht des Angeschuldigten auf selbständige Einsichtnahme der Untersuchungsakten kann aus dem Wortlaute des § 97 nicht gefolgert werden, obwohl die Absicht der R.T.K., von welcher die Bestimmung herrührt (§ 94 A. 1), nach der Auslassung ihres Berichterstatters Dr. Wagner (Sten.B. S. 716) scheinbar dahin gegangen ist. Dieses Recht erlangt der Angeschuldigte erst im späteren Verfahren vor der Disz.-Kammer, aber auch nicht für sich, sondern nur für seinen Vertheidiger (§ 101 Abs. 2). Bleibt der Angeschuldigte trotz vorschriftsmäßiger Ladung (§ 138) in dem Bekanntmachungstermine aus, so gilt er als verzichtend auf die Mittheilung der Beweise (vergl. Kanng. A. 2; Thudichum A. 1; v. Zedlitz A. 118; Per. u. Sp. A. II, insbes. die dort Abs. 4 mitgetheilten E. des Disz.H.).

[3]) Der Werth der Bestimmung für den Angeschuldigten ist ein dreifacher:

a) er kann einer Wiederaufnahme des Verfahrens nach § 99 besser mit der Behauptung entgegen treten, daß neue Beweise nicht beigebracht seien,
b) er kann seine Entschließung gegenüber dem Rechte aus § 100 treffen,
c) er kann seine Vertheidigung für das spätere Hauptverfahren (§§ 101 ff.) besser vorbereiten (vergl. Sten.B. S. 716).

[4]) Vergl. § 159 A. 1.

§ 98. [1]) **Die oberste Reichsbehörde kann [1]) mit Rücksicht auf den Ausfall der Voruntersuchung das Verfahren einstellen, und geeigneten Falls eine Ordnungsstrafe verhängen.[2])[3])**

Der Angeschuldigte erhält[4]) Ausfertigung des dar-

auf bezüglichen, mit Gründen zu unterstützenden Beschlusses.

[1]) Vergl. § 33 des Pr. V.Disz.G.

Im Falle des § 100 „muß" das Verfahren eingestellt werden, sonst hängt es von dem freien Ermessen der obersten Reichsbehörde (§ 159 A. 1) ab, ob sie dazu übergehen und geeigneten Falles eine Ordnungsstrafe verhängen, oder ob sie die Sache vor die Disz.-Kammer verweisen will (§ 101). Ein Recht auf das Urtheil des Disz.-Richters besitzt der Angeschuldigte nicht (vergl. Kanng. A. 4, Turnau und Thudichum A. 1 zu § 98; Rehm § 59 S. 198). Ein solches Recht kennt auch der Strafprozeß nicht (§ 196 der Str.Pr.O.). Sobald aber das Verfahren vor der Disz.-Kammer einmal anhängig geworden ist, kann nur noch § 100 (vergl. A. 1 das.) die Einstellung desselben bewirken, während die Einstellungs-, gleichzeitig aber auch Strafbefugniß der obersten Reichsbehörde aus § 98 damit erlischt und durch den alsdann immer erforderlich werdenden Spruch des Disz.-Richters ersetzt wird. Anhängig wird das Verfahren bei der Disz.-Kammer bereits mit dem Eingange (§ 101 A. 3), also nicht erst mit der Zustellung (§ 101 A. 4) der Anschuldigungsschrift, während der bloße Eingang des Ueberweisungsbeschlusses (§ 101 A. 2) die Rechtshängigkeit noch nicht erzeugt (vergl. Pr. O.V.G. [Beschluß] v. 5./10. 94 E. B. 26 S. 425 insbes. S. 427 Abs. 2 und die dortige auf S. 428 fortges. A.).

[2]) In einem und demselben gemäß Abs. 2 zu fassenden förmlichen Beschlusse (§ 101 A. 2). Der Voraussetzung des § 82 ist in solchem Falle durch § 94 genügt.

[3]) Von Kosten bleibt der Angeschuldigte in solchem Falle frei. Diese können, abgesehen vom § 100 (A. 8 das.), nur durch ein verurtheilendes Disz.-Erkenntniß auferlegt werden (§ 82 A. 7, § 124 A. 2).

[4]) **Auf dem Wege des § 188.**

§ 99. [1]) **Die Wiederaufnahme des Disziplinarverfahrens wegen der nämlichen Anschuldigungspunkte ist nur auf Grund neuer Beweise[2]) und während eines Zeitraums von fünf Jahren, vom Tage des Einstellungsbeschlusses ab, zulässig.**

War eine Ordnungsstrafe verhängt (§ 98), so findet eine Wiederaufnahme des eingestellten Disziplinarverfahrens nicht statt.

[1]) Der Reg.Entw. kannte nur den voraufgehenden § 98, wie das Pr. V.Disz.G. nur die gleiche Bestimmung in seinem § 33 enthält. Hier, wie dort, sollte die Wiederaufnahme eines eingestellten Verfahrens, selbst wenn damit eine Ordnungsstrafe verbunden gewesen ist, ohne Zeitbeschränkung zulässig sein, sobald neue Beweismittel oder auch andere Umstände hierfür genügenden Anlaß bieten. Es heißt in den Motiven S. 75:

„Nach § 96 (jetzt § 98) kann die oberste Reichsbehörde nach dem Ausfall der Voruntersuchung das Verfahren einstellen lassen und allenfalls nur eine Ordnungsstrafe verhängen. Ein solcher Beschluß wird indeß nicht als rechtskräftiges freisprechendes Urtheil zu betrachten und die Untersuchung, falls sich neue Beweismittel finden oder andere Umstände solches nothwendig machen, wieder aufzunehmen sein". Vergl. auch Thilo S. 118 unten.

Dagegen bestimmt § 28 des Pr. Richter-Disz.G. v. 7./5. 51, daß der Beschluß des Disz.-Gerichtes, den angeschuldigten Richter „gänzlich außer Verfolgung zu setzen", die Wirkung eines rechtskräftigen Urtheiles habe.

In der Mitte von diesen beiden Vorschriften hält sich der vom Reichstag hinzugefügte § 99, indem er:

a) wenn das Verfahren ohne Festsetzung einer Ordnungsstrafe eingestellt wird, die Wiederaufnahme desselben nur innerhalb einer fünfjährigen, hier ausnahmsweise

(§ 72 A. 3) zugelassenen Verjährungsfrist und nur auf Grund neuer Beweismittel (A. 2) zuläßt,

b) wenn dasselbe mit Festsetzung einer Ordnungsstrafe verbunden ist, dem betreffenden Beschlusse die Wirkung eines auf Ordnungsstrafe lautenden rechtskräftigen Erkenntnisses (§ 108 Abs. 3) beilegt (vergl. Kanng. § 99 A. 1 u. 2; Thudichum § 98 A. 2).

Eine ähnliche Bestimmung, wie Abs. 1 enthält § 77 der R.A.O. (vergl. die folg. A.).

2) Neuer Beweismittel oder neuer Thatsachen für die fallen gelassenen Anschuldigungspunkte (vergl. § 77 der R.A.O. und Motive dazu Drucks. 78 Nr. 5 S. 97; § 210 der Str.Pr.O. und § 24 Abs. 3 des Pr. Kirch.-Disz.G. für die Provinz Hannover v. 24./4. 94 G.S. S. 98).

§ 100. 1) **Die Einstellung des Verfahrens muß**2) **erfolgen, sobald der Angeschuldigte seine Entlassung**3) **aus dem Reichsdienste mit Verzicht**4) **auf Titel, Gehalt und Pensionsanspruch nachsucht, vorausgesetzt, daß er seine amtlichen Geschäfte bereits erledigt und über eine ihm etwa anvertraute Verwaltung von Reichsvermögen vollständige Rechnung gelegt hat.**5)

Die Verhängung einer Ordnungsstrafe ist in diesem6) **Falle nicht zulässig.**7) **Die Kosten des eingestellten Verfahrens (§ 124) fallen dem Angeschuldigten zur Last.**8)

1) Diese Bestimmung fehlte ebenfalls im Reg.Entw. (vergl. § 99 A. 1). Sie will in Verbindung mit § 75 das Recht des Beamten außer Zweifel stellen, auch während eines gegen ihn schwebenden Disz.Verf. zu jeder Zeit seine Entlassung zu verlangen und dadurch weiteren Disz.-Maßregeln ein Ziel zu setzen, sobald der Amtspflicht vollkommen genügt ist (vergl. § 75 A. 14 u. § 33 A. 3).

In Preußen wird dieses Recht dem angeschuldigten Beamten auf Grund der §§ 94 bis 97 Tit. 10 Th. II A.L.R. ebenfalls zuerkannt (O.V.G. v. 26./5. 83 E. B. 10 S. 371; Allerh. Erl. v. 22./3. 56 J.M.Bl. S. 162 und M. E. v. 3./5. 56 u. 8./6. 66 V.M.Bl. S. 141 und S. 160).

[2]) Im Falle des § 98: „kann" (vergl. A. 1 das.).

[3]) Ein Antrag auf Pensionirung darf nicht Veranlassung zur Einstellung des einmal eingeleiteten förmlichen Disz.Verf. geben (vergl. § 54 A. 3, § 75 A. 14).

[4]) Ohne diesen Verzicht kann zwar nicht die Entlassung, die lediglich von der am Schlusse des Abs. 1 gedachten Voraussetzung abhängt, wohl aber die Einstellung des Verfahrens vorenthalten werden (vergl. § 75 A. 14a).

[5]) Gehalt und Dienstzeit (§ 45 A. 7) laufen bis zu dem Tage, an welchem die Entlassungsverfügung dem Angeschuldigten zugestellt ist (vergl. § 5 A. 1, auch § 75 A. 13).

[6]) Vergl. § 98 Abs. 1.

[7]) Denn mit der freiwilligen Aufsichnahme der schwersten Strafe, welche den Angeschuldigten im Disz.Verf. treffen kann, ist für eine geringere Strafe kein Raum mehr.

[8]) Sie werden in diesem Falle (vergl. § 98 A. 3) in dem Einstellungsbeschlusse (§ 101 A. 2) dem Angeschuldigten zur Last gelegt. War er suspendirt, so fallen ihm auch die Stellvertretungskosten zur Last (vergl. § 129 A. 3; Per. u. Sp. A. V).

§ 101. [1]) Beschließt die oberste Reichsbehörde[2]) die Verweisung der Sache vor die Disziplinarkammer, so wird der Angeschuldigte nach Eingang[3]) einer von dem Beamten der Staatsanwaltschaft anzufertigenden Anschuldigungsschrift[3]) unter abschriftlicher Mittheilung der letzteren zu einer von dem

Vorsitzenden der Disziplinarkammer zu bestimmenden Sitzung zur mündlichen Verhandlung vorgeladen.[4]

Der Angeschuldigte kann sich des Beistandes eines Advokaten oder[5] Rechtsanwalts[6] als Vertheidigers bedienen. Dem Letzteren ist die Einsicht der Voruntersuchungs-Akten zu gestatten.[7]

1) Vergl. § 34 des Pr. V.Disz.G.

2) Die oberste Reichsbehörde (§ 159 A. 1) beschließt entweder die Einstellung des Verfahrens (§§ 98 u. 100) oder die Verweisung der Sache vor die Disz.-Kammer. Nur im ersteren Falle wird der Beschluß dem Angeschuldigten mitgetheilt (§ 98 Abs. 2).

3) Mit diesem Eingange beginnt auch die Rechtshängigkeit (§ 98 A. 1). Die Anschuldigungsschrift muß die sämmtlichen, dem Angeschuldigten zur Last gelegten Pflichtverletzungen durch Angabe der sie begründenden Thatsachen bezeichnen (vergl. §§ 76 u. 79 der R.A.O.). Die Schrift bildet die Grundlage und begrenzt den Gegenstand der mündlichen Verhandlung, welche mit ihrem Vortrage beginnt (vergl. § 104 A. 1 u. 7).

4) Vergl. § 133 u. § 22 Nr. 1 der Gesch.O. Anl. N.

5) Advokaten giebt es seit 1. Oktober 1879 nicht mehr.

6) Nicht auch einer anderen Person (vergl. Kanng. A. 6). Anders §§ 138, 139, 322 der Str.Pr.O. u. § 83 der R.A.O., sowie § 25 des Pr. Kirch.Disz.G. für die Provinz Hannover v. 24./4. 94 G.S. S. 99. Besonders geladen wird der gewählte Vertheidiger nicht.

7) Der letzte Satz ist ein Zusatz der R.T.K.

Es sollte dem Angeschuldigten die Möglichkeit gesichert werden, auch durch seinen Vertheidiger noch vor der mündlichen Verhandlung (§ 105) auf sicherer Grundlage Vertheidigungsanträge stellen zu lassen (vergl. Kanng. A. 3, v. Zedlitz A. 122). Dem Angeschuldigten selbst ist die Akteneinsicht nicht gestattet, für ihn gilt § 97 (vergl. A. 2 das.).

§ 102.[1]) Die mündliche Verhandlung findet statt, auch wenn der Angeschuldigte nicht erschienen ist. Derselbe kann sich durch einen Advokaten oder[2]) Rechtsanwalt[2]) vertreten lassen. Der Disziplinarkammer steht es jedoch, sofern der Angeschuldigte seinen dienstlichen Wohnsitz im Deutschen Reiche hat, jederzeit zu, das persönliche Erscheinen des Angeschuldigten unter der Warnung zu verordnen,[3]) daß bei seinem Ausbleiben ein Vertheidiger zu seiner Vertretung nicht werde zugelassen werden.[4])

[1]) Vergl. § 37 des Pr.B.Disz.G.

[2]) Vergl. § 101 A. 5 und 6.

[3]) Vergl. § 22 Nr. 1 der Gesch.O. Anl. N.

[4]) Jedes weitere Zwangsmittel ist ausgeschlossen (§ 94 Abs. 2). „Zwar kommt es bei Disz.-Fällen ganz besonders auf die Persönlichkeit des Angeschuldigten an, indes fällt doch das Hauptgewicht des Verfahrens so sehr in die Voruntersuchung" — vergl. § 84 A. 1 und § 104 A. 1 —, „daß es zulässig ist, dem Angeschuldigten, wenn er selbst auf sein persönliches Erscheinen kein Gewicht legt, eine vielleicht weite und kostspielige Reise zu ersparen. Gleichwohl kann die Behörde das persönliche Erscheinen des Angeschuldigten anordnen, ohne daß jedoch eine Realcitation zulässig ist. Der Nachtheil für das Ausbleiben besteht dann bloß in der Nichtzulassung eines Vertheidigers zu seiner Vertretung" (Motive S. 76). Anders im Strafprozeß (§ 235 der Str.Pr.O.).

§ 103. [1]) Die mündliche Verhandlung ist öffentlich. Die Oeffentlichkeit kann aus besonderen Gründen auf den Antrag des Angeschuldigten, des Beamten der Staatsanwaltschaft oder von Amts wegen durch Beschluß [2]) der Disziplinarkammer ausgeschlossen oder auf bestimmte Personen beschränkt werden. Die Gründe der Ausschließung oder Beschränkung der Oeffentlichkeit müssen aus dem Sitzungsprotokoll hervorgehen. [1])

[1]) Der Reg.Entw. schloß in seinem § 98 (vergl. § 104 A. 1) ebenso, wie der § 35 des Pr.B.Disz.G., die Oeffentlichkeit aus, „weil die mündliche Verhandlung nach dem Zwecke des Disz.Verf. keine öffentliche sein könne" (Motive S. 75). Denselben Grundsatz hat § 82 der R.A.O. beibehalten. Der Reichstag folgte seiner Kommission, welche die Garantie der Oeffentlichkeit neben der Mündlichkeit auch im Disz.Verf. nicht glaubte entbehren zu können. Um indessen den hier oft in höherem Maße noch, als im Strafprozesse verborgenen Gefahren sowohl für die Interessen des Reiches, namentlich bei Anschuldigungen wegen Verletzung des Amtsgeheimnisses, wie für die sittlichen Interessen des Angeschuldigten und seiner Familie möglichst wirksam zu begegnen, wurde die Ausschließung der Oeffentlichkeit nicht, wie im Strafprozeß, an bestimmte Gründe: „Gefährdung der öffentlichen Ordnung oder der Sittlichkeit" (§ 173 des G.V.G.) gebunden, sondern ganz dem gewissenhaften Ermessen der Disz.-Gerichte (§§ 103 und 116 Abs. 4) übertragen, mit der alleinigen Maßgabe, daß die entscheidend gewesenen Gründe zu beurkunden sind (vergl. Drucks. Nr. 107 S. 496; Sten.B. S. 43 u. 717; Kanng. S. 201/202; v. Zedlitz A. 124).

[2]) Vergl. § 22 Nr. 2 der Gesch.O. Anl. N und § 175 des G.V.G.

§ 104. [1]) Bei der mündlichen Verhandlung wird der wesentliche Inhalt der Anschuldigungsschrift [2]) von dem Beamten der Staatsanwaltschaft mündlich vorgetragen. Der Angeschuldigte wird vernommen. Gesteht derselbe[3]) die den Gegenstand der Anschuldigung bildenden Thatsachen ein und walten gegen die Glaubwürdigkeit seines Geständnisses keine Bedenken ob, so beschließt die Disziplinarkammer, daß eine Beweisverhandlung nicht stattfinde.[4])

Andernfalls giebt ein von dem Vorsitzenden der Disziplinarkammer aus der Zahl der Mitglieder[5]) ernannter Berichterstatter auf Grund der bisherigen Verhandlungen eine Darstellung[6]) der Beweisaufnahme, soweit[7]) sie sich auf die in der Anschuldigungsschrift enthaltenen Anschuldigungspunkte[7]) bezieht.

Zum Schluß wird der Beamte der Staatsanwaltschaft mit seinem Vor- und Antrage und der Angeschuldigte mit seiner Vertheidigung gehört. Dem Angeschuldigten steht das letzte Wort zu.[8])

[1]) Der Reg.Entw. enthielt in seinem § 98 folgende mit § 35 des Pr.V.Disz.G. gleichlautende Bestimmung: „Bei der mündlichen Verhandlung, welche in nicht öffentlicher Sitzung stattfindet, giebt zuerst ein von dem Vorsitzenden der Behörde aus der Zahl ihrer Mitglieder ernannter Referent eine Darstellung der Sache, wie sie aus den bisherigen Verhandlungen hervorgeht.

Der Angeschuldigte wird vernommen.

Es wird darauf der Beamte der Staatsanwaltschaft mit seinem Vor- und Antrage und der Angeschuldigte in seiner Vertheidigung gehört.

Dem Angeschuldigten steht das letzte Wort zu."

Hieran schloß sich als § 99 der jetzige § 105, nur in etwas abweichender, mit § 36 des Pr.V.Disz.G. gleichlautender Fassung. Es fehlten die §§ 106 und 107. Der Reg.Entw. bewahrte das Prinzip der Schriftlichkeit, der Schwerpunkt seines Verfahrens ruhte in der schriftlichen Voruntersuchung. Mit dem Vortrage des Ergebnisses dieser Untersuchung, nicht mit dem Vortrage der Anschuldigungsschrift begann bei ihm die mündliche Verhandlung, und eine Vernehmung von Zeugen in dieser Verhandlung konnte nur eintreten, wenn das Disz.-Gericht — auf oder ohne Antrag — solches ausnahmsweise für angemessen erachtete. Man wollte die meistens nicht unerheblichen Kosten einer solchen Beweiserhebung möglichst vermeiden. In dieser Beziehung bemerken die Motive S. 75 zu § 99 (jetzt § 105): „Von dem gewöhnlichen Strafverfahren findet ferner noch der Unterschied statt, daß nicht die ganze Beweisaufnahme wiederholt, nicht der ganze Komplex der Thatsachen, auf welchen die Anschuldigung und Vertheidigung beruhen, nochmals in der Audienz zum lebendigen Ausdruck gebracht wird. Es würden hiermit oft sehr erhebliche, dem Angeschuldigten zur Last fallende Kosten verbunden sein. Die Vernehmung von Zeugen geschieht nur, wenn sie auf Antrag des Angeschuldigten oder nach eigenem Ermessen der Behörde für angemessen gehalten wird, also nur in Ausnahmefällen."

Die Kommission des Reichstages, aus deren Beschlüssen die jetzigen Bestimmungen hervorgegangen sind, begünstigte das Prinzip der Mündlichkeit, gelangte indessen über eine bloße Erweiterung der diesem Prinzip im Reg.Entw. gezogenen Schranken aus ähnlichen praktischen Erwägungen, wie jener, ebenfalls nicht hinaus. Von der Mündlichkeit des Strafprozesses (§§ 242, 244 ff., 249 der Str.Pr.O.) bleiben diese Bestimmungen des Disz.Verf. noch weit entfernt. Es beginnt zwar im § 104 das Hauptverfahren mit dem mündlichen Vortrage der Anschuldigungsschrift, wird aber infolge Leugnens des Angeschuldigten eine weitere Verhandlung erforderlich, so beschränkt sich diese zunächst ebenfalls auf den Vortrag des ernannten Berichterstatters auf Grund einer vorher ausgearbeiteten schriftlichen Darstellung des bisherigen Untersuchungsergebnisses (vergl. § 22 Nr. 3 Abs. 3 u. 4 der Anl. N), und es hängt lediglich von den sich hieran anschließenden Parteianträgen, sowie der sich bildenden Ueberzeugung des Disz.-Gerichtes (§§ 105 u. 106) ab, ob und inwieweit eine Wiederholung bezw. Ergänzung der Beweisaufnahme in der mündlichen Verhandlung nachfolgt (A. 4 u. 6). Der Unterschied gegen den Reg.Entw. besteht nur darin, daß über erhebliche Thatsachen die Zeugen auf Antrag einer Partei von neuem in der mündlichen Verhandlung (§ 106), ausnahmsweise außerhalb derselben, dann aber unter Beiladung beider Theile (§ 107), abgehört werden müssen, während nach dem Reg.Entw. hierüber stets das Ermessen der Disz.-Gerichte allein entschied. Ob aber eine Thatsache erheblich, oder nicht, unterliegt wieder — abweichend vom Strafprozeß (§ 244 der Str.Pr.O.) — ausschließlich dem Urtheile des Disz.-Gerichtes (§ 106 A. 4 u. 5). Man kann hiernach nicht sagen, daß im Disz.Verf. die Mündlichkeit herrsche, sie kann ganz oder theilweise eintreten, es kann aber auch im Wesentlichen bei der Schriftlichkeit bewenden (vergl. Drucks. Nr. 107 S. 496; Sten.B. S. 718 u. 923; Kanng. § 104 A. 1; § 106 A. 4).

2) Welche der Angeschuldigte bereits kennt (§ 101 Abs. 3).

3) Oder dessen Vertreter (§ 102; Kanng. A. 5; Thudichum A. 2).

4) Diesem Zwischenbeschlusse folgt dann unmittelbar das Schlußverfahren des Abs. 3 und die Entscheidung des § 108. Gesteht der Angeschuldigte nicht, oder nicht vollständig, oder nicht glaubwürdig, so beginnt die Beweisverhandlung des Abs. 2, das heißt der Vortrag und die Verhandlung über das Beweisergebniß der Voruntersuchung (vergl. A. 1 u. 6). Daran schließt sich Abs. 3 und eventuell hieran eine erneuerte Beweisaufnahme und weitere Verhandlung nach Maßgabe der §§ 105 bis 108. Den Schluß jeder mündlichen Verhandlung bildet immer Abs. 3.

[5]) Des gebildeten Spruchkollegiums (§ 89 Abs. 2; § 22 Nr. 3 Abs. 2 der Anl. N).

[6]) Vergl. A. 1. Inwiefern bei dieser Sachdarstellung Urkunden und Zeugenaussagen zur vollständigen Verlesung gelangen sollen, befindet das Gericht, ohne hierzu, wie nach § 88 der R.A.O., durch Anträge der Prozeßbetheiligten genöthigt werden zu können.

[7]) Die Darstellung des Berichterstatters muß sich streng an diese Anschuldigungspunkte halten, sie allein bilden den Gegenstand der mündlichen Verhandlungen (§ 101 A. 3). Dies sollte gegenüber dem Reg.-Entw. (A. 1) durch die Worte: „soweit . . . bezieht" jedem Zweifel entzogen werden (vergl. Kanng. A. 4; § 84 der R.A.O.; § 263 Abs. 1 der Str.Pr.O.). Wie das Gericht das thatsächliche Material aller Verhandlungen für sein Urtheil über die vorgebrachten Anschuldigungspunkte verwerthen will, bleibt seiner freien Würdigung (§ 108) überlassen, nur die Thatbestände neuer, von der Anschuldigungsschrift nicht umfaßter Dienstvergehen dürfen aus den Verhandlungen nicht geschöpft werden (vergl. auch das bei Per. und Sp. § 104 A. III mitgetheilte Erk. des Disz.H. v. 21./9. 85). Wenn jedoch der Angeschuldigte sich ausdrücklich damit einverstanden erklärt, daß über Anschuldigungspunkte, welche sich erst nach Einreichung der Anschuldigungsschrift herausgestellt haben, mit verhandelt werde, so wird zur Ersparung eines neuen Verfahrens eine Erstreckung der Aburtheilung darauf in I. Instanz hier ebenso zulässig sein, wie solches im Strafprozeß eintreten kann (§ 265 der Str.Pr.O.).

[8]) Ueber die Leitung der Verhandlung vergl. § 22 Nr. 3 Abs. 5 u. 6 der Anl. N und § 106 A. 3. Bei derselben ist stets ein vereideter Protokollführer zuzuziehen (§ 109 A. 3; § 22 Nr. 3 Abs. 1 der Anl. N).

§. 105. Wenn die Disziplinarkammer vor[1]) oder im Laufe der mündlichen Verhandlung auf den Antrag des Angeschuldigten oder des Beamten der Staatsanwaltschaft, oder von Amts wegen die Vernehmung von Zeugen, sei es vor der Displinarkammer oder[2]) durch einen beauftragten Beamten, oder die Herbeischaffung anderer Beweismittel für angemessen erachtet,[2]) so erläßt sie die erforderliche Verfügung[3]) und verlegt nöthigenfalls die Fortsetzung der Verhandlung auf einen anderen Tag, welcher dem Angeschuldigten bekannt zu machen ist.[4])

[1]) Hauptsächlich im Interesse der Vertheidigung sind Anträge auf Abhörung bereits vernommener oder neuer Zeugen in der mündlichen Verhandlung auch schon vor dieser Verhandlung für zulässig erklärt (vergl. § 101 A. 7; Kanng. Bemk. II 3 zu § 101; Sten.B. S. 921). Dasselbe gilt hinsichtlich der Sachverständigen (vergl. § 106 A. 2).

[2]) Dies freie Ermessen des Gerichtes, das im Reg.-Entw. vorherrschte (§ 104 A. 1), ist im Gesetze durch die in den §§ 106 u. 107 hinzugefügten Parteirechte beschränkt worden. Einerseits müssen unter Umständen Beweise nochmals aufgenommen bezw. ergänzt werden (§ 106), andererseits darf diese Aufnahme einem besonderen Beamten außerhalb der mündlichen Verhandlung nur ausnahmsweise dann aufgetragen werden, wenn die Voraussetzungen des § 107 zutreffen (vergl. § 104 A. 1).

[3]) Vergl. § 14 der Anl. N.

[4]) Auch wenn derselbe bisher nicht erschienen war. Es wird stets der Angeschuldigte selbst gemäß § 133 geladen, nicht dessen Vertheidiger; dieser wird nur zugelassen (§ 101 A. 4 u. 6; § 102).

§ 106.[1]) Die Vernehmung der Zeugen[2]) muß auf Antrag des Beamten der Staatsanwaltschaft oder des Angeschuldigten in der mündlichen Verhandlung erfolgen,[3] sofern die Thatsachen erheblich sind,[4] über welche die Vernehmung stattfinden soll, und die Disziplinarkammer nicht die Ueberzeugung gewonnen hat, daß der Antrag nur auf Verschleppung der Sache abzielt.[5]

[1]) Vergl. § 104 A. 1; § 105 A. 2.

[2]) Oder Sachverständigen. Das Gesetz erwähnt die Sachverständigen auch in den §§ 94, 105 u. 107 nicht ausdrücklich, ohne dieselben dadurch ausschließen zu wollen, diese Absicht hier anzunehmen, wie Per. und Sp. A. II wollen, dürfte umsoweniger angezeigt sein, als der Gesetzgeber den Vertheidigungsrechten möglichste Freiheit gewähren, nach dem eigenen Anerkenntniß des Regierungsvertreters in der dritten Lesung (Sten.B. S. 921) selbst die Möglichkeit nicht ausschließen wollte, daß auf Verlangen des Angeschuldigten „die gesammte Beweisaufnahme vor der Disz.-Kammer wiederholt werden muß."

[3]) Wegen der Rechte bei der Beweiserhebung vergl. § 94 A. 5. Verhandlung und Leitung der Beweisaufnahme behält der Vorsitzende der Disz.-Kammer ausschließlich in seiner Hand, er und das Gericht entscheiden über die Zulassung von Fragen, welche der Angeschuldigte, oder dessen Vertheidiger, oder auch die Staatsanwaltschaft an die Zeugen gerichtet wissen wollen, ein selbständiges Fragerecht, wie im Strafprozeß (§ 23 der Str.Pr.O.), ist keiner Partei hier eingeräumt, und eine analoge Anwendung jener strafprozeßrechtlichen Bestimmung kann nicht beansprucht werden (vergl. § 22 Nr. 3 Abs. 5 u. 6 der Anl. N; § 90 A. 2; Sten.B. S. 921 bis 923; E. des Disz.H. v. 4./2. 84, angeführt bei Per. u. Sp. A. III zu § 105 und A. V zu § 104).

[4]) Hierüber entscheidet ausschließlich das Gericht nach freiem Ermessen ohne Angabe von Gründen (vergl. § 104

A. 1 a. E.). Ebenso § 85 der R.A.O. Anders in dem auf grundsätzlicher Mündlichkeit beruhenden Strafprozesse (§§ 244 u. 249 der Str.Pr.O.). Der Schutz des Angeschuldigten ist das Rechtsmittel der Berufung (§ 110 A. 3), das im Strafprozesse gegen Urtheile der Landgerichte einstweilen noch fehlt (§§ 374 ff. der Str.Pr.O.).

[5]) Selbst wenn die Erheblichkeit der Thatsachen außer Zweifel ist, kann das Gericht die nochmalige Vernehmung der Zeugen ablehnen und es bei der bloßen Verlesung der in der Voruntersuchung beurkundeten Aussagen bewenden lassen, wenn es die Ueberzeugung — Verdacht genügt nicht — einer Verschleppungsabsicht gewinnt. Eine solche kann durch das Bestreben veranlaßt sein, möglichst lange im Genusse des Gehaltes zu bleiben. Zu einer Begründung seiner Ueberzeugung ist das Gericht hier ebenfalls nicht verpflichtet (vergl. A. 4).

§ 107.[1]) **Stehen dem Erscheinen eines Zeugen**[2]) **Krankheit, große Entfernung oder andere unabwendbare Hindernisse**[3]) **entgegen, so ist von der Disziplinarkammer**[4]) **dessen Vernehmung durch einen damit beauftragten Beamten**[5]) **unter Beiladung**[6]) **der Staatsanwaltschaft und des Angeschuldigten**[7]) **anzuordnen.**[4])

Als große Entfernung im Sinne dieses Gesetzes ist es nicht anzusehen, wenn der Zeuge sich im Bezirke der entscheidenden Disziplinarkammer aufhält.

[1]) Vergl. § 104 A. 1 u. 4; § 86 Abs. 3 der R.A.O.; § 222 der Str.Pr.O.

[2]) Oder Sachverständigen (§ 106 A. 2).

[3]) Die Frage ist nach den thatsächlichen Verhältnissen durch das Gericht zu entscheiden. Sind die Hindernisse durch Verlegung der Sitzung zu beseitigen, so sind sie **nicht** unabwendbar.

[4]) Dieselbe ist in ihrer Entschließung nur durch die Bestimmung im Abs. 2 beschränkt.

[5]) Die richterlichen Beamten der Bundesstaaten können hierzu nicht genöthigt werden (§ 82 A. 4; § 94 A. 5). Der beauftragte Beamte tritt an die Stelle der Disz.-Kammer, für die vor ihm in den Formen des § 95 gepflogene Beweisverhandlung gilt A. 3 zu § 106. Etwaige Einwendungen gegen die Zeugenvernehmung können in der späteren Verhandlung vor der Disz.-Kammer, in welcher das Beweisprotokoll zum Vortrag und nach Befinden (§ 104 A. 6) zur Verlesung gelangt, geltend gemacht werden.

[6]) Sämmtliche Ladungen erläßt der beauftragte Beamte nach Vorschrift des § 133. Den Prozeßbetheiligten muß die Möglichkeit zur Beiwohnung des Beweistermines gewährt werden, auf ihr Erscheinen kommt es nicht an.

[7]) Vergl. § 105 A. 4.

§ 108.[1]) Bei der Entscheidung[2]) hat die Disziplinarkammer, ohne an positive Beweisregeln gebunden zu sein, nach ihrer freien, aus dem Inbegriffe der Verhandlungen und Beweise geschöpften Ueberzeugung zu beurtheilen, inwieweit die Anschuldigung für begründet zu erachten.[3])

Ist die Anschuldigung nicht begründet, so spricht die Disziplinarkammer den Angeschuldigten frei. Vorläufige Freisprechung (Entbindung von der Instanz) ist nicht statthaft.[1]) Gegen den freigesprochenen Angeschuldigten darf wegen der nämlichen den Gegenstand der Anschuldigung bildenden Handlung ein Disziplinarverfahren nicht wieder eingeleitet werden.[1])[4])

Ist die Anschuldigung begründet, so kann die Entscheidung auch auf eine bloße Ordnungsstrafe lauten.[5]

Die Entscheidung, welche mit Gründen versehen sein muß, wird in der Sitzung, in welcher die mündliche Verhandlung beendigt worden ist und spätestens innerhalb der darauf folgenden vierzehn Tage[6] verkündet. Eine Ausfertigung[7] der Entscheidung wird dem Angeschuldigten[8] ertheilt.[9]

[1] Der Reg.Entw. gab wörtlich den § 38 des Pr.B. Disz.G. wieder, enthielt also nur die Abs. 1, 3 u. 4. Der zweite Absatz wurde vom Reichstag deshalb eingeschoben, um die damals nach Partikularrechten noch mögliche „vorläufige Freisprechung" ausdrücklich aus den Urtheilsformen im Disz.Verf. auszuschließen und um auch dem Grundsatze: „ne bis in idem" eine Stelle im Gesetz zu verschaffen (vergl. Kanng. A. 1 zu § 108 u. v. Zedlitz A. 129).

[2] Dieselbe erfolgt nach absoluter Stimmenmehrheit und nur diejenigen Mitglieder dürfen bei ihr mitwirken, vor welchen die mündliche Verhandlung stattgefunden hat (vergl. §§ 6, 9, 14, 15 der Anl. N; § 225 der Str.Pr.O.; § 12 Abs. 3 der Pr. Disz.G.Nov. v. 9./4. 79 G.S. S. 345 und Drucks. des Herr.H. 78/79 Nr. 17 S. 49 Schlußbemk.).

[3] Denselben Grundsatz spricht § 260 der Str.Pr.O. aus. Die Motive bemerken S. 76:

„In Bezug auf die Urtheilsfällung ist bestimmt, daß die entscheidende Behörde nicht an Beweisregeln gebunden ist, sondern nach freier Ueberzeugung zu sprechen hat. Dieser Grundsatz ist im Strafverfahren jetzt wohl allgemein angenommen. Für das Disziplinar-Verfahren wird seine Anwendung noch näher liegen."

Ueber die Schranken der disziplinarrichterlichen Beurtheilung vergl. § 78 A. 1 u. 3 und § 104 A. 7.

Auch dürfen bei dem Urtheilsspruche andere, als die verhandelten Beweise nicht berücksichtigt werden. Privatwissenschaft eines einzelnen Gerichtsmitgliedes ist als urtheilbestimmendes Moment, wie im Strafverfahren, so auch im Disz.Verf. gänzlich ausgeschlossen.

Nur wenn diese Wissenschaft eine allgemeine ist, wenn Beweisthatsachen in Frage kommen, die so allgemein bekannt sind, daß „kein vernünftiger Grund, sie in Zweifel zu ziehen, vorhanden ist", darf einer alsdann vorliegenden „Notorietät" Einfluß auf das Urtheil eingeräumt werden. Erforderlich bleibt aber auch in diesem Falle, daß über das Bestehen einer solchen Notorietät verhandelt, den Prozeßbetheiligten Gelegenheit, ihr zu widersprechen, gegeben wird (vergl. R.G. v. 15./11. 87 E.Str.B. 16 S. 327; Loewe § 260 A. 1).

4) Es darf kein neues Verfahren eingeleitet, wohl aber das schwebende auf Berufung seitens der Staatsanwaltschaft (§ 110) in der II. Instanz fortgesetzt werden. Das Gesetz meint die Wirkung einer rechtskräftigen Freisprechung (vergl. oben A. 1).

5) Vergl. § 74 u. § 130.

6) In neuer öffentlicher Sitzung. Für die Verkündigung der Entscheidungsgründe genügt in beiden Fällen die Bekanntgabe ihres wesentlichen Inhaltes. Die schriftlichen Entscheidungsgründe sind im Konzept von sämmtlichen Mitgliedern, welche an der Entscheidung theilgenommen haben, zu unterschreiben, und die letztere muß diese Mitglieder, sowie den Sitzungstag, an welchem sie gefällt ist, ergeben (vergl. §§ 15 u. 22 Nr. 4 der Anl. N; §§ 267 u. 275 der Str.Pr.O.; Loewe S. 620 A. 5b; für Preußen M.E. v. 12./3. 53 B.M.Bl. S. 78).

Aenderungen und Ergänzungen der Entscheidungsformel (§ 109 A. 2) sind nach vollendeter Verkündigung, soweit nicht bloße Schreib- oder Rechenfehler zu berichtigen sind, nicht mehr zulässig (vergl. R.G. v. 15./2. 87 E.Str.B. 15 S. 271; Loewe S. 260 A. 6).

7) Vergl. § 15 der Anl. N.

8) Stets nur dem Angeschuldigten selbst, nicht dessen Vertheidiger (§ 105 A. 4), ebenso nicht der Staatsanwaltschaft (§ 111 Abs. 2).

9) Sie wird nach Maßgabe des § 133 zugestellt (vergl. § 111 Abs. 2).

§ 109.[1]) **Ueber die mündliche Verhandlung wird ein Protokoll aufgenommen, welches die Namen der Anwesenden und die wesentlichen Momente der Verhandlung**[2]) **enthalten muß. Das Protokoll wird von dem Vorsitzenden und dem Protokollführer**[3]) **unterzeichnet.**

1) Gleichlautend mit § 39 des Pr.V.Disz.G.

2) Insbesondere, wenn es die Schlußverhandlung ist, auch die Formel (Tenor) der Entscheidung (§ 22 Nr. 5 der Anl. N).

Das Protokoll soll zwar nicht ein förmliches Referat aller vorgekommenen Aussagen geben, wie bei § 95, aber doch eine zuverlässige Unterlage für die Beurtheilung des Disziplinarhofes (§ 116) bilden, deshalb müssen alle formell und materiell wesentlichen Momente des Verhandelten, Aussagen vernommener Personen wenigstens ihrem wesentlichen Inhalte nach, aus dem Protokolle hervorgehen. Ob und inwieweit einzelne Vorgänge und Aussagen vollständig wiederzugeben und dann auch zu verlesen sind, hängt von deren Bedeutung für die Entscheidung und von dem Befinden des Gerichtes ab. Unterschrieben wird das Protokoll immer nur von dem Vorsitzenden und dem Protokollführer (vergl. §§ 272 u. 273 der Str.Pr.O.; v. Zedlitz A. 130; Kanng. S. 207; Thilo S. 122).

3) Vergl. § 95 A. 3; § 271 der Str.Pr.O.

§ 110. [1]) **Gegen die Entscheidung der Disziplinarkammer**[2]) **steht die Berufung**[3]) **an den Disziplinar-**

hof sowohl dem Beamten der Staatsanwaltschaft als dem Angeschuldigten offen.[4])

Neue Thatsachen, welche die Grundlage einer anderen Beschuldigung bilden, dürfen in der Berufungsinstanz nicht vorgebracht werden.[5])

[1]) Vergl. §§ 41 u. 43 Abs. 3 des Pr. B.Disz.G.

[2]) Auch wenn die Entscheidung nur auf Ordnungsstrafe (§ 108 Abs. 3) lautet (§ 83 A. 2).

[3]) Bei disziplinarrechtlichen Entscheidungen tritt die Beurtheilung, ob materielles oder formelles Recht verletzt ist, zurück, es überwiegt die Würdigung des Thatsächlichen, sowie die richtige Abmessung der Strafe. Die Anschuldigungsthatsachen aber sind hier einer verschiedenen Auffassung um so leichter zugänglich, als der Thatbestand eines Dienstvergehens nicht in einer für alle Fälle zutreffenden Weise zu definiren oder überhaupt nur mit Bestimmtheit zu umschreiben ist. Oft besteht die Schuld auch aus einer Kette zusammenhängender Dienstwidrigkeiten, die jede ihre besondere thatsächliche Beurtheilung verlangt, und immer bleibt die gesammte Amtsführung bei Abmessung der Strafe in Erwägung zu ziehen (vergl. § 72 A. 1, § 76 A. 1, § 82 A. 1). Deßhalb konnte nicht die frühere Nichtigkeitsbeschwerde, jetzige Revision (§ 376 der Str.Pr.O.), sondern nur die **Berufung** als das geeignete Rechtsmittel gegen Disz.-Urtheile auserwählt werden. Dieselbe befaßt den zweiten Richter mit der Prüfung der gesammten thatsächlichen und rechtlichen Unterlagen und gewährt den Prozeßbetheiligten volle Freiheit in dem Vorbringen neuer Thatsachen und Beweise für die in I. Instanz verhandelten Beschuldigungen. **Ausgeschlossen** von der angerufenen Instanz bleiben nach Abs. 2 allein solche neue Thatsachen, welche die Grundlage einer **anderen** Beschuldigung bilden (vergl. Motive S. 76; § 90 der R.A.O. und Motive dazu Drucks. 78 Nr. 5

S. 84; Kanng. S. 208; Thudichum A. 1 bis 8; Thilo S. 47 u. 124; v. Zedlitz A. 131).

4) Die Motive bemerken S. 76:

„Daß der Staatsanwalt im Interesse des Angeschuldigten das Rechtsmittel einlegen und verfolgen könne (Art. 1 des Pr. G. v. 3. Mai 1852), ist nach dem Entwurfe nicht ausgeschlossen. Dagegen ist die Appellation nicht, wie in Civilsachen, ein remedium commune, und die Adhäsion ist ausgeschlossen. Eine reformatio in peius wird in keinem Falle gegen den Appellanten eintreten können."

Hieraus ergeben sich für die Berufung folgende zweifellose Rechtssätze:

a) Dieselbe ist kein remedium commune und läßt keine Adhäsion zu. Wer von beiden Theilen also das Erkenntniß gegen sich rechtskräftig werden läßt, kann aus der eingelegten Berufung des Gegners niemals eine Abänderung zu seinen Gunsten erreichen, weder die Staatsanwaltschaft eine Verschärfung, noch der Angeschuldigte, wie nach § 343 der Str.Pr.O., eine Milderung. Ebensowenig ist einem von beiden Theilen nachträglicher Anschluß an die Berufung des anderen gestattet (vergl. E. des Disz.H. v. 23./11. 78 citirt bei Per. u. Sp. in A. II; Pr. O.V.G. v. 20./12. 84 E. B. 12 S. 432 u. 433; Thilo S. 45);

b) die einseitige Berufung des Angeschuldigten darf niemals zu einer Verschärfung des Urtheiles — reformatio in peius — führen (vergl. §§ 372 u. 398 der Str.Pr.O.).

Daß aber die Staatsanwaltschaft, wie die Motive meinen, hier ebenso, wie im Strafprozeß, auch zu Gunsten des Angeschuldigten von dem Rechtsmittel Gebrauch machen könne, kann als richtig nicht zugegeben werden. Im Strafprozeß (§§ 338 Abs. 2, 344, 372, 398 der Str.Pr.O.) folgt diese Befugniß aus dem Berufe der Staatsanwaltschaft, über die gerechte Handhabung des Strafgesetzes zu wachen. Eine solche Stellung nimmt dieselbe im Disz.-Prozeß nicht ein, hier vertritt sie lediglich das Dienstinteresse des Reiches (vergl. § 85 A. 3; Thilo S. 38 oben, S. 45 u. 117).

[5]) Auch dann nicht, wenn sie erst nach ergangenem Urtheil I. Instanz eingetreten sind. Der Beschuldigte soll keine Instanz verlieren (vergl. § 116 A. 5 und § 104 A. 7).

§ 111.[1]) Die Anmeldung[2]) der Berufung geschieht zu Protokoll oder schriftlich bei der Disziplinarkammer, welche die anzugreifende Entscheidung erlassen hat. Von Seiten des Angeschuldigten kann sie auch durch einen Bevollmächtigten[3]) geschehen.

Die Frist zu dieser Anmeldung ist eine vierwöchentliche[4]). Sie beginnt für den Beamten der Staatsanwaltschaft mit dem Ablaufe des Tages, an welchem die Entscheidung verkündet, für den Angeschuldigten mit dem Ablaufe des Tages, an welchem ihm die Ausfertigung[5]) der Entscheidung zugestellt[5]) worden ist.[6])

[1]) Vergl. § 42 des Pr. V.Disz.G. und § 355 der Str.Pr.O.

[2]) Auf Ausdruck und richtige Benennung kommt es nicht an (vergl. § 342 der Str.Pr.O.).

[3]) Durch den Vertheidiger (§ 101 A. 6) oder durch jede andere mit Auftrag versehene Person. Fehlt schriftliche Vollmacht, so bleibt das Rechtsmittel gewahrt, wenn auch der Angeschuldigte erst nach Ablauf der gesetzlichen Frist die Anmeldung bestätigt. Schriftlichkeit ist nur erforderlich für die Anmeldung, nicht für die Bevollmächtigung. Letztere kann auch durch konkludente Handlungen, z. B. dadurch bestätigt werden, daß der Ange-

schuldigte hinterher in der mündlichen Verhandlung persönlich oder durch einen mit Vollmacht versehenen Vertheidiger (§ 102) erscheint (vergl. Gutachten des O.Tr. v. 21./1. 50 J.M.Bl. S. 97; R.G. v. 21./3. 81 u. 22./2. 89 E.Str. B. 3 S. 425 u. B. 19 S. 7).

[4]) Eine Präklusivfrist, die auch nicht verlängert werden kann (§ 115), gegen deren Versäumniß aber die Wiedereinsetzung in den früheren Stand unter den Voraussetzungen des § 44 der Str.Pr.O. (Löwe S. 263 ff.) für zulässig erachtet werden muß; event. bleibt gegenüber der rechtskräftig gewordenen Entscheidung noch der Schutz des § 118.

Der im Auslande angestellte Beamte genießt eine geräumigere Frist, die das Gericht nach den Verhältnissen jedes Falles von Amtswegen festzusetzen hat (§ 114 A. 2). Auch diese erweiterte Anmeldungsfrist kann auf Antrag nicht verlängert werden (§ 115).

[5]) Vergl. § 108 A. 7, 8 u. 9 und wegen Ablaufens der Frist § 43 der Str.Pr.O.

[6]) Eine Zurücknahme des angemeldeten Rechtsmittels hat, wenn sie zum unzweideutigen und bedingungslosen schriftlichen Ausdruck gelangt ist, dieselbe Wirkung, wie der ausdrückliche Verzicht. Beide sind unwiderruflich und bewirken sofortige Rechtskraft des Erkenntnisses, auch wenn die Anmeldungsfrist noch läuft (vergl. § 344 der Str.Pr.O.; Löwe S. 709; E. des Disz.H. v. 5./11. 88 bei Per. u. Sp. A. III).

§ 112. Zur schriftlichen Rechtfertigung[1]) der Berufung steht demjenigen, der dieselbe rechtzeitig angemeldet hat, eine vierzehntägige[2]) Frist, vom Ablaufe[3]) der Anmeldungsfrist gerechnet, offen.

[1]) Die aber für die Wirkung des Rechtsmittels nicht erforderlich, auch an keine Form gebunden ist (§ 118 A. 1; § 111 A. 2). Die Berufungsschrift kann sich sowohl

auf Gesetzesverletzung, wie auf neue Thatsachen und Beweismittel stützen, nur neue Beschuldigungen sind ausgeschlossen (§ 110 A. 3 u. 5). Die Schrift beschränkt auch in keiner Weise die weiteren Anführungen in der späteren Verhandlung (A. 2).

²) Im Falle des § 114 steht dem Angeschuldigten die erweiterte Frist (§ 114 A. 2) offen. Sowohl die gesetzliche, wie die von der Disz.-Kammer erweiterte Frist für die Rechtfertigung können, im Gegensatze zu den Fristen für die Anmeldung (§ 111 A. 4), verlängert (§ 115), auch eine verspätete Rechtfertigungsschrift ausnahmsweise noch zugelassen werden. Denn diese dient nicht zur Erhaltung, sondern nur zur Begründung des Rechtsmittels, in welcher die Partei auch in der mündlichen Verhandlung noch unbeschränkt ist (§ 116 Abs. 4). „Die prozessualische Bedeutung der Rechtfertigung besteht hiernach lediglich darin, daß diese den Gegner des Beschwerdeführers und das Berufungsgericht über die Richtung und den Umfang der Beschwerde informirt und daß sie dementsprechend häufig einen bestimmenden Einfluß auf die Beschlußnahme darüber haben wird, welche Zeugen rc. zur Hauptverhandlung zu laden seien" (Löwe A. 5 zu § 358 der Str.Pr.O.).

³) § 43 der Str.Pr.O.

§ 113. Die Anmeldung der Berufung und die etwa¹) eingegangene Berufungsschrift wird dem Gegner in Abschrift zugestellt,²) und falls dies der Beamte der Staatsanwaltschaft ist, in Urschrift vorgelegt.³)

Innerhalb vierzehn Tagen⁴) nach erfolgter Zustellung²) oder Vorlegung³) kann¹) der Gegner eine Beantwortungsschrift⁴) einreichen.

¹) Eine schriftliche Rechtfertigung der angemeldeten Be-

rufung ist also für die Wirkung des Rechtsmittels ebensowenig unbedingt erforderlich, wie eine schriftliche Beantwortung (Abs. 2).

2) Vergl. § 133. Die Frist (Abs. 2) beginnt nach Ablauf des Zustellungstages (§ 111 Abs. 2; § 42 der Str.Pr.O.)

3) Vergl. § 41 der Str.Pr.O. und § 44 des Pr. B.Disz.G.

4) Bezw. innerhalb der dem Angeschuldigten im Falle des § 114 von Amtswegen erweiterten Frist (§ 114 A. 2). Für diese Frist und für die Beantwortungsschrift, welche dem Gegner ebenfalls zuzustellen ist, gelten die A. 1 u. 2 zu § 112 (vergl. § 115).

§ 114. 1) **Befindet sich der Angeschuldigte im Auslande, so hat die Disziplinarkammer die Fristen zur Anmeldung und Rechtfertigung seiner Berufung und zur Beantwortung der Berufung des Beamten der Staatsanwaltschaft mit Rücksicht auf die Entfernung des dienstlichen Wohnsitzes des Angeschuldigten von Amts wegen zu erweitern** 2) **und die betreffende Verfügung** 3) **gleichzeitig mit dem Urtheil beziehungsweise mit der Anmeldung der Berufung des Beamten der Staatsanwaltschaft dem Angeschuldigten zuzustellen.**

1) Das Gesetz giebt selbst den Grund der Bestimmung in den Worten an: „mit Rücksicht auf die Entfernung des dienstlichen Wohnsitzes", durch welche der Eingang der Schriftsätze verzögert wird, und läßt daraus zugleich erkennen, daß nicht vorübergehend abwesende, sondern solche Beamte gemeint sind, welche ihren dienstlichen Wohnsitz im Auslande haben (vergl. § 88 Abs. 2). Außerdem müssen diejenigen Wartegeldempfänger (§ 119), welche mit Genehmigung des Reichskanzlers ihren Wohnsitz im Auslande haben (§ 29 Nr. 3), unter die Bestimmung gerechnet werden.

[2]) Das Gesetz beauftragt also den Disz.-Richter, in jedem hier gemeinten Falle (A. 1) die Fristen den Entfernungsverhältnissen entsprechend von Amtswegen an Stelle des Gesetzes zu bestimmen. Wie er diese Bestimmung treffen will, ist ihm überlassen, nur daß er dabei über die in den §§ 111 bis 113 den inländischen Beamten gesetzten Fristen hinausgreift, ist ihm zur Pflicht gemacht. Der Disz.-Richter verlängert also nicht in solchem Falle bestehende gesetzliche Fristen, was stets einen Antrag voraussetzt (§ 115), sondern er schafft erst die gesetzlichen Fristen (vergl. § 111 A. 4 Abs. 2, § 112 A. 2 und § 113 A. 4).

[3]) Eine prozeßleitende Anordnung, die deßhalb neben dem Urtheile zu verfügen, nicht in diesem selbst, wie der Reg.Entw. (§ 104 Abs. 3 Drucks. 72 Nr. 9 S. 66) wollte, auszusprechen ist (vergl. Kanng. S. 210).

§ 115. Die Fristen zur Rechtfertigung[1]) und Beantwortung[1]) der Berufung (§§ 112 bis 114) können auf Antrag von der Disziplinarkammer verlängert werden.

[1]) Also nicht die Frist zur Anmeldung, weder die gesetzliche des § 111, noch die an die Stelle der gesetzlichen getretene erweiterte Frist des § 114 (vergl. § 111 A. 4 u. § 114 A. 2).

§ 116.[1]) Nach Ablauf der in den §§ 113 bis 115 bestimmten Fristen werden die Akten[2]) an den Disziplinarhof[3]) eingesandt.

Der Disziplinarhof kann die zur Aufklärung der Sache etwa erforderlichen Verfügungen erlassen. Er bestimmt sodann eine Sitzung zur mündlichen Verhandlung, zu welcher der Angeschuldigte vorzuladen und der Beamte der Staatsanwaltschaft[4]) zuzuziehen[4]) ist.

In der mündlichen Verhandlung giebt zunächst ein von dem Vorsitzenden des Disziplinarhofs aus der Zahl seiner Mitglieder ernannter Berichterstatter eine Darstellung der bis dahin stattgefundenen, auf die in der Anschuldigungsschrift enthaltenen Anschuldigungspunkte[5]) bezüglichen Verhandlungen.

Im Uebrigen wird nach Maßgabe der in den § 101 Absatz 2, § 102, § 103, § 104 Absatz 2 und 3, § 105, § 106, § 107 Absatz 1, § 108 und § 109 enthaltenen Bestimmungen verfahren.[6])

[1]) In der II. Instanz wird geradeso verfahren, wie in der I. Instanz, nur der besondere Vortrag der Anschuldigungsschrift, der auch dort nicht sehr viel mehr, als eine reine Form bedeutet (§ 104 A. 1), fällt hier fort, die mündliche Verhandlung beginnt sogleich mit der Sachdarstellung des Berichterstatters, welche von dem Inhalte der Anschuldigungsschrift ausgeht.

[2]) Vergl. § 22 Nr. 6 der Anl. N.

[3]) Vergl. § 23 Nr. 1 bis 6 der Anlage N.

[4]) Vergl. § 23 Nr. 7 Abs. 1 und § 22 Nr. 1 Abs. 4 der Anl. N.

[5]) Diese bilden auch die Urtheilsschranken für die II. Instanz (§ 110 Abs. 2).

[6]) Der Disz.H. kann auch das Urtheil der Disz.-Kammer, wenn das Verfahren I. Instanz an einer Nichtigkeit leidet, z. B. wenn der Angeschuldigte nicht gehörig geladen und also ungehört verurtheilt ist, aufheben und die Sache zur anderweiten Verhandlung in die I. Instanz zurückweisen (vergl. Kanng. § 116 A. 4; Turnau A. 4; Per. u. Sp. A. VI).

§ 117. Ein anderes Rechtsmittel, als die Berufung, insbesondere auch das Rechtsmittel des Einspruchs (Opposition [1]) oder Restitution)[2]) findet im Disziplinarverfahren nicht statt.

[1]) Unter Einspruch (Opposition) war das, auch von der R.Str.Pr.O. nicht übernommene Rechtsmittel des französischen Verfahrens gegen strafgerichtliche Kontumazialurtheile verstanden, welches, in bestimmter Frist formlos angemeldet, eine neue Verhandlung herbeiführte. Vergl. Thilo S. 122 u. 128; v. Zedlitz A. 184; Motive S. 76, wo gesagt wird:

„Das Rechtsmittel des Einspruches wird in Uebereinstimmung mit § 40 des Pr. Disz.G. v. 21./7. 52 ausgeschlossen. Bleibt der Angeschuldigte aus, so ist nach Lage der Akten zu erkennen und der Angeschuldigte mit seiner nicht gehörten Vertheidigung in die höhere Instanz zu verweisen."

[2]) Darunter versteht das Gesetz das außerordentliche, jeder Zeit zuläsſige Rechtsmittel der Wiedereinsetzung in den früheren Stand, welches gegen rechtskräftige strafgerichtliche Entscheidungen gegeben ist, wenn diese nachweislich auf falsche Urkunden oder auf Aussagen meineidiger Zeugen gegründet sind (vergl. §§ 151 bis 156 der Pr. V. v. 3./1. 49 G.S. S. 41 und jetzt §§ 399 ff. der Str.Pr.O.). Das Pr. R.Disz.G. v. 7./5. 51 § 43 läßt eine solche Restitution auch gegen seine Entscheidungen zu, das Pr. V.Disz.G. v. 21./7. 52 § 40 schließt dagegen dieselbe aus, da hier nicht, wie dort, richterliche, sondern Verwaltungsbehörden zu Gericht sitzen, vor denen ein Verfahren wegen Feststellung solcher Restitutionsgründe, wie Urkundenfälschung oder Meineid nicht stattfinden kann. Aus ähnlicher Erwägung hat auch das R.B.G. von diesem außerordentlichen Rechtsmittel Abstand genommen. In dieser Beziehung bemerken die Motive (S. 76):

„Es sprechen indessen überwiegende Bedenken dagegen,

das Rechtsmittel (Restitution) auch hier zuzulassen. In Disziplinarsachen der Richter urtheilen Gerichte, und das Rechtsmittel hat daher keine Schwierigkeit. Eine neue Prozedur wegen Meineides der Zeugen, Fälschung von Urkunden kann nur vor den Gerichten verfolgt werden. In den möglichen, gewiß sehr seltenen solchen Fällen kann der Angeschuldigte eine gerichtliche Prozedur veranlassen und die Folgen des Ausfalles derselben werden ihm alsdann noch zu Gute kommen können".

Im Disz.-Verf. bleibt hiernach ein Wiederaufnahmeverfahren gegen rechtskräftige Entscheidungen (vergl. §§ 399 ff. der Str.Pr.O.) ausgeschlossen. Der nachgewiesen unschuldig entlassene Beamte wird ohne Mühe seine Wiederanstellung (§§ 33 u. 118) erlangen, wobei die Folgen der unschuldig erduldeten Entlassung nach der Absicht des Gesetzgebers (vergl. oben Motive) möglichst auszugleichen sind, wenn auch das frühere Diensteinkommen für die Zwischenzeit und die letztere als Dienstzeit für den Pensionsanspruch verloren bleiben (vergl. auch § 78 A. 5 u. § 130 A. 8a).

§ 118.[1]) Der Kaiser hat das Recht, die von den Disziplinarbehörden verhängten Strafen zu erlassen oder zu mildern.[2])

1) Die Bestimmung will Ersatz gewähren für das in Preußen nach § 47 seines B.Disz.G. dem Könige hinsichtlich aller von ihm ernannten Beamten zustehende Bestätigungsrecht auf Dienstentlassung lautender Disz.-Entscheidungen. Bei dem richterlichen Charakter der Reichs-Disz.-Behörden konnte die Rechtskraft ihrer Urtheile nicht von einer Kais. Bestätigung abhängig gemacht werden.

„Wenn auch anzuerkennen ist, daß die definitiven Entscheidungen der Disz.-Behörden zu ihrer Gültigkeit der Kais. Bestätigung nicht bedürfen, so sind doch andererseits

Fälle wohl denkbar, in denen eine Milderung solcher Entscheidungen durch die Umstände gerechtfertigt ist. Das Recht zu solcher Milderung ist durch § 108 (jetzt § 118) dem Kaiser vorbehalten" (Motive S. 76).

Dieses Begnadigungsrecht entspricht auch der verfassungsmäßigen Stellung des Kaisers zu den Reichsbeamten (Art. 18 der R.V.). Allgemein hat die R.V. ein solches Recht dem Kaiser nicht eingeräumt, es kann daher immer nur auf Grund speziellen gesetzlichen Titels, wie ihn § 118 des R.B.G., §§ 484 u. 485 der Str.Pr.O., § 42 des G. v. 10./7. 79 (§ 22 A. 3) u. a. gewähren, ausgeübt werden (vergl. Laband II § 91 S. 486).

[2]) Diese Milderung kann also auch in nachträglicher Belassung eines Theiles des gesetzlichen Pensionsbetrages, oder in Erhöhung des bereits von dem Disz.-Richter gewährten Pensionsbetrages (§ 75 letzter Abs.) bestehen, jedoch immer nur, wenn die gesetzliche Voraussetzung hierfür, die Pensionsberechtigung, bei dem Beamten anzutreffen ist (§ 75 A. 16) und ebenso stets unter Beachtung der weiteren gesetzlichen Schranke, daß niemals der volle gesetzliche Pensionsbetrag dem Beamten zufließen darf. Denn das Milderungsrecht ist an die Wahl unter denjenigen Strafformen gebunden, welche das Gesetz überhaupt zuläßt, und dieses kennt eine mildere Form der Dienstentlassung nur in der im letzten Abs. des § 75 vorgeschriebenen Gestalt. Eine Belassung des vollen gesetzlichen Pensionsbetrages käme einer Strafversetzung in den Ruhestand gleich, welche das Gesetz nicht unter seine Strafarten aufgenommen hat (vergl. Motive S. 74 zu den §§ 77 u. 78, wo die „Quieszirung mit Pension" als Strafmaßregel ausdrücklich ausgeschlossen wird).

§ 119.[1]) Die Vorschriften der §§ 84 bis 118[2]) gelten auch in Ansehung der einstweilig in den Ruhestand versetzten Beamten.

Der letzte dienstliche Wohnsitz[3]) derselben ist für die Zuständigkeit im Disziplinarverfahren entscheidend.[4])

[1]) Das Disz.Verf. mit seinen Folgen trifft nur solche Beamte, welche noch im Dienste stehen, also nicht die in den dauernden Ruhestand versetzten (§ 34 Vorbemk. 2). Die nur einstweilig in den Ruhestand versetzten Beamten haben nicht aufgehört, Beamtenpflichten zu besitzen: „sie können zum Dienste wieder einberufen werden und müssen diese Qualifikation, sowie die Vortheile ihrer Stellung durch Unwürdigkeit auch verlieren können" (Motive S. 76; § 24 Vorbemk. 1; § 28 A. 1; § 29 A. 6; § 75 A. 10; § 97 des Pr. V.Disz.G.; § 26 der Pr. Disz.G. Novelle v. 9./4. 79 G.S. S. 345).

[2]) Ausgeschlossen bleiben also die Vorschriften der §§ 80 bis 83 (vergl. Kanng. und Turnau A. 1). Darüber lassen auch die Gesetzesmotive berechtigte Zweifel, wie Per. u. Sp. A. I zu § 119 meinen, wohl nicht aufkommen, denn an der betreffenden Stelle S. 76 (siehe A. 1) ist nur von einer Anwendbarkeit der epurirenden Disziplin auf Wartegeldempfänger, im Gegensatze zu der korrektiven (Motive S. 73; § 72 Vorbemk. 1 Abs. 2) die Rede und wird nur von einem Verluste der Beamtenstellung gesprochen. Das Gesetz geht davon aus, daß die auf Aufrechterhaltung der dienstlichen Ordnung gerichtete korrektive Strafgewalt der vorgesetzten Dienstbehörde von selbst gegen Beamte wegfalle, welche dienstliche Unordnungen nicht mehr begehen können, daß hier also nur das auf Entfernung unwürdiger Elemente ausgehende förmliche Disz.Verf. noch einen praktischen Zweck habe (§ 75 A. 10). Dies schließt nicht aus, daß ein solches Verfahren auch lediglich mit einer Ordnungsstrafe endigen kann (§ 98 u. § 108 Abs. 3).

Anders verfährt allerdings das preußische Recht, dessen V.Disz.G. im § 97 auch die Wartegeldempfänger allen seinen Bestimmungen unterwirft.

3) Vergl. § 19 A. 6 u. § 138 A. 5.
4) Vergl. § 88 Abs. 2.

Besondere Bestimmungen in Betreff der Beamten der Militärverwaltung. 1)

1) Die Bestimmungen der nachfolgenden §§ 120 bis 128 sind den durch sie obsolet gewordenen §§ 79 bis 82 des Pr. B.Disz.G. nachgebildet.

Alle im Reichsheere und in der Kais. Marine — dauernd oder auf Zeit — angestellten, unter dem Kriegsminister oder dem Chef der Admiralität (§ 25 A. 3) als Verwaltungschef stehenden Beamten sind entweder Militärbeamte, wenn sie neben ihrem Beamtenverhältniß auch in einem Militärverhältniß stehen, d. h. wenn sie einen Militärrang haben, oder Civilbeamte, wenn sie einen solchen Rang nicht besitzen (Mil.Str.G.B. Anl. Abth. B.; § 38 A u. C des Mil.G.). Beide Beamtenklassen sind zum Waffendienste nicht verpflichtet, gehören deshalb nicht zum Soldatenstande (§ 157). Die Militär- und Civilbeamten der Heeresverwaltung sind mittelbare, die der Marineverwaltung unmittelbare Reichsbeamte (§ 1 A. 3).

Die Civilbeamten können hier außer Betracht bleiben, sie sind der Militärgerichtsbarkeit nicht unterworfen und unterliegen auch in disziplinarrechtlicher Beziehung ausschließlich den Vorschriften des Reichsbeamten-Gesetzes.

Die Militärbeamten stehen durch ihren Militärrang an der Seite der Personen des Soldatenstandes (§ 157) und bilden mit diesen zusammen den Begriff der Militärpersonen (§ 4 des Mil.Str.G.B.). Als solche unterstehen sie der Militärgerichtsbarkeit (§ 39 des Mil.G.), welche alle Strafsachen (militärische, amtliche und gemeine Verbrechen und Vergehen) mit Einschluß der Injurien, soweit letztere der gerichtlichen Bestrafung unterliegen, umfaßt (§§ 1 u. 2 der im Reiche mit Ausschluß von Bayern und Württemberg gültigen Mil.Str.G.O. v.

3./4. 45 B.G.Bl. 67 S. 185 u. 229, abgeändert wegen der verabschiedeten Offiziere durch G. v. 3./5. 90 R.G.Bl. S. 63 und ausgedehnt auf die Militärpersonen der Schutztruppe in Ostafrika durch V. v. 3./6. 91 R.G.Bl. S. 341). Im Frieden werden Militärbeamte wegen strafbarer Handlungen (innerhalb und außerhalb des Amtes) nach den allgemeinen Strafgesetzen, ihre Amtsvergehen also nach den §§ 331 bis 359 des R.Str.G.B. beurtheilt, im Kriege sind sie wegen aller im ersten bis dritten, sechsten und achten Abschnitt des ersten Theiles des Mil.Str.G.B. bezeichneten strafbaren Handlungen auch den dort für die Personen des Soldatenstandes gegebenen Strafbestimmungen unterworfen (§§ 3, 153 u. 154 des Mil.Str.G.B.).

Die Gliederung der Militärbeamten ist eine doppelte:

I. nach der Rangstellung,

II. nach der Unterordnung.

Zu I zerfallen sie in obere und untere Militärbeamte, je nachdem sie im (allgemeinen oder bestimmten) Offizierrange oder unter diesem militärischen Range stehen (Mil.Str.G.B. Anl. Abth. B).

Zu II bestehen nach der V. v. 13./8. 95 (Anl. O) folgende drei Klassen:

a) Beamte, welche nur den ihnen vorgesetzten Militärbefehlshabern untergeordnet sind,

b) Beamte, welche in einem doppelten Unterordnungsverhältniß stehen, und zwar einerseits zu den ihnen vorgesetzten Militärbefehlshabern, andererseits zu den ihnen vorgesetzten höheren Beamten und Behörden,

c) Beamte, welche nur den ihnen vorgesetzten höheren Beamten und Behörden untergeordnet sind.

Die Klasse c, also diejenigen Beamten, welche nur unter einem Militär-Verwaltungs-Vorgesetzten oder einer Militär-Verwaltungs-Behörde stehen (Anl. O Abth. III), können gleich den Civilbeamten der Militärverwaltung (siehe oben) hier ausscheiden, da auf sie ebenfalls lediglich die Disz.-Vorschriften des R.B.G. bezw., soweit sie richterliche Beamte sind (Anl. O Abth. III Nr. 1), der § 158 des R.B.G. (A. 7 das.) zur Anwendung kommen.

Die Beamten der Klasse b (Anl. O Abth. II) sind bei Verletzungen der Dienstvorschriften, welche die Grundlage ihrer Amtswirksamkeit bilden, wo sie also nur als Verwaltungsbeamte in Frage kommen, ausschließlich der Disziplinarbestrafung ihrer Verwaltungs-Vorgesetzten (-Behörden) unterworfen. Alle anderen zur Disziplinarbestrafung geeigneten, ihr Militärverhältniß berührenden Handlungen gehören zur Zuständigkeit des ihnen vorgesetzten Militärbefehlshabers. Hierdurch wird jedoch die Mitaufsicht der Verwaltungs-Vorgesetzten (-Behörden) über die sittliche Führung des Beamten und die Befugniß, auch ihrerseits dieserhalb, wo nöthig, im Disziplinarwege einzuschreiten, nicht ausgeschlossen. Wo die Grenzen dieser beiden Unterordnungsverhältnisse zweifelhaft sein sollten — was bei der Unbestimmtheit der Vorschriften, welche „die Grundlage der Amtswirksamkeit" bilden, nur zu leicht eintreten kann —, müssen bei Ausübung der Disz.-Strafgewalt die für diese Beamten ertheilten besonderen Dienstvorschriften und Instruktionen berücksichtigt werden (Motive S. 77; § 34 der Disz.Str.O. für das Heer v. 31./10. 72 A.V.Bl. Nr. 26 S. 331 und für die Marine v. 4./6. 91 M.V.Bl. S. 116).

Je nachdem hiernach die eine oder die andere dienstliche Stellung in Frage kommt, unterliegen die Beamten der Klasse b auch einer verschiedenen disziplinarrechtlichen Behandlung:

1) für die Disz.-Strafgewalt der Verwaltungsvorgesetzten gelten ausschließlich die Vorschriften des Reichsbeamtengesetzes (§§ 10, 72 bis 119, 124 bis 133), soweit nicht bei den richterlichen Beamten (Anl. O Abth. II Nr. 2) der § 158 des R.B.G. (A. 7 das.)

Platz greift. Handelt es sich also um bloße Ordnungsstrafen, so regelt sich das Verfahren nach den §§ 80 bis 83, kommt die Entfernung aus dem Amte in Frage, so hat die oberste Reichsbehörde (Anl. A Nr. I) das förmliche Disz.Verf. vor der zuständigen Verwaltungs-Disz.-Kammer nach den Bestimmungen der §§ 84 ff. herbeizuführen (vergl. § 35 der Disz.-Str.O.);

2) für die Disz.-Strafgewalt der Militärbefehlshaber sind ausschließlich die für alle Militärpersonen erlassenen Vorschriften der vorher erwähnten Disz.Str.O. f. Heer u. Marine v. 31./10. 72 u. 4./6. 91 maßgebend, welche im § 1 übereinstimmend als ihr besonderes Feld bezeichnen:

α) alle Handlungen gegen die militärische Zucht und Ordnung und gegen die Dienstvorschriften, für welche die Militärgesetze keine Strafbestimmungen enthalten,

β) diejenigen militärischen Vergehen, deren Bestrafung im Disziplinarwege in leichteren Fällen durch § 3 des Einf.G. zum Mil.Str.G.B. v. 20./6. 72 (R.G.Bl. S. 173) ausdrücklich gestattet ist.

Diese Disz.-Straforduungen, denen auch die richterlichen Militär-Justizbeamten, soweit sie unter Klasse b fallen (Anl. O Abth. II Nr. 2), in ihrer militärischen Stellung unterworfen sind, enthalten aber nur Bestimmungen über die Verhängung von Ordnungsstrafen: Warnung, Verweis, Geldbuße und Arrest (§§ 32 u. 33 der Disz.-Str.O.). Die Entfernung aus dem Amte, welche bei den Personen des Soldatenstandes eine militärische Ehrenstrafe und darum eine nur von den Militärgerichten zu verhängende Kriminalstrafe ist (§§ 30 ff. des Mil.Str.-G.B.), kann kein Militärbefehlshaber im Disziplinarwege gegen Militärbeamte verfügen.

Daher würde es bei den oben unter Klasse a bezeichneten, nur einem Militärbefehlshaber und dessen Disz.-Befugniß untergeordneten Militärbeamten (Anl. O Abth. I) ohne die besonderen Bestimmungen der §§ 120 bis 122 an einem Disziplinarwege zu ihrer Entfernung aus dem Amte (§ 75 Nr. 1 u. 2) gefehlt haben. Hierin erschöpft sich aber auch die Bedeutung dieser Bestimmungen, sie schaffen die nöthigen Organe, um auch die nur unter Militärbefehlshabern stehenden Beamten im Disziplinarwege aus ihren Aemtern entfernen zu können, im Uebrigen folgen Voruntersuchung und mündliche Verhandlung auch hier ganz den Vorschriften der §§ 94 ff., und durch das alleinige Rechtsmittel der Berufung gelangt auch hier die Sache in II. Instanz vor den Disz.H. (vergl. Motive S. 77; Sten.B. S. 39).

§ 120. Gegen Militärbeamte, welche ausschließlich unter Militärbefehlshabern stehen,[1]) verfügt der kommandirende General des Armeekorps, beziehungsweise der Chef der Kaiserlichen Admiralität die Einleitung der Untersuchung und ernennt den Voruntersuchungs-Beamten.[2])

[1]) Vergl. Vorbemk. 1.

[2]) Wegen der Staatsanwaltschaft siehe § 122. Das Verfahren in der Voruntersuchung richtet sich nach den §§ 94 ff. (Vorbemk. 1 a. Schl.).

§ 121. Die entscheidende Disziplinarbehörde erster Instanz[1]) ist die Militär-Disziplinarkommission.

Für jedes Armeekorps tritt die Militär-Disziplinarkommission am Garnisonorte des General-Kommandos zusammen. Dieselbe wird aus einem Obersten als Vorsitzenden und sechs anderen Mitgliedern, von denen drei zu den Stabsoffizieren, Hauptleuten oder Rittmeistern, die übrigen zu den oberen[2]) Beamten der Militärverwaltung gehören müssen, gebildet.

Die Militär-Disziplinarkommissionen für die Marine haben ihren Sitz an den betreffenden Marine-Stationsorten[3]) und bestehen aus einem Kapitän zur See als Vorsitzenden und sechs anderen Mitgliedern, von denen drei zu den Stabsoffizieren der Marine oder zu den Kapitän-Lieutenants, die übrigen zu den oberen Beamten der Marineverwaltung gehören müssen.

Die Mitglieder der Kommission werden von der obersten Reichsbehörde[4]) ernannt.[5])

1) In zweiter Instanz entscheidet der Disz.H. (Vorbemk. 1 a. Schl.).

2) Vergl. Vorbemk. 1 zu I.

3) Kiel für die Ostseestation und Wilhelmshaven für die Nordseestation (Allerh. Erl. v. 18./1. 72 R.G.Bl. S. 361).

4) Vergl. Anl. A Nr. I.

5) Das Verfahren richtet sich nach den Vorschriften der §§ 101 ff. (Vorbemk. 1 a. Schl.).

§ 122. Die Verrichtungen der Staatsanwaltschaft bei den Militär-Disziplinarkommissionen werden von dem Korps-Auditeur, beziehungsweise dem Marine-Stationsauditeur wahrgenommen. Im Behinderungsfalle wird von der obersten Reichsbehörde [1]) ein anderer Auditeur mit der Stellvertretung beauftragt.

1) Vergl. Anl. A Nr. I.

§ 123. [1]) Gegen Militärbeamte kommen in Betreff der Verfügung von Disziplinarstrafen, die nicht in der Entfernung aus dem Amte bestehen, die auf jene Beamten bezüglichen besonderen Bestimmungen zur Anwendung. Dasselbe gilt von der Amtssuspension aller Beamten der Militärverwaltung im Falle des Krieges.[2])

[1]) Während die vorgehenden §§ 120 bis 122 die nothwendige Ergänzung des Disz.Verf. hinsichtlich der nur unter militärischem Befehl stehenden Beamten schaffen, bestätigt der § 123 allgemein den Disz.-Rechtszustand, wie er in der Vorbemk. 1 zu § 120 für die drei Klassen, in welche die Militärbeamten eingetheilt werden, dargestellt ist. Das Disz.-Recht dieser Beamten fußt einmal im R.B.G., dann in den Disz.Str.O. für Heer und Marine; Verwaltungsvorgesetzte schöpfen ihre Ordnungsstrafbefugnisse aus jener, militärische Vorgesetzte aus dieser Quelle. Kommt Entfernung aus dem Amte in Frage, so treten bei den Beamten der Klasse a (§ 120 Vorbemk. 1 zu II) die Militär-Kommissionen des § 121, bei allen übrigen Klassen die Disz.-Kammern des § 86 in Funktion. Vergl. im Uebrigen § 120 Vorbemk. 1 und wegen der richterlichen Militär-Justizbeamten außerdem § 158 A. 7.

[2]) Vergl. Art. 61 der R.V.; Pr. Kab.O. v. 24./9. 26 Nr. 2 (G.S. S. 86); Verord. v. 21./7. 67 § 20 c (A.V.Bl. 70 S. 108).

Kosten des Disziplinarverfahrens.

§ 124. Für das Disziplinarverfahren werden weder Gebühren, noch Stempel, sondern nur baare Auslagen [1]) in Ansatz gebracht.

Insoweit im förmlichen Disziplinarverfahren (§ 84) der Angeschuldigte verurtheilt[2]) wird, ist er schuldig, die baaren Auslagen des Verfahrens ganz oder theilweise[3]) zu erstatten. Ueber die Erstattungspflicht entscheidet das Disziplinar-Erkenntniß.[4])[5])

1) Dazu gehören nicht die allgemeinen Verwaltungskosten, also die Aufwendungen für die Bildung der Disz.-Gerichte, die Tagegelder und Reisekosten der Mitglieder und des Staatsanwaltes für Reisen an den Sitz des Gerichtes zur mündlichen Verhandlung, die Tagegelder für den dortigen Aufenthalt, Ausgaben für Schreibmaterialien und für die Herrichtung des Sitzungszimmers, sowie Kopialien für alle von Amtswegen herzustellenden Schriftstücke.

Dagegen fallen unter die Erstattungspflicht alle Entschädigungen für Reisen des Voruntersuchungsbeamten und des Staatsanwaltes aus Veranlassung der Voruntersuchung, Porto und sonstige Kosten der Zustellungen, überhaupt alle Kosten der Beweisaufnahme und Kopialien der auf Antrag ausgefertigten Schriftstücke. „Der Ersatz der durch das Disz.Verf. erwachsenden baaren Auslagen (an Zeugen-Entschädigung, Porto u. s. w.) wird dagegen dem Angeschuldigten im Falle der Verurtheilung — A. 2 — zur Last fallen" (Motive S. 77 Sp. 2 oben). Vergl. Kanng. A. 2; v. Zedlitz A. 140; Erl. des Reichskanzleramtes v. 25./4. 74 u. 22./7.76 R.C.Bl. 74 S. 158 u. 76 S. 405.

2) Da nur einer Verurtheilung im förmlichen Disz.-Verf., gleichviel zu welcher Strafe (§ 108 Abs. 3; § 130 Abs. 2), diese Wirkung beigelegt ist, bleibt der Angeschuldigte, wie bei einer bloßen Strafverhängung im summarischen Verfahren (§ 82 A. 8), so auch bei jeder nicht durch § 100 erzwungenen Einstellung des förmlichen Verfahrens von allen Kosten befreit, mag letztere als Folge des § 77 Abs. 2 eingetreten und bestehen geblieben sein, weil der Ausgang des Strafverfahrens zu einer Fortsetzung des förmlichen Disz.Verf. keine Veranlassung mehr bot (§ 78; § 77 A. 7), oder mag sie nach § 98 verfügt sein. Selbst wenn im Falle des § 98 die oberste Reichsbehörde eine Ordnungsstrafe beschließt, darf sie dem Angeschuldigten keine Kosten auferlegen, da § 124

die Kostenerstattungsfrage ausschließlich dem Disz.-Richter-spruche (A. 4) überweist auch diesem allein die Befugniß einräumt, bis auf einen Theil der Kosten (A. 3) herabzugehen. Um über diese Absicht des Gesetzes keinen Zweifel zu lassen, wurde auf Antrag der R.T.K. der Abs. 2 dem Reg.Entw. hinzugefügt, welcher nur den Abs. 1 mit der oben A. 1 a. Schl. wiedergegebenen Begründung kannte, in der aber ebenfalls nur der Fall einer Verurtheilung ins Auge gefaßt wird (vergl. Drucks. 72 Nr. 133 S. 585; Kanng. A. 3 u. 4; Thudichum A. 1 zu § 124; auch § 98 A. 3).

Anders verfährt das preußische Disz.-Recht, soweit das G. v. 21./7. 52 in Betracht kommt. Hier hat der Angeschuldigte die Kosten des förmlichen Disz.Verf. in dem Falle ebenfalls zu tragen, wenn mit der Einstellung dieses Verfahren zugleich eine Ordnungsstrafe verhängt wird (vergl. Seydel § 53 A. 1 Abs. 5 und § 33 A. 3; Thilo S. 131).

Dagegen ist das in Preußen am 24./4. 94 erlassene Kirch.Disz.G. für die Provinz Hannover (G.S. S. 93) in dieser Frage ganz dem Reichsrecht gefolgt; der § 87 daselbst lehnt sich wörtlich an § 124 des R.B.G. an, und in § 42 Abs. 3 daselbst wird klar die Konsequenz gezogen, daß nicht bloß, wenn der Angeschuldigte freigesprochen, sondern auch, wenn das Verfahren gegen ihn auf Grund des § 24, der dem § 98 des R.B.G. entspricht, eingestellt wird, vollständige Nachzahlung des einbehaltenen Diensteinkommens eintreten muß. Es wird hierbei nicht unterschieden, ob solche Einstellung ohne oder mit Verhängung einer Ordnungsstrafe erfolgt ist (vergl. hierzu weiter § 130 A. 1 u. 5).

[3]) Nach richterlichem Ermessen je nach dem Grade der Verschuldung, den begleitenden Umständen und der Höhe der Strafe — Strafentlassung, Strafversetzung, Ordnungsstrafe —, nur eine gänzliche Befreiung von Kosten ist unzuläſſig (vergl. Kanng. A. 3; Thudichum A. 2).

4) In welchem möglichst der Betrag selbst festzusetzen ist (§ 22 Nr. 7 der Anl. O).

5) Eine Beschlagnahme des Gehaltes wegen Deckung der baaren Auslagen findet nur im Falle der Suspension statt (§ 128).

Vorläufige Dienstenthebung. 1) 2)

1) Die im Nachfolgenden behandelte Suspension vom Amte ist keine Strafe, sondern nur eine vorläufige durch das Interesse des Dienstes gebotene Maßregel, sie entzieht nicht schon vorläufig das Amt, sondern nur vorläufig dessen Ausübung und tritt kraft des Gesetzes (§ 125) oder durch Verfügung (§ 127) ein, wenn gewichtige Gründe für die Wahrscheinlichkeit vorliegen, daß auf die fernere Amtsthätigkeit des Beamten auch dauernd verzichtet werden muß. „Eine zeitweise Suspension vom Amte als Strafe kennt der Entwurf nicht. Die Suspension tritt nur in solchen Fällen ein, in welchen die Fortführung des Amtes wenigstens einstweilen unmöglich wird. Die Suspension ist also immer eine interimistische Maßregel, die entweder mit der Wiedereinsetzung in das Amt, oder mit der Entlassung aus dem Dienste endigt" (Motive S. 77).

Der Beamte bleibt hiernach trotz der Suspension im rechtlichen Besitze seines Amtes und behält den rechtlichen Anspruch auf sein volles Diensteinkommen, die Anordnung wegen der theilweisen Innebehaltung des letzteren (§ 128) ist lediglich eine Beschlagnahme, eine Arrestmaßregel, dazu bestimmt, den Fiskus sicher zu stellen wegen der Untersuchungskosten und der Kosten der Stellvertretung, welche letztere der Beamte, wenn es zu seiner Bestrafung kommt, ebenfalls als durch seine Schuld verursacht (abgesehen von dem Falle des § 130 Abs. 2) zu tragen hat (vergl. R.G. v. 22./10. 88 u. 11./2. 87 E. B. 22 S. 40 u. B. 17 S. 242, ferner § 128 A. 6).

„Aus der Suspension folgt noch nicht die Entziehung

der Amtseinkünfte, da diese erst von dem Augenblicke an verwirkt sein können, wo das Amt selbst dem Schuldigen durch den Spruch der zuständigen Behörde entzogen wird ..... Die im Entwurfe angenommene arrestweise Einbehaltung der Hälfte des Gehaltes, um Stellvertretungs- und Untersuchungskosten zu decken, entspricht den Grundsätzen des Preuß. Rechtes" (Motive a. a. O.). Vergl. auch § 129 A. 1, § 4 A. 6, § 14 A. 10, § 45 A. 5; ferner Laband § 51 S. 499 Nr. 2.

[2]) Die §§ 125 bis 133 finden keine Anwendung:

a) auf die im § 158 benannten Beamten,

b) auf die richterlichen Beamten in Elsaß-Lothringen (§ 72 A. 2).

Wartegeldempfänger unterliegen nur der Bestimmung des § 132, und Pensionäre kommen überhaupt nicht in Betracht (§ 34 Vorbemk. 2).

§ 125.[1]) Die vorläufige Dienstenthebung eines Reichsbeamten (Suspension vom Amte) tritt kraft des Gesetzes ein:

1) wenn im gerichtlichen Strafverfahren[2]) seine Verhaftung[3]) beschlossen,[4]) oder gegen ihn ein noch nicht rechtskräftig gewordenes Urtheil erlassen ist, welches den Verlust des Amtes kraft des Gesetzes nach sich zieht,[5])

2) wenn im Disziplinarverfahren eine noch nicht rechtskräftige Entscheidung ergangen ist, welche auf Dienstentlassung lautet.

[1]) In den §§ 125 u. 126 wird die gesetzliche, im § 127 die behördliche Suspension behandelt.

[2]) Nicht bei Verhaftung im Civilverfahren (vergl. §§ 774, 775, 782, 789 der C.Pr.O.).

Wegen Mitglieder des Reichsgerichtes vergl. § 129 Abs. 2 des G.V.G.

3) Der weder die vorläufige Festnahme (§§ 127 ff. der Str.Pr.O.), noch die Verbüßung einer Freiheitsstrafe gleichsteht. Nur die vom Strafrichter gemäß §§ 114, 205, 229, 235 der Str.Pr.O. verhängte Untersuchungshaft, nicht die zum Zwecke der Strafvollstreckung eintretende Strafhaft hat die Suspension mit den vermögensrechtlichen Wirkungen nach § 128 zur gesetzlichen Folge (vergl. auch § 129 Abs. 2 des G.B.G.). Die Begründung liegt darin, daß die Untersuchungshaft regelmäßig nur in Straffällen schwererer Art (vergl. § 112 der Str.Pr.O.) eintreten kann, bei welchen auch die dauernde Entfernung des Beschuldigten aus seiner amtlichen Wirksamkeit als die wahrscheinliche Folge vorauszusehen ist (Vorbemk. 1), was bei bloßer Verbüßung einer Freiheitsstrafe, die ja auch im Civilverfahren (A. 2) eintreten und in einfacher oder Festungs-Haft (§§ 17 u. 18 des Str.G.B.) bestehen kann, keineswegs immer der Fall zu sein braucht. Vergl. § 126 A. 6, insbesondere das dort mitgetheilte Urtheil des R.G. v. 1./2. 86 Gruchot B. 30 S. 854; ferner die M.E. v. 2./12. 68 B.M.Bl. 64 S. 27 u. v. 15./8. 87 C.Bl.U.B. S. 660.

Aus der thatsächlichen Behinderung an der Ausübung des Amtes, welche mit jeder Verbüßung einer Freiheitsstrafe nothwendig verbunden ist, folgt an sich nur, daß auch in solchem Falle der Beamte für Kosten, welche seine Vertretung verursacht, nach civilrechtlichen Grundsätzen haftet, weil sie durch seine Schuld veranlaßt sind (vergl. § 14 A. 11).

4) Die Wirkungen sind an den Haftbeschluß (§ 114 der Str.Pr.O.), nicht an dessen Vollstreckung geknüpft, denn nicht die physische, sondern die moralische Unmöglichkeit, das Amt weiter zu führen, bildet den eigentlichen Grund der Suspension (A. 3, sowie § 126 A. 3 und die dort A. 6 mitgetheilten Ausführungen des R.G. a. Schl.).

Entflieht der Beamte, dessen Verhaftung beschlossen ist,

oder hält er sich sonst im Verborgenen, so treten bis zu seiner Ergreifung die weitergehenden vermögensrechtlichen Folgen des § 14 Abs. 3 ein (vergl. § 14 A. 10).

[5]) Vergl. § 78 A. 4.

§ 126. Im Falle des § 125 Nr. 1[1]) dauert die Suspension bis zum Ablauf des zehnten Tages[2]) nach Wiederaufhebung[3]) des Verhaftungsbeschlusses oder nach eingetretener Rechtskraft desjenigen Urtheils höherer Instanz,[4]) durch welches der angeschuldigte Beamte zu einer anderen Strafe[5]) als der bezeichneten verurtheilt wird.

Lautet das rechtskräftige Urtheil auf Freiheitsstrafe, so dauert[6]) die Suspension, bis das Urtheil vollstreckt ist.[6]) Wird die Vollstreckung des Urtheils ohne Schuld des Verurtheilten aufgehalten oder unterbrochen, so tritt für die Zeit des Aufenthalts oder der Unterbrechung eine Gehaltskürzung (§ 128)[7]) nicht ein. Dasselbe gilt für die im ersten Absatze dieses Paragraphen erwähnte Zeit von zehn Tagen,[2])[8]) wenn nicht vor Ablauf derselben die Suspension vom Amte im Wege des Disziplinarverfahrens[9]) beschlossen[2]) wird.

Im Falle des § 125 Nr. 2 dauert die Suspension bis zur Rechtskraft der in der Disziplinarsache ergehenden Entscheidung.

[1]) Die ausdrückliche Bezugnahme auf § 125 hier und im Abs. 3, sowie der ganze übrige Inhalt beweisen klar, daß § 126 nur über die gesetzliche Suspension verordnen will und deshalb jede Anwendung auf die behördliche Suspension, von der erst im § 127 die Rede

ist, ausschließt. Es verliert daher sowohl die bereits vor dem Strafverfahren in einem durch dieses zum Stillstande gebrachten (§ 77) Disz.Verf. verfügte, wie die erst während des Strafverfahrens, sei es in Folge Wiederaufhebung eines Haftbefehles (A. 3) oder ohne diese Veranlassung von der Behörde angeordnete Suspension in allen Fällen sogleich mit der Beendigung des Strafverfahrens — durch Einstellung oder rechtskräftiges Urtheil — ihre weitere vermögensrechtliche Wirkung und inwiefern sie die bis dahin bestandene behält, hängt lediglich von der Nachfolge eines förmlichen Disz.Verf. und von dessen Ausgang ab (§ 130 A. 3). Die behördliche Suspension kann also weder mittels der hier (Abs. 1) vorgesehenen zehntägigen Frist mit ununterbrochener vermögensrechtlicher Wirkung in ein anschließendes Disz.Verf. übergehen (A. 2), noch mit dieser Wirkung eine erkannte Freiheitsstrafe durchdauern (Abs. 2 u. A. 6), sondern immer nur in einem sich anschließenden Disz.Verf. durch erneuerte Verfügung neue vermögensrechtliche Wirksamkeit von dem im § 128 Abs. 1 hierfür bestimmten Termine ab erlangen (vergl. unten A. 6 a. E., § 127 A. 1, § 130 A. 3 a. E.).

²) Die Frist, welche mit dem Tage des aufhebenden Beschlusses bezw. mit der Rechtskraft des Urtheils höherer Instanz (A. 4) beginnt, soll der obersten Reichsbehörde die Möglichkeit gewähren, die ablaufende Wirkung der gesetzlichen Suspension durch rechtzeitige Verfügung der eigenen Suspension weiter zu führen (Abs. 2 Schlußsatz), wenn gerechte Bedenken gegen den Wiedereintritt des Beschuldigten in sein Amt obwalten (vergl. auch A. 9).

„Die angeordnete zehntägige Frist dient auch dazu, Zeit zu einer Entschließung zu lassen, ob nicht das Disz.-Verf. einzuleiten und die Suspension zu verfügen sei" (Motive S. 77). Dazu muß die oberste Reichsbehörde durch sofortige Mittheilungen der Staatsanwaltschaft instandgesetzt werden (vergl. für Preußen M.E. v. 25./8. 79 Nr. 10 B.M.Bl. S. 223).

[3]) Nur die Wiederaufhebung (§ 123 der Str.Pr.O.), nicht schon die davon verschiedene, durch Sicherheitsleistung erreichte bloße Abwendung der Vollstreckung (§§ 117, 120, 121 der Str.Pr.O.) beseitigt die Suspension, die an den Haftbeschluß, nicht an dessen Vollstreckung geknüpft ist (§ 125 A. 4).

[4]) Weist die höhere Instanz unter Aufhebung des ergangenen Urtheiles die Sache in die Vorinstanz zurück, so richtet sich die Dauer der Suspension nach der Rechtskraft der alsdann von neuem ergehenden Entscheidung (vergl. Per. u. Sp. A. V).

[5]) Besteht diese mildere Strafe nicht in einer Geldstrafe, sondern ebenfalls in einer Freiheitsstrafe, so tritt Abs. 2 in Geltung. Wird der Beamte freigesprochen, so fällt mit der gänzlichen Beseitigung des ersten Strafurtheiles auch die lediglich mit diesem Urtheil verknüpft gewesene Suspension mitsammt ihren bisherigen vermögensrechtlichen Folgen völlig in sich zusammen, hier bleibt also ein Hinüberführen ihrer Wirkung (A. 2) in ein gemäß § 78 Abs. 1 nachfolgendes Disz.Verf. eo ipso ausgeschlossen, es greift alsdann § 130 Abs. 1 Platz (vergl. weiter § 130 A. 3bα).

[6]) Fortdauern kann nur ein „bereits Bestehendes", nicht ein „erst Eintretendes". Es ist hier nicht von der Neuwirkung eines neuen Suspensionsgrundes: „Verbüßung einer Freiheitsstrafe (Strafhaft)", sondern von der Fortwirkung bereits bestehender (gesetzlicher) Suspension die Rede. Daß dies die wahre Bedeutung der Bestimmung ist und die gegentheilige, auf zweifelhafte Aeußerungen in den Gesetzesmotiven (das. S. 77) gestützte Ansicht Kanngießers (A. 8 zum § 125) unhaltbar ist, hat das R.G. in seiner E. v. 1./2. 82 (Gruchot B. 80 S. 854) überzeugend nachgewiesen. Diese Entscheidung ist zwar unmittelbar zum § 45 des Pr.

R.Disz.G. v. 7./5. 51 ergangen, sie bleibt aber auch für § 126 des R.B.G. maßgebend, der mit jenem § 45 wörtlich übereinstimmt und auch in den Gründen jener Entscheidung mit berührt wird. Das Reichsgericht führt aus:

„Der § 45 (des Pr. G. v. 7./5. 51, hier § 126) führt nicht neue Fälle der Suspension kraft des Gesetzes an, sondern disponirt lediglich über die Dauer der gemäß § 44 Nr. 1 (hier § 125 Nr. 1) eingetretenen Suspension. Der § 45 (§ 126) bestimmt nicht, daß eine in höherer Instanz erkannte Freiheitsstrafe die Suspension für die Dauer der Strafvollstreckung zur Folge haben soll, sondern er bestimmt, daß die Suspension, welche infolge einer beschlossenen Verhaftung oder eines noch nicht rechtskräftig gewordenen Urtheiles des im § 44 Nr. 1 (§ 125 Nr. 1) bezeichneten Inhaltes eingetreten ist, bis zur vollendeten Vollstreckung des Urtheils fortdauern soll, weil es, wie die Motive (zum R.Disz.G.v. 7./5. 51 vergl. Thilo S. 52) hervorheben, „„im Interesse des Ansehens des Beamten- (dort Richter-)standes liege, daß der Beamte (dort Richter), nachdem er wegen strafbarer Handlungen kraft des Gesetzes suspendirt worden, sein Amt, nachdem die Strafe gemildert sei, nicht sofort wieder antrete, und später wiederum dasselbe, um eine ihm zuerkannte Freiheitsstrafe abzubüßen, zeitweise auszuüben aufhöre."" „Hiernach bezieht sich der Satz des § 45 (§ 126) „„Lautet das rechtskräftige Urtheil auf Freiheitsstrafe, so dauert die Suspension, bis das Urtheil vollstreckt ist"" nach der Absicht des Gesetzgebers nur auf die zweite Alternative der Nr. 1 des § 44 (Nr. 1 des § 125), und hiermit stimmt auch der Wortlaut des Gesetzes sehr wohl überein. Man wird ihn aber auch — wegen Gleichheit des Grundes und des relevanten Thatbestandes — unbedenklich auf den Fall anwenden können, wenn eine im Laufe des Verfahrens beschlossene Verhaftung bis zur Rechtskraft des Urtheils" — in solchem Falle gleich, welcher Instanz — „fortgedauert hat, und dieses auf

Freiheitsstrafe lautet. Dagegen ist die analoge Anwendung jenes Satzes auf Fälle der vorliegenden Art" — bloße Verbüßung einer Freiheits-(Festungs-)strafe —, „in denen weder eine Verhaftung beschlossen, noch ein nicht rechtskräftiges Urtheil des in § 44 Nr. 1 (§ 125 Nr. 1) bezeichneten Inhalts ergangen ist, wegen mangelnder Gleichartigkeit derselben unstatthaft. Denn der § 44 Nr. 1 (§ 125 Nr. 1) hat offenbar auch in seiner ersten Alternative (Verhaftung) Straffälle schwererer Art, welche voraussichtlich oder mindestens wahrscheinlich das Verbleiben des Thäters im Amte gefährden, bezw. ein die gleiche Voraussicht rechtfertigendes gravirendes Verhalten des Beschuldigten während des gerichtlichen Strafverfahrens im Auge, da ohne dergleichen gewichtige Ursachen die Untersuchungshaft nicht verhängt werden darf (§§ 112 ff. der Str.Pr.O.). Dieses Motiv trifft aber keineswegs bei jeder Verbüßung einer Freiheitsstrafe zu. Es hätte einer besonderen Gesetzesvorschrift bedurft, um mit der Freiheitsstrafe als solcher die Suspension des betreffenden Beamten zu verknüpfen .... Die Motive zu den mit den §§ 44 u. 45 übereinstimmenden §§ 125 u. 126 des R.B.G. v. 31./3. 73 scheinen allerdings von der Annahme auszugehen, daß die Strafhaft in jedem Falle der Untersuchungshaft gleich stehe, weil jene, wie diese einstweilige Unmöglichkeit der Fortführung des Amtes bedinge. Allein diese Meinung kann selbstredend für die Auslegung des preuß. G. v. 7./5. 51 umsoweniger Bedeutung beanspruchen, als sie dem Wortlaute des verkündeten (Reichs-) Gesetzes (die §§ 125 u. 126) schwerlich entspricht und der Grund der Amtssuspension keineswegs ausschließlich oder auch nur vorwiegend in der faktischen Unmöglichkeit der Amtsführung, sondern in der besonderen Beschaffenheit des dieselbe bewirkenden Umstandes (vergl. § 125 A. 3 u. 4) zu suchen ist".

Der behördlichen Suspension ist eine ähnliche Wirkung nicht verliehen, sie kann nach der vermögensrechtlichen Seite hin (vergl. § 130 A. 3 a. E.) niemals den rechtskräftigen Abschluß des sie bedingenden Strafverfahrens überdauern, sondern nur, wenn sie hier vermögensrechtlich erloschen ist, in einem nachfolgenden Disz.Verf. durch neue Anordnung eine neue derartige Wirkung erlangen (vergl. oben A. 1 u. § 127 A. 1).

7) Die vorläufige Enthebung vom Amte erleidet keine Unterbrechung, nur die vermögensrechtlichen Folgen der Suspension setzen in solchen Fällen unverschuldeter Verzögerung des Strafvollzuges aus.

8) Nur für diese zehn Tage fällt die Gehaltskürzung fort, während sie bis zum Beginn dieser Frist als vermögensrechtliche Folge des verschuldeten Strafverfahrens bestehen bleibt, auch wenn der aufgehobenen Verhaftung bezw. dem verurtheilenden Straferkenntniß kein oder ein mit Freisprechung endigendes Disz.Verf. nachfolgt (vergl. weiter § 130 A. 3bα, auch M.E. v. 7./5. 83 V.M.Bl. S. 83).

9) Die Worte „im Wege des Disz.Verf." sind hier gleichbedeutend mit: „als Disziplinarmaßregel", denn die Einleitung des förmlichen Disz.Verf. braucht in dem Falle nicht mit diesem Beschlusse verbunden zu sein, wenn derselbe an die Wiederaufhebung eines Verhaftungsbeschlusses anknüpft (vergl. oben A. 1 u. 2).

§ 127.[1]) Die oberste Reichsbehörde[2]) kann die Suspension, sobald gegen den Beamten ein gerichtliches Strafverfahren[3]) eingeleitet[4]) oder die Einleitung eines förmlichen Disziplinarverfahrens (§ 84) verfügt wird, oder auch demnächst im Laufe des einen oder anderen Verfahrens bis zur rechtskräftigen Entscheidung verfügen.[5])

1) Der § 127 handelt von der behördlichen Suspension (§ 125 A. 1; § 126 A. 1). Sie hat zur Voraussetzung die Einleitung des gerichtlichen Straf- oder

des förmlichen Disz.Verf. Auch während der Dauer eines gerichtlichen Strafverfahrens ist der Behörde das Recht, die Suspension zu verfügen, eingeräumt zum Ausgleiche dafür, daß sie durch dieses Verfahren an der Einleitung ihres eigenen Strafverfahrens, mit dem sie sonst die Suspension hätte verbinden können, nach § 77 behindert ist (vergl. R.G. v. 5./11. 83 E. B. 10 S. 277). Nach Beendigung des Strafverfahrens gelangt die Behörde in die Rechte des § 78, sie beschließt dann entweder über die Fortsetzung des infolge des Strafverfahrens ausgesetzten Disz.Verf. oder über die erste Einleitung desselben. In beiden Fällen kann sie damit gleichzeitig die Suspension verhängen. War im ersten Falle diese bereits vor Eröffnung des Strafverfahrens verfügt, so durchdauert sie auch das Strafverfahren, das nicht den Lauf der Suspension, sondern nur den Lauf des Disz.Verf. unterbricht. Wie die Suspension während der Dauer des Strafverfahrens jederzeit durch Verfügung neu entstehen kann, muß sie auch aufrecht bleiben, wenn sie bereits vorher rechtmäßig angeordnet war. Aber mit der Beendigung des Strafverfahrens, sei es durch Einstellung (§ 202 der Str.Pr.O.) oder durch rechtskräftiges Urtheil, schließt auch ihre Wirkung in vermögensrechtlicher Beziehung ab (vergl. § 126 A. 1 u. 6 a. E., sowie § 130 A. 8 a. E.).

[3]) Vergl. § 159 A. 1. Für die Landesbeamten in Kamerun und Togo hat Art. 6 der V. v. 3./8. 88 (R.C.Bl. S. 753) die in den §§ 127, 128 Abs. 2 u. § 131 der obersten Reichsbehörde vorbehaltenen Rechte allgemein an die obersten Beamten dieser Schutzgebiete delegirt unter Zulassung der Beschwerde (ohne aufschiebende Wirkung) an den Reichskanzler. Hinsichtlich des Schutzgebietes von Ostafrika hat Art. 10 der V. v. 22./4. 94 (R.C.Bl. S. 115) dieselben Befugnisse gegenüber allen mit Kais. Bestallung versehenen Beamten (Art. 4 jener V.) ausschließlich dem Reichskanzler, sonst dem Gouverneur und gegenüber den Bezirksrichtern dem Oberrichter übertragen.

[3]) Ob das Strafverfahren wegen eines Verbrechens, eines Vergehens oder einer Uebertretung eingeleitet worden, macht keinen Unterschied.

[4]) Die bloße „Vorbereitung der öffentlichen Klage" (§§ 156 ff. der Str.Pr.O.) verschafft noch nicht dieses Recht. Hält die Behörde in solchem Falle die Suspension für erforderlich, so muß sie ihr Disz.Verf. einleiten (vergl., zugleich zu A. 3, § 77 A. 2 u. 4).

[5]) Rechtsweg dagegen verschlossen (§ 155).

§ 128.[1]) **Während der Suspension des Beamten**[2]) **wird vom Ablauf des Monats ab, in welchem dieselbe verfügt ist,**[3]) **die Hälfte**[4]) **seines Diensteinkommens**[5]) **innebehalten.**[6][7][8])

In Fällen der Noth des Beamten ist die oberste Reichsbehörde[9]) **ermächtigt, die Innebehaltung des Diensteinkommens auf den vierten Theil desselben zu beschränken.**[10])

Auf die für Dienstunkosten besonders angesetzten Beträge[11]) **ist bei Berechnung des innezubehaltenden Theils vom Diensteinkommen**[5]) **keine Rücksicht zu nehmen.**

Der innebehaltene Theil des Diensteinkommens[5]) **ist zu den Kosten, welche durch die Stellvertretung des Angeschuldigten verursacht werden, der etwaige Rest zu den Untersuchungskosten (§ 124)**[12]) **zu verwenden.**[13]) **Einen weiteren Beitrag zu den Stellvertretungskosten zu leisten, ist der Beamte nicht verpflichtet.**[13][14])

[1]) Die Absätze 3 und 4 geben, abgesehen von dem Zusatz: „(§ 124)", über welchen A. 12 zu vergleichen, unverändert den Reg.Entw. bezw. die Abs. 2 und 3 des

§ 51 des Pr. V.Disz.G. wieder, während im Reg.Entw. Abs. 2 fehlte (vergl. A. 10) und Abs. 1 übereinstimmend mit Abs. 1 des § 51 des Pr. V.Disz.G. dahin lautete: „Der suspendirte Beamte behält während der Suspension die Hälfte seines Diensteinkommens".

Die jetzige Fassung des Abs. 1 will außer Zweifel stellen, daß der Beamte während des Monates, in welchem die Suspension in Kraft tritt, sein Einkommen noch unverkürzt behalten soll, womit auch die Praxis in Preußen übereinstimmt (M.E. v. 27./2. 65 V.M.Bl. S. 149 u. v. 9./12. 82 C.Bl. der Abg. rc. 83 S. 1; Seydel § 51 S. 211; Thilo S. 54).

[2]) Vergl. hierzu auch § 84 A. 4 u. § 32 A. 1.

[3]) Vom Gesetz (§ 125), oder von der Behörde (§ 127) verfügt ist. In letzterem Falle tritt die Suspension mit dem Zustellungstage der Verfügung, in ersterem mit dem Beschlußtage der Verhaftung (§ 125 A. 4) bezw. mit dem Verkündungstage des Urtheiles erster Instanz ein, worüber also die Behörde sofort in Kenntniß gesetzt werden muß, damit sie wegen Einbehaltung des Gehaltes rechtzeitig verfügen kann (vergl. § 126 A. 2 a. E.).

[4]) Mit der Behauptung, daß diese Grenze (vergl. A. 5) nicht inne gehalten sei, kann der Beamte auch im Rechtswege gemäß §§ 149 ff. auftreten (vergl. Kanng. A. 4 und Turnau A. 1 zu § 128; E. des K.K.G.H. v. 17./2. 55 J.M.Bl. S. 145 u. V.M.Bl. S. 134).

[5]) Umfaßt das gesammte zur Zeit der Suspension bezogene persönliche Diensteinkommen im Sinne der Eingangsbestimmung des § 42. Es bleiben also (Abs. 3) nur die für Dienstunkosten (für Repräsentation und Dienstaufwand) bestimmten Beträge, welche auf den Stellvertreter übergehen, aus der Berechnung ausgeschlossen (vergl. A. 11 u. § 130 A. 2).

Der tarifmäßig gezahlte Wohnungsgeldzuschuß oder die an Stelle freier Wohnung bewilligte Miethsentschädigung wird als Theil der Besoldung ebenfalls zur Hälfte, ausnahmsweise (Abs. 2) zum vierten Theile einbehalten. Hat der Beamte eine Dienstwohnung inne, für welche eine Miethsvergütung zu entrichten ist, so wird ihm auf solche Vergütung nicht der volle Betrag des tarifmäßigen Wohnungsgeldzuschusses (§ 7 des G. v. 30./6. 73 Anl. K), sondern nur die Hälfte, ausnahmsweise (Abs. 2) dreiviertel dieser Kompetenz gutgerechnet, den Rest der Miethsvergütung muß der Beamte aus der ihm zum Unterhalt verbliebenen Gehaltskompetenz berichtigen (vergl. M.E. v. 30./12. 73 B.M.Bl. 74 S. 48). Wird dem Beamten seine bisherige Dienstwohnung entzogen, so erhält er als Ersatz nur die Hälfte, ausnahmsweise dreiviertel des tarifmäßigen Wohnungsgeldzuschusses neben seiner übrigen Kompetenz ausgezahlt. Ist der Beamte im Genusse einer freien Dienstwohnung und freier Naturalbezüge verblieben, so behält es dabei sein Bewenden. Hat er eine solche Wohnung räumen müssen, so ist ihm vom Tage der Räumung ab neben seinem Besoldungstheile die Hälfte, ausnahmsweise (Abs. 2) dreiviertel der an Stelle der freien Wohnung im Etat vorgesehenen Miethsentschädigung zu gewähren. Hat er freie Naturalbezüge aufgeben müssen, so ist ihm der entsprechende Bruchtheil in Geld zu vergüten, wobei als Maßstab die Summen dienen können, mit welchen solche Naturalbezüge im Reichshaushaltsetat als pensionsfähig anerkannt sind. Vergl. M.E. v. 19./9. 80, v. 1./11. 81, v. 30./12. 81 u. v. 25./7. 83. B.M.Bl. 80 S. 306, 81 S. 228, 82 S. 20 u. 83 S. 169.

[6]) Ueber die Rechtsnatur dieser Innebehaltung vergl. § 125 Vorbemk. 1. Nach dem Wortlaute würde das zur Zeit der Suspension bereits im voraus gezahlte Einkommen von der Innebehaltung ausgeschlossen sein, nach dem Sinne des Gesetzes soll der suspendirte Beamte für die durch sein Verschulden erwachsenden Vertretungs- und Untersuchungskosten mit einem bestimmten Theile seines Diensteinkommens unbedingt haften, muß

also den verhafteten Theil bereits mit dem Zeitpunkte hergeben, in welchem diese Vertretung nothwendig wird, bezw. welchen das Gesetz hierfür vorschreibt (Abs. 1). Was über diesen Termin hinaus in der Voraussetzung unverändert fortbestehender Dienstleistung im voraus gezahlt ist, muß in Höhe des der Einbehaltung unterliegenden Betrages zurückgewährt werden, und zur Verwirklichung dieses Anspruches kann auch auf die dem Beamten zu seinem Unterhalte frei bleibende Gehaltskompetenz im Wege der Kompensation unter Beachtung der Schranken des § 749 der C.Pr.O. (vergl. § 6 A. 2) zurückgegriffen werden. Die Fassung des Reg.Entw.: „Der suspendirte Beamte behält während der Suspension (nur) die Hälfte seines Diensteinkommens“ (oben A. 1) ließ in dieser Beziehung keinen Zweifel (vergl. M.E. v. 9./12. 82 C.Bl. der Abg. 2c. 83 S. 1; Seydel S. 211; Thilo S. 54 A. 2). Die R.T.K. wählte die jetzige Fassung nicht, um an dem Sinne der Bestimmung zu ändern, sondern nur, um der Auffassung vorzubeugen, daß der Beamte die andere Hälfte nicht behalte, also verliere, während sie nur das Befriedigungsobjekt der Verwaltung für erwachsende Stellvertretungs- und Untersuchungskosten abgeben soll (vergl. § 125 Vorbemk. 1; Kanng. S. 223 A. 2 und Turnau § 128 A. 1).

Die abweichende Ansicht Labands § 51 S. 500 A. 2 — aufgenommen von Per. u. Sp. A. III —, daß diejenigen Theile eines vierteljährlich vorausgezahlten Gehaltes, welche nicht mehr „innebehalten“ werden könnten, auch nicht wieder eingezogen werden dürften, würde zu der Rechtsungleichheit führen, daß der auf monatliche Vorausbezahlung (§ 5) angewiesene Beamte eine größere Vermögenseinbuße (vergl. A. 13) erlitte, als der zu der Vergünstigung vierteljährlicher Vorausbezahlung zugelassene Beamte. Sie kann also nicht Absicht des Gesetzes gewesen sein. Dem Beamten geschieht auch in keiner Weise ein Unrecht, da er alles nachgezahlt erhält, was zu den durch ihn verschuldeten Kosten nicht verbraucht wird, (§ 129) und, wenn das Verfahren nur mit einer Ordnungsstrafe endigt, sich also herausstellt, daß er in der Ausübung seines Amtes hätte belassen werden können, jeder Abzug für Stellvertretungskosten unterbleibt (§ 130 Abs. 2).

7) Bei Mitgliedern des Reichsgerichtes bleibt die Suspension ohne Einfluß auf den Genuß des Gehaltes (§ 129 Abs. 3 des G.V.G.).

8) Da das Diensteinkommen zu keinem Theile verloren geht (A. 6), sondern nur zur Deckung von Kostenschulden theilweise zurückbehalten wird, wacht auch ein ruhendes Pensionsbezugsrecht in solchem Falle nicht wieder auf (vergl. § 57 A. 4; M.E. v. 29./11. 90 V.M.Bl. S. 238).

9) Vergl. § 127 A. 2.

10) Abs. 2 ist Zusatz der R.T.K., welche hier, wie im § 129 den Reg.Entw. abmilderte (vergl. § 129 A. 1). Die Behörde ist ermächtigt, aber nicht verpflichtet, kann also hierzu im Rechtswege nicht angehalten werden.

11) Vergl. wegen dieser Kosten des Dienstaufwandes und der Repräsentation § 23 A. 9, § 42 A. 2, § 57 A. 7, auch § 7 A. 5 u. § 27 A. 3. Da der suspendirte Beamte keinen Dienst thut, erwächst ihm auch kein Aufwand für Dienstunkosten. Maßgebend für die Höhe solcher Kosten sind die in jedem Falle verwaltungsseitig getroffenen Bestimmungen (vergl. auch R.G. v. 19./12. 93 Jurst.W. 94 S. 73 Nr. 52).

12) Die ausdrückliche Bezugnahme auf § 124 fehlte im Reg.Entw. Es hat damit außer jeden Zweifel gestellt werden sollen, daß zu den hier gemeinten Untersuchungskosten nur die baaren Auslagen des Disz.Verf. zu rechnen sind. Wegen der im Kriminalverfahren (§ 125 Nr. 1) gleichzeitig erwachsenen Kosten darf dem Beamten kein Abzug an dem innebehaltenen Besoldungstheile gemacht werden, soweit nicht von der Gerichtskasse eine Be-

schlagnahme auf dem gewöhnlichen gesetzlichen Wege unter Beachtung des § 749 der C.Pr.O. erwirkt ist.

13) Deckt der Rest die Untersuchungskosten nicht, so muß der Beamte anderweitig seiner aus dem Disziplinarerkenntniß (§ 124 A. 3 u. 4) entspringenden vollen Zahlungsverpflichtung genügen, nur für die Kosten seiner Vertretung braucht er (Schlußsatz) niemals mehr als den gesetzlich einbehaltungsfähigen Besoldungstheil zu opfern (vergl. auch M.E. v. 15./5. 73 V.M.Bl. S. 286).

14) Stirbt der Beamte vor der Rechtskraft eines verurtheilenden Erkenntnisses, so wird die einbehaltene Besoldung für die Erben frei (§ 129 A. 4).

§ 129.[1]) **Der zu den Kosten (§ 128) nicht verwendete Theil des Einkommens**[2]) **wird dem Beamten auch in dem Falle nachgezahlt, wo das Verfahren die Entfernung aus dem Amte**[2] **zur Folge gehabt hat.**[3])[4])

Dem Beamten ist auf Verlangen ein Nachweis[5]) **über die Verwendung zu ertheilen. Erinnerungen gegen die Verwendung können im Rechtswege nicht**[5]) **geltend gemacht werden.**

1) Der Reg.Entw. lautete wie § 52 des Pr. B.Disz.G.: „Der zu den Kosten nicht verwendete Theil des Einkommens wird dem Beamten nicht nachgezahlt, wenn das Verfahren die Entfernung aus dem Amte zur Folge gehabt hat.

Erinnerungen über die Verwendung des Einkommens stehen dem Beamten nicht zu; wohl aber ist ihm auf Verlangen eine Nachweisung über diese Verwendung zu ertheilen."

Die Reichstagskommission und nach ihr der Reichstag wählten die jetzige Fassung in folgerichtiger Durchführung des Grundsatzes, daß die Suspension keine Strafe, sondern lediglich eine im dienstlichen Interesse gebotene Anordnung und in ihrer vermögensrechtlichen Seite lediglich eine Sicherstellung für thatsächlich erwachsende Kosten der Stellvertretung und Untersuchung sein soll und demnach auch im Falle der Entfernung aus dem Amte nicht über ihren Zweck hinausgreifen darf (vergl. § 125 Vorbemk. 1 u. Kanng. S. 225).

[2]) Endigt das Verfahren mit Entfernung aus dem Amte (Strafversetzung oder Dienstentlassung), so reicht der Anspruch auf die bisherige Besoldung bis zum Tage der Rechtskraft des Urtheiles (vergl. § 75 A. 13).

[3]) Dasselbe gilt, wenn der (gesetzlich oder behördlich) suspendirte Beamte infolge strafgerichtlichen Urtheiles (§ 78 A. 4), oder nach § 100 freiwillig ausscheidet (vergl. § 100 A. 8; § 77 A. 7; § 130 A. 3b α u. β). Im ersteren Falle reicht der Besoldungsanspruch ebenfalls (A. 2) bis zur Rechtskraft des Strafurtheils (§ 75 A. 13, § 78 A. 5), im letzteren Falle bis zum Tage der Zustellung der Entlassungsverfügung (§ 100 A. 5).

[4]) Stirbt der suspendirte Beamte vor der Rechtskraft eines ihn — gleichviel zu welcher Strafe — verurtheilenden Disziplinar- oder strafgerichtlichen Urtheils, so gebührt den Erben der volle einbehaltene Besoldungstheil, denn nicht die Suspension als solche verleiht schon ein Eigenthumsrecht auf die Besoldung (§ 125 Vorbemk. 1), sondern erst die Verurtheilung (§ 130), und diese kann gegen den Verstorbenen nicht mehr zur Rechtskraft, folglich nicht zur Wirksamkeit gelangen (vergl. auch M.E. v. 3./5. 76 B.M.Bl. S. 123). Aus gleichem Grunde bleiben in jedem solchen Falle die Rechte der Hinterbliebenen unberührt (vergl. § 7 A. 8a).

[5]) Dieser Nachweis kann auch im Rechtswege (§ 149) erzwungen werden, er soll dem Beamten die Prüfung ermöglichen, ob ihm nicht Kosten in Rechnung gestellt sind, die das Gesetz ihrem Gegenstande nach gemäß § 128 Abs. 4, § 130 Abs. 2 und § 124 überhaupt

nicht zuläßt. Glaubt in dieser Hinsicht der Beamte sich benachtheiligt, so muß ihm der Rechtsweg nach §§ 149 ff. ebenfalls offen stehen, verschlossen ist dieser nach dem Schlußsatze der Bestimmung nur hinsichtlich solcher Erinnerungen, welche die Nothwendigkeit einer angeordneten Vertretung, oder die Höhe der aufgewendeten Vertretungskosten, oder bei den Untersuchungskosten die Höhe der „baaren Auslagen" bemängeln, hier bleibt der Beamte auf den Beschwerdeweg beschränkt (vergl. Kanng. S. 225; v. Zedlitz A. 144).

§ 130. Wird der Beamte freigesprochen,[1]) so muß ihm der innebehaltene Theil[2]) des Diensteinkommens vollständig nachgezahlt werden.[3])[4])

Wird er nur mit einer Ordnungsstrafe belegt,[5]) so ist ihm der innebehaltene Theil insoweit nachzuzahlen, als derselbe nicht zur Deckung der ihn treffenden Untersuchungskosten[6]) und der Ordnungsstrafe erforderlich ist. Ein Abzug wegen der Stellvertretungskosten findet nicht statt.[7])

[1]) Dieser Freisprechung im förmlichen Disz. Verf., welche das Gesetz hier im Auge hat (vergl. A. 3), steht im Sinne der Bestimmung die reine (straffreie) Einstellung dieses Verfahrens (§ 98) gleich. In beiden Fällen ist, wie es in einem Pr. M.E. v. 29./3. 83 (C.Bl.U.V. S. 297) heißt „gar keine disziplinare Folge eingetreten" und muß deshalb das einbehaltene Diensteinkommen vollständig nachgezahlt werden (vergl. auch Thilo S. 57 und Kanng. A. 1 zu § 130). Nach Reichsrecht tritt im Wesentlichen dieselbe Folge auch dann ein, wenn die Einstellung des Verfahrens gemäß § 98 mit einer Ordnungsstrafe verbunden ist, es darf dann nur der Betrag dieser Ordnungsstrafe, falls dieselbe in Geldstrafe besteht, an dem nachzuzahlenden Dienstein-

kommen gekürzt werden. Vergl. unten A. 5 u. § 124 A. 2, insbesondere auch § 42 Abs. 3 des dort erwähnten Pr. Kirch.Disz.G. v. 24./4. 94.

[2]) Worin Beträge für „Dienstunkosten" nicht enthalten sind (§ 128 A. 5 u. 11). Dienstaufwandsentschädigungen werden also niemals nachgezahlt (vergl. M.E. v. 23./3. 78 C.Bl. der Abg. 2c. S. 113).

[3]) Hinsichtlich der Wirkungen, welche eine Freisprechung im Straf-Verf., der hier ebenfalls die Einstellung des Verfahrens (§ 202 der Str.Pr.O.) gleichsteht, in dieser Beziehung ausübt, bleibt auseinander zu halten, ob auf solche Freisprechung oder Verfahrenseinstellung ebenfalls Freisprechung im Disz.Verf. nachfolgt, oder ob hier eine Verurtheilung eintritt:

a) Folgt im Disz.Verf. eine Freisprechung oder was dem gleichsteht (A. 1) nach, oder bleibt ein solches Verfahren überhaupt aus, so hat die zur Last gelegte Handlung weder strafrechtliche noch disziplinarrechtliche Folgen gehabt, also greift in vollem Umfange § 130 Abs. 1 Platz;

b) folgt auf eine Freisprechung im Straf-Verf. und was dem gleichsteht (siehe oben) eine Verurtheilung im Disz.Verf. — ob zur Strafversetzung, Strafentlassung oder bloßer Ordnungsstrafe, ist nur für den Umfang der vermögensrechtlichen Folgen von Bedeutung (§ 130 Abs. 2) —, so kommt es darauf an, ob in dem voraufgegangenen Straf-Verf. die gesetzliche (§ 125 Nr. 1) oder die behördliche (§ 127) Suspension bestanden hat:

α) die gesetzliche Suspension fällt mit einem freisprechenden Straferkenntniß vermögensrechtlich immer in sich zusammen, es greift stets § 130 Abs. 1 Platz (§ 126 A. 5), wie sie andererseits bei einem verurtheilenden Straferkenntniß bis zu dessen Rechtskraft immer in voller Wirkung bleibt (§ 126 A. 8);

β) die behördliche Suspension, welche während eines Straf-Verf. bestand, bleibt als lediglich disziplinare Maßregel in ihrer vermögensrechtlichen Wirkung stets abhängig von der Nachfolge (vergl. jetzt auch M.E. v. 8./8. 95 V. M. Bl. S. 193) und von dem Ausgange dieses nachfolgenden Disz.Verf., diejenigen Fälle allein ausgenommen, wo ein Disz.Verf. erübrigt, weil entweder das Straf-Verf., in welchem die Suspension verfügt war, in seinem Endergebniß ohne weiteres zum Amtsverlust führt, oder weil der Beamte freiwillig ausscheidet (vergl. § 129 A. 3 u. § 77 A. 7). Tritt sonst in einem nachfolgenden Disz.Verf. eine Verurtheilung ein, so bleibt die vermögensrechtliche Wirkung der behördlichen Suspension für die Dauer des Straf-Verf. aufrecht, trotzdem dieses mit einer Freisprechung endigte, und tritt in solchem Disz.Verf. eine Freisprechung oder was dem gleich steht (A. 1) ein, so verliert die behördliche Suspension jene Wirkung für die Dauer des Straf-Verf., selbst wenn dieses mit einer Verurtheilung abschloß. Nur kann im ersteren Falle ein ununterbrochener Uebergang von dem Straf- in das Disz. Verf. niemals eintreten, weil für die behördliche Suspension ein solches Verbindungsglied fehlt, wie es § 126 Abs. 1 (A. 2 das.) für die gesetzliche Suspension vorsieht. Mag auch die dienstliche Seite der Suspension: „die Enthebung von den Dienstgeschäften" (§ 125 Vorbemk. 1 u. § 132 A. 1) in solchem Falle solange Bestand behalten, als die zuständige Behörde (§ 127) ihre Verfügung nicht zurücknimmt und den Beamten in seine Dienstgeschäfte wieder einsetzt, vermögensrechtlich bleibt ihre Wirkung für die Zwischenzeit von Beendigung des Straf-Verf. bis zu dem nach § 128 Abs. 1 sich richtenden Wiederbeginn im Disz.Verf. ausgeschlossen (vergl. § 126 A. 1 u. 6 a. Schl. und § 127 A. 1). Insofern kann dem sonst übereinstimmenden Urtheil des R.G. v. 5./11. 83 (E. B. 10 S. 227) nicht beigepflichtet werden.

4) Ob die Freisprechung im Strafverfahren (A. 3) gleich im ersten Verfahren oder nach erstmaliger rechtskräftiger Verurtheilung erst in einem, alsdann nur als Fortsetzung des früheren Verfahrens aufzufassenden Wiederaufnahme-Verf. (§§ 399 ff. der Str.Pr.O.) erfolgt, bleibt für ihre zerstörende Rückwirkung (A. 3b α) auf die während des ersten Verfahrens bestandene Suspension gleich (R.G. v. 22./10. 88 E. B. 22 S. 40). War aber in solchem Falle der erstmaligen Verurtheilung, weil dieselbe nicht schon ohne weiteres zum Amtsverluste geführt hatte (§ 78 A. 4), noch ein mit Verurtheilung endigendes Disz.Verf. nachgefolgt und hatte in beiden Verfahren die behördliche Suspension bestanden, so kann deren vermögensrechtliche Wirkung nicht ohne weiteres für beseitigt durch das spätere freisprechende Straferkenntniß gelten (A. 3b β), wie in jedem solchen Falle auch nicht ein Anspruch auf Wiederübertragung des verlorenen Amtes besteht. Die Behörde wird aber die Konsequenz einer solchen nachträglichen Freisprechung im Straf-Verf. ziehen und, falls sie infolge derselben den entlassenen Beamten in den Dienst wieder aufnimmt, ihm auch die früher einbehaltene Gehaltskompetenz herauszahlen. Nur das seit dem Amtsverluste nicht mehr bezogene Diensteinkommen bleibt immer verloren (vergl. § 78 A. 5 und § 117 A. 2).

5) Durch Urtheil des Disziplinargerichtes (§ 108 Abs. 3), wenn nur durch Beschluß der obersten Reichsbehörde (§ 98), bleibt er nach Reichsrecht auch von den Untersuchungskosten frei (vergl. A. 1 u. § 124 A. 2).

6) Vergl. § 128 A. 12.

[7]) Vergl. § 128 A. 6 a. E., und wegen des Rechtsweges § 129 A. 5.

§ 131. Wenn Gefahr im Verzuge ist, kann einem Beamten auch von solchen Vorgesetzten, die seine Suspension zu verfügen nicht ermächtigt sind,[1]) die Ausübung der Amtsverrichtungen vorläufig untersagt werden;[2]) es ist aber darüber sofort an die oberste Reichsbehörde[3]) zu berichten.[4])

Diese Untersagung hat eine Kürzung des Diensteinkommens nicht zur Folge.

[1]) Vergl. § 81 Nr. 2 u. 3; § 54 des Pr. B.Disz.G.

[2]) Die Untersagung kann sich auch bloß auf einzelne Amtsverrichtungen erstrecken (vergl. Kanng. und Thudichum A. 1 zu § 131).

[3]) Vergl. § 127 A. 2.

[4]) Die oberste Reichsbehörde hebt entweder die Untersagung auf oder beschließt die förmliche Suspension (§ 127). Sie kann aber auch in die Lage kommen, die Untersagung lediglich zu bestätigen, wenn gegen einen auf Kündigung angestellten Beamten nicht zum förmlichen Disz.Verf., sondern zur Kündigung gegriffen ist (§ 84 A. 4; § 32 A. 1) und die zur Kündigung berechtigte Anstellungsbehörde (§ 32) zugleich für nothwendig gehalten hat, den Beamten sogleich außer Thätigkeit zu setzen. Dieser hat in solchem Falle nur Anspruch auf Beibehaltung seines vollen Diensteinkommens (Abs. 2 u. § 32 A. 1), aber nicht auf Beibehaltung seines Amtes (§ 1 A. 7 Abs. 2). Vergl. auch § 66 A. 8; § 46 Abs. 2 des Pr. Kirch.Disz.G. für die Provinz Hannover v. 24./4. 94 G.S. S. 103.

§ 132.[1]) Dem unter Gewährung des gesetzlichen Wartegeldes einstweilen in den Ruhestand versetzten Beamten wird ein Viertel des Wartegeldes innebehalten, wenn im Disziplinarverfahren eine noch nicht rechtskräftige Entscheidung ergangen ist, welche auf Dienstentlassung[2]) lautet.

Wegen der Nachzahlung des innebehaltenen Theils vom Wartegelde kommen die Grundsätze der §§ 129 und 130 zur Anwendung.

[1]) Wartegeldempfänger unterliegen ebenfalls dem förmlichen Disz.Verf. (§ 119 A. 1 u. 2). Da sie aber ein Amt nicht verwalten, können sie desselben auch nicht einstweilen enthoben werden. Der § 132 will nicht die Suspension als solche, deren wesentlichste Seite in der Dienstenthebung besteht (§ 125 Vorbemk. 1), sondern nur die vermögensrechtlichen, Sicherstellung der Reichskasse bezweckenden Folgen derselben analog auf Wartegeldempfänger zur Anwendung bringen, sobald dieselben in die Rechtslage der gesetzlichen Suspension gemäß § 125 Nr. Zwei gerathen. In solchem Falle kann es sich aber nur um Deckung der baaren Auslagen des Disz.Verf. (§ 124) handeln, zu denen unter Umständen (§ 130 Abs. 2) noch eine erkannte Ordnungsstrafe hinzutritt, da eine Stellvertretung (§ 128 Abs. 3) nicht anzuordnenist.

Für diesen enger begrenzten Zweck genügte nach Ansicht des Reichstages ein Viertel des Wartegeldes, während der Reg.Entw. ein Drittel desselben einbehalten und damit erreichen wollte, daß der Wartegeldempfänger ebenfalls auf die Hälfte (§ 128 Abs. 1) seines ehemaligen Gehaltes gesetzt werde, da von diesem das Wartegeld $^3/_4$ ausmacht (§ 26). Der Reg.Entw. hatte ferner diese Einbehaltung auch für den Fall des § 125 Nr. Eins vorgeschrieben. Da aber die mit der Suspension verbundene Gehaltsbeschlagnahme zur Deckung der Kriminaluntersuchungskosten nicht ausgeübt werden darf (§ 128 A. 12), verwarf der Reichstag diese Vorschrift (Drucks. Nr. 133 S. 586; Kanng. A. 1 u. 2 zu § 132).

[2]) Vergl. § 75 A. 10.

§ 133.[1]) Alle nach den Bestimmungen der §§ 61 bis 132 erfolgenden Aufforderungen, Mittheilungen, Zustellungen und Vorladungen sind gültig und bewirken den Lauf der Fristen, wenn sie unter Beobachtung der für gerichtliche Insinuation in Strafsachen vorgeschriebenen Formen demjenigen, an den sie ergehen, zugestellt sind.[2]) Die vereideten Verwaltungsbeamten haben dabei den Glauben der Gerichtsboten.[3])

Hat der Angeschuldigte seinen dienstlichen Wohnsitz verlassen, ohne daß seine vorgesetzte Behörde Kenntniß[4]) von seinem Aufenthalt hat, so erfolgt die Insinuation in der letzten Wohnung des Angeschuldigten an dem dienstlichen Wohnort desselben.[5])[6])

[1]) Vergl. § 12 des Pr. R.Disz.G. u. § 13 des Pr. V.Disz.G.

[2]) Soweit die Strafprozeßordnung nicht eigene Vorschriften enthält (vergl. §§ 40. u. 318 ff.), kommen nach ihrem § 37 die Zustellungsvorschriften der C.Pr.O. §§ 152 bis 190 zur entsprechenden Anwendung. Vergl. auch § 22 Nr. 8 der Anl. N.

[3]) An deren Stelle sind die Gerichtsvollzieher getreten (§ 155 des G.V.G.; § 152 der C.Pr.O.). Zustellungen durch die Postboten richten sich nach § 178 der C.Pr.O.

[4]) Diese Kenntniß muß ihr der Angeschuldigte verschaffen, die Behörde hat keine Verpflichtung, weitläufige Ermittlungen anzustellen (vergl. Kanng. A. 2).

[5]) Nach den im ersten Absatze als maßgebend hingestellten Formen des Strafprozesses würde ein Beamter, dessen Aufenthalt unbekannt ist, öffentlich vorzuladen sein (§§ 40 u. 320 der Str.Pr.O.). Um diese umständliche Ladung zu vermeiden, lautete der Reg.Entw. im ersten

Absatz hinter den Worten: „an den sie ergehen" weiter: „in Person zugestellt, oder wenn sie in seiner letzten Wohnung an dem Orte insinuirt werden, wo er seinen letzten Wohnsitz im Inlande hatte."

Es entsprach diese Fassung den Bestimmungen der Pr. Disz.G. (A. 1). Die Kommission des Reichstages hatte diesen Zusatz gestrichen, weil sie die öffentliche Vorladung wollte (Drucks. Nr. 107 S. 500). Hierin folgte der Reichstag seiner Kommission nicht, er billigte den Ausschluß der Ediktalladung, kehrte zum Reg.Entw. zurück und ersetzte den vorerwähnten Zusatz durch den jetzigen Absatz 2 (Sten. B. S. 720). Dieser weicht von dem Reg.Entw. aber darin ab, daß er an die Stelle des dort allgemein ins Auge gefaßten „letzten Wohnsitzes im Inlande" den „dienstlichen" Wohnsitz des Beamten setzt. Infolge dessen versagt die Bestimmung bei der Anwendung auf Wartegeldempfänger, welche nur noch einen natürlichen Wohnsitz (§ 19 A. 6) haben. Kanngießer (A. 6 zu § 133) will deßhalb in analoger Anwendung des § 119 Abs. 2 auch bei ihnen den letzten dienstlichen Wohnsitz für die Ladung maßgebend sein lassen, wenn ihr Aufenthalt unbekannt ist, weil sie die Verpflichtung behalten, Fürsorge zu treffen, daß ihnen Verfügungen der Reichsbehörden jederzeit zugestellt bezw. nachgesandt werden können, und darin wird man ihm folgen müssen (vergl. auch § 28 A. 1), will man nicht mit dem Wortlaut des Gesetzes in Widerspruch gerathen. Ebenso Turnau A. 3, abweichend Per. und Sp. A. I zu § 133.

[6]) Daß die Bestimmung des Abs. 2 auch im Zwangspensionirungs-Verf., dessen §§ 61 bis 68 der Absatz 1 ausdrücklich einschließt, anzuwenden ist, konnte nach dem Reg.Entw. (A. 5), der den Ausdruck „Angeschuldigter" vermied, keinen Augenblick zweifelhaft sein. Der Reichstag bezweckte aber mit der jetzigen Fassung in dieser Hinsicht keine Abänderung des Reg.Entw. (A. 5), es würde auch an jedem inneren Grunde ge-

fehlt haben, hier einen Unterschied zuzulassen. Man braucht deßhalb keine Lücke im Gesetze anzunehmen, wie Per. und Sp. A. I zu § 133 wollen. Verläßt ein Beamter vor beendigtem Zwangspensionirungsverfahren ohne Urlaub seinen dienstlichen Wohnort, so kommt auch gegen ihn § 14 Abs. 3 zur Anwendung, im Uebrigen nimmt das Verfahren unter Anwendung der Zustellungsvorschriften des § 133 seinen Fortgang.

Besondere Bestimmungen über die Defekte der Beamten.[1])

[1]) Die nachfolgenden Vorschriften der §§ 134 bis 148, denen nach § 157 auch die Personen des Soldatenstandes unterliegen, stützen sich auf die Pr. V. v. 24./1. 44 (G.S. S. 52). Der Reg.Entw. war dieser Verordnung wörtlich gefolgt, der Reichstag schwächte ihre Bestimmungen in wesentlichen Punkten ab (vergl. § 140 A. 1; § 141 A. 1; § 145 A. 1; § 146 A. 5 bis 7).

Durch die Reichsjustizgesetzgebung sind die hier den Verwaltungsbehörden eingeräumten Rechte unberührt geblieben (§ 13 des G.V.G.; § 82 des Pr. Ausf.G. zum G.V.G. v. 24./4. 78 G.S. S. 246).

„Die Vorschriften der §§ 134 bis 148 in Verbindung mit dem G. v. 2./6. 1869 über die Kautionen der Reichsbeamten sind bestimmt, den Reichsfiskus vor Benachtheiligungen durch pflichtvergessene oder fahrlässige Verwalter von Reichskassen oder Reichsvermögen zu schützen. Sie gewähren den höheren Behörden die Möglichkeit, in schleuniger Weise den Privatbesitz eines solchen Beamten mit Beschlag belegen und den festgestellten Fehlbetrag durch das Gericht beitreiben zu lassen, mit der Wirkung, daß dem betreffenden Beamten der Rechtsweg nur innerhalb einer zerstörlichen Frist von einem Jahre offen bleibt. Ungerechte Härten gegen den Beamten können nicht leicht daraus entstehen, weil es höhere öffentliche Verwaltungsbehörden sind, welche die vorläufige Ersatzpflicht nach gewissenhaftem Ermessen aussprechen, gegen deren Beschluß sodann der Beschwerdeweg offen steht, und die definitive Entscheidung immer dem ordentlichen Gerichte vorbehalten bleibt" (Thudichum § 134 A. 1). Wie sich die Motive (S. 78) zu den Vorschriften der §§ 134 bis 148 äußern, ergiebt die A. 3 (Mitte) zu § 144 S. 358.

Die Vorschriften enthalten danach eine Ausnahme von der Regel, daß Niemand in eigener Sache richten darf, und sind als solche strikte zu interpretiren. Im Allgemeinen gilt das Folgende:

a) das Defekt-Verf. ist kein Disziplinar-Verf., sein Zweck lediglich der, Schaden und Beschädiger vorläufig festzustellen und die Ersatzleistung zu sichern. Daher greift dasselbe nicht bloß gegen die im Dienste, sondern auch gegen die bereits außer Dienst befindlichen und selbst gegen gänzlich — freiwillig oder unfreiwillig — ausgeschiedene, gegen entlassene Beamte Platz (M.E. v. 20./8. 45 V.M.Bl. S. 282; E. des K.K.G.H. v. 17./4. 58 J.M.Bl. S. 243 und V.M.Bl. 59 S. 74);

b) das Defekt-Verf. nöthigt nicht zu seiner Anwendung. Ob der Reichsfiskus von dem ihm hier ausnahmsweise gebotenen Sicherungsmittel gegen Vermögensverluste Gebrauch machen, oder ob er statt dessen den ordentlichen Rechtsweg gehen will, unterliegt dem freien pflichtmäßigen Ermessen der zu seiner Vertretung berufenen Behörden (E. des K.K.G.H. v. 13./2. 86 V.M.Bl. S. 242; R.G. v. 23./1. 90 Gruchot B. 34 S. 1119);

c) Defekt im Sinne des § 134 ist nur der Kassendefekt, und zwar in dem weiteren, auch die Materialienverwaltung mit umfassenden Sinne, dagegen gehört nicht hierher der Rechnungsdefekt.

Ein Kassendefekt liegt vor, wenn der aufgefundene Istbestand einer Kasse, eines Magazins

u. s. w. geringer ist, als der rechnungsmäßige Sollbestand, nicht aber dann, wenn es sich überhaupt nicht um ein Defizit in der Kasse, in den Magazinen, sondern ausschließlich darum handelt, daß aus der Kasse oder dem Magazine ordnungsmäßig durch Beläge nachgewiesene Zahlungen oder sonstige Verausgabungen gemacht sind, welche auf die Kasse, das Magazin 2c. nicht angewiesen werden durften, wenn also in Einnahme und Ausgabe alles richtig belegt, formell alles in Ordnung ist, aber die materielle Richtigkeit einzelner Beläge anzufechten oder auch an unrichtige Empfänger gezahlt ist. In Fällen letzterer Art handelt es sich um Rechnungsdefekte, für welche Ersatz nur auf dem ordentlichen Rechtswege gesucht werden darf (vergl. E. des K.K.G.H. v. 25./10. 56 J.M.Bl. 57 S. 55; Kanng. A. 2 zu § 134; Laband I S. 458).

„Kassendefekte sind fehlende Beträge an dem Sollbestande des Staatseigenthums infolge von Untreue, Irrthum oder Dienstvernachlässigung, sowie von Zufall, Diebstahl, Brand oder sonstigen nicht vorherzusehenden Ereignissen". „Rechnungsdefekte sind Zuvielverausgabungen, sei es infolge unrichtigen Kalkules, sei es infolge von Zahlungen gegen gesetzliche oder sonstige Vorschriften, welche von der Oberrechnungskammer im Wege der Monitur festgestellt und zur Wiedervereinnahmung bestimmt worden" (Drucks. des R.T. 77 Anl. B. 3 Nr. 15 S. 32; § 30 der Instr. für die Pr. Oberrechnungskammer v. 18./12. 24 v. K. Ann. B. IX S. 2);

d) der förmliche Defektbeschluß (§§ 137 ff.) bleibt stets abhängig davon, daß der fehlende Betrag sich in dem amtlichen Gewahrsam eines Reichsbeamten befunden hat, und daß der Verlust durch Vorsatz (strafrechtliche Unterschlagung) oder grobes Versehen dieses Beamten verursacht ist (§ 135 A. 2).

Wo Diebstahl (§ 136 A. 3 u. § 141 A. 2), oder bloße Verletzung der Aufsichtspflicht (§ 141 A. 4), oder nur ein mäßiges oder geringes Versehen (§ 141 A. 5) vorliegt, muß, falls der Ersatz ausbleibt, der gewöhnliche Rechtsweg betreten werden;

e) ist von vornherein klar, daß nicht grobes Versehen, sondern geringere Unachtsamkeit oder Zufall, höhere Gewalt, Naturereignisse, unverschuldeter Brand oder sonstige außerhalb jeder amtlichen Verantwortlichkeit liegende Verhältnisse den Verlust verursacht haben, es also am subjektiven Thatbestande des Beschlusses (§ 135 A. 2) gänzlich fehlt, so bewendet es bei der bloßen Feststellung des Defektes, also bei der bloßen Eruirung des objektiven Thatbestandes (§ 134 A. 1). Bestehen dagegen zur Zeit des entdeckten Defektes irgend welche Zweifel, ob ein unter das Ausnahmeverfahren fallendes Verschulden (d) eines Beamten und welches Beamten betheiligt ist, so ist es in Preußen und danach auch im Reiche üblich, einen förmlichen Beschluß zunächst über den objektiven Thatbestand abzufassen, und die Ermittlung des subjektiven Thatbestandes einer weiteren Beschlußfassung vorzubehalten. In keinem Falle ist es indessen Aufgabe eines Defektbeschlusses, auszusprechen, daß ein bestimmter oder überhaupt ein Beamter nicht ersatzpflichtig sei (M.E. v. 15./10. 53 u. 15./3. 54 B.M.Bl. 53 S. 258 u. 54 S. 91; A.Post-D.A. Absch. X Abth. 2 § 193);

f) der Beamte haftet für alle aus der Amtszeit zu vertretenden Defekte mit seinem ganzen Vermögen, folglich auch mit seinem Nachlasse, und seine Defektschuld geht als vermögensrechtliche Verpflichtung auf seine Erben über. Stirbt daher ein Beamter nach Erlaß eines Defektbeschlusses, so richten sich die Vollstreckungs- oder Sicherheitsmaßregeln (§§ 140, 143, 146) gegen seinen Nachlaß, stirbt er vorher, so ergeht der Beschluß gegen seine Erben. Falls die Personen, gegen welche der Beschluß erlassen werden soll oder schon erlassen ist, ihre Erbeseigenschaft bestreiten, muß über diese Vorfrage im ordentlichen Rechtswege entschieden und bis dahin zwar nicht die vorläufige Beschlagnahme aus § 146, wohl aber die Vollstreckung eines bereits erlassenen Beschlusses ausgesetzt werden. Auch haften die Erben aus einem Defektbeschlusse immer nur so weit, als sie den verpflichteten Nachlaß hinter sich haben. Sollen sie darüber hinaus mit ihrem eigenen Vermögen in Anspruch genommen werden, so kann die Frage nur im ordentlichen Rechtswege ausgetragen werden. Das Letztere gilt auch, wenn Dritte aus dem Kautions- oder Bürgenverhältniß in Anspruch genommen werden sollen (E. des K.K.G.H. v. 20./10. 55 und namentlich v. 17./4. 58 J.M.Bl. 56 S. 69 u. 58 S. 243; R.G. v. 31./5. 80 und insbes. v. 3./7. 82 E. B. 2 S. 188 und B. 7 S. 335).

Daß Defektbeschlüsse gegen den Nachlaß verstorbener Reichsbeamten gerichtet, das heißt zur Vollstreckung gebracht werden können (vergl. oben), nimmt auch v. Zedlitz A. 151 an, und Kanngießer verschließt sich (A. 2 zu § 135) dieser Konsequenz ebenfalls nicht, dagegen wollen beide, ebenso Thudichum (A. 1 zu § 135) einen solchen Beschluß gegen Erben eines Defektaten nicht zulassen. Zedlitz stützt sich hierfür auf das Erkenntniß des früheren Pr. O.Tr. v. 4./9. 57 (E. B. 36 S. 382), die dort (S. 383 bis 386) angeführten Gründe sind aber vom Reichsgericht in den vorerwähnten E. v. 31./5. 80 u. 3./7. 82 überzeugend widerlegt. Größere Berechtigung hat scheinbar die Berufung Kanngießers und Thudichums auf die Abänderung, welche der § 135 des Reg.Entw. in der R.T.K. gefunden hat. Während § 135 des Reg.Entw., wie § 2 der Pr. V. v. 24./1. 44 (vergl. den Eingang dieser A.), allgemein dahin lautete:

„Von dieser Behörde ist zugleich festzustellen, wer nach den Vorschriften ..... zu haften hat", setzte die R.T.K. an die Stelle:

„festzustellen, ob ein Reichsbeamter und eintretenden Falles welcher Beamte nach den Vorschriften ..... zu haften hat".

Indessen bezeichnet Kanngießer selbst (S. 231) diese Aenderung als eine „im Wesentlichen nur redaktionelle", und jeder weitere Aufschluß über die Absichten der R.T.K., sowie des Reichstags bei dieser Aenderung fehlt; in ihr kann also auch kein Hinderniß gefunden werden, die vom Reichsgericht für das preußische Recht festgelegten, oben entwickelten defektrechtlichen Grundsätze ohne weiteres auf das Reichsrecht zu übertragen. Es versteht sich hierbei von selbst, daß auch der gegen Erben zu richtende Defektbeschluß immer davon abhängig bleibt, daß über das defektrechtliche Verschulden des Erblassers (oben unter d) genügende Beweise vorliegen (§ 135 A. 2);

g) in dem Defektbeschlusse können auch Verzugszinsen, soweit solche partikularrechtlich (§ 19 Abs. 1) begründet sind, in Anspruch genommen werden, und zwar von dem Tage ab, an welchem der Defekt entstanden, oder, wenn dieser Tag nicht zu ermitteln ist, von dem Tage ab, an welchem derselbe entdeckt, oder, wenn es sich um ein der Reichsverwaltung anvertrautes Privatvermögen handelt, von dem Tage ab, an welchem hierfür Ersatz geleistet ist (M.E. v. 31./8. 41 u. 15./3. 54 Abs. 4 V.M.Bl. 41 S. 268 u. 54 S. 91; Per. u. Sp. A. IV zu § 137);

h) der förmliche Defektbeschluß (§§ 137 ff.) erübrigt, wenn der Defekt sofort gedeckt wird.

§ 134.[1]) Die Feststellung der Defekte an öffentlichem oder Privatvermögen,[2]) welche bei Reichskassen oder anderen Reichsverwaltungen[3]) entdeckt werden, ist zunächst von derjenigen Behörde zu bewirken, zu deren Geschäftskreise die unmittelbare Aufsicht über die Kasse oder andere Verwaltung gehört.[4])

[1]) Die §§ 134 u. 136 handeln von dem objektiven Thatbestande, der Feststellung des Mankos (Vorbemk. unter c), der § 135 handelt von dem subjektiven Thatbestande, von der Feststellung der äußeren und inneren Thatsachen — Verwalter bezw. Verwahrer, und qualifizirtes (defektrechtliches) Verschulden —, welche bei einem Reichsbeamten zusammentreffen müssen, um den nach §§ 137 u. 141 abzufassenden Beschluß gegen ihn zu begründen (vergl. § 135 A. 2).

[2]) Beispielsweise die als Amtskaution hinterlegten Werthpapiere.

[3]) Wie die Materialien- und Magazinverwaltungen. Hierher gehören auch die der Reichspostverwaltung zur Beförderung übergebenen Werthbriefe und Packete (vergl. Per. u. Sp. A. II zu § 136).

[4]) Die unmittelbar vorgesetzte Behörde (§ 136 A. 2).

§ 135. Von dieser Behörde ist zugleich festzustellen, ob ein Reichsbeamter[1]) und eintretenden Falls welcher Beamte[1]) nach den Vorschriften des § 141 für den Defekt zu haften hat,[2]) und bei einem Defekt an Materialien, auf wie hoch die zu erstattende Summe in Gelde zu berechnen ist.

[1]) Vergl. § 134 Vorbemk. unter a u. f, sowie § 137 A. 1.

[2]) Dieser subjektive Thatbestand hängt von der

doppelten Feststellung ab, daß der fehlende, stets in Geld zu ermittelnde Betrag sich — auf Grund allgemeiner oder besonderer Anordnung (§ 136 A. 3) — im amtlichen Gewahrsam des Beamten befunden hat, und daß entweder Vorsatz (Unterschlagung) oder grobes Versehen dieses Beamten den Verlust verursacht haben (§ 134 Vorbemk. unter d u. A. 1 das.).

§ 136.[1]) Ebenso (§§ 134 und 135) hat die unmittelbar vorgesetzte Behörde[2]) die Defekte an solchem öffentlichen oder Privatvermögen festzustellen, welches, ohne zu einer Reichskasse oder anderen Reichsverwaltung gebracht zu sein, vermöge besonderer amtlicher Anordnung[3]) in den Gewahrsam[3]) eines Reichsbeamten gekommen ist.[4])

1) Vergl. § 134 A. 1.

2) Vergl. Anl. A Nr. IV.

3) Der allgemeinen amtlichen Anordnung, vermöge welcher die Verwaltung einer Kasse oder eines Magazines übertragen, oder zur Theilnahme an einer solchen Verwaltung verpflichtet wird (vergl. § 141 Nr. 2 a u. b), steht hier gegenüber die im Einzelfalle getroffene besondere amtliche Anordnung, durch welche öffentliches oder Privatvermögen in den Gewahrsam eines Beamten gekommen ist. Was ohne solche allgemeine oder besondere amtliche Anordnung in den Besitz eines Reichsbeamten gelangt und von demselben veruntreut wird, fällt nicht unter das Gesetz, weil daraus, wenn es sich um Privatvermögen handelt, keine civilrechtliche Verpflichtung, folglich auch kein Schaden für den Reichsfiskus erwächst, und wenn es sich um öffentliches Vermögen handelt, nicht Unterschlagung, sondern Diebstahl vorliegt, der in seinen civilrechtlichen Folgen nicht unter das Defektrecht, sondern unter das gewöhnliche bürgerliche Recht fällt (vergl. § 141 A. 2 u. 4). Die Voraussetzungen für einen Defekt-

beschluß lagen vor im Straffalle des R.G. v. 22./12. 87 (E.Str. B. 16 S. 437), dagegen nicht im Straffalle des R.G. v. 6./5. 81 (E.Str. B. 4 S. 153). Vergl. auch § 135 A. 2.

4) Per. u. Sp. A. I führen hier als Beispiele an, wenn ein Beamter mit der Empfangnahme der Kaufsumme für ein seitens des Reiches verkauftes Grundstück im Auflassungstermine beauftragt wird, oder wenn eine Zwangsvollstreckung auf Grund des § 25 des Post-G. v. 28./10. 71 (R.G.Bl. S. 347) stattfindet.

§ 137. Ueber den Betrag des Defekts, die Person des zum Ersatz verpflichteten Beamten1) und den Grund seiner Verpflichtung2) ist von der in den §§ 134 und 135 bezeichneten Behörde ein motivirter Beschluß3)4) abzufassen.

1) Gleichgültig, ob derselbe noch im Dienste, oder durch Pensionirung, Entlassung oder Tod ausgeschieden ist; im letzteren Falle richtet sich der Beschluß gegen die Erben, mit der Wirkung, daß sie im Umfange des Nachlasses haften (§ 134 Vorbemk. unter a u. f). Dagegen ist der Beschluß gegen Dritte, die als Bürgen oder Kautionsbesteller, also lediglich auf Grund privatrechtlich eingegangener Verbindlichkeiten in Betracht kommen, völlig ausgeschlossen. Gegen diese kann nur im ordentlichen Rechtswege vorgegangen werden (§ 134 Vorbemk. unter f; R.G. v. 31./5. 80 E. B. 2 S. 189).

2) Die „Ersatzverbindlichkeit" (§ 144), die sich nach den Voraussetzungen des § 141 — Gewahrsam, und dolus (Unterschlagung) oder culpa lata — richtet (vergl. § 135 A. 2 und § 141 A. 2 bis 5).

3) Wo die Möglichkeit vorliegt und nicht besondere Eile erforderlich ist, wird regelmäßig der Beamte vor Abfassung des Beschlusses verantwortlich zu hören sein, wenngleich es nicht ausdrücklich vorgeschrieben ist und der

Rechtsweg nach § 144 ausreichenden Schutz gewährt (vergl. Kanng. A. 1 und Thudichum A. 2 zu § 139).

4) Der Beschluß muß stets den Betrag des Defektes, den Umfang der Ersatzverbindlichkeit, und die Person des zum Ersatz Verpflichteten bestimmt bezeichnen. Solange in beiden Beziehungen feste Grundlagen fehlen (§ 138), kann ein Beschluß mit der Wirkung, in Rechtskraft überzugehen (A. 44), nicht erlassen werden. Zugleich ist in dem Beschlusse über die Verpflichtung zur Zahlung von Verzugszinsen (§ 134 Vorbemk. unter g), sowie zur Erstattung der baaren Auslagen zu entscheiden (vergl. § 124 u. § 148 A. 1, ferner § 10 des Kaut.G. v. 2./6. 69 Anl. C, und Pr. Staatsminist.-Beschluß v. 31./8. 63 B.M.Bl. S. 194).

Der Beschluß soll ferner auch darüber bestimmen, welche Zwangsmaßregeln behufs Deckung des Verlustes zu ergreifen sind (§§ 140 u. 143), doch würde das Fehlen dieser Bestimmung ihn nicht unwirksam machen. Wesentlich ist immer nur der objektive und subjektive Thatbestand der §§ 134 bis 136, dann ist der Beschluß nach § 139 vollstreckbar.

§ 138. Nach Befinden der Umstände kann die Behörde auch mehrere Beschlüsse abfassen, wenn ein Theil des Defekts sofort klar ist, der andere Theil aber noch weitere Ermittelungen nothwendig macht, ingleichen, wenn unter mehreren Personen die Verpflichtung der einen feststeht, die der anderen noch zweifelhaft ist.[1])

1) Vergl. § 137 A. 4.

§ 139. Hat die Behörde die Eigenschaft einer höheren[1]) Reichsbehörde, so ist der Beschluß nach Maßgabe der §§ 143 und 144 vollstreckbar.

In allen anderen Fällen unterliegt der Beschluß der Prüfung der vorgesetzten höheren[1]) Reichsbehörde und wird erst nach deren Genehmigung vollstreckbar.

Von dem Beschlusse ist der obersten[1]) Reichsbehörde unverzüglich Kenntniß zu geben.

Der obersten[1]) Reichsbehörde bleibt in allen Fällen unbenommen, einzuschreiten und den Beschluß selbst abzufassen oder zu berichtigen.

[1]) Vergl. § 159 und Anl. A Nr. II u. I.

§ 140. In dem abzufassenden Beschlusse ist zugleich zu bestimmen, welche[2]) Vollstreckungs- oder Sicherheitsmaßregeln[1])[2]) behufs des Ersatzes des Defekts zu ergreifen sind.[3])

Für diese Maßregeln sind die Gesetze des Bundesstaates, in welchem dieselben erfolgen, entscheidend.[4])

[1]) Im Reg.Entw. lautete die Bestimmung entsprechend dem § 9 der Pr. V. v. 24./1. 44 (§ 134 Vorbemk. 1):

„In dem abzufassenden Beschlusse ist zugleich zu bestimmen, ob der Beamte zum Ersatz des Defekts oder nur zur Sicherstellung anzuhalten ...."

Die Worte: „oder nur zur Sicherstellung" bezogen sich im Reg.Entw. auf eine dem dortigen § 134 (jetzt § 141) als § 135 nachfolgende, ebenfalls aus der Pr. V. v. 24./1. 44 (§ 11 das.) übernommene Bestimmung folgenden Inhaltes:

„Der abzufassende Beschluß kann ferner auf Beschlagnahme des Vermögens oder Gehalts zur Sicherung des demnächst im Wege Rechtens auszuführenden Anspruchs, sofern der Defekt aus dem Vermögen der § 134" (jetzt § 141) „genannten zunächst verantwortlichen Beamten und deren Dienstkaution nicht zu decken sein sollte, gerichtet werden:

gegen diejenigen Beamten, welche zwar die defektirten Gelder oder Gegenstände nicht in ihrem Gewahrsam gehabt, aber an deren Vereinnahmung, Verausgabung oder Verschlusse in der Weise unmittelbar theilzunehmen hatten, daß der Defekt ohne ihr grobes Verschulden nicht hätte entstehen können".

Im Reg.Entw. hatten also die Worte: „oder nur zur Sicherstellung" ihre besondere Bedeutung. Der Reichstag lehnte aber nach dem Antrage seiner Kommission einen solchen gegen bloß subsidiarisch haftbare Beamte zu richtenden, lediglich die Sicherung eventueller weiterer Deckungsmittel bezweckenden Beschluß durch Streichung des § 135 ab, in der Annahme, daß hier der gewöhnliche Rechtsweg neben dem Schutzmittel des § 146 gegen den Hauptverpflichteten für alle Fälle genüge (Sten.B. S. 720 u. 721; v. Zedlitz A. 155; Kanng. A. 5 zu § 141).

Den Worten: „oder Sicherheitsmaßregeln" im jetzigen § 140 liegt hiernach nur noch insofern Bedeutung bei, als die Beschlußbehörde, wo Gefahr im Verzuge ist, auch eine Beschlagnahme nach Maßgabe des § 146 aussprechen kann (§ 146 A. 1).

²) Der Beschluß braucht die Vollstreckungsmaßregeln nicht speziell zu bezeichnen, es genügt, wenn allgemein ausgesprochen wird, daß im Nichtzahlungsfalle die Zwangsvollstreckung in die Dienstkaution (§ 11 des Kaut.G. v. 2./6. 69 Anl. C) und in das sonstige Vermögen des Schuldners nach Maßgabe der gesetzlichen Bestimmungen (§§ 715 u. 749 der C.Pr.O.) stattzufinden habe (vergl. A.PostD.A. Abschn. X Abth. 2 § 193). Ein Essentiale des Beschlusses bildet diese Vollstreckungsklausel überhaupt nicht (§ 137 A. 4 Abs. 2).

³) Ist der Beamte inzwischen verstorben, so erstrecken sich die im Beschlusse angeordneten Maßregeln auf den Nachlaß (§ 134 Vorbemk. unter f).

⁴) Soweit nicht derogirende Reichsgesetze an die Stelle getreten sind; seit der R.C.Pr.O. also nur noch hinsicht-

lich der Zwangsvollstreckung in das unbewegliche Vermögen (§ 757 der C.Pr.O., vergl. § 143 A. 5).

§ 141. Der abzufassende Beschluß kann auf die unmittelbare Verpflichtung zum Ersatz des Defekts gerichtet werden:

1) gegen jeden Beamten,[1] welcher der Unterschlagung[2] als Thäter oder Theilnehmer nach der Ueberzeugung[3] der Reichsbehörde überführt ist;

2) a. gegen diejenigen Beamten,[1] welchen die Kasse u. s. w. zur Verwaltung[4] übergeben war, und zwar auf Höhe des ganzen Defekts,

b. gegen jeden anderen Beamten,[1] der an der Einnahme oder Ausgabe, der Erhebung, der Ablieferung oder dem Transport von Kassengeldern oder anderen Gegenständen vermöge seiner dienstlichen Stellung theilzunehmen hatte, jedoch nur auf Höhe des in seinen Gewahrsam[4] gekommenen Betrages,

sofern der Defekt nach der Ueberzeugung[3] der Reichsbehörde durch grobes Versehen[5] entstanden ist.

Eben dies gilt gegen die in § 136 genannten Beamten[1] in den daselbst bezeichneten Fällen.

[1] Vergl. § 137 A. 1.

[2] Die strafrechtliche Unterschlagung im Sinne des § 350 des Str.G.B., die dolose Aneignung in amtlichem Gewahrsam erhaltenen öffentlichen oder Privatvermögens

ist gemeint. Ohne solchen amtlichen Gewahrsam fehlt eine nothwendige Voraussetzung jedes Defektbeschlusses (vergl. A. 4). Diebstahl ist daher nicht Gegenstand defektrechtlicher Behandlung. Der Reg.Entw. lautete in Uebereinstimmung mit § 10 der Pr. V. v. 24./1. 44 an dieser Stelle:

„Der abzufassende Beschluß kann auf die unmittelbare Verpflichtung zum Ersatz gerichtet werden:

1. sofern der Defekt nach dem Ermessen der Behörde durch Vorsatz bewirkt worden,

   gegen jeden Beamten, welcher der Unterschlagung oder Veruntreuung als Urheber oder Theilnehmer geständig ist, oder für überführt erachtet wird;

2. sofern der Defekt nach dem Ermessen der Behörde durch grobes Versehen entstanden ist,

   a) gegen diejenigen, welchen die Kasse u. s. w."

Die R.T.K., welcher der Reichstag sich anschloß (Sten.B. S. 721), faßte die beiden Begriffe: „Unterschlagung" und „Veruntreuung" lediglich im Sinne des Strafrechtes auf, sie verstand unter jener die „Unterschlagung" des § 350, unter dieser die „Untreue" des § 266 des Str.G.B. und entfernte das Wort: „Veruntreuung" aus dem Reg.Entw. (Drucks. Nr. 107 S. 501), weil die strafrechtliche Untreue bei Beamten als solche nicht vorkommen könne, sich bei ihnen vielmehr immer, auch wenn es sich um amtlich anvertrautes Privatvermögen (§ 134) handle, mit dem Begriffe der Unterschlagung im Sinne des § 350 des Str.G.B. decke. Beweis hierfür bilden die Zeugnisse der beiden damaligen Reichstagsabgeordneten Kanngießer und v. Zedlitz. Kanngießer, der zugleich Mitglied jener R.T.K. war, bemerkt unter der Nr. 2 zum § 141:

„Bei dem Vergehen des § 266 des Str.G.B., welcher die Privat-Strafthat der Untreue, und des § 353 Abs. 2 des Str.G.B., welcher den Fall vorsieht, wo ...., leidet nach dem Wortlaut des Paragraphen und der

Absicht der Kommission das Defekt-Verfahren keine Anwendung."

Deutlicher noch sagt v. Zedlitz in seiner A. 153 zum § 141:

„Aus dem ersten Absatz (des § 141) ist der von der Reg.-Vorlage aus dem mehrerwähnten preuß. Gesetz herübergenommene Ausdruck: „Veruntreuung" gestrichen worden, weil der im § 266 des Str.G.B. definirte Begriff der Untreue auf Beamte keine Anwendung findet, nach § 350 des Str. G. B. das Wort: „Unterschlagung" dagegen auch die Defekte an Privatgeldern trifft."

Hiernach kann eine Ausdehnung der Nr. 1 des § 141 über die strafrechtliche Unterschlagung hinaus auf jede widerrechtliche Aneignung umsoweniger zugelassen werden, als es sich hier um strenge auszulegende Ausnahmebestimmungen handelt, die ihrem ganzen Wesen und Zwecke nach nur gegen den schweren Vertrauensbruch gerichtet sind, dessen sich Kassen- und Magazinbeamte im engeren und weiteren Sinne (Nr. 2 a u. b der Bestimmung) durch widerrechtliche Aneignung ihnen amtlich anvertrauter Gelder u. s. w., das heißt durch Unterschlagung schuldig machen. Vergl. hierzu A. 4 und § 134 Vorbemk. unter d, sowie § 137 A. 2.

Indirekt ergiebt sich dieselbe Folgerung auch aus § 136 (vergl. A. 3 das.).

3) Nur die volle Ueberzeugung, nicht ein bloßer Verdacht berechtigt die Behörde zum Erlasse ihres Beschlusses, der auch durch ein gleichzeitig eingeleitetes Straf-Verf. nicht aufgehalten wird. Aber ebenso frei, wie sie, ist auch der Strafrichter in seinem Urtheil, er kann verneinen, was die Behörde in ihrem Beschlusse bejaht hat, und umgekehrt (vergl. § 144 A. 9).

4) Wo Gelder oder andere Sachen nicht in die Verwaltung bezw. in den Gewahrsam eines Beamten gelangt sind, ist auch ein Defektbeschluß ausgeschlossen. Diese Grundbedingung des reichsrechtlichen Defekt-Verf. (A. 2)

kommt hier, wie im § 186 (A. 8 das.) zum klaren Ausdruck. Bloße Vernachlässigung — gleichviel welchen Grades — der Aufsichtspflicht (Kuratoren, Kontroleure) darf daher ebenfalls nicht zu einem Defektbeschluß Veranlassung geben; wird in solchem Falle eine Regreßnahme im Prozeßwege nöthig, so muß hierzu der gewöhnliche Weg Rechtens gewählt werden. Der daneben im Reg.Entw. zugelassene Defektbeschluß auf Vermögensbeschlagnahme wurde im Reichstage verworfen (vergl. § 140 A. 1).

[5]) Vergl. § 134 Vorbemk. unter d. Für die Beurtheilung sind nach § 19 Abs. 1 die partikularrechtlichen Bestimmungen maßgebend, in Preußen also § 18 Tit. 3 Th. I A.L.R. Vergl. auch R.G. v. 28./4. 92 Jurst.W. 92 S. 315 Nr. 25.

§ 142. Sind Beamte, gegen welche die zwangsweise Einziehung des Defekts beschlossen wird, in der Verwaltung ihres Amtes, wofür sie eine Amtskaution gestellt haben, belassen worden,[1]) so haben dieselben wegen Ersatzes des Defekts anderweite Sicherheit zu leisten. Erfolgt die Sicherstellung nicht, so findet die Zwangsvollstreckung zunächst nicht in die Kaution, sondern in das übrige[2]) Vermögen statt.

[1]) In solchem Falle bildet die Kaution kein geeignetes Befriedigungsobjekt, weil sie, wenn für den Defekt verbraucht, sofort für die Weiterführung des Amtes von neuem bestellt werden müßte. Deßhalb soll zunächst anderweite Sicherheit für die volle Ersatzleistung, die durch Theilzahlungen erleichtert werden kann, verlangt, und, wenn eine solche Sicherstellung ausbleibt, vorerst das übrige Vermögen des Beamten zwangsweise zur Deckung herangezogen werden, ehe die Behörde von den ihr gemäß §§ 10 u. 11 des Kaut.G. v. 2./6. 69 (Anl. C) an der Kaution zustehenden Rechten Gebrauch macht. Die Be-

stimmung verfolgt also lediglich eine zweckmäßige Sicherung der betheiligten Verwaltungsinteressen, dem Beamten giebt sie keine Rechte.

[2]) Dazu gehört auch das Diensteinkommen, dessen pfändungsfähigen Theil (§ 749 Nr. 8 der C.Pr.O.) sich also die Verwaltung durch das Gericht (§ 143) übereignen lassen kann (§§ 734 u. 736 der C.Pr.O.). Hinsichtlich dieses Befriedigungsobjektes kann die Verwaltung aber auch zu ihrem, von richterlicher Mitwirkung unabhängigen Kompensationsrecht greifen, nur muß sie dabei ebenfalls die Schranken des § 749 Nr. 8 der C.Pr.O. inne halten (vergl. § 6 A. 4, § 146 A. 5 und § 147 A. 5).

§ 143. Die Verwaltungsbehörde ersucht[1]) die zuständigen[2]) Gerichte, Vollstreckungsbeamten oder Hypothekenbehörden um Vollziehung des Beschlusses.

Diese sind, ohne auf eine Beurtheilung der Rechtmäßigkeit des Beschlusses einzugehen, verpflichtet, wenn sonst kein Anstand obwaltet,[3]) schleunig, ohne vorgängiges Zahlungsmandat, die Zwangsvollstreckung auszuführen, die Beschlagnahme der zur Deckung des Defekts erforderlichen Vermögensstücke[4]) zu verfügen und die in Antrag gebrachten Eintragungen im Hypothekenbuche[5]) zu veranlassen.

[1]) Soweit nicht ihr eigenes Recht aus § 11 des Kaut.G. v. 6./2. 69 (Anl. C) in Frage kommt. Da im Uebrigen die Verwaltungsbehörden im Reiche nicht in ähnlicher Weise, wie in Preußen (Verord. v. 7./9. 79 G.S. S. 591), mit selbständigen Vollstreckungsbefugnissen ausgerüstet sind, war für die Bestimmung im § 14 der Pr. Verord. v. 24./1. 44, welche den preußischen Verwaltungsbehörden die Wahl läßt, ob sie innerhalb ihrer Zuständigkeit selbst ihre Defektbeschlüsse vollstrecken, oder die Gerichte

darum angehen wollen, im reichsrechtlichen Defekt-Verf. kein Raum. Die R.C.Pr.O. (vergl. § 13 des Einf.G. v. 30./1. 77) hat die Vorschriften der §§ 143, 144 (mit Ausnahme seines Abs. 4), 145 bis 147 unberührt gelassen.

[2]) Zuständig ist das Bezirks-Amtsgericht, so oft eine Vollstreckungshandlung in Frage kommt, deren Anordnung den Gerichten überwiesen ist (vergl. §§ 684, 694, 699, 729, 755, 780 der C.Pr.O.), sonst der Gerichtsvollzieher (§ 674 a. a. O.).

[3]) Das heißt: wenn sich gegen die Vollstreckbarkeit des Beschlusses an sich — fehlende Genehmigung der höheren Behörde (§ 139) —, oder gegen die verlangte Vollstreckungshandlung als solche nach Reichs- oder Partikularrecht (§ 140 A. 4) nichts einwenden läßt. Im Reg.Entw. standen die Worte: „wenn sonst kein Anstand obwaltet" unmittelbar vor: „Eintragungen im Hypothekenbuche", bezogen sich also nur auf diese. Eine wesentlich weiter reichende Bedeutung hat ihnen auch die von der R.T.K. vorgenommene Umstellung nicht verleihen können, da die Hauptsache, die Frage, ob der Beschluß selbst zu Recht oder Unrecht erfolgt ist, jeder Erörterung in der Vollstreckungsinstanz entzogen ist (vergl. v. Zedlitz A. 157).

[4]) Eventuell Nachlaßstücke (vergl. § 140 A. 3). Wegen des Diensteinkommens vergl. § 142 A. 2.

[5]) Die sich (vergl. § 140 A. 4) nach den Landesgesetzen richten, in Preußen nach der Grundbuch-O. v. 5./5. 72 (G.S. S. 446) und nach den §§ 6 bis 12 der Subhastations-O. v. 13./7. 83 (G.S. S. 131). Vergl. §§ 757 u. 811 der C.Pr.O.; Turnau Gr.B.O. 5. Aufl. S. 355 A. 3.

Wegen der Rechte im Konkurse vergl. § 20 A. 3.

§ 144. Gegen den Beschluß, wodurch ein Beamter zur Erstattung eines Defekts für verpflichtet erklärt wird (§§ 137 und 140), steht demselben[1]) sowohl hinsichtlich des Betrages, als hinsichtlich der Ersatzverbindlichkeit außer der Beschwerde[2]) im Instanzenzuge der Rechtsweg[3])[4]) zu.

Die Frist zur Beschreitung des Rechtsweges beträgt ein Jahr, ist eine Ausschlußfrist und beginnt mit dem Tage der dem Beamten geschehenen Bekanntmachung des vollstreckbaren Beschlusses, oder wenn der Beamte an seinem Wohnort nicht zu treffen ist, mit dem Tage des abgefaßten Beschlusses.

In dem auf die Klage des Beamten entstandenen Rechtsstreit hat das Gericht[5]) über die Wahrheit der thatsächlichen Behauptungen der Parteien nach seiner freien aus dem Inbegriff der Verhandlungen und Beweise geschöpften Ueberzeugung[6]) zu entscheiden.

Die Vorschriften der Landesgesetze über den Beweis durch Eid, sowie über die Beweiskraft öffentlicher Urkunden und gerichtlicher Geständnisse bleiben unberührt.[7]).

Ob einer Partei über die Wahrheit oder Unwahrheit einer thatsächlichen Behauptung noch ein Eid aufzuerlegen, bleibt dem Ermessen des Gerichts überlassen.[8])

In der wegen des Defekts etwa eingeleiteten Untersuchung bleiben dem Beamten, insofern es auf die Bestrafung ankommt, seine Einreden gegen den abgefaßten Beschluß auch nach Ablauf des Jahres, wenngleich sie im Civilprozeß nicht mehr geltend gemacht werden können, vorbehalten.[9])

[1]) Ebenso seinen Erben, Bürgen und dritten Kautionsbestellern (vergl. E. des R.K.G.H. v. 17./4. 58 J.M.Bl. S. 248; §§ 68 ff. der C.Pr.O.).

²) Die Beschwerde ist an keine Frist gebunden, braucht auch dem Rechtswege nicht voranzugehen. Der § 150 greift im Defekt-Verf. nicht Platz (§ 158). Die Beschwerde hält aber nicht, wie unter Umständen die Klage, die Zwangsvollstreckung auf (§ 145 A. 1). Dagegen kann sie den Beschluß in seinem Bestande angreifen, die gänzliche Aufhebung desselben zur Folge haben, während der Rechtsweg ihm nur die materielle Wirksamkeit zu entziehen vermag, was praktisch freilich auf dasselbe hinausläuft (A. 3).

³) Da der Rechtsweg nur „hinsichtlich des Betrages und der Ersatzverbindlichkeit" zugestanden ist, so folgt daraus, daß er im Uebrigen ausgeschlossen, darüber hinaus lediglich die Beschwerde im Instanzenzuge zugelassen werden sollte. Die Frage ist nur, was hier unter dieser „Ersatzverbindlichkeit" zu verstehen ist. In dieser Beziehung ist von Interesse ein Erkenntniß des ehemaligen Pr.O.Tr. v. 23./3. 55 (Strieth. A. B. 17 S. 95). Dort wird als Rechtssatz hingestellt, daß der gegen einen Defektbeschluß angerufene Richter sich um diesen selbst überhaupt nicht zu bekümmern, sondern, wie wenn gar kein Beschluß ergangen wäre, lediglich zu untersuchen habe, ob eine Verbindlichkeit des beschuldigten Beamten zum Schadensersatze nach den allgemeinen, hierfür maßgebenden gesetzlichen Bestimmungen als begründet anzuerkennen sei oder nicht. „Man muß" — heißt es in den Gründen — „dem Appellationsrichter darin beistimmen, daß die im § 16 der V. v. 24./1. 44" (hier § 144) „frei gegebene Berufung auf rechtliches Gehör, da dieselbe, wie es dort heißt, „„sowohl hinsichtlich des Betrages, als hinsichtlich der Ersatzverbindlichkeit"" stattfinden soll, nur ein solches gerichtliches Verfahren zuläßt, durch welches diese beiden Fragen definitiv entschieden werden, welches also zu dem Resultate führt, daß entweder der Kläger von dem gegen ihn im Verwaltungswege erhobenen

und vorläufig schon festgestellten Anspruche befreit, oder daß es festgestellt wird, wieviel er der beschädigten Kasse zu erstatten hat. Eine Erörterung dagegen darüber, ob die Verwaltungsbehörde ihre Kompetenz überschritten, indem sie die V. v. 24./1. 44 in einem Falle zur Anwendung gebracht, für den dieselbe nicht bestimmt war, ist in dieser Verordnung nicht nachgelassen. Die Gerichte sollen materiell entscheiden, ob der das rechtliche Gehör Anrufende schuldig sei, den ihm zugemutheten Ersatz zu leisten oder nicht .... Nur durch eine solche definitive Entscheidung über Schuld oder Nichtschuld der Kläger konnte ausgesprochen werden, ob die vom Mitkläger K. beigetriebene Summe demselben zu erstatten sei .... Den Gerichten steht nicht zu, bloß formell über die Kompetenz der Verwaltungsbehörden zu urtheilen und deren Beschlüsse aus solchem formellen Grunde aufzuheben; wenn die Kläger dies beabsichtigten, so hätten sie den Rekurs an die vorgesetzte höhere Behörde einlegen sollen"

Aus diesen Erwägungen erklärte das Gericht den Angriff gegen einen Defektbeschluß für verfehlt, der lediglich auf die Verpflichtung zur Aufsichtsführung (§ 141 A. 4) gestützt war. Obwohl dasselbe Gericht in einer späteren E. v. 4./9. 57 (E. des O.Tr. B. 36 S. 382, 390) eine andere Stellung zu der vorliegenden Frage eingenommen hat, ist doch das Reichsgericht in seinem Urtheil v. 5./2. 85 (E. B. 12 S. 143) nicht dieser jüngeren, sondern jener älteren E. des O.Tr. beigetreten. Das Reichsgericht hatte über den Antrag zu befinden: „den Reichsfiskus zu verurtheilen, anzuerkennen, daß der von ihm erlassene Defektbeschluß" weil auf Diebstahl gegründet (§ 141 A. 2 u. 4) „ungültig sei".

Das Gericht wies diesen Antrag aus folgenden Gründen ab:

„Der § 144 des R.B.G. bestimmt, daß gegen den Defektbeschluß dem Beamten sowohl hinsichtlich des Betrages, als hinsichtlich der Ersatzverbindlichkeit der Rechtsweg zusteht. Dadurch ist die Grenze der Zulässigkeit des Rechtsweges deutlich bezeichnet. Gegenstand der gerichtlichen Entscheidung sollen nur die Fragen sein: ob und in welcher Höhe eine Verpflichtung des Beamten zum Ersatze materiell begründet sei?

Wird die erste Frage durch das Gericht verneint, so macht dies den Defektbeschluß allerdings materiell wirkungslos, und insofern ist die gerichtliche Klage gegen den Beschluß gerichtet. Der Beschluß wird unausführbar, da das richterliche Urtheil seinen materiellen Inhalt beseitigt. Auch dies beruht freilich auf dem Fehlen einer gesetzlichen Voraussetzung für den Erlaß des Beschlusses, nämlich einer Handlung oder Unterlassung des Beamten, welche denselben nach dem Gesetze dem Fiskus zum Ersatze verpflichtet; allein diese Voraussetzung ist ein Bestandtheil der materiellen Begründung des Beschlusses. Davon verschieden ist die Frage: ob die im § 141 a. a. O. angegebenen formellen Voraussetzungen für das Defektenfeststellungsverfahren und den dasselbe abschließenden Defektenbeschluß vorliegen? Diese Frage gehört nicht dem Privatrechte, sondern dem publizistischen Verhältniß des Staates zu dem Beamten an. Dieselbe kann nicht im Rechtswege, sondern nur im Wege der im § 144 a. a. O. ausdrücklich erwähnten „„Beschwerde im Instanzenzuge““ erledigt werden. Nur der materielle Inhalt des Beschlusses, nämlich die Feststellung, daß dem Fiskus an den Beamten ein Anspruch auf den festgestellten Geldbetrag zusteht, betrifft das Privatrecht, und es kann daher der Richter darüber befinden, ob dieser privatrechtliche Anspruch des Fiskus, welcher freilich aus dem Beamtenverhältniß entspringt, nach den Gesetzen begründet ist. Dies ist die Bedeutung des § 144 a. a. O.

Hiernach wird dem in Strieth.-A. B. 17 S. 95

mitgetheilten Erkenntnisse beigetreten, welches vom Obertribunale auf Grund der Pr. V. v. 24./1. 44 (auf welcher die betreffenden Satzungen des R.B.G. wesentlich beruhen) erlassen ist; es werden die davon abweichenden Ausführungen des späteren Urtheiles desselben Gerichtshofes v. 4./9. 57 (E. des O.Tr. B. 36 S. 382) reprobirt". Aehnlich in der E. v. 23./1. 90 Gruchot B. 34 S. 1121. Diese Entscheidungen dürften jedenfalls zu weit gehen.

Die Motive zum Reg.Entw. bemerken S. 78 zu den §§ 134 bis 148:

„Soll infolge der administrativen Feststellung ein Beamter mit Kaution oder Vermögen ersatzpflichtig gemacht werden, so ist das im Grunde eine Rechtsfrage, und ohne besondere Vorschriften wäre die vorgesetzte Behörde, welche das Interesse der Reichskasse zu verfolgen hat, auf den Rechtsweg verwiesen, sofern der Ersatz nicht freiwillig erfolgt. Hiermit wären indeß wesentliche Uebelstände verbunden; es kann schon an sich nicht den Verhältnissen entsprechen, daß die höhere Autorität gegen einen Beamten, dessen Pflichtverletzung eine Verbindlichkeit zum Ersatze herbeiführt, lediglich vor den Gerichten klagen soll, sodaß das ganze Verhältniß von vornherein den Schein einer Kontestation zwischen Privaten über Vermögensrechte bekommt. Man hat daher in den meisten Landesgesetzgebungen der Verwaltungsbehörde weiter gehende Befugnisse, namentlich die einer vorläufigen Vollstreckung gegeben und den Betheiligten dagegen den Rechtsweg offen gelassen."

Wenn hiernach das Gesetz ausnahmsweise die Verwaltungsbehörden mit der Befugniß ausrüstet, unter ganz bestimmten Voraussetzungen ihre Beamten an Stelle des ordentlichen Richters und unter Vorbehalt des Rekurses an diesen zum Schadensersatze zu verurtheilen und sich dadurch schneller, als auf dem gewöhnlichen Wege, einen Exekutionstitel zu verschaffen, so kann nothwendigerweise das dagegen zugelassene Rechtsmittel, womit die Sache vor den ordentlichen Richter gebracht wird, keinen anderen Zweck haben, als durch diesen Richter nachprüfen zu lassen, ob die gesetzlichen Vorbedingungen für einen solchen außergewöhnlichen Vermögenseingriff vorhanden waren oder nicht, ob also gemäß § 141 der von dem Beamten zurückverlangte, in Geld (§ 135) ermittelte Fehlbetrag sich in dessen Verwaltung bezw. Gewahrsam befunden hat, und ob der Verlust auf Vorsatz (Unterschlagung) oder grobes Versehen zurückzuführen ist. Diese Fragen berühren sämmtlich die materielle Seite der defektrechtlichen Ersatzverbindlichkeit, die den materiellen Inhalt des Defektbeschlusses bildet (vergl. § 135 A. 2), und ihre Beurtheilung gehört dem Gebiete des Privatrechtes an. Es bleibt deßhalb unerfindlich, weßhalb der Defektprozeßrichter nicht lediglich mit Prüfung dieser Fragen sich beschäftigen und ausschließlich danach seine Entscheidung treffen dürfen soll. Ein Defektbeschluß, welcher entgegen dem Gesetze einen Beamten zum Schadensersatze verurtheilt, weil er aus bloß mäßigem oder geringem Versehen gefehlt, oder weil er bloß seine Aufsichtspflicht, sei es gröblich, sei es mäßig, oder nur gering vernachlässigt hat, greift in die ausschließliche Kompetenz des ordentlichen Richters über, und dieser hat nicht bloß das Recht, sondern die Pflicht, einen solchen Uebergriff abzuweisen, das heißt unwirksam zu machen. Nach Kanngießer, einem der Mitbegründer des Gesetzes, würde ein derartiger, dem Gesetze zuwiderlaufender Beschluß überhaupt nicht in Rechtskraft übergehen können. Er sagt in der A. II Nr. 2 zum § 144:

„Die Vorschrift des Paragraphen setzt einen Defekt-Beschluß voraus, welchen die Reichsbehörde in Bezug auf die Beamten-Kategorien und den Gegenstand innerhalb ihrer Zuständigkeit erlassen hat. Rechtsungültige Beschlüsse werden nicht rechtskräftig. Die Beschreitung des Rechtsweges gegen rechtsungültige Beschlüsse ist daher an die einjährige Frist nicht gebunden."

Vergl. auch v. Zedlitz A. 159 a. Schl.

Die Konsequenz der oben mitgetheilten Entscheidungen führt unfehlbar dahin, daß jede weitere Prozedur ausgeschlossen bliebe, selbst wenn in einem voraufgegangenen Defektprozesse nur über die Voraussetzungen der defektrechtlichen Ersatzverbindlichkeit verhandelt und im verneinenden Sinne entschieden worden wäre. Diese Konsequenz ist praktisch auch bereits daraus gezogen worden, wie aus einem jüngeren Urtheile des R.G. v. 28./11. 90 (Jurst.W. 91 S. 77 Nr. 29) hervorgeht. Aus den a. a. O. mitgetheilten Gründen läßt sich entnehmen, daß der preußische Fiskus im Defektprozesse unterlegen war und seinen Anspruch im ordentlichen Prozeßverfahren weiter verfolgt hatte. Der Gegner hatte sich für die Unzulässigkeit eines solchen Vorgehens auf jene älteren Entscheidungen des Obertribunales und Reichsgerichtes berufen, letzteres erklärte aber den eingeschlagenen weiteren Prozeßweg für zulässig, und die Gründe, die der oberste Gerichtshof in dieser jüngeren Entscheidung angiebt, dürften sich im Wesentlichen mit der hier vertretenen Auffassung decken. Das Gericht sagt in diesem Urtheil:

„Nach § 10 der V. v. 24./1. 44 (hier § 141) kann der von der vorgesetzten Behörde des Kassenbeamten abzufassende Defektenbeschluß auf die unmittelbare Verpflichtung zum Ersatze gerichtet werden, sofern der Defekt nach dem Ermessen der Behörde durch grobes Versehen entstanden ist, gegen denjenigen, welchem die Kasse u. s. w. zur Verwaltung übergeben war, auf die Höhe des ganzen Defektes. Wenn nun der § 16 der V. v. 24./1. 44 (hier § 144) gegen einen solchen Beschluß, wie er dem Beklagten gegenüber erlassen ist, auch hinsichtlich der Ersatzverbindlichkeit den Rechtsweg eröffnet, so bewegt sich der Prozeß auf der Grundlage und in den Grenzen, welche ihm nach dem Gesetze gegeben sind, und es hat die zu Gunsten des Beamten ergehende Entscheidung die Bedeutung, daß mangels der Voraussetzung eines groben

Versehens der Defektenbeschluß ihm gegenüber nicht zu Recht bestehen kann. Weiter geht aber auch die Tragweite einer solchen Entscheidung nicht und schließt namentlich nicht aus, wie der Beklagte irrthümlich annimmt, daß der Fiskus seinen Ersatzanspruch auf Grund der gesetzlichen Vorschriften über die Verantwortlichkeit der Beamten im ordentlichen Wege Rechtens geltend mache. Gegen diese Auffassung ist aus § 16 (§ 144) nichts herzuleiten, und die entgegengesetzte Annahme, welche zu dem praktischen Ergebniß führen würde, daß, während der Beamte der gesetzlichen Regel gemäß auch für geringes Versehen bei seinen Amtsverrichtungen haftet, derselbe, wenn es sich um einen Kassendefekt handelt, durch die Feststellung, daß ihm kein grobes Versehen zur Last falle, von jeder Verantwortlichkeit befreit bleiben würde, ermangelt der gesetzlichen Unterlage. In dem angeführten Sinne sind denn auch die Urtheile im Vorprozeß (Defektprozeß) begründet (worden), und es ist dabei vom Landgericht ausdrücklich hervorgehoben, daß es dem Fiskus unbenommen sei, den nach den allgemeinen gesetzlichen Bestimmungen zu beurtheilenden Ersatzanspruch gegen den S. im Wege der gerichtlichen Klage geltend zu machen."
Richtig allein ist, daß § 144 den Rechtsweg gegen den Defektbeschluß als solchen ausschließt, daß der dagegen angerufene Richter diesen, auf dem öffentlichrechtlichen Verhältniß des Staates zu seinen Beamten beruhenden Beschluß in seinem formalen Bestande unangetastet lassen muß. Derselbe darf daher niemals auf Aufhebung eines solchen Beschlusses, die nur im Beschwerdewege (A. 2) zu erreichen ist, sondern immer nur dahin erkennen, daß derselbe nicht zu vollstrecken bezw. bereits angeordnete Vollstreckungsmaßregeln wieder aufzuheben seien. Der Defektprozeßrichter darf ferner auch niemals aussprechen, daß der Beamte nicht schuldig sei, den verlangten Ersatz zu leisten, weil ein

Recht auf diesen Ersatz trotzdem bestehen und im ordentlichen Prozeßwege erstritten werden kann.

Die vorstehenden Ausführungen erleiden nur insofern eine Einschränkung, als der Einspruch gegen einen auf Diebstahl gegründeten Defektbeschluß — der Fall des Reichsgerichtes in der E. v. 5./2. 85 (siehe oben) —, obwohl ein solcher Beschluß ebenfalls gegen das Gesetz verstoßen würde (§ 141 A. 2), dennoch von dem dagegen angerufenen Richter, wenn er den Diebstahl ebenfalls als erwiesen ansieht, nicht für begründet erklärt werden könnte, aber nur aus dem Grunde, weil der dolus niemals Rechte, folglich auch nicht das hier verliehene Einspruchsrecht erzeugen kann.

[4]) Ueber die Beweislast schweigt das Gesetz. Die R.T.K. stand auf dem Standpunkte, daß mit der Klägerrolle auch die Beweislast dem Beamten zufalle, weil derselbe zur Rechnungslegung verpflichtet sei. Dies bezeugen v. Zedlitz A. 158 und Kanngießer A. 6 zu § 144. Nach Kanngießer wurde ein in der Kommission gestellter Antrag, welcher die Beweislast dem Fiskus zuschieben wollte, von der Mehrheit verworfen. Im Reichstage kam die Frage nicht zur Erörterung. Von besonderer praktischer Bedeutung ist sie nicht, da der Richter nach Abs. 3 freie Beweiswürdigung, der klagende Beamte aber jedenfalls die prozeßrechtliche Verpflichtung hat, alles zu seiner Entschuldigung dienliche thatsächliche Material beizubringen. Soweit die Frage aber daneben noch in Betracht kommt, muß sie nach den Grundsätzen des Prozeßrechtes dahin beantwortet werden, daß, wie jeder andere Beschädigte, auch der Fiskus seinen Schadensersatzanspruch vor dem Prozeßrichter begründen muß, obwohl er im Defektprozesse die Rolle des Beklagten einnimmt, da er diese Parteistellung lediglich seinem privilegirten Administrativ-Verfahren verdankt (vergl. auch Laband I S. 461 A. 1 und Per. u. Sp. A. V zu § 144).

[5]) Zuständig ist in erster Instanz immer das Land-

gericht, in dessen Bezirk die betreffende höhere Reichsbehörde, unter Umständen (vergl. § 139 Abs. 4) die oberste Reichsbehörde ihren Sitz hat, in zweiter Instanz das betreffende Oberlandesgericht und in letzter Instanz das mit dem Rechtsmittel der Revision anzurufende Reichsgericht (vergl. §§ 152 u. 153).

[6]) Durch § 259 der C.Pr.O. ist der Grundsatz der freien Beweiswürdigung für alle Civilprozesse eingeführt.

[7]) Abs. 4 ist durch § 13 Nr. 5 des E. G. zur C.Pr.O. aufgehoben. Es kommen jetzt die Vorschriften der §§ 410 ff., 380 ff., 261 ff. der C.Pr.O. zur Anwendung.

[8]) Vergl. § 437 der C.Pr.O.

[9]) Für das Strafverfahren ist selbst der rechtskräftig gewordene Defektbeschluß ohne jede Bedeutung, er beschränkt weder die Vertheidigungsrechte des Angeschuldigten, noch bindet er die Ueberzeugung des Strafrichters (vergl. Kanng. A. 8).

§ 145. Das Gericht[1]) hat auf Antrag des Beamten darüber Beschluß zu fassen, ob die Zwangsvollstreckung fortzusetzen oder einstweilen einzustellen sei. Die einstweilige Einstellung erfolgt, wenn der Beamte glaubhaft macht, daß die Fortsetzung der Zwangsvollstreckung für ihn einen schwer ersetzlichen Nachtheil zur Folge haben würde. Das Gericht ist jedoch verpflichtet, falls es die Einstellung der Zwangsvollstreckung verordnet, an Stelle derselben auf Antrag[2]) der verklagten Reichsbehörde die erforderlichen Sicherheitsmaßregeln behufs des Ersatzes des Defekts herbeizuführen.

[1]) Die Bestimmung des § 145 setzt die Beschreitung des Rechtsweges voraus, bloße Beschwerde (§ 144 A. 2) hat nicht diese Wirkung. Das anzugehende Gericht ist

das Prozeßgericht (vergl. § 688 der C.Pr.O.: § 144 A. 5), also nicht das Gericht des § 143 (A. 2 das.). Dies erhellt klar aus dem Schlußsatze, wo von der verklagten Reichsbehörde die Rede ist. Die Vorschrift beruht auf den Vorschlägen der R.T.K., sie überträgt nach eingeschlagenem Rechtswege das Bestimmungsrecht über den Fortgang der Zwangsvollstreckung (§ 143) auf das Prozeßgericht, während der nach dem preußischen Recht (§ 16 der Verord. v. 24./1. 44) gebildete Reg.Entw. im § 139 (jetzt § 144) die Zusatzbestimmung enthielt:

„Die Zwangsvollstreckung behält des eingeschlagenen Rechtsweges ungeachtet bis zur rechtskräftigen Entscheidung nach Maßgabe des Beschlusses ihren Fortgang, wenn nicht von der Verwaltung davon Abstand genommen wird."

Das Gesetz schränkt also auch an dieser Stelle die Befugnisse der Verwaltung gegenüber dem preußischen Rechte wesentlich ein (vergl. § 134 Vorbemk. 1 Eingang; v. Zedlitz A. 161; Thudichum A. 1 zu § 145).

[2]) Also nicht ex officio, wie Thudichum A. 2 meint. Wann das Gericht die Voraussetzung für die Einstellung der Zwangsvollstreckung für gegeben erachten und welche Maßregeln dasselbe alsdann auf Antrag des verklagten Fiskus zur Sicherung der Ersatzverbindlichkeit anordnen will, hängt von seiner pflichtmäßigen Beurtheilung ab.

§ 146.[1]) Wenn eine nahe und dringende Gefahr vorhanden ist, daß ein Beamter,[2]) gegen welchen die Zwangsvollstreckung zulässig ist (§ 141), sich auf flüchtigen Fuß setzen oder sein Vermögen der Verwendung zum Ersatz des Defekts entziehen werde,[3]) so kann die unmittelbar vorgesetzte Behörde,[3]) auch wenn sie nicht die Eigenschaft einer höheren Reichsbehörde hat, oder der unmittelbar vorgesetzte Beamte[4]) das abzugsfähige Gehalt (§ 19 Nr. 1)[5]) und nöthigenfalls[6]) das übrige bewegliche[7]) Vermögen des im Eingange bezeichneten Beamten vorläufig in Beschlag nehmen.

Der vorgesetzten höheren Reichsbehörde[8]) ist ungesäumt Anzeige davon zu machen und deren Genehmigung einzuholen.[9])

[1]) Der Reg.Entw. lautete wie § 13 der Pr. Verord. v. 24./1. 44, die Aenderungen (vergl. A. 3, 5 bis 7) beruhen auf den Beschlüssen der R.T.K. (Drucks. 72 Nr. 107 S. 502 u. 503).

Die Bestimmung verleiht ausnahmsweise auch den Reichsverwaltungsbehörden das Recht, Gehalt und nöthigenfalls das übrige bewegliche Vermögen des Beamten in Beschlag zu nehmen, sich also die stets durch die Behörden des § 143 auszuführende spätere Zwangsvollstreckung zu sichern, wenn Gefahr im Verzuge ist. Weitere Voraussetzung ist nicht, wie Thudichum aus den Eingangsworten und der Bezugnahme auf § 141 irrig schließt, daß schon ein Defektbeschluß erlassen ist, sondern nur, daß ein solcher erlassen werden, also nachgeholt werden kann (§ 147). Die Bezugnahme auf § 141 will nur sagen, daß die Bedingungen eines Beschlusses nach § 141 vorliegen müssen. Nicht diese vorläufige Beschlagnahme, sondern nur die Zwangsvollstreckung nach § 143 setzt unbedingt das Dasein eines förmlichen Beschlusses voraus, mit dem natürlich die Rechte des § 146 ebenfalls verknüpft sind (§ 140 A. 1). Vergl. Kanng. § 146 Bemk. II Nr. 1; v. Zedlitz A. 163; R.G. v. 29./11. 92 Jurist.W. 93 S. 130 Nr. 21 und E. B. 31 S. 308. Nach Kanng. § 146 Bemk. I a. Schl. war bei der vorliegenden Bestimmung auch die Erwägung maßgebend, daß am Wohnsitze vieler Reichsbeamten sich kein Gericht befindet, das in dringenden Fällen um Beschlagnahme angegangen werden könnte.

²) Bezw. dessen Erben (vergl. § 134 Vorbemk. unter f).

³) Im Reg.Entw. (vergl. A. 1 u. 6) begann § 146 mit den bloßen Worten: „Bei Gefahr im Verzuge kann u. s. w.". Die jetzige Fassung will in bestimmter Weise zum Ausdruck bringen, wann eine solche Gefahr anzuerkennen ist.

⁴) Vergl. § 136 und Anl. A Nr. IV.

⁵) Die Mittel zum nothdürftigen Unterhalte sollen dem Beamten in keinem Falle entzogen werden (vergl. § 6 A. 5). Um dies außer Zweifel zu stellen, wurde das Wort: „abzugsfähige" und der Zusatz „(§ 19 Nr. 1)" in den Reg.Entw. (vergl. A. 6) eingeschaltet (Drucks. 72 Nr. 107 S. 503; vergl. auch § 142 A. 2). Die Bezugnahme auf „§ 19 Nr. 1" entsprach der Fassung, welche § 19 im Reg.Entw. v. 8./4. 72 besaß (§ 19 A. 1), dieselbe ist also versehentlich stehen geblieben. Jetzt müßte auf § 749 der C.Pr.O. verwiesen werden.

⁶) Also nur, wenn und soweit als aus pfändungsfähigem Gehalt (bezw. Wartegelde oder Pension § 137 A. 1) keine Deckung zu erlangen ist. Der Reg.Entw. ließ hierin freie Wahl, er lautete:

„Bei Gefahr im Verzuge kann die unmittelbar vorgesetzte Behörde, auch wenn sie nicht die Eigenschaft einer höheren Reichsbehörde hat, oder der unmittelbar vorgesetzte Beamte vorläufige Sicherheitsmaßregeln durch Beschlagnahme des Vermögens oder Gehaltes gegen die nach § 135 — jetzt § 141 — der Zwangsvollstreckung unterworfenen Beamten ergreifen, u. s. w."

⁷) Der Reg.Entw. kannte diese Beschränkung auf das bewegliche Vermögen ebenfalls nicht (A. 6). Wo das bewegliche Vermögen sich befindet, ob am dienstlichen Wohnsitz des Beamten oder anderswo (vergl. § 147), und ob dasselbe bei dem Lebenden oder in dessen Nachlasse angetroffen wird, ist gleichgültig (vergl. § 134 Vorbemk. unter f und § 143 A. 4).

⁸) Vergl. § 139 und Anl. A Nr. II.

9) Wenn dieselbe nicht schon vorher nachgesucht und ertheilt war (vergl. R.G. v. 29./11. 92 Jurst.W. 93 S. 130 Nr. 22).

§ 147.[1]) Ist von den vorgesetzten Behörden oder Beamten gemäß § 146 eine Beschlagnahme erfolgt, so hat das Gericht, in dessen Bezirk die Beschlagnahme stattgefunden hat,[2]) auf Antrag[4]) des von derselben betroffenen Beamten anzuordnen, daß binnen einer zu bestimmenden Frist[3]) der in den §§ 137 und 140 vorgesehene Beschluß beizubringen sei.

Wird dieser Anordnung nicht Folge geleistet, so ist auf weiteren Antrag[4]) des Beamten die Beschlagnahme sofort aufzuheben;[5]) andernfalls kommen die Bestimmungen des § 144 zur Anwendung.[6])

1) Der § 147 bietet den erforderlichen Schutz gegen die nach § 146 in dringenden Fällen zugelassene Ausnahmemaßregel. Derselbe verdankt seine Entstehung den Beschlüssen der R.T.K. (Drucks. 72 Nr. 107 S. 503.)

2) Das ist das Gericht des § 143 (vergl. A. 2 daselbst).

3) Eine frei zu bestimmende richterliche, also auf Antrag auch verlängerungsfähige Frist (vergl. §§ 198 u. 202 der C.Pr.O.).

4) Also niemals von Amtswegen (vergl. § 145 A. 2).

5) Unberührt hiervon bleibt das Kompensationsrecht des Reichsfiskus, über welches, wenn es zwischen den Betheiligten streitig wird, lediglich nach Maßgabe der §§ 149 ff. zu verfahren ist (vergl. § 142 A. 2).

6) Wird der Defektbeschluß fristzeitig (A. 3) dem Beschlagnahmegerichte (A. 2) vorgelegt, so ist der gewöhnliche Rechtszustand hergestellt, die antizipirte Beschlagnahme bleibt aufrecht und der Beamte hat sich mit fernerem Widerspruche mittelst Klage an das Prozeßgericht (§ 144 A. 5) zu wenden.

§ 148. Für das Defektenverfahren im Verwaltungswege werden Gebühren und Stempel nicht berechnet.[1])

[1]) Wohl aber die baaren Auslagen (§ 124 Abs. 1 und § 137 A. 4).

Verfolgung vermögensrechtlicher Ansprüche.[1])

[1]) Die Bestimmungen der §§ 149 bis 155 (vergl. dazu Motive S. 73 u. 78, citirt in der Schlußbemk. zu § 1) sind im Wesentlichen dem Pr. G. v. 24./5. 61 über die Erw. des Rechtsw. (G.S. S. 241) entnommen (Motive S. 78) und durch die R.C.Pr.O. unberührt geblieben (§ 13 des Einf.G. zur C.Pr.O. v. 30./1. 77 und § 21 A. 1). Aehnliche Bestimmungen enthalten die §§ 113 bis 116 des Mil.P.G. v. 27./6. 71.

§ 149. Ueber vermögensrechtliche Ansprüche der Reichsbeamten aus ihrem Dienstverhältniß,[1]) **insbesondere**[2]) **über Ansprüche auf Besoldung,**[3]) **Wartegeld**[4]) **oder Pension,**[5]) **sowie über die den Hinterbliebenen der Reichsbeamten gesetzlich gewährten Rechtsansprüche**[6]) **auf Bewilligungen, findet mit folgenden Maßgaben der Rechtsweg statt.**

[1]) Also auch über die Vorfrage, ob ein solches Dienst-(Reichsbeamten-)Verhältniß überhaupt besteht (§ 4 A. 3), hat in Fällen der §§ 149 bis 155 der Richter zu urtheilen (vergl. R.G. v. 24./3. 82 E. B. 6 S. 116). Aber nur die mit dem Amte als solchem verbundenen, durch die Anstellung begründeten Vermögensrechte, also die ihrem wesentlichen Charakter nach dem öffentlichen Rechte angehörigen Ansprüche (vergl. § 1 Schlußbemk., § 4 A. 4 u. 5) unterliegen bei gerichtlicher Verfolgung den hier gegebenen Vorschriften. Glaubt der Beamte Schadensersatzansprüche nach privatrechtlichen Haftpflichtgrundsätzen zu besitzen (vergl. § 13 A. 7), so treten hierfür die

gewöhnlichen Normen des Prozeßrechtes ein (vergl. R.G. v. 18./5. 93 Jurist.W. 93 S. 370 Nr. 89; auch § 152 A. 6 u. § 154 A. 4).

[2]) Das Gesetz führt nur beispielsweise die hauptsächlichsten derartigen Ansprüche auf. Es gehören ebenso hierher alle Ansprüche auf die gesetzlichen Tagegelder, Fuhr- und Umzugskosten, sowie auf den Ersatz sonstiger baarer Auslagen (vergl. § 18 A. 1 u. § 155 A. 6).

[3]) Dieselbe umfaßt das gesammte Diensteinkommen (Gehalt, Wohnungsgeldzuschuß, Remuneration, Diäten, Stellen- und Ortszulagen, Naturalbezüge, Repräsentationsgelder u. s. w.) nach Maßgabe der Bewilligungsverfügung (§ 4 A. 5), ausnahmsweise beim Wohnungsgeldzuschusse nach Maßgabe des Gesetzes (Anl. K). Auch über die Zulässigkeit von Gehaltskürzungen nach § 14 entscheidet auf Anrufung das Gericht (§ 14 A. 8 u. 12). Ihre Schranken findet die richterliche Beurtheilung im § 155 (vergl. A. 6 das.), und dieselbe bleibt selbstverständlich auch überall da ausgeschlossen, wo es sich nur um Gnadenbewilligungen bezw. um Zuwendungen handelt, welche lediglich von der Entschließung der obersten Reichsbehörde oder des Bundesrathes abhängen (vergl. die §§ 8, 37 letzter Satz, 39, 52, 69 Abs. 2, 128 Abs. 2). Ebenso kann nur der Beschwerde-, nicht der Rechtsweg betreten werden gegen Anordnungen, welche die §§ 5 u. 6 der Url.V. (Anl. H) ausschließlich den Dienstbehörden übertragen (vergl. § 38 A. 3 u. Laband I S. 491).

[4]) Nach Maßgabe der §§ 26 ff.

[5]) Nach Maßgabe der §§ 41 ff. Hierher gehören auch die Pensionsansprüche aus § 1 des U.F.G. (Anl. G, vergl. Motive zum § 7 desselben Drucks. 85/86 Nr. 5 S. 13; R.G. v. 22./10. 91 E. B. 28 S. 92, v. 15./12. 91 Bolze B. 13 S. 338 Nr. 602 und v. 12./7. 94 Jurist.W. 94 S. 486 Nr. 56).

[6]) Also die Rechte aus den §§ 7, 31 u. 69 Abs. 1, ferner die Wittwen- und Waisengeldansprüche aus den

Rel.G. Anl. D, E, F (vergl. Motive zum § 20 des Rel.G. v. 20./4. 81 Drucks. 81 Nr. 28 S. 24, § 34 des Mil.Rel.G. v. 17./6. 87 [Anl. E] und § 20 Abs. 2 des Pr. Rel.G. v. 20./5. 82 (G.S. S. 298), sowie die Hinterbliebenenrechte aus § 2 des U.F.G. (vergl. oben A. 5).

§ 150. Die Entscheidung [1][2][3] der obersten Reichsbehörde [4] muß der Klage vorhergehen und letztere sodann bei Verlust des Klagerechts innerhalb sechs Monaten, nachdem dem Betheiligten die Entscheidung jener Behörde bekannt gemacht worden, angebracht werden.

In den Fällen, in welchen gemäß § 54 die höhere Reichsbehörde Entscheidung getroffen hat, tritt der Verlust des Klagerechts auch dann ein, wenn nicht von dem Betheiligten gegen diese Entscheidung binnen gleicher Frist die Beschwerde an die oberste Reichsbehörde erhoben ist. [5]

[1] Unter dieser Entscheidung ist diejenige erste Verfügung der obersten Reichsbehörde (A. 4) zu verstehen, welche sich als abschließendes Verwaltungsurtheil über den Streitfall unzweideutig zu erkennen giebt, also, mag diese Behörde allein oder auf rechtzeitige (A. 5) Anrufung in der Rekursinstanz (§ 54 A. 6) entscheiden, stets diejenige Verfügung, aus der mit voller Bestimmtheit der gewährte Pensionsbetrag und der Ausschluß jeder anderweitigen Regelung im Verwaltungsinstanzenzuge hervorgeht. Hiergegen fernerhin gerichtete, an keine Zeitschranke gebundene Reklamationen und darauf ergehende ablehnende Bescheide beeinflussen den Lauf der Klagefrist nicht mehr. Ueber die Frage, ob hiernach die Klage fristzeitig angebracht, der Rechtsweg also überhaupt zulässig ist, entscheidet eben-

falls der angerufene Richter (vergl. R.O.H.G. v. 21./2. 79 E. B. 24 S. 411; R.G. v. 28./9. 98 E. B. 31 S. 125).

²) Ob die Entscheidung von dem berufenen Verwaltungschef selbst oder von einer Abtheilung seiner Behörde erlassen und vorschriftsmäßig vollzogen ist, bleibt sich gleich (R.O.H.G. v. 21./2. 79 erwähnt in A. 1).

³) Die Verwaltungsentscheidung bindet den Richter nur in den Grenzen des § 155, darüber hinaus ist sie lediglich die formale Voraussetzung für die Beschreitung des Rechtsweges (vergl. R.G. v. 24./3. 82 E. B. 6 S. 105 und § 155 A. 6).

⁴) Vergl. § 159 A. 1. Oberste Reichsbehörde im Sinne dieser Bestimmung ist auch der Rechnungshof des deutschen Reiches (vergl. § 2 des Pr. G. v. 24./5. 61, erwähnt in der Vorbemk. zu § 149).

⁵) Abs. 2 beruht auf der Novelle v. 25./5. 87 (vergl. § 54 A. 6) und entspricht dem § 28 der Pr. P.G.Nov. v. 30./4. 84 G.S. S. 126.

Da Beschwerden gegen Verwaltungsverfügungen in Pensionsangelegenheiten an eine Frist nicht gebunden sind, die Klage aus § 149 aber nach § 150 Abs. 1 in allen Fällen eine Entscheidung der obersten Reichsbehörde bedingt, würde der Beamte, sobald nach § 54 eine höhere Reichsbehörde (Anl. A Nr. II) über den Pensionsanspruch beschlossen hat, es in der Hand haben, durch Hinausschiebung der Beschwerde gegen diesen Beschluß auch die Klagefrist beliebig zu verlängern. Dem soll die Bestimmung im zweiten Absatze vorbeugen, indem dadurch die Beschwerde an die oberste Reichsbehörde zwar nicht an und für sich, wohl aber insofern befristet wird, als sie zur Erhaltung des Rechtsweges dienen soll. Will der Beamte sich gleichzeitig das Klagerecht in solchen Fällen sichern, muß er gegen die Entscheidung der höheren Reichsbehörde innerhalb sechs Monaten nach Empfang derselben den Rekurs bei der obersten Reichsbehörde anbringen, und zwar muß sein Gesuch in dieser Frist bei der obersten Reichsbehörde selbst eingehen, es genügt nicht der fristzeitige Eingang bei einer Zwischeninstanz. Deshalb verlangt auch das Gesetz die Vermittlung einer solchen Zwischeninstanz nicht. Ist die höchste Verwaltungsentscheidung rechtzeitig angerufen, so beginnt auch erst mit dem Empfange der sich als Endentscheidung dieser Behörde kennzeichnenden Verfügung (A. 1) die Klagefrist des § 150 Abs. 1. In Wirklichkeit besitzt also der Beamte in solchen Fällen neben einer zweiten Verwaltungsinstanz im Ganzen eine Frist von zwölf Monaten für die Vorbereitung gerichtlicher Klage. Vergl. Kommiss.-Ber. zum § 23 des Pr. G. v. 30./4. 84 Drucks. des Abg.-H. 83/84 B. 4 Nr. 140 S. 5 ff. Aus der Mitte dieser Landtags-Kommission wurde auch der Zweifel angeregt, ob das Klagerecht erhalten bleibe, wenn infolge einer Erinnerung der Oberrechnungskammer (im Reiche der Rechnungshof) eine von den Verwaltungsbehörden festgesetzte Pension nachträglich von der zuständigen Instanz herabgesetzt werde, und regierungsseitig unwidersprochen darauf erwidert, daß in solchem Falle eine völlig neue Entscheidung vorliege, durch welche die frühere vollständig beseitigt werde und welche alsdann für die Rechtsmittel allein noch in Betracht komme (S. 9 a. a. O.).

§ 151. Der Reichsfiskus wird durch die höhere Reichsbehörde[1], unter welcher der Reichsbeamte steht oder gestanden hat, oder falls er direkt unter der obersten Reichsbehörde[2] steht oder gestanden hat, durch die oberste Reichsbehörde[2]) vertreten.

Die Klage ist bei demjenigen Gerichte[3]) anzubringen, in dessen Bezirke die betreffende Behörde ihren Sitz hat.[3])

[1]) Vergl. Anl. A Nr. II.
[2]) Vergl. Anl. A Nr. I.

3) Ausschließlich das Bezirks-Landgericht (§ 70 Abs. 2 Nr. 1 des G.V.G. und Motive dazu Drucks. 74/75 Nr. 4 S. 50; § 20 der C.Pr.O.), aber nur bei vermögensrechtlichen Ansprüchen der Reichsbeamten aus dem vorliegenden Gesetz, nicht auch bei solchen Ansprüchen der Militärbeamten aus dem Mil.P.G. (§ 34 A. 8), diese folgen dem gewöhnlichen Instanzenzuge, fallen also auch nicht unter die Vorschrift des § 152 (R.G. v. 21./5. 94 u. 17./12. 94 E. B. 33 S. 409 u. B. 34 S. 419).

§ 152. Gegen das Urtheil erster Instanz[1]) steht den Parteien dasjenige Rechtsmittel zu, welches bei Beschwerdegegenständen von höchstem Werth stattfindet.[2]) Auch die Anfechtung der Urtheile zweiter Instanz ist ohne Rücksicht auf die Beschwerdesumme statthaft.[3]) Die Beschwerdesumme, ingleichen die Uebereinstimmung der Urtheile erster und zweiter Instanz kommt nur insoweit in Betracht, als davon die Entscheidung der Frage abhängt, welches von mehreren nach den Landesgesetzen etwa zulässigen Rechtsmitteln stattfindet.[4])

Das Reichs-Oberhandelsgericht[5]) entscheidet an Stelle des für das Gebiet, in welchem die Sache in erster Instanz anhängig geworden ist, nach den Landesgesetzen bestehenden obersten Gerichtshofes und zwar in letzter Instanz. Soweit nicht Absatz 1 des gegenwärtigen Paragraphen abweichende Vorschriften enthält, werden die Bestimmungen des Gesetzes, betreffend die Errichtung eines obersten Gerichtshofes für Handelssachen vom 12. Juni 1869, sowie die Ergänzungen desselben auf die im § 149 bezeichneten bürgerlichen Rechtsstreitigkeiten ausgedehnt.[6])

1) In allen Fällen die Landgerichte (§ 151 A. 3).

2) Das Rechtsmittel der Berufung an die Oberlandesgerichte (§ 123 Nr. 1 des G.V.G., § 472 der C.Pr.O.).

3) Die Anfechtung erfolgt mit dem Rechtsmittel der Revision (§ 509 Nr. 2 der C.Pr.O.), die hier immer an das Reichsgericht geht (A. 6).

4) Die Bestimmung dieses dritten Satzes ist durch § 509 Nr. 2 der C.Pr.O. obsolet geworden (vergl. A. 3 u. 6).

5) Vergl. § 87 A. 4.

6) Die prozeßrechtlichen Bestimmungen des § 152 haben ihren praktischen Werth durch die Reichs-Justizgesetze eingebüßt (A. 1 bis 4). Die Vorschrift des zweiten Absatzes ist von Bedeutung nur für diejenigen Bundesstaaten, in welchen auf Grund des § 8 des Einf.G. zum G.V.G. v. 27./1. 77 ein oberstes Landesgericht für die Entscheidung der zur Zuständigkeit des Reichsgerichtes gehörenden Revisionen und Beschwerden errichtet ist (Bayern) oder errichtet wird, auch dort ist nach der vorliegenden Bestimmung und nach § 8 Abs. 2 des erwähnten Einf.G. zum G.V.G. ausschließlich das Reichsgericht zur Entscheidung der Revisionen in den hier fraglichen Sachen berufen. Der Zweck dieser Vorschriften ist „die Einheit der Rechtsprechung, auf welche in dergleichen Prozeßsachen besonderer Werth gelegt werden muß, möglichst zu wahren" (Motive S. 78). Vergl. auch § 154 A. 4. Dieses Interesse an der Einheit der Rechtsprechung ist aber das gleiche, mag der Beamte gegen das Reich klagend auftreten, oder das Reich gezahltes Gehalt von dem Beamten zurückfordern und der Beamte die Rückzahlung verweigern, weil ihm ein Recht auf das gezahlte Gehalt zustehe. In beiden Fällen ist darüber zu entscheiden, ob und in welchem Umfange dem Beamten ein Anspruch auf Gehalt zusteht. Daher unterliegen beide Fälle gleichmäßig den hier gegebenen prozessualen Vorschriften (vergl. R.G. v. 22./12. 81 Beilage Nr. 3 S. 2 zum Reichsanzeiger 1882 Nr. 72 und v. 16./5. 82 Jurst.W. S. 76).

§ 153.[1]) Auf die im § 144 erwähnten Rechtsstreitigkeiten finden die Bestimmungen der §§ 151 und 152 mit der Maßgabe Anwendung, daß der Reichsfiskus durch die höhere Reichsbehörde vertreten wird, welche den Defektbeschluß abgefaßt oder für vollstreckbar erklärt hat (§ 139 Absatz 2). Ist die Abfassung durch die oberste Reichsbehörde geschehen, so übernimmt diese die Vertretung des Reichsfiskus.

[1]) Die §§ 153 und 154 fehlten im Reg.-Entw., der Reichstag fügte sie hinzu, um auch über die Verantwortlichkeit der Reichsbeamten eine „einheitliche Rechtsprechung" (vergl. § 152 A. 6 und § 154 A. 4) zu sichern (§ 13 A. 3; Drucks. 72 Nr. 133 S. 590; Kanng. § 144 A. II. 7 u. § 154 A. 2; v. Zedlitz A. 166). Sie müssen also auch dann Platz greifen, wenn die Behörde in Defektsachen zum gewöhnlichen Klagewege (§ 134 Vorbemk. unt. b u. d) schreitet.

§ 154.[1])[2])[3]) In Rechtsstreitigkeiten über Vermögensansprüche gegen Reichsbeamte wegen Ueberschreitung ihrer amtlichen Befugnisse oder pflichtwidriger Unterlassung von Amtshandlungen[4]) ist sowohl dasjenige Gericht[5]) zuständig, in dessen Bezirk der Beamte zur Zeit der Verletzung seiner Amtspflicht seinen Wohnsitz hatte, als dasjenige,[5]) in dessen Bezirk derselbe zur Zeit der Erhebung der Klage seinen Wohnsitz hat.[6])[7])

Die Zulässigkeit der Rechtsmittel, die Zuständigkeit des Reichs- Oberhandels- gerichts und das Verfahren vor demselben richten sich nach den im § 152 gegebenen Vorschriften.[3])

1) Vergl. § 153 A. 1.

2) „Der § 154 des R.B.G. bestimmt die Zuständigkeit des Gerichtes für Rechtsstreitigkeiten über Vermögensansprüche gegen Reichsbeamte wegen Ueberschreitung ihrer amtlichen Befugnisse oder pflichtwidriger Unterlassung von Amtshandlungen und lehnt sich für diesen Begriff an die Vorschrift des § 13 an, wonach jeder Reichsbeamte für die Gesetzmäßigkeit seiner amtlichen Handlungen verantwortlich ist. In dem Sinne und in dem Umfange, in welchem der § 13 die privatrechtliche Verantwortlichkeit der Reichsbeamten für die Gesetzmäßigkeit ihrer amtlichen Handlungen regelt, also nach dieser Richtung hin die Reichsbeamten unter Reichsrecht stellt" (§ 13 A. 2), „in demselben Umfange bestimmt § 154 die Zuständigkeit des Gerichtes für die vermögensrechtlichen Ansprüche, welche aus der Verletzung jener dienstlichen Verantwortlichkeit entstehen. Daraus ist klar, daß die prozessuale Vorschrift des § 154 in den Worten: „„Ansprüche wegen Ueberschreitung ihrer amtlichen Befugnisse ꝛc."" den ganzen Umfang der Verantwortlichkeit umfaßt und daher auch eine aus Irrthum oder Sorglosigkeit vorgenommene gesetz- (pflicht-) widrige Handlung oder Unterlassung in den Rahmen des § 154 fällt" (R.G. v. 22./2. 83 Gruchot B. 28 S. 463). Ebenso Struckmann und Koch A. 4 zu § 70 des G.V.G., wo auf Labands § 48 S. 458 A. 1 geäußerte Ansicht, daß § 154 zwar Platz greife, wenn z. B. ein Eisenbahnbeamter ein Signal überhaupt nicht gestellt und dadurch Schaden verursacht habe, dagegen nach seinem Wortlaute ausgeschlossen bleibe, wenn der Beamte das Signal in solchem Falle bloß unrichtig gestellt habe, mit Recht entgegnet wird, „daß der Begriff: „„Ueberschreitung ihrer amtlichen Befugnisse"" nicht gleichbedeutend mit einer formellen Kompetenzüberschreitung, sondern, wie namentlich aus dem Gegen-

satze: „„pflichtwidriger Unterlassung von Amtshandlungen““ hervorgeht, alle Fälle umfaßt, in denen der Beamte durch pflichtwidriges Handeln einen Schaden zugefügt hat. Denn, auch wenn er innerhalb seiner gesetzlichen Zuständigkeit, aber mit Verletzung der erforderlichen Sorgfalt handelt, hat er eine materiell gesetzwidrige Handlung begangen und mithin seine amtlichen Befugnisse überschritten". Der pflichtwidrigen Unterlassung steht hier die pflichtwidrige Ausübung gegenüber, amtliche Befugnisse übt nur aus, wer nach Amtspflicht handelt, verletzt er diese, so überschreitet er jene (vergl. auch § 13 A. 4 und v. Wilm. u. Levy A. 4 zu § 70 des G.V.G.).

3) Die Verfolgung der Reichsbeamten wegen Ueberschreitung ihrer amtlichen Befugnisse 2c. ist an besondere Voraussetzungen oder an die Vorentscheidung einer besonderen Behörde nicht gebunden, jeder Reichsbeamte ist für die Gesetzmäßigkeit seiner amtlichen Handlungen nach § 13 unbedingt verantwortlich. Der § 11 des Einf.G. zum G.V.G. handelt daher auch nur von landesgesetzlichen Bestimmungen, welche die civil- und strafrechtliche Verfolgbarkeit der Landesbeamten beschränken, da reichsgesetzliche Beschränkungen nicht bestehen (vergl. § 13 A. 2 und Turnau § 154 A. 2).

4) Vergl. § 13 A. 1, 2 u. 4. Wenn in solchen Fällen der Verletzung öffentlichrechtlicher Pflichten ausnahmsweise auch das Reich in Anspruch genommen werden kann (§ 13 A. 6 II), so unterliegt der Rechtsstreit ebenfalls der Vorschrift des § 154 bezw. des § 152, welche bestimmt sind, die Einheit der Rechtsprechung über beamtenrechtliche Fragen zu sichern, welche „das Grenzgebiet des öffentlichen und Privatrechtes" berühren (vergl. Motive zu § 70 Abs. 2 Nr. 1 u. 2 des G.V.G. Drucks. 74/75 Nr. 4 S. 50 u. 51 oben; Struckmann und Koch A. 4 Abs. 2 zu § 70 des G.V.G.; hinsichtlich der Landesgesetzgebung § 70 Abs. 3 des G.V.G. u. § 39 Abs. 1 Nr. 2 des Pr. Ausf.G. zum G.V.G. v. 24./4. 78 (G.S. S. 238).

Ueberall dagegen, wo es sich nur um privatrechtliche Funktionen der Beamten handelt, wo also nicht das staatsrechtliche Beamtenverhältniß, sondern lediglich das privatrechtliche Verhältniß der juristischen Person (Fiskus) zu der für sie auftragsweise handelnden physischen Person, die nur zufällig in solchem Falle ein Beamter ist, in Betracht kommt (§ 13 A. 6 I), läuft die Schadensersatzklage den gewöhnlichen Prozeßweg, mag der Beamte selbst oder, wie es die Regel bilden wird, der Fiskus in Anspruch genommen werden (vergl. R.G. v. 2./7. 87 u. 30./4. 92 E. B. 18 S. 169 u. B. 29 S. 421; auch Struckmann u. Koch A. 7 Abs. 5 zu § 70 des G.V.G.).

5) Immer das Landgericht (A. 8 und § 70 Abs. 2 Nr. 2 des G.V.G., und zwar auch dann, wenn der Beamte zur Zeit der Klageerhebung nicht mehr im Amte, inzwischen pensionirt oder entlassen ist (Kanng. § 154 A. 2; R.G. v. 12./3. 94 E. B. 33 S. 244).

6) Dieser in die Wahl des Klägers gestellte doppelte Gerichtsstand, von Bedeutung, wenn der Beamte inzwischen versetzt, oder in den Ruhestand getreten, oder entlassen ist (A. 5), weicht ab von dem § 32 der C.Pr.O. forum delicti commissi, vergl. auch §§ 12 u. 18 das., ist aber nach § 13 Abs. 1 des Einf.G. zur C.Pr.O. bestehen geblieben (vergl. § 149 Vorbemk. 1).

7) Ueber das in Anwendung kommende Recht vergl. oben A. 2 und § 13 A. 2 u. 3.

8) Vergl. § 152 A. 1 bis 6.

§ 155.[1]) Die Entscheidungen der Disziplinar- und Verwaltungsbehörden darüber, ob und von welchem Zeitpunkte ab ein Reichsbeamter aus seinem Amte zu entfernen,[2]) einstweilig oder definitiv in den Ruhestand zu versetzen,[3])[5]) oder vorläufig seines Dienstes zu entheben sei,[3]) und über die Verhängung von Ordnungsstrafen[3]) sind für die Beurtheilung der vor dem Gerichte geltend gemachten vermögensrechtlichen Ansprüche maßgebend.[4][5][6])

1) Entsprechend dem § 5 des Pr. G. v. 24./5. 61 (§ 149 Vorbemk. 1) enthielten die Reg.Entw. von 1869 u. 1870 (vergl. Vorwort) hinter den Worten: „über die Verhängung von Ordnungsstrafen" noch den Zusatz: „sowie darüber, ob und wie weit eine geforderte Vergütung in Ermangelung eines vorher bestimmten Betrages oder Maßstabes derselben mit der betreffenden Leistung im Verhältnisse stehe". Diesen Zusatz strich die damalige R.T.K. und der spätere, dem jetzigen Gesetz zu Grunde liegende Reg.Entw. von 1872 nahm ihn nicht wieder auf (vergl. Sten.B. 70 Anl. B. 4 Nr. 83 S. 317 und Nr. 216 S. 827, sowie 72 Nr. 9 S. 69).

Der § 155 weicht also hierin von jenem § 5 des preußischen Gesetzes, mit dem er sonst übereinstimmt, ab. Es ist ferner aus dem preußischen Gesetze nicht übernommen der § 6 desselben, welcher die richterliche Beurtheilung nächst den Bestimmungen der allgemeinen Landesgesetze und in Kraft befindlichen Königlichen Anordnungen auch an die seitens der Centralbehörde ergangenen oder mit deren Genehmigung von den Provinzialbehörden erlassenen allgemeinen Verfügungen, soweit solche nicht den Gesetzen und Königlichen Anordnungen zuwiderlaufen, für gebunden erklärt. Es ergiebt sich hieraus, daß nach Reichsrecht die richterliche Beurtheilung in den hier fraglichen Sachen eine freiere und weitergehende, als nach preußischem Rechte ist (vergl. A. 6).

2) Vergl. § 73 Nr. 2 und § 75 Nr. 1 u. 2. Auch die Entlassung aus dem Amte durch Widerruf oder Kündigung kann eine Disz.-Maßregel der zu ihr berufenen Verwaltungsbehörde sein und muß dann geradeso unter dem Schutze des § 155 stehen, wie die von den besonderen Disz.-Behörden (§ 86) im förmlichen Disz.-Verf. (§ 84) erkannte Dienstentlassung, denn Widerruf

und Kündigung sind bei den ihnen unterworfenen Beamten auch dazu bestimmt, das förmliche Disz.Verf. zu ersetzen (§ 32 A. 1 u. 3). Wo also ein Amtsverhältniß nachgewiesenermaßen deßhalb widerrufen oder gekündigt worden ist, weil der Beamte sich grober Dienstvergehen schuldig oder sonst für die Fortführung des Amtes sittlich unbrauchbar gemacht habe, müssen die vermögensrechtlichen Folgen einer solchen Amtsentlassung ebenso und in demselben Umfange im Rechtswege unanfechtbar bleiben, wie bei einer von den Disz.-Gerichten erkannten Entlassung aus dem Amte (§ 75 Nr. 2). Dies schließt nicht aus, daß, wie in jedem anderen, auch in solchem Falle der Richter darüber angegangen werden kann, ob das Recht des Widerrufes oder der Kündigung überhaupt gegeben war und nicht vielmehr eine vorbehaltlose folglich lebenslängliche Anstellung (§ 2) dem Beamten zur Seite stand. Im letzteren Falle würde zwar nicht die Wiedereinsetzung in das Amt, auf welche es keine gerichtliche Klage giebt (§§ 149, 155; § 32 A. 3; § 1 A. 7), wohl aber die Fortgewährung des Diensteinkommens bis zur rechtsgültigen Lösung des Dienstverhältnisses im Rechtswege erstritten werden können (vergl. die § 2 A. 3 citirte E. des R.G. v. 7./2. 87 Gruchot B. 31 S. 1114, auch E. des K.K.G.H. v. 17./12. 53 B.M.Bl. 54 S. 42).

Dagegen steht § 155 einer Klage auf Zuerkennung der gesetzlichen Pension nicht entgegen, wenn dem Beamten ohne disziplinarrechtliche Veranlassung gekündigt und zwischen der Behörde und ihm lediglich die Frage streitig ist, ob er noch dienstfähig ist oder nicht (vergl. A. 5).

[3]) Vergl. §§ 24, 25, 54, 63, 66, 80, 81, 98 u. 127.

[4]) „Der klare unzweideutige Wortlaut der Bestimmung im § 155, auf welche der § 149 verweist, führt zu der Auslegung, daß damit den Gerichten die Nachprüfung darüber entzogen ist, ob die Behörde aus zureichendem gesetzlichen Grunde und auf genügend festgestellte Thatsachen hin den Beamten aus seinem Amte entfernt, einst-

weilen oder definitiv in den Ruhestand versetzt hat, denn maßgebend für die Beurtheilung der geltend gemachten vermögensrechtlichen Ansprüche sind die gedachten Entscheidungen nur, wenn für eben diese Beurtheilung die Thatsache, daß der Beamte aus seinem Amte entfernt, einstweilen oder dauernd in den Ruhestand versetzt ist, mit der rechtlichen Folge unanfechtbar feststeht, daß nur danach, d. h. also nur auf der Grundlage, daß es sich um vermögensrechtliche Ansprüche eines aus dem Amte entfernten, einstweilen oder dauernd in den Ruhestand versetzten Beamten handelt, der Umfang dieser Ansprüche richterlich bestimmt werden soll." Der § 155 bindet also den Richter bei seinem Urtheile über vermögensrechtliche Ansprüche nach § 149 an die von den Disz.= und Verwaltungsbehörden geschaffene öffentlichrechtliche Lage des Beamten. Nicht diejenige Stellung des Beamten ist maßgebend, welche demselben bei einer nach der Auffassung des Gerichtes rechtmäßigen Ausübung der Aemterhoheit oder der Disz.=Gewalt hätte verliehen oder belassen werden sollen, sondern die thatsächlich gegebene öffentlichrechtliche Stellung des Beamten (ob aktiv, ob zur Ruhe gesetzt, ob befördert, ob disziplinarisch bestraft, oder nicht). Dabei bleibt für § 149 noch immer die wesentliche Bedeutung übrig, daß er dem Beamten richterlichen Schutz gewährt nicht nur gegen willkürliche Entziehung oder Schmälerung seines Diensteinkommens, Wartegeldes oder seiner Pension rc., wie er solche bei der von den maßgebenden Behörden ihm zuerkannten Stellung zu verlangen hat, sondern auch gegen eine dem Gesetze nicht entsprechende Berechnung seiner Bezüge (R.G. v. 14./11. 84 E.B. 12 S. 71; Thudichum A. 4 zu § 66; Rehm § 60 S. 211).

5) Da nur die Verwaltungsbehörde darüber bestimmt, ob und von welchem Zeitpunkte ab ein Beamter definitiv in den Ruhestand zu versetzen sei, muß ihr in solchem Falle auch die alleinige Entscheidung darüber zufallen, ob der Beamte noch dienstfähig ist oder nicht. Lehnt sie

also ein Gesuch um Versetzung in den Ruhestand ab, weil der Beamte zur Dienstthätigkeit noch fähig sei (§ 54), so ist hiergegen ebensowenig die gerichtliche Klage gegeben, wie im umgekehrten Falle, wenn die Behörde die Dienstfähigkeit verneint und deßhalb den Beamten pensionirt (§ 66). Daraus folgt indessen nicht, daß dasselbe gelten muß, wenn die Verwaltungsbehörde einen auf Kündigung angestellten, aber pensionsberechtigten Beamten einfach ohne Pension vermöge des Kündigungsrechtes entläßt. Nimmt in solchem Falle der entlassene Beamte seine gesetzliche Pension in Anspruch, weil er dauernd dienstunfähig sei, und die Behörde lehnt dieses Gesuch lediglich mit der Begründung ab, daß er noch dienstfähig sei, so ist das keine unter dem Schutze des § 155 stehende Entscheidung über die Pensionirung, welche zur Folge haben müßte, daß der Beamte im Dienste und im Genusse seines Diensteinkommens verbliebe, während er hier entlassen und seines Diensteinkommens verlustig wird, sondern eine Entscheidung darüber, ob dem ausgeschiedenen Beamten eine Pension gebührt, gegen welche der Rechtsweg nach § 149 offen stehen muß. Sonst würde der nach § 37 auch nicht fest angestellten Beamten bedingungsweise zugestandene Pensionsanspruch des Schutzes entbehren, den er, wie jeder andere gleiche Anspruch nach dem Gesetze genießen soll. Die erlangte Pensionsberechtigung verhindert nicht die Ausübung des Kündigungsrechtes (§ 32 A. 3), aber sie bewirkt, daß die Kündigung den Pensionsanspruch nicht mehr entziehen kann, sobald dieser durch das Eintreten seiner letzten Bedingung, der Dienstunfähigkeit, fällig, und damit aus der bisherigen ideellen Berechtigung ein reelles Vermögensrecht geworden ist. Daß die Entscheidung über das Vorhandensein dieser Bedingung in allen Fällen dem ordentlichen Richter entzogen bleiben solle, dafür ist im Gesetze umsoweniger ein Anhalt zu finden, als im Falle des § 14 Abs. 3 der Beamte, welcher sich ohne Urlaub von seinem

Amte entfernt hält, vor dem Richter mit dem Beweise zugelassen wird, daß er durch Krankheit oder sonstiges Gebrechen — dort zeitweilig, hier dauernd — an der Dienstverrichtung behindert sei (§ 14 A. 8 u. 12). Es kann hiernach den E. des R.G. v. 9./1. 80, v. 24./11. 80 (E. B. 1 S. 34, B. 3 S. 91), v. 27./5. 81 (Gruchot B. 26 S. 1114) und v. 15./12. 91 (Bolze B. 13 Nr. 602), sowie des Pr. K.K.G.H. v. 10./5. 84 (B.M.Bl. S. 192), soweit sie abweichen, nicht beigepflichtet werden. Die Gesetzesmotive (S. 72), auf welche das Urtheil v. 24./11. 80 sich beruft, bezwecken mit ihrem Hinweise auf das oldenburgische Gesetz nichts weiter, als einen Beleg dafür zu geben, daß auch andere Staatsdienergesetze verhüten wollen, daß widerruflich angestellten Beamten, wenn sie dienstunfähig werden, das Recht auf Pension durch Kündigung entzogen werde. Das oldenburgische Gesetz schließt deßhalb beim Eintreten der Dienstunfähigkeit die Kündigung aus, das R.B.G. läßt sie auch dann zu, um das Pensionirungsverfahren zu vereinfachen (§ 60a Vorbemk. 3), schützt aber den bei pensionsberechtigten Kündigungsbeamten, wie bei allen anderen Beamten in ihrem „Dienstverhältniß" (§ 149) begründeten, die Kündigungsfrist überdauernden Anspruch auf die erdiente Pension, mag derselbe direkt im Pensionirungs- (§ 39 A. 2 u. 6, § 54 A. 4, § 60a Vorbemk. 3) oder indirekt im Entlassungsverfahren (§ 32) verneint werden, durch die Klage vor dem ordentlichen Richter. Weist also in letzterem Falle die Behörde nicht nach, daß ihre Kündigung aus disziplinarrechtlichen Gründen erfolgt ist, über deren Zulänglichkeit der Richter nicht zu entscheiden hat (A. 2), so darf der Rechtsweg über die in Anspruch genommene Pension und deren Voraussetzung trotz der zwischenliegenden Kündigung nicht versagt werden. Daß die Ausübung des Kündigungsrechtes nicht in allen Fällen rücksichtlich ihrer gesetzlichen Folgen einer im förmlichen Disz.Verf. erkannten Entlassung gleichzustellen ist, spricht auch eine E. des R.G. v. 2./10. 91 (Furst.W.

S. 491 Nr. 18) aus, und selbst die oben mit erwähnte E. v. 27./5. 81 (Gruchot B. 26 S. 1114) läßt am Schlusse erkennen, daß sie durch den in ihrem Falle gelieferten Nachweis disziplinarrechtlicher Kündigung beeinflußt war.

[6]) „Im § 155 sind diejenigen Entscheidungen der Disz.- und Verwaltungsbehörden, welche für die Beurtheilung der vor den Gerichten geltend gemachten vermögensrechtlichen Ansprüche maßgebend sein sollen, erschöpfend aufgezählt. Daß die gerichtliche Zuständigkeit nicht weiter, als betreffs dieser im Gewaltverhältnisse des Reiches dem Beamten gegenüber gegründeten Befugnisse beschränkt sein soll, ergiebt sich auch daraus, daß die §§ 149 ff. des R.B.G. den §§ 1 bis 7 des Pr. G. v. 24./5. 61, betr. die Erw. des Rechtsw., nachgebildet sind und daß hierbei, wie eine Vergleichung mit diesem Gesetz (z. B. mit § 6) lehrt, die richterliche Kompetenz offensichtlich noch weiter ausgedehnt werden sollte" (R.G. v. 24./3. 82 E. B. 6 S. 106 und ferner oben A. 1). Demnach muß Reichsbeamten auch ein Klagerecht wegen unzureichender Bemessung lediglich von der vorgesetzten Dienstbehörde bestimmter Amtskostenentschädigungen (vergl. § 7 A. 5 Abs. 2) zustehen, das den preußischen Beamten nach § 6 des vorerwähnten G. v. 24./5. 61 und nach der dazu ergangenen E. des R.G. v. 18./5. 98 (Jurist.W. S. 370 Nr. 89, Gruchot B. 37 S. 1082) versagt ist.

Schlußbestimmungen.

§ 156.[1]) Die Reichstags-Beamten haben die Rechte und Pflichten der Reichsbeamten.

Die Anstellung der Reichstags-Beamten erfolgt durch den Reichstags-Präsidenten, welcher die vorgesetzte Behörde derselben bildet.[2])

[1]) Die Reichstagsbeamten sind zwar Beamte des Reiches, aber sie sind nicht Reichsbeamte im Sinne dieses Gesetzes, da sie nicht vom Kaiser (vergl. § 1 A. 2 u. 3), sondern vom

Reichstags-Präsidenten ernannt werden, der ihr alleiniger Vorgesetzter ist und diese im § 156 Abs. 2 nur von neuem anerkannten Rechte bereits nach § 14 der Geschäftsordnung für den deutschen Reichstag besaß. Ohne besondere gesetzliche Bestimmung konnten deßhalb die Reichstagsbeamten in die Rechte und Pflichten aus dem vorliegenden Gesetze nicht gelangen. Der Reg.Entw. gedachte ihrer nicht, die Reichsregierung wollte die Rechtsverhältnisse dieser Beamten einer besonderen gesetzlichen Regelung vorbehalten und sprach sich gegen die vom Reichstage beschlossene Aufnahme des § 156 aus, weil derselbe den Gegenstand nicht erschöpfe. Der Reichstag wollte aber die Rechte seiner Beamten nicht länger in der Schwebe lassen und durch den § 156 wenigstens deren Vermögens-(Gehalts- und Pensions-)Rechte sicher stellen. So bildet die Bestimmung nur einen Nothbehelf, der namentlich im Ungewissen darüber läßt, wie sich das förmliche Disz.Verf. (§§ 84 ff.) gegen diese Beamten gestalten soll. Nach Kanngießer würde in solchem Falle der Reichstag sein „Hausrecht" entweder selbst oder durch einen einzusetzenden Ausschuß zu wahren haben (vergl. Kanng. S. 244 A. 3 und im Uebrigen Sten.B. S. 42, 133, 134, 721 u. 722).

2) Der Präsident ist oberste und unmittelbar vorgesetzte Behörde in einer Person, vereidigt die von ihm angestellten Beamten nach § 3, setzt ihre Dienstbezüge nach Maßgabe des Etats fest, entscheidet über ihre Pensionirung und über die zu bewilligende Pension, übt über sie die „korrektive" Disziplin nach den §§ 80 bis 83, sowie das Entlassungsrecht nach § 32 aus und verfügt erforderlichen Falles auch die Amtssuspension nach § 127.

§ 157.[1]) Auf Personen des Soldatenstandes[2]) findet dieses Gesetz nur in den §§ 134 bis 148 Anwendung.[3])

1) Der § 157 stand im Reg.Entw. als zweiter Absatz bei § 1 und wurde vom Reichstag als selbständige Be-

stimmung an diese Stelle des Gesetzes verrückt (Drucks. Nr. 133 S. 575 u. 590).

²) Diese Personen bilden mit den Militärbeamten zusammen den Begriff der: „Militärpersonen". Personen des Soldatenstandes sind also alle Militärpersonen, welche nicht zu den Militärbeamten gehören (vergl. § 120 Vorbemk. 1 und § 1 A. 3).

³) Ihre Pensions- und Hinterbliebenenrechte richten sich nach den Mil.P.G. v. 27./6. 71 (R.G.Bl. S. 275) nebst den zugehörigen Novellen v. 4./4. 74 (R.G.Bl. S. 25), 24./4. 86 (R.G.Bl. S. 78), 24./3. 87 (R.G.Bl. S. 149) und 22./5. 93 (R.G.Bl. S. 171), sowie nach den Mil.Rel.G. v. 17./6. 87 für die Wittwen und Waisen der Offiziere (Anl. E) und v. 13./6. 95 für die Wittwen und Waisen der übrigen Personen des Soldatenstandes (R.G.Bl. S. 261, dazu Ausf.Best. v. 16./7. 95 B.M.Bl. S. 183), außerdem nach dem U.F.G. (Anl. G).

Die Militärpersonen der Kaiserl. Schutztruppen in Ostafrika, Südwestafrika und Kamerun theilen die Rechte der Militärpersonen der Marine, der sie als abkommandirter Theil zugehören; jedoch bleiben die für ihre Versorgung besonders gegebenen Bestimmungen der §§ 5 bis 17 des Schutztruppen-G. für Ostafrika v. 22./3. 91 (R.G.Bl. S. 53) und der §§ 3 u. 4 des Schutztr.G. für Südwestafrika und Kamerun v. 9./6. 95 (R.G.Bl. S. 258) zu beachten. Im § 8 jenes G. v. 22./3. 91 ist auch vorgeschrieben, daß die ordentlichen Pensionen der zur Schutztruppe gehörenden Personen des Soldatenstandes der Unterklassen, sofern es für sie günstiger ist, nach den Bestimmungen des Reichsbeamtengesetzes (vergl. § 34 A. 8) bemessen werden sollen. Dasselbe ordnet § 91 des Mil.P.G. v. 27./6. 71 für die zum Zeug- und Festungspersonal gehörigen Personen des Soldatenstandes und für die Registratoren bei den Generalkommandos an, wenn dieselben nach 15jähriger Dienstzeit invalide werden, und Art. 16 der Mil.P.G.N. v. 22./5. 93 hat den in jenem § 91 genannten Beamten auch die Verwalter des Kadettenkorps im Unteroffiziersrange hinzugefügt (vergl. Motive Drucks. 1892/93 Nr. 112 S. 26).

§ 158.[1][2]) Die Bestimmungen dieses Gesetzes über die Versetzung in ein anderes Amt,[3]) über die einstweilige[3]) und über die zwangsweise[3]) Versetzung in den Ruhestand, über Disziplinarbestrafung[3]) und über vorläufige Dienstenthebung[3]) finden auf die Mitglieder des Reichs-Oberhandelsgerichts,[4]) auf die Mitglieder des Bundesamts für das Heimathwesen,[5]) auf die Mitglieder des Rechnungshofes des Deutschen Reichs[6]) und auf richterliche Militär-Justizbeamte[7])[8]) keine Anwendung.

Außerdem haben für die Mitglieder des Reichs-Oberhandelsgerichts die Vorschriften dieses Gesetzes über die Pensionirung[9]) und über den Verlust[10]) der Pension keine Geltung.

[1]) Die hier aufgeführten Beamten werden sämmtlich zu den richterlichen Beamten gezählt (vergl. Motive S. 78).

Im Allgemeinen gilt für alle der § 8 des G.V.G., nach welchem Richter wider ihren Willen nur kraft richterlicher Entscheidung und nur aus den Gründen und unter den Formen, welche die für sie maßgebenden Gesetze bestimmen, dauernd oder zeitweise ihres Amtes enthoben, oder an eine andere Stelle, oder in den Ruhestand versetzt werden können.

[2]) Die Bestimmung nimmt nur die Mitglieder der bezeichneten Behörden aus, das Subaltern- und Unterbeamtenpersonal unterliegt den Vorschriften des R.B.G.

[3]) Gemeint sind die §§ 23 (A. 1 das.), 24 bis 31 (§ 24 A. 2), 60a bis 68 (§ 60a Vorbemk. 2), 72 bis 124 (§ 72 Vorbemk. 2) und 125 bis 138 (§ 125 Vorbemk. 2).

4) Jetzt die Mitglieder des Reichsgerichtes (vergl. §§ 125 ff. des G.V.G.; § 19 des Einf.G. zum G.V.G. v. 27./1. 77; § 2 des G. v. 11./4. 77 R.G.Bl. S. 415). Sie unterliegen hinsichtlich des Amtsverlustes, der Amtssuspension und der Zwangspensionirung den besonderen Bestimmungen der §§ 128, 129 u. 131 des G.V.G., welche aus den §§ 23, 24 u. 25 Abs. 4 des B.G. über die Errichtung des Bundesoberhandelsgerichtes v. 12./6. 69 (B.G.Bl. S. 201) übernommen sind. Vergl. weiter A. 9.

Ordnungsstrafen können gegen Mitglieder des Reichsgerichtes nicht verhängt werden.

5) Für sie enthält § 43 des G. über den Unterstützungswohnsitz v. 6./6. 70 (B.G.Bl. S. 360) die maßgebende Bestimmung. Danach kommen hinsichtlich der vorläufigen, wie der dauernden Enthebung vom Amte noch die Vorschriften der §§ 23 u. 24 des in der A. 4 a. E. erwähnten B.G. v. 12./6. 69 zur Anwendung. Die Mitglieder des Bundesamtes für das Heimathwesen stehen also in diesen Rechtsbeziehungen den Mitgliedern des Reichsgerichtes gleich, sind auch, wie diese, Ordnungsstrafen nicht unterworfen. Dagegen richtet sich ihre zwangsweise Zurruhesetzung nach den §§ 56 bis 63 des Pr. R.Disz.G. v. 7./5. 51 mit der Maßgabe, daß als Staatsanwalt und Untersuchungsrichter je ein Mitglied des Berliner Kammergerichtes, welche der Reichskanzler ernennt, fungiren, und die Versetzung in den Ruhestand durch Plenarbeschluß des Bundesamtes ausgesprochen wird (§ 43 Nr. 1 des G. v. 6./6. 70 und § 25 Abs. 1 u. 5 des B.G. v. 12./6. 69). Für die Feststellung der Pension sind aber jetzt die Bestimmungen der §§ 41 bis 52 des R.B.G. maßgebend, durch welche die Vorschrift im § 43 Nr. 2 des G. v. 6./6. 70 aufgehoben ist.

6) Besondere reichsgesetzliche Bestimmungen fehlen. Ein im April 1872 dem Reichstag vorgelegter Gesetzesentwurf über die Einrichtung und die Befugnisse des Rechnungshofes, der in seinem § 5 die Mitglieder des Rechnungs-

hofes den für die Mitglieder des R.O.H.G. im G. v. 12./6. 69 gegebenen Vorschriften (A. 5) unterwarf (Druckf. 72 Nr. 10 S. 78 u. 81), blieb unerledigt und wurde bisher nicht erneuert. Es müssen daher gemäß § 19 des R.B.G. subsidiarisch die Vorschriften zur Anwendung gelangen, welche in Preußen für die Mitglieder der dortigen Oberrechnungskammer bestehen, mit welcher das G. v. 4./7. 69 (B.G.Bl. S. 433) den Rechnungshof vereinigt hat. Maßgebend ist hier der § 5 des Pr. O.R.K.G. v. 27./3. 72 (G.S. S. 278). Danach unterliegen die Mitglieder der Oberrechnungskammer, also auch die Mitglieder des Rechnungshofes hinsichtlich unfreiwilliger Versetzung, Disz.-Bestrafung, Suspension und zwangsweiser Pensionirung dem Pr. R.Disz.G. v. 7./5. 51 nebst dessen Novellen v. 26./3. 56 (G.S. S. 201) und v. 9./4. 79 (G.S. S. 345), jedoch mit der Maßgabe nach § 5 Abs. 4 des O.R.K.G., daß die unfreiwillige Versetzung unter Beibehaltung des persönlichen Ranges auch in ein im Range niedriger stehendes anderes richterliches oder höheres Verwaltungsamt erfolgen kann. An die Stelle des im § 5 a. a. O. erwähnten Pr. Staatsministeriums wird der Reichskanzler treten müssen (vergl. Kanng. S. 249; v. Rönne R.St.R. S. 366 Nr. 3 u. S. 380; Laband § 42 S. 386 A. 2 und § 51 S. 495 A. 1; Per. u. Sp. S. 196).

7) Auch für sie fehlen besondere reichsgesetzliche Bestimmungen, es treten deßhalb gemäß § 19 ebenfalls die einschlagenden Vorschriften der Landesgesetze an die Stelle, in Preußen die §§ 70 ff. des R.Disz.G. v. 7./5. 51 mit den sich aus der Novelle v. 9./4. 79 (A. 6) ergebenden Modifikationen. Vergl. Kanng. S. 249 A. 5, außerdem § 120 Vorbemk. 1.

8) Außerdem auch nicht auf die richterlichen Beamten in Elsaß-Lothringen (Art. IV des G. v. 23./12. 73 § 1 Vorbemk.).

9) Also außer den bereits nach Abs. 1 ausgeschlossenen

§§ 60a bis 68 auch die §§ 34, 34a (A. 1 das.) bis 60. An ihre Stelle ist § 130 des G.V.G. getreten, der dem § 25 Abs. 1 bis 3 des B.G. v. 12./6. 69 (A. 4) entspricht. Danach sind die Mitglieder des Reichsgerichtes sogleich mit dem Tage des Amtsantrittes pensionsberechtigt, ihre Minimalpension beträgt bei einer Gesammtdienstzeit bis zu 10 Jahren (§ 34 A. 3c) nicht $^{15}/_{60}$ (§ 41), sondern bereits $^{20}/_{60}$ und erreicht, vom 11. Jahre ab jährlich um $^{1}/_{60}$ steigend, nach 50jähriger Gesammtdienstzeit das volle Gehalt. Bei Berechnung ihrer Dienstzeit wird nicht nur die Zeit mitgerechnet, welche sie im Reichs- oder Staatsdienste (§ 45 u. § 46 Nr. 2) zugebracht haben, sondern auch diejenige Zeit, während welcher sie sich im Gemeindedienste eines Bundesstaates, oder daselbst in der Stellung als Anwalt, Advokat, Notar (§ 52 Nr. 1) und Patrimonialrichter befunden, oder während welcher sie als öffentliche Lehrer des Rechtes an einer deutschen Universität fungirt haben.

10) Das R.B.G. kennt nur einen Verlust des Pensionsanspruches, nicht einen Verlust der Pension. Die Worte beziehen sich noch auf den nicht in das Gesetz aufgenommenen § 56 des Reg.Entw. und hätten mit demselben gestrichen werden sollen (vergl. § 34 A. 3; § 57 A. 1; § 75 A. 14; Per. u. Sp. A. 5).

§ 159. Die Ausführung dieses Gesetzes regelt eine vom Kaiser zu erlassende Verordnung, durch welche namentlich diejenigen Behörden näher zu bezeichnen sind, welche unter den in diesem Gesetze erwähnten Reichsbehörden verstanden sein sollen. 1)

1) Diese Verord. ist am 23./11. 74 ergangen (Anl. A). Das derselben beigefügte Behördenverzeichniß bedarf aber der Berichtigung auf dem im § 159 dafür vorgeschriebenen Wege Kaiserlicher Verordnung, da es nicht mehr durchweg zutrifft, insbesondere haben die obersten Reichsbehörden im Laufe der Zeit Wandlungen und Vermehrungen er-

fahren (vergl. § 1 A. 6; § 25 A. 2 bis 4 und „Handbuch des deutschen Reiches"). Eine solche Berichtigung ist bisher nur hinsichtlich der Marinebehörden durch die Kaiserl. V. v. 7./8. 88 (R.G.Bl. S. 229) erfolgt, deren Bestimmungen in der Anl. A unter II C und IV B berücksichtigt sind.

Ueber die Behörden der Reichsbank bestimmt die besondere Verord. v. 19./12. 75 (R.G.Bl. S. 378). Für die Behörden in Elsaß-Lothringen kommen die Verord. v. 23./2. 74 (G.Bl. f. Elf.-Lothr. S. 57) und das G. v. 4./7. 79 (R.G.Bl. S. 165) in Betracht. Oberste Reichsbehörde für die Landesbeamten in den deutschen Schutzgebieten Kamerun, Togo und Ostafrika, sowie für die Beamten bei den Kais. Schutztruppen ist der Reichskanzler (Art. 3 der Verord. v. 3./8. 88 bezw. v. 22./4. 94 R.C.Bl. S. 753 bezw. 115, § 17 des Schutztr.G. v. 22./3. 91 R.G.Bl. S. 53).

Urkundlich unter Unserer Höchsteigenhändigen Unterschrift und beigedrucktem Kaiserlichen Insiegel.

Gegeben Berlin, den 31. März 1873.

(L. S.) **Wilhelm.**

Fürst v. Bismarck.

Anlage A.

Verordnung, betreffend die Zuständigkeit der Reichsbehörden zur Ausführung des Gesetzes vom 31. März 1873 und die Anstellung der Reichsbeamten. Vom 23. November 1874.

(R.G.Bl. S. 135. Ausgegeben am 28. November 1874.)

Wir ꝛc.:

§ 1. Die Zuständigkeit der Reichsbehörden zur Ausübung derjenigen Funktionen, welche in dem Gesetze, betreffend die Rechtsverhältnisse der Reichsbeamten, vom 31. März 1873 der obersten Reichsbehörde, den höheren Reichsbehörden, den vorgesetzten Dienstbehörden und den unmittelbar vorgesetzten Behörden beigelegt sind, wird nach Maßgabe des anliegenden Verzeichnisses hierdurch festgestellt.

§ 2. Eine Kaiserliche Bestallung erhalten:

1) die Mitglieder der höheren Reichsbehörden, sowie diejenigen Reichsbeamten, welche nach ihrer dienstlichen Stellung denselben vorgehen oder gleichstehen;

2) die Konsuln (Artikel 56 der Reichsverfassung).

§ 3. Die Anstellungs-Urkunden der übrigen[1]) Reichsbeamten werden im Namen des Kaisers vom Reichskanzler oder von den durch denselben dazu ermächtigten Behörden[2]) ertheilt.

1) Zu ergänzen: „unmittelbaren".
2) Z. B. § 1 der V. v. 19./12. 75 (R.G.Bl. S. 378).

§ 4. Die §§ 2 und 3 finden auf diejenigen Reichsbeamten keine Anwendung, über deren Anstellung durch Reichsgesetz[1]) oder vertragsmäßig[2]) eine abweichende Bestimmung getroffen ist.

1) Z. B. die Reichstagsbeamten, welche der Präsident des Reichstags anstellt (§ 156 des R.V.G.), ferner die Subalternbeamten des Reichs-Invalidenhofes, welche der Vorsitzende dieser Behörde anstellt (§ 11 des G. v. 23./5. 73 R.G.Bl. S. 117). Vgl. Laband I S. 424.
2) Durch Staatsverträge (auf denen auch die R.V. beruht). Gemeint sind hier die „mittelbaren" Reichsbeamten (vergl. Laband S. 424 A. 4).

Urkundlich ꝛc.

Verzeichniß der Reichsbehörden.

I. Oberste Reichsbehörden.

(Gesetz vom 31. März 1873 §§ 8, 15, 16, 33, 54, 64 bis 66, 68, 69, 75, 81, 84, 85, 96—98, 101, 121, 122, 127, 128, 131, 139, 150, 151, 153.)

Vorbehaltlich der verfassungsmäßigen Verantwortlichkeit des Reichskanzlers sind zuständig:

1) das Reichskanzler-Amt,
2) das Auswärtige Amt,
3) das Königlich preußische Kriegsministerium,
4) das Königlich sächsische Kriegsministerium,
5) das Königlich württembergische Kriegsministerium,

6) die Kaiserliche Admiralität,

7) das Reichs-Eisenbahn-Amt.

II. Höhere, der obersten Reichsbehörde unmittelbar untergeordnete Reichsbehörden und Vorsteher solcher Behörden.

(Gesetz vom 31. März 1873 §§ 81, 85, 139, 151, 153.)

A. Auswärtiges Amt.

1) Die Botschafter und die Gesandten,

2) die Minister-Residenten und die Geschäftsträger,

3) die General-Konsuln und die Berufs-Konsuln in Ländern, in welchen ein höherer diplomatischer Beamter nicht residirt.

B. Verwaltung des Reichsheeres.

a. Für das Disziplinarverfahren

(Gesetz vom 31. März 1873 §§ 81, 85)

sind zuständig:

1) die kommandirenden Generale,

2) der Chef des Generalstabes der Armee,

3) die Gouverneure von Berlin und Mainz und der Kommandant von Potsdam,

4) der General-Inspekteur des Militär-Erziehungs- und Bildungswesens,

5) der General-Inspekteur des Etappen- und Eisenbahnwesens,

6) der Kommandeur des Kadettenkorps,

7) der Direktor der Kriegsakademie,

8) der Präses der Ober-Examinations-Kommission,

9) das Kuratorium der vereinigten Artillerie- und Ingenieurschule,
10) der Inspekteur der Infanterieschulen,
11) der Chef des Militär-Reitinstituts,
12) der Inspekteur des Militär-Veterinärwesens,
13) der Königlich preußische General-Stabsarzt der Armee und der Königlich württembergische General-Stabsarzt,
14) der Königlich preußische General-Auditeur der Armee, der Vorstand des Königlich sächsischen Ober-Kriegsgerichts und der Königlich württembergische General-Auditeur,
15) der Präses der Artillerie-Prüfungs-Kommission,
16) der Inspekteur der Gewehrfabriken,
17) die Korps-Intendanturen und Intendanten.

b. Für das Verfahren bei Defekten und bei der Verfolgung vermögensrechtlicher Ansprüche

(Gesetz vom 31. März 1873 §§ 139, 151, 153)

sind zuständig:
1) die kommandirenden Generale,
2) die Korps-Intendanturen.

C. *Verwaltung der Kaiserlichen Marine.

a. Für das Disziplinarverfahren

(Gesetz vom 31. März 1873, §§ 81, 85)

sind zuständig:
1) die Chefs der Marinestationen der Ostsee und der Nordsee,
2) die Chefs von Flotten und Geschwadern,

3) der Inspekteur der Marineartillerie,
4) der Inspekteur des Torpedowesens,
5) die Werften und die Ober-Werftdirektoren,
6) der Direktor des Bildungswesens der Marine,
7) die deutsche Seewarte und der Direktor der deutschen Seewarte,
8) die Intendanturen der Marinestationen der Ostsee und der Nordsee und die Marine-Intendanten.

b. Für das Verfahren bei Defekten und bei der Verfolgung vermögensrechtlicher Ansprüche

(Gesetz vom 31. März 1873, §§ 139, 151, 158)

sind zuständig:
1) die Chefs der Marinestationen der Ostsee und der Nordsee,
2) die Werften,
3) die Intendanturen der Marinestationen der Ostsee und der Nordsee.

*) Die Bestimmung unter C beruht auf der Verord. v. 788. 88 (M.G.Bl. S. 220).

D. Postverwaltung.

1) Die Ober-Postdirektionen,
2) der Vorsteher des Post-Zeitungsamts,
3) der Vorsteher des deutschen Reichs-Postamts zu Constantinopel.

Bemerkung. Den unter Nr. 2 und 3 genannten Beamten steht die Eigenschaft einer höheren Reichsbehörde nur in Bezug auf das Disziplinarverfahren zu.

E. Telegraphenverwaltung.

Die Telegraphendirektionen.

F. Reichs-Eisenbahnverwaltung.

Die Generaldirektion der Reichs-Eisenbahnen.

Bemerkung. Die Befugniß der Vorsteher höherer Reichsbehörden zur Verhängung von Geldstrafen erstreckt sich nicht auf die Mitglieder dieser Behörden.

III. Vorgesetzte Dienstbehörden.

(Gesetz vom 31. März 1873 §§ 7, 12, 38, 62.)

Vorbehaltlich der verfassungsmäßigen Verantwortlichkeit des Reichskanzlers sind zuständig:

A. Auswärtiges Amt.

Die unter II. A. aufgeführten Behörden.

B. Verwaltung des Reichsheeres.

a. Im Allgemeinen:

1) das Königlich preußische Kriegsministerium,
2) das Königlich sächsische Kriegsministerium,
3) das Königlich württembergische Kriegsministerium,
4) die unter II. B. a. aufgeführten Behörden,
5) die Königlich preußischen technischen Institute der Artillerie,
6) die Königlich preußische General-Militärkasse und die Königlich preußische General-Kriegskasse,
7) die Königlich preußischen Remontedepots,
8) die Stadtkommandantur zu Dresden,
9) die Kommandantur der Festung Königstein,

10) der Kommandeur des Kadettenkorps zu Dresden,
11) der Kommandeur der Unteroffizierschule zu Marienberg,
12) der Direktor der Lehr- und Erziehungsanstalt zu Klein-Struppen,
13) der Direktor der Garnisonschule zu Dresden,
14) die Königlich sächsische Sanitätsdirektion,
15) der Direktor der Königlich sächsischen Artillerie-Werkstätten und Depots,
16) die Königlich sächsische Geniedirektion,
17) das Königlich sächsische Kriegszahlamt,
18) das Königlich württembergische Kriegszahlamt;

b. Für die ausschließlich unter Militärbefehlshabern stehenden Militärbeamten

sind zuständig:
1) die kommandirenden Generale,
2) die Festungs-Inspekteure,
3) die Kommandeure der Fußartillerie-Brigaden als vorgesetzte Instanzen der Artilleriedepots,
4) die Militärabtheilung des Königlich württembergischen Kriegsministeriums als vorgesetzte Instanz des Königlich württembergischen Artilleriedepots.

C. Verwaltung der Kaiserlichen Marine.

1) Die Kaiserliche Admiralität,
2) die unter II. C. aufgeführten Behörden.

D. Postverwaltung.

1) Das General-Postamt,
2) die unter II. D. aufgeführten Behörden.

E. Telegraphenverwaltung.

1) Die Generaldirektion der Telegraphen,
2) die Telegraphendirektionen.

F. Eisenbahnverwaltung.

1) Das Reichskanzler-Amt,
2) das Reichs-Eisenbahn-Amt,
3) die Generaldirektion der Reichs-Eisenbahnen.

IV. Unmittelbar vorgesetzte Behörden bezw. Beamte.

(Gesetz vom 31. März 1873 §§ 58, 146.)

A. Verwaltung des Reichsheeres.

a. Für die ausschließlich unter Militärbefehlshabern stehenden Militärbeamten

sind zuständig:

1) die Regiments- bezw. Bataillonskommandeure,
2) die Vorstände der Artilleriedepots,
3) die Platzingenieure,
4) die Festungsbaudirektoren,
5) die Direktoren der Kriegsschulen, der Oberfeuerwerkerschule und der Offizier-Reitschule.

b. Außerdem fungiren als unmittelbare Vorgesetzte der ihnen untergebenen Beamten:

1) die Gouverneure und Kommandanten,
2) die Kommandeure der Kadettenhäuser,
3) die Direktoren der Militär-Schießschule, des Militär-Knaben-Erziehungsinstituts zu Annaburg, der vereinigten Artillerie- und Ingenieurschule und der Direktor der Lehr- und Erziehungsanstalt zu Klein Struppen,

4) die Kommandeure der Unteroffizierschulen zu Weißenfels und zu Marienberg,
5) der Unterrichtsdirigent der Zentral-Turnanstalt,
6) die Vorsitzenden der Kuratorien der Garnisonschulen, der Direktor der Garnisonschule zu Dresden,
7) die Direktoren der Gewehrfabriken,
8) die Königlich sächsische Geniedirektion,
9) die Präsides der Gewehr-Revisions-Kommissionen,
10) die Direktoren der technischen Institute der Artillerie,
11) die Kommandanten der Invalidenhäuser,
12) die Korps-Generalärzte, die Königlich sächsische Sanitätsdirektion,
13) der Subdirektor der militärärztlichen Bildungsanstalten, die Chefärzte der Lazarethe, die Chefärzte der Krankentransport-Kommissionen,
14) die Vorsteher der Lazareth-Reservedepots,
15) die Rendanten der General-Militärkasse bezw. General-Kriegskasse,
16) der Rendant der Zahlungsstelle des 14. Armee-Korps, der Rendant des Königlich sächsischen Kriegszahlamts und der Rendant des Königlich württembergischen Kriegszahlamts,
17) die Vorstände der Proviantämter, Reservemagazin-Rendanturen und Depot-Magazinverwaltungen,
18) die Rendanten der Montirungsdepots,
19) die Vorstände der Garnisonverwaltungen,
20) die Vorsteher der Güter-Depots und Magazine an den Sammelstellen,
21) der Präses der Artillerie-Prüfungs-Kommission.

Bemerkung. Die unter Nr. 1 bis 20 aufgeführten Stellen haben im Disziplinarverfahren hinsichtlich der Verhängung von Geldstrafen die Zuständigkeit der im §. 81 Nr. 3 des Gesetzes vom 31. März 1873 erwähnten Behörden und Vorsteher von Behörden.

B. * Verwaltung der Kaiserlichen Marine.

a. Für die ausschließlich unter Militärbefehlshabern stehenden Marinebeamten

sind zuständig:

die Kommandeure der Matrosen- und Werftdivisionen, des Seebataillons, der Schiffsjungenabtheilung, der Matrosenartillerie-Abtheilungen, der Torpedoabtheilungen und der Abtheilungen der Matrosendivisionen, sowie die Führer der Halbbataillone des Seebataillons.

b. Außerdem fungiren als unmittelbare Vorgesetzte der ihnen untergebenen Beamten:

1) die Chefs von Flotillen und Divisionen, sowie die Chefs außerheimischer Stationen,
2) die Kommandanten S. M. Schiffe und Fahrzeuge,
3) der Vorstand des Observatoriums in Wilhelmshaven,
4) der Vorstand des Chronometer-Observatoriums in Kiel,
5) die Hafenkapitäne,
6) die Vermessungsdirigenten,
7) der Lootsenkommandeur an der Jade,
8) der evangelische Marine-Ober-Pfarrer,

9) die Vorstände der Artilleriedepots,
10) die Vorstände der Minendepots,
11) der Vorstand des Torpedodepots,
12) die Direktoren der Werften,
13) die Hafenbaukommissionen,
14) die Vorstände der Kassen- und Magazinverwaltungen, sowie der Annahmeämter der Werften,
15) der Rendant der Kassen- und Oekonomieverwaltung der Bildungsanstalten der Kaiserlichen Marine,
16) die Vorstände der Garnisonbauverwaltungen,
17) die Vorstände der Stationskassen,
18) die Vorstände der Bekleidungsämter,
19) die Rendanten der Magazinverwaltungen der Bekleidungsämter,
20) die Vorstände der Verpflegungsämter,
21) die Vorstände der Garnisonverwaltungen,
22) die Chefärzte der Marinelazarethe.

*) Die Bestimmung unter B beruht auf der Verord. v. 7./8. 88 (R.G.Bl. S. 229).

C. Im Uebrigen gelten als unmittelbar vorgesetzte Behörden bezw. Beamte:

1) der Vorsteher jeder Behörde hinsichtlich der bei ihr angestellten Beamten,
2) jede Behörde, welcher eine andere unmittelbar untergeben ist, hinsichtlich des Vorstehers oder, wo ein solcher fehlt, hinsichtlich der Beamten der untergebenen Behörde.

Anlage C.*

Gesetz, betreffend die Kautionen der Reichs(Bundes)-Beamten. Vom 2. Juni 1869. (B.G.Bl. S. 161: ausgegeben den 14. Juni 1869.)

Das Gesetz hat im ganzen Reiche Geltung. Dasselbe ist durch Art. 80 Nr. I 4 der Verfassung des Deutschen Bundes v. 31. Dezbr. 1870 (B.G.Bl. S. 627) zum Gesetze des Deutschen Bundes und durch § 2 des G. v. 16. April 1871 (B.G.Bl. S. 63) zum Reichsgesetze erklärt. Es ist in Baden, Südhessen und Württemberg am 1. Jan. 1871 (Vereinbarung mit Baden und Hessen über Gründung des Deutschen Bundes v. 15. Novbr. 1870, B.G.Bl. S. 650; Vertrag mit Württemberg über dessen Beitritt zur Verfassung des Deutschen Bundes v. 25. Novbr. 1870 Art. 2 Nr. 6 und Verhandlung von demselben Tage Nr. 1a, B.G.Bl. S. 654), in Bayern am 13. Mai 1871 (Vertrag über den Beitritt Bayerns zur Verfassung des Deutschen Bundes v. 23. Novbr. 1870 Nr. III § 8, B.G.Bl. 1871 S. 9; G. v. 22. April 1871 § 2 Nr. I 1, B.G.Bl. S. 27) in Kraft getreten und mit den dazu erlassenen Verordnungen in Elsaß-Lothringen durch G. v. 11. Dezbr. 1871 (G.Bl. f. Els.-Lothr. S. 386) eingeführt.

Der Text des Gesetzes ist hier gemäß § 2 des G. v. 16. April 1871 (B.G.Bl. S. 63) dahin abgeändert, daß überall statt „Bund" gesetzt ist „Reich" und statt „Bundespräsidium" „Kaiser".

Wir ꝛc.:

§ 1. Reichs(Bundes)beamter im Sinne dieses Gesetzes ist jeder Beamte, welcher entweder vom Kaiser (Bundespräsidium) angestellt, oder nach Vorschrift der Reichs-(Bundes-) Verfassung den Anordnungen des Kaisers (Bundespräsidiums) Folge zu leisten verpflichtet ist.[1])

* Anl. B, Verordnung v. 7./8. 88 (R.G.Bl. S. 229), ist nachträglich in Anl. A aufgenommen.

Auf Personen des Soldatenstandes findet dies Gesetz keine Anwendung.[2])

1) Vergl. § 1 des R.B.G. Auch die Beamten der Reichsbank haben die Rechte und Pflichten der Reichsbeamten (Bank.=G. v. 14. März 1875 § 28, R.G.Bl. S. 177): mit Rücksicht auf § 2 bedurfte es jedoch rücksichtlich ihrer einer besonderen, die entsprechende Anwendung des Gesetzes sichernden Bestimmung, welche § 1 der Verord. v. 23. Dezbr. 1875 (R.G.Bl. S. 380) enthält.

2) Vergl. § 157 des R.B.G.

§ 2. Beamte, welchen die Verwaltung einer dem Reiche (Bunde) gehörigen Kasse oder eines dem Reiche (Bunde) gehörigen Magazins, oder die Annahme, die Aufbewahrung oder der Transport von, dem Reiche (Bunde) gehörigen oder ihm anvertrauten Geldern oder geldwerthen Gegenständen obliegt, haben dem Reiche (Bunde) für ihr Dienstverhältniß Kaution zu leisten.

§ 3. Die Klassen der zur Kautionsleistung zu verpflichtenden Beamten und die nach Maaßgabe der verschiedenen Dienststellungen zu regelnde Höhe der von ihnen zu leistenden Amtskautionen werden durch eine vom Kaiser (Bundespräsidium) im Einvernehmen mit dem Bundesrathe zu erlassende Verordnung bestimmt.

§ 4. Die Amtskaution ist durch den kautionspflichtigen Beamten zu bestellen. Die Bestellung derselben durch eine andere Person ist zuläßig, sofern dem Reiche (Bunde) an der Kaution dieselben Rechte gesichert werden, welche ihm an einer durch den Beamten selbst gestellten Kaution zugestanden haben würden.

§ 5. Die Amtskautionen sind durch Verpfändung von auf den Inhaber lautenden Obligationen über

Schulden des Reiches (Bundes) oder eines einzelnen Bundesstaates nach deren Nennwerthe zu leisten.[1])

Die Verpfändung erfolgt durch Uebergabe zum Faustpfande.

1) Den Bankagenten kann die Kautionsstellung auch in anderen Papieren oder in Hypotheken gestattet werden (Verord. v. 23. Dezbr. 1875 § 4).

§ 6. Die Kautionen sind bei denjenigen Kassen, welche zur Aufbewahrung derselben von der obersten Reichs- (Präsidial-) Behörde bestimmt werden, niederzulegen.[1]) Die Niederlegung der Werthpapiere erfolgt einschließlich des dazu gehörigen Talons, beziehungsweise desjenigen Zinsscheins, an dessen Inhaber die neue Zinsschein-Serie ausgereicht wird.

Die faustpfandlichen Rechte an den niedergelegten Werthpapieren sind mit voller rechtlicher Wirkung erworben, sobald der Empfangsschein über die Niederlegung ertheilt ist.

Die Zinsscheine für einen vier Jahre nicht übersteigenden Zeitraum werden dem Kautionsbesteller belassen, beziehungsweise nach Ablauf dieses Zeitraums oder nach Ausreichung neuer Zinsscheine verabfolgt. Die Einziehung der neuen Zinsscheine erfolgt durch die Kasse. Letztere hat nicht die Verpflichtung, die Ausloosung der niedergelegten Werthpapiere zu überwachen.

1) Wegen der Reichsbankbeamten vgl. § 6 der Verord. v. 23. Dezbr. 1875 (R.G.Bl. S. 380).

§ 7. Die Bestellung der Amtskaution ist vor der Einführung des Beamten ist das kautionspflichtige Amt zu bewirken.

In welchen Fällen die vorgesetzte Dienstbehörde ermächtigt ist, dem Beamten die nachträgliche, durch Ansammlung von Gehaltsabzügen zu bewirkende Beschaffung der Kaution ausnahmsweise zu gestatten, und in welcher Art dann die Ansammlung zu erfolgen hat, wird durch die im § 3 erwähnte Kaiserliche (Präsidial-) Verordnung bestimmt.

§ 8. Verwaltet ein Beamter gleichzeitig mehrere kautionspflichtige Reichs(Bundes)ämter, so genügt die Bestellung einer Kaution zu dem für eines dieser Aemter vorgeschriebenen Betrage. Sind die für die einzelnen Aemter vorgeschriebenen Kautionssätze verschieden, so ist die Kaution nach dem höchsten Satze zu leisten.

§ 9. Verwaltet ein kautionspflichtiger Reichs (Bundes-) beamter gleichzeitig ein kautionspflichtiges Amt im Dienste eines Bundesstaates, so kann die für letzteres Amt bestellte Kaution, soweit sie den Bestimmungen dieses Gesetzes entspricht, mit Zustimmung der zuständigen Behörde des Bundesstaates und nach vorgängiger Vereinbarung darüber, wie viel von dem Gesammtbetrage der Kaution auf jedes der beiden Aemter zu rechnen ist, zugleich für das kautionspflichtige Reichs- (Bundes-) Dienstverhältniß angenommen werden.

§ 10. Die Amtskaution haftet dem Bunde für alle von dem kautionspflichtigen Beamten aus seiner Amtsführung zu vertretenden Schäden und Mängel an Kapital und Zinsen, sowie an gerichtlichen und außergerichtlichen Kosten der Ermittelung des Schadens.[1]

[1] Vergl. §§ 134—136, 142, 144, 148 des R.B.G.

§ 11. Steht eine der nach § 10 aus der Kaution zu deckenden Forderungen zur Exekution, so ist die dem kautionspflichtigen Beamten vorgesetzte Dienstbehörde ohne Weiteres berechtigt,[1]) die verpfändeten Werthpapiere bis auf Höhe der Forderung an einer innerhalb des Bundesgebietes belegenen, von ihr zu bestimmenden Börse außergerichtlich verkaufen zu lassen. Der Kautionsbesteller ist in solchem Falle zur Ausantwortung der ihm belassenen noch nicht fälligen Zinsscheine (§ 6) verpflichtet. Ist diese Ausantwortung von ihm nicht zu erlangen, so kann er zur Erlegung des Geldwerths der von ihm zurückbehaltenen Zinsscheine in dem für die Beitreibung öffentlicher Abgaben vorgeschriebenen Verfahren zwangsweise angehalten werden.

Das Reich (Der Bund) ist nicht verpflichtet, im Falle des Konkurses die verpfändeten Werthpapiere in die Konkursmasse einzuliefern.

1) Aber nicht verpflichtet (§ 142 A. 1 des R.B.G.). Dieses Recht ist auch nach der R.Konk.O. bestehen geblieben (§ 3 des Einf.G. zu derselben v. 10./2. 77, R.G.Bl. S. 390).

§ 12. Dem Reiche (Bunde) stehen[1]) dem kautionspflichtigen Reichs (Bundes) beamten gegenüber alle Rechte zu, welche an dem Orte, wo der Beamte innerhalb des Bundesgebiets seinen dienstlichen Wohnsitz hat oder zuletzt gehabt hat, kraft der dort geltenden Landesgesetzgebung der Landesregierung den kautionspflichtigen Beamten gegenüber beigelegt sind.[2])

Liegt der betreffende Ort im (Bundes-) Auslande, so sind für die vorstehend erwähnten Rechte diejenigen Bestimmungen maaßgebend, welche in Anwendung gekommen wären, wenn der Beamte seinen dienstlichen Wohnsitz in Berlin gehabt hätte.[3])

1) Soweit nicht das R.B.G. besondere Bestimmungen enthält (vergl. §§ 134 ff. dess.).

2) Vergl. §§ 19, 20 des R.B.G. — 3) Vergl. § 21 ebenda.

§ 13. Nach Beendigung des kautionspflichtigen Dienstverhältnisses wird, sobald amtlich festgestellt ist, daß aus demselben Vertretungen nicht mehr zu leisten sind, die Kaution gegen Aushändigung des quittirten Empfangsscheins oder, im Falle des Verlustes desselben, des gerichtlichen Amortisations-Dokuments zurückgegeben.

Von der Beibringung des gerichtlichen Amortisations-Dokuments kann nach dem Ermessen der dem kautionspflichtigen Beamten vorgesetzten Dienstbehörde abgesehen werden.

§ 14. Diejenigen Kautionen, welche vor dem Erlasse der im § 8 erwähnten Verordnung von den durch letztere für kautionspflichtig erklärten Beamten entweder dem Reiche (Bunde) oder für ein auf das Reich (den Bund) übergegangenes Dienstverhältniß der Regierung eines Bundesstaates gestellt sind, haften vom Zeitpunkte des Erlasses jener Verordnung ab dem Reiche (Bunde) in dem durch die Bestimmungen dieses Gesetzes bezeichneten Umfange.

§ 15. Die dem Reiche (Bunde) vor dem Erlasse der im § 8 erwähnten Verordnung gestellten Amtskautionen solcher Beamten, welche nach Inhalt jener Verordnung zur Kautionsleistung entweder überhaupt nicht, oder nur bis zu einer geringeren Höhe verpflichtet sind, werden zurückgegeben, beziehungsweise auf den in der Verordnung bestimmten Betrag ermäßigt.

§ 16. Reichs (Bundes) beamte, welche zur Zeit des Erlasses der im § 8 erwähnten Verordnung in einem Dienstverhältnisse stehen, für welches es der Kautionsleistung nach den bis dahin geltenden Vorschriften entweder überhaupt nicht, oder nur in einer geringeren Höhe, oder in einer anderen als der in diesem Gesetze vorgeschriebenen Art bedurfte, können, so lange sie in derselben dienstlichen Stellung ohne Gehaltserhöhung verbleiben, wider ihren Willen nicht dazu angehalten werden, nach Maaßgabe der Bestimmungen dieses Gesetzes und der Verordnung (§ 8) eine Kaution zu stellen oder die gestellte Kaution zu erhöhen, beziehungsweise durch eine den Vorschriften dieses Gesetzes entsprechende Kaution zu ersetzen. Inwieweit ein solcher Beamter bei eintretender Gehaltserhöhung verpflichtet ist, den Mehrbetrag des Gehalts ganz oder zum Theil zur Ansammlung der Kaution zu verwenden, wird durch die im § 8 erwähnte Kaiserliche (Präsidial-) Verordnung bestimmt.

§ 17. Die vor dem Erlasse der im § 8 erwähnten Verordnung gestellten Amtskautionen, welche den Vorschriften dieses Gesetzes nicht entsprechen, werden, sobald sie durch anderweite Kautionen ersetzt sind, zurückgegeben.

Urkundlich ꝛc.

Anlage D.

Gesetz, betreffend die Fürsorge für die Wittwen und Waisen der Reichsbeamten der Civilverwaltung. Vom 20. April 1881. (R.G.Bl. S. 85. Ausgegeben am 2. Mai 1881.)

Wir rc.:

§. 1. Beamte der Civilverwaltung, welche Diensteinkommen oder Wartegeld aus der Reichskasse beziehen und welchen beim Eintritt der Voraussetzungen der Versetzung in den Ruhestand nach Erfüllung der erforderlichen Dienstzeit Pension aus der Reichskasse gebühren würde, sowie in den Ruhestand versetzte Beamte der Civilverwaltung, welche kraft gesetzlichen Anspruchs oder auf Grund des §. 39 des Reichsbeamtengesetzes vom 31. März 1873 (Reichs-Gesetzbl. S. 61) lebenslängliche Pension aus der Reichskasse beziehen, sind verpflichtet, Wittwen- und Waisengeldbeiträge zur Reichskasse zu entrichten.

Diese Verpflichtung erstreckt sich nicht auf solche Beamte, welche nur nebenamtlich im Reichsdienst angestellt sind.

§. 2. Von dem den Hinterbliebenen eines zur Entrichtung von Wittwen- und Waisengeldbeiträgen verpflichteten Beamten nach den §§. 7, 8, 31 und 69 des Reichsbeamtengesetzes vom 31. März 1873 gebührenden oder bewilligten Betrage des vierteljährlichen Gehalts oder Wartegelds beziehungsweise der einmonatlichen Pension des Verstorbenen sind die Wittwen- und Waisengeldbeiträge gleichfalls zu entrichten.

§. 3. Die Wittwen- und Waisengeldbeiträge betragen jährlich 3 Prozent des pensionsfähigen Diensteinkommens, des Wartegeldes oder der Pension mit der Maßgabe, daß der die Jahressumme von 9000 Mark des pensionsfähigen Diensteinkommens oder Wartegeldes und von 5000 Mark der Pension übersteigende Betrag nicht beitragspflichtig ist.

§. 4. Die Wittwen- und Waisengeldbeiträge werden in denjenigen Theilbeträgen, in welchen das Diensteinkommen, das Wartegeld oder die Pension zahlbar ist, durch Einbehaltung eines entsprechenden Theiles dieser Bezüge erhoben.

Der einzubehaltende Theil ist weder der Pfändung unterworfen, noch bei der Ermittelung, ob und zu welchem Betrage die Bezüge der Pfändung unterliegen, zu berechnen.

§. 5. Die Verpflichtung zur Entrichtung der Wittwen- und Waisengeldbeiträge erlischt:

1. mit dem Tode des Beamten, vorbehaltlich der im §. 2 getroffenen Bestimmungen;
2. wenn der Beamte ohne Pension aus dem Dienste scheidet, oder mit Belassung eines Theiles derselben aus dem Dienste entlassen wird;
3. wenn der Beamte in den Ruhestand versetzt wird und ihm auf Grund des § 39 des Reichsbeamtengesetzes vom 31. März 1873 ein Pension auf bestimmte Zeit bewilligt ist;

4. für den Beamten, welcher weder verheirathet ist, noch unverheirathete eheliche oder durch nachgefolgte Ehe legitimirte Kinder unter 18 Jahren besitzt, mit dem Zeitpunkte der Versetzung in den Ruhestand;
5. für den pensionirten Beamten mit dem Ablauf desjenigen Monats, in welchem die unter Ziffer 4 bezeichnete Voraussetzung zutrifft. Durch eine nach der Pensionirung geschlossene Ehe oder durch das Vorhandensein von Kindern aus einer solchen wird das Erlöschen der Verpflichtung nicht gehindert.

§. 6. Die zur Zeit des Inkrafttretens dieses Gesetzes pensionirten Beamten, welche weder verheirathet sind, noch unverheirathete eheliche oder durch nachgefolgte Ehe legitimirte Kinder unter 18 Jahren besitzen, sind von Entrichtung der Wittwen- und Waisengeldbeiträge befreit. Eine nach der Pensionirung geschlossene Ehe sowie Kinder aus einer solchen kommen hierbei nicht in Betracht.

§. 7. Die Wittwe und die hinterbliebenen ehelichen oder durch nachgefolgte Ehe legitimirten Kinder eines zur Zeit seines Todes zur Entrichtung von Wittwen- und Waisengeldbeiträgen verpflichteten Beamten erhalten aus der Reichskasse Wittwen- und Waisengeld nach Maßgabe der nachfolgenden Bestimmungen.

§. 8. Das Wittwengeld besteht in dem dritten Theile derjenigen Pension, zu welcher der Verstorbene berechtigt gewesen ist oder berechtigt gewesen sein würde, wenn er am Todestage in den Ruhestand versetzt wäre.

Das Wittwengeld soll jedoch, vorbehaltlich der im

§. 10 verordneten Beschränkung, mindestens 160 Mark betragen und 1600 Mark nicht übersteigen.

§. 9. Das Waisengeld beträgt:

1. für Kinder, deren Mutter lebt und zur Zeit des Todes des Beamten zum Bezuge von Wittwengeld berechtigt war, ein Fünftel des Wittwengeldes für jedes Kind;
2. für Kinder, deren Mutter nicht mehr lebt oder zur Zeit des Todes des Beamten zum Bezuge von Wittwengeld nicht berechtigt war, ein Drittel des Wittwengeldes für jedes Kind.

§. 10. Wittwen- und Waisengeld dürfen weder einzeln noch zusammen den Betrag der Pension übersteigen, zu welcher der Verstorbene berechtigt gewesen ist oder berechtigt gewesen sein würde, wenn er am Todestage in den Ruhestand versetzt wäre.

Bei Anwendung dieser Beschränkung werden das Wittwen- und das Waisengeld verhältnißmäßig gekürzt.

§. 11. Bei dem Ausscheiden eines Wittwen- oder Waisengeldberechtigten erhöht sich das Wittwen- oder Waisengeld der verbleibenden Berechtigten von dem nächstfolgenden Monat an insoweit, als sie sich noch nicht im vollen Genuß der ihnen nach den §§. 8 bis 10 gebührenden Beträge befinden.

§. 12. War die Wittwe mehr als 15 Jahre jünger als der Verstorbene, so wird das nach Maßgabe der §§. 8 und 10 berechnete Wittwengeld für jedes angefangene Jahr des Altersunterschiedes über 15 bis einschließlich 25 Jahre um $^1/_{20}$ gekürzt.

Auf den nach §. 9 zu berechnenden Betrag des Waisengeldes sind diese Kürzungen des Wittwengeldes ohne Einfluß.

§. 13. Keinen Anspruch auf Wittwengeld hat die Wittwe, wenn die Ehe mit dem verstorbenen Beamten innerhalb dreier Monate vor seinem Ableben geschlossen und die Eheschließung zu dem Zwecke erfolgt ist, um der Wittwe den Bezug des Wittwengeldes zu verschaffen.

Keinen Anspruch auf Wittwen- und Waisengeld haben die Wittwe und die hinterbliebenen Kinder eines pensionirten Beamten aus solcher Ehe, welche erst nach der Versetzung des Beamten in den Ruhestand geschlossen ist.

§. 14. Stirbt ein zur Entrichtung von Wittwen- und Waisengeldbeiträgen verpflichteter Beamter, welchem, wenn er am Todestage in den Ruhestand versetzt wäre, auf Grund des §. 39 des Reichsbeamtengesetzes vom 31. März 1878 eine Pension hätte bewilligt werden können, so kann der Wittwe und den Waisen desselben Wittwen- und Waisengeld durch den Reichskanzler bewilligt werden.

Stirbt ein zur Entrichtung von Wittwen- und Waisengeldbeiträgen verpflichteter Beamter, welchem nach §§. 50 und 52 des Reichsbeamtengesetzes vom 31. März 1873 im Falle seiner Versetzung in den Ruhestand die Anrechnung gewisser Zeiten auf die in Betracht kommende Dienstzeit hätte bewilligt werden können, so ist der Reichskanzler befugt, eine solche Anrechnung auch bei Festsetzung des Wittwen- und Waisengeldes zuzulassen.

§. 15. Die Zahlung des Wittwen- und Waisengeldes beginnt mit dem Ablauf des Gnadenquartals oder des Gnadenmonats.

§. 16. Das Wittwen- und Waisengeld wird monatlich im voraus gezahlt. An wen die Zahlung gültig zu leisten ist, bestimmt die oberste Reichsbehörde, welche die Befugniß zu solcher Bestimmung auf die höhere Reichsbehörde übertragen kann.

Nicht abgehobene Theilbeträge des Wittwen- und Waisengeldes verjähren binnen vier Jahren, vom Tage ihrer Fälligkeit an gerechnet, zum Vortheil der Reichskasse.

§. 17. Das Wittwen- und Waisengeld kann mit rechtlicher Wirkung weder abgetreten, noch verpfändet oder sonst übertragen werden.

§. 18. Das Recht auf den Bezug des Wittwen- und Waisengeldes erlischt:

1. für jeden Berechtigten mit dem Ablauf des Monats, in welchem er sich verheirathet oder stirbt;
2. für jede Waise außerdem mit dem Ablauf des Monats, in welchem sie das 18. Lebensjahr vollendet.

§. 19. Das Recht auf den Bezug des Wittwen- und Waisengeldes ruht, wenn der Berechtigte das deutsche Indigenat verliert, bis zur etwaigen Wiedererlangung desselben.

§. 20. Mit den aus §. 14 sich ergebenden Maßgaben erfolgt die Bestimmung darüber, ob und welches Wittwen- und Waisengeld der Wittwe und den Waisen eines

Beamten zusteht, durch die oberste Reichsbehörde, welche die Befugniß zu solcher Bestimmung auf die höhere Reichsbehörde übertragen kann.

§. 21. Das den Hinterbliebenen eines Beamten zu bewilligende Wittwen- oder Waisengeld darf nicht hinter demjenigen Betrage zurückbleiben, welcher denselben nach den bis zum Inkrafttreten dieses Gesetzes für sie geltenden Bestimmungen aus der Reichskasse hätte gewährt werden müssen, wenn der Beamte vor diesem Zeitpunkte gestorben wäre.

§. 22. Beamte, welche nach den Bestimmungen dieses Gesetzes Wittwen- und Waisengeldbeiträge zu entrichten haben, sind nicht verpflichtet, einer Militär- oder Landesbeamten-Wittwenkasse oder der sonstigen Veranstaltung eines Bundesstaates zur Versorgung der Hinterbliebenen von Beamten beizutreten.

§. 23. Diejenigen nach §. 1 zur Entrichtung von Wittwen- und Waisengeldbeiträgen verpflichteten Beamten, welche Mitglieder einer der im §. 22 bezeichneten Landesanstalten und derselben nicht erst nach der Verkündung dieses Gesetzes beigetreten sind, bleiben, wenn sie binnen drei Monaten nach dem Inkrafttreten dieses Gesetzes durch eine schriftliche Erklärung für ihre etwaigen künftigen Hinterbliebenen auf das in den §§. 7 ff. bestimmte Wittwen- und Waisengeld verzichten, von Entrichtung der im §. 8 bestimmten Wittwen- und Waisengeldbeiträge befreit. Andernfalls sind sie berechtigt, aus der Landesanstalt auszuscheiden.

§. 24. Diejenigen nach §. 1 zur Entrichtung von Wittwen- und Waisengeldbeiträgen verpflichteten Beamten, welche vor der Verkündung dieses Gesetzes und während sie im Dienste des Norddeutschen Bundes oder des Reichs befindlich waren, auf ihren Todesfall ihren Ehefrauen oder Kindern eine Leibrente oder ein Kapital oder ihren gesetzlichen Erben ein Kapital bei einer Privat-Versicherungsgesellschaft versichert haben, können, falls diese Versicherung zur Zeit des Inkrafttretens dieses Gesetzes noch besteht, und wenn sie binnen drei Monaten nach diesem Zeitpunkte durch eine schriftliche Erklärung für ihre etwaigen künftigen Hinterbliebenen auf das in den §§. 7 ff. bestimmte Wittwen- und Waisengeld verzichten, durch die oberste Reichsbehörde oder die von derselben ermächtigte höhere Reichsbehörde von Entrichtung der Wittwen- und Waisengeldbeiträge befreit werden.

Die näheren Voraussetzungen, unter denen eine solche Befreiung zulässig, sowie die Bedingungen, von welchen dieselbe abhängig zu machen ist, bestimmt der Reichskanzler.

§. 25. Dieses Gesetz tritt mit dem 1. Juli 1881 in Kraft.

Urkundlich 2c.

Anlage E.

Gesetz, betreffend die Fürsorge für die Wittwen und Waisen von Angehörigen des Reichsheeres und der Kaiserlichen Marine. Vom 17. Juni 1887.

(R.G.Bl. S. 237. Ausgegeben am 21. Juni 1887.)

Wir 2c.:

§. 1. Offiziere, Aerzte im Offiziersrang und Beamte des Reichsheeres und der Kaiserlichen Marine, welche Diensteinkommen oder Wartegeld aus der Reichskasse beziehen und welchen beim Eintritt der Voraussetzungen der Versetzung in den Ruhestand nach Erfüllung der erforderlichen Dienstzeit Pension aus der Reichskasse gebühren würde, sowie in den Ruhestand versetzte Offiziere, Aerzte im Offiziersrang und Beamte des Reichsheeres und der Kaiserlichen Marine, welche kraft gesetzlichen Anspruchs oder auf Grund des §. 5 des Militärpensionsgesetzes vom 27. Juni 1871 (Reichs-Gesetzbl. S. 275) beziehungsweise des §. 39 des Reichsbeamtengesetzes vom 31. März 1873 (Reichs-Gesetzbl. S. 61) lebenslängliche Pension aus der Reichskasse beziehen, sind verpflichtet, Wittwen- und Waisengeldbeiträge zur Reichskasse zu entrichten.

§. 2. Zur Entrichtung der Wittwen- und Waisengeldbeiträge sind nicht verpflichtet:

1. Beamte, welche nur nebenamtlich im Reichsdienst angestellt sind;
2. die katholischen Militär- und Marine-Geistlichen.

§. 3. Von dem den Hinterbliebenen eines zur Entrichtung von Wittwen- und Waisengeldbeiträgen Verpflichteten gebührenden oder bewilligten Betrage des einmonatlichen beziehungsweise vierteljährlichen Gehalts oder Wartegeldes oder der einmonatlichen Pension des Verstorbenen sind die Wittwen- und Waisengeldbeiträge gleichfalls zu entrichten.

§. 4. Die Wittwen- und Waisengeldbeiträge betragen jährlich drei Prozent des pensionsfähigen Diensteinkommens, des Wartegeldes oder der Pension, mit der Maßgabe, daß der die Jahressumme von neuntausend Mark des pensionsfähigen Diensteinkommens oder Wartegeldes und von fünftausend Mark der Pension übersteigende Betrag nicht beitragspflichtig ist.

Die in den §§. 18 und 72 des Militärpensionsgesetzes erwähnten Pensionserhöhungen (Verstümmelungszulagen) bleiben bei Berechnung der Wittwen- und Waisengeldbeiträge unberücksichtigt.

Von den Offizieren vom Hauptmann (Rittmeister, Kapitänlieutenant) zweiter Gehaltsklasse einschließlich abwärts, den Aerzten und Beamten, welche vor Ertheilung des Heirathskonsenses ein bestimmtes Privateinkommen oder Vermögen nachzuweisen haben, werden, wenn sich dieselben nicht verheirathet haben, die Beiträge bis zu anderweiter gesetzlicher Regelung nicht erhoben.

§. 5. Die Wittwen- und Waisengeldbeiträge werden in denjenigen Theilbeträgen, in welchen das Diensteinkommen, das Wartegeld oder die Pension zahlbar ist, durch Einbehaltung eines entsprechenden Theiles dieser Bezüge erhoben.

Der einzubehaltende Theil ist weder der Pfändung unterworfen, noch bei der Ermittelung, ob und zu welchem Betrage die Bezüge der Pfändung unterliegen, zu berechnen.

§. 6. Die Verpflichtung zur Entrichtung der Wittwen- und Waisengeldbeiträge erlischt:

1. mit dem Tode des Verpflichteten, vorbehaltlich der im §. 3 getroffenen Bestimmungen;
2. wenn der Verpflichtete ohne Pension aus dem Dienst scheidet, oder mit Belassung eines Theiles derselben aus dem Dienst entlassen wird;
3. wenn der Verpflichtete in den Ruhestand versetzt wird und ihm auf Grund des §. 5 des Militärpensionsgesetzes vom 27. Juni 1871 beziehungsweise des §. 39 des Reichsbeamtengesetzes vom 31. März 1873 eine Pension auf bestimmte Zeit bewilligt ist;
4. für den Verpflichteten, welcher weder verheirathet ist, noch unverheirathete eheliche oder durch nachgefolgte Ehe legitimirte Kinder unter achtzehn Jahren besitzt, mit dem Zeitpunkte der Versetzung in den Ruhestand;
5. für den pensionirten Verpflichteten mit dem Ablauf desjenigen Monats, in welchem die unter Ziffer 4 bezeichnete Voraussetzung zutrifft. Durch eine nach

der Pensionirung geschlossene Ehe oder durch das Vorhandensein von Kindern aus einer solchen wird das Erlöschen der Verpflichtung nicht gehindert.

§. 7. Die zur Zeit des Inkrafttretens dieses Gesetzes pensionirten Offiziere, Aerzte und Beamten, welche weder verheirathet sind, noch unverheirathete eheliche oder durch nachgefolgte Ehe legitimirte Kinder unter achtzehn Jahren besitzen, sind von Entrichtung der Wittwen- und Waisengeldbeiträge befreit. Eine nach der Pensionirung geschlossene Ehe, sowie Kinder aus einer solchen kommen hierbei nicht in Betracht.

§. 8. Die Wittwe und die hinterbliebenen ehelichen oder durch nachgefolgte Ehe legitimirten Kinder eines zur Zeit seines Todes zur Entrichtung von Wittwen- und Waisengeldbeiträgen Verpflichteten erhalten aus der Reichskasse Wittwen- und Waisengeld nach Maßgabe der nachfolgenden Bestimmungen.

§. 9. Das Wittwengeld besteht in dem dritten Theil derjenigen Pension, zu welcher der Verstorbene berechtigt gewesen ist oder berechtigt gewesen sein würde, wenn er am Todestage in den Ruhestand versetzt wäre.

Das Wittwengeld soll jedoch, vorbehaltlich der im §. 11 verordneten Beschränkung, mindestens einhundertundsechzig Mark betragen und eintausendundsechshundert Mark nicht übersteigen.

§. 10. Das Waisengeld beträgt:

1. für Kinder, deren Mutter lebt und zur Zeit des Todes des Beitragspflichtigen zum Bezuge von

Wittwengeld berechtigt war, ein Fünftel des Wittwengeldes für jedes Kind;

2. für Kinder, deren Mutter nicht mehr lebt oder zur Zeit des Todes des Beitragspflichtigen zum Bezuge von Wittwengeld nicht berechtigt war, ein Drittel des Wittwengeldes für jedes Kind.

Waisengeld wird für Kinder, welche in Militär-Erziehungsanstalten aufgenommen worden sind, nur zu demjenigen Betrage gezahlt, bis zu welchem für das betreffende Kind Pensionsgeld oder Erziehungsbeitrag an die Anstalt zu entrichten ist.

§. 11. Wittwen- und Waisengeld dürfen weder einzeln noch zusammen den Betrag der Pension übersteigen, zu welcher der Verstorbene berechtigt gewesen ist oder berechtigt gewesen sein würde, wenn er am Todestage in den Ruhestand versetzt wäre.

Bei Anwendung dieser Beschränkung werden das Wittwen- und das Waisengeld verhältnißmäßig gekürzt.

§. 12. Bei dem Ausscheiden eines Wittwen- oder Waisengeldberechtigten erhöht sich das Wittwen- oder Waisengeld der verbleibenden Berechtigten von dem nächstfolgenden Monat an insoweit, als sie sich noch nicht im vollen Genuß der ihnen nach den §§. 9 bis 11 gebührenden Beträge befinden.

§. 13. War die Wittwe mehr als fünfzehn Jahre jünger als der Verstorbene, so wird das nach Maßgabe der §§. 9 und 11 berechnete Wittwengeld für jedes angefangene Jahr des Altersunterschiedes über fünfzehn bis einschließlich fünfundzwanzig Jahre um ein Zwanzigstel gekürzt. Auf den nach §. 10 zu berechnenden Betrag des Waisengeldes sind diese Kürzungen des Wittwengeldes ohne Einfluß.

§. 14. Bei Berechnung des Wittwen- und Waisengeldes (§§. 9 bis 13) bleiben die in den §§. 13 und 72 des Militärpensionsgesetzes erwähnten Pensionserhöhungen (Verstümmelungszulagen) stets, die in den §§. 12, 52 und 71 ebenda erwähnten Pensionserhöhungen (Pensionszulagen) in denjenigen Fällen unberücksichtigt, in welchen die Hinterbliebenen die in den §§. 41, 42, 95 und 96 ebenda erwähnten Beihülfen (Bewilligungen) zu beanspruchen haben.

§. 15. Keinen Anspruch auf Wittwengeld hat die Wittwe, wenn die Ehe mit dem verstorbenen Beitragspflichtigen innerhalb dreier Monate vor seinem Ableben geschlossen und die Eheschließung zu dem Zweck erfolgt ist, um der Wittwe den Bezug des Wittwengeldes zu verschaffen.

Keinen Anspruch auf Wittwen- und Waisengeld haben die Wittwe und die hinterbliebenen Kinder eines pensionirten Beitragspflichtigen aus solcher Ehe, welche erst nach der Versetzung des Beitragspflichtigen in den Ruhestand geschlossen ist.

§. 16. Stirbt ein zur Entrichtung von Wittwen- und Waisengeldbeiträgen Verpflichteter, welchem, wenn er am Todestage in den Ruhestand versetzt wäre, auf Grund des §. 5 des Militärpensionsgesetzes vom 27. Juni 1871 beziehungsweise des §. 39 des Reichsbeamtengesetzes vom 31. März 1873 eine Pension hätte bewilligt werden können, so kann der Wittwe und den Waisen desselben Wittwen- und Waisengeld durch den Reichskanzler bewilligt werden.

Stirbt ein zur Entrichtung von Wittwen- und Waisengeldbeiträgen Verpflichteter, welchem nach §. 20 Absatz 3, §§. 24 und 25 des Militärpensionsgesetzes vom 27. Juni 1871 beziehungsweise §§. 50 und 52 des Reichsbeamtengesetzes vom 31. März 1873 im Falle seiner Versetzung in den Ruhestand die Anrechnung gewisser Zeiten auf die in Betracht kommende Dienstzeit hätte bewilligt werden können, so ist der Reichskanzler befugt, eine solche Anrechnung auch bei Festsetzung des Wittwen- und Waisengeldes zuzulassen.

§. 17. Die Zahlung des Wittwen- und Waisengeldes beginnt mit dem Ablauf des Gnadenmonats oder des Gnadenquartals.

§. 18. Das Wittwen- und Waisengeld wird monatlich im Voraus gezahlt. An wen die Zahlung gültig zu leisten ist, bestimmt die oberste Militärverwaltungsbehörde des Kontingents beziehungsweise der Chef der Kaiserlichen Admiralität, welche die Befugniß zu solcher Bestimmung auf andere Behörden übertragen können.

Nicht abgehobene Theilbeträge des Wittwen- und Waisengeldes verjähren binnen vier Jahren, vom Tage ihrer Fälligkeit an gerechnet, zum Vortheil der Reichskasse.

§. 19. Das Wittwen- und Waisengeld kann mit rechtlicher Wirkung weder abgetreten, noch verpfändet oder sonst übertragen werden.

§. 20. Das Recht auf den Bezug des Wittwen- und Waisengeldes erlischt:

1. für jeden Berechtigten mit dem Ablauf des Monats, in welchem er sich verheirathet oder stirbt;
2. für jede Waise außerdem mit dem Ablauf des Monats, in welchem sie das achtzehnte Lebensjahr vollendet.

§. 21. Das Recht auf den Bezug des Wittwen- und Waisengeldes ruht, wenn der Berechtigte das deutsche Indigenat verliert, bis zur etwaigen Wiedererlangung desselben.

§. 22. Mit den aus §. 16 sich ergebenden Maßgaben erfolgt die Bestimmung darüber, ob und welches Wittwen- und Waisengeld der Wittwe und den Waisen eines Beitragspflichtigen zusteht, durch die oberste Militärverwaltungsbehörde des Kontingents beziehungsweise den Chef der Kaiserlichen Admiralität, welche die Befugniß zu solcher Bestimmung auf die höhere Reichsbehörde übertragen können.

§. 23. Das den Hinterbliebenen eines Beitragspflichtigen zu bewilligende Wittwen- und Waisengeld darf nicht hinter demjenigen Betrage zurückbleiben, welcher denselben nach den bis zum Inkrafttreten dieses Gesetzes für sie geltenden Bestimmungen aus der Reichskasse hätte gewährt werden müssen, wenn der Beitragspflichtige vor diesem Zeitpunkte gestorben wäre.

§. 24. Die §§. 8 bis 23 finden auf die Angehörigen eines in Folge eines Feldzuges oder in Folge des Unterganges oder Verschollenseins eines Schiffes der Kaiserlichen Marine vermißten Beitragspflichtigen Anwendung, wenn nach dem Ermessen der obersten Militärverwaltungsbehörde des Kontingents beziehungsweise des Chefs der Kaiserlichen Admiralität das Ableben des Vermißten mit hoher Wahrscheinlichkeit anzunehmen ist.

§. 25. Offiziere, Aerzte und Beamte, welche nach den Bestimmungen dieses Gesetzes Wittwen- und Waisengeldbeiträge zu entrichten haben, sind nicht verpflichtet, einer Militär- oder Landesbeamten-Wittwenkasse oder der sonstigen Veranstaltung eines Bundesstaates zur Versorgung der Hinterbliebenen von Beamten beizutreten.

§. 26. Diejenigen nach den Bestimmungen dieses Gesetzes zur Entrichtung von Wittwen- und Waisengeldbeiträgen Verpflichteten, welche Mitglieder einer der im §. 25 bezeichneten Landesanstalten und derselben nicht erst nach der Verkündung dieses Gesetzes beigetreten sind, bleiben, wenn sie binnen drei Monaten nach dem Inkrafttreten dieses Gesetzes durch eine schriftliche Erklärung für ihre etwaigen künftigen Hinterbliebenen auf das in den §§. 8 ff. bestimmte Wittwen- und Waisengeld verzichten, von Entrichtung der im §. 4 bestimmten Wittwen- und Waisengeldbeiträge befreit. Anderenfalls sind sie berechtigt, aus der Landesanstalt auszuscheiden.

§. 27. Diejenigen nach den Bestimmungen dieses Gesetzes zur Entrichtung von Wittwen- und Waisengeldbeiträgen Verpflichteten, welche vor der Verkündung dieses Gesetzes auf ihren Todesfall ihren Ehefrauen oder Kindern eine Leibrente oder ein Kapital, oder ihren gesetzlichen Erben ein Kapital bei einer Privatversicherungsgesellschaft oder bei der Lebensversicherungsanstalt für die Armee und Marine versichert haben, können, falls diese Versicherung zur Zeit des Inkrafttretens dieses Gesetzes noch besteht und wenn sie binuen drei Monaten nach diesem Zeitpunkte durch eine schriftliche Erklärung für ihre etwaigen künftigen Hinterbliebenen auf das in den §§. 8 ff. bestimmte Wittwen- und Waisengeld verzichten, durch die oberste Militärverwaltungsbehörde des Kontingents beziehungsweise den Chef der Kaiserlichen Admiralität von Entrichtung der Wittwen- und Waisengeldbeiträge befreit werden.

Die näheren Voraussetzungen, unter denen eine solche Befreiung zulässig, sowie die Bedingungen, von welchen dieselbe abhängig zu machen ist, bestimmt der Reichskanzler.

§. 28. Die in den §§. 26 und 27 bestimmte dreimonatliche Frist kann für einzelne Offiziere, Aerzte und Beamte der Kaiserlichen Marine durch den Reichskanzler angemessen verlängert werden.

§. 29. Neue Mitglieder dürfen in die Militär-Wittwenkassen nicht mehr aufgenommen werden.

Eine Erhöhung der bei diesen Kassen von solchen Mitgliedern versicherten Pensionen, welche Wittwen- und Waisengeldbeiträge auf Grund dieses Gesetzes zu entrichten haben, ist unzulässig.

Ist nach den für eine Landesanstalt geltenden Normen die Höhe der Beitragspflicht, sowie der Wittwen- und

Waisenpensionen von Dienstzeit, Dienstrang oder Diensteinkommen abhängig, so werden, wenn nicht nach Maßgabe des §. 26 der Verpflichtete auf das Wittwen- und Waisengeld verzichtet hat, für die fernere Beitragspflicht zur Landesanstalt und Berechnung der von dieser zu leistenden Wittwen- und Waisenpensionen Dienstzeit, Dienstrang und Diensteinkommen nur insoweit in Ansatz gebracht, als sie bei dem Inkrafttreten des gegenwärtigen Gesetzes erreicht waren.

§. 30. Ueber Vermögensbestände der Militär-Wittwenkassen, welche sich nach Erfüllung der ihnen obliegenden Verpflichtungen ergeben, wird durch den Reichshaushalts-Etat Bestimmung getroffen, sofern und soweit nicht Ansprüche einzelner Bundesstaaten oder wohlerworbene Rechte Dritter dem entgegenstehen. Dasselbe findet statt hinsichtlich der Ueberschüsse solcher Kassen, welche sich vor Aufhebung derselben ergeben.

§. 31. 1. Unter den in den Ruhestand versetzten Offizieren und Aerzten sind im Sinne dieses Gesetzes nicht nur die mit Pension verabschiedeten, sondern auch die mit Pension zur Disposition gestellten Offiziere und Aerzte zu verstehen.

2. Auf die mit Pension verabschiedeten oder zur Disposition gestellten Offiziere und Aerzte, sowie auf die pensionirten Beamten finden im Falle ihrer Wiederanstellung im aktiven Dienst, wenn dieselbe nicht nur auf bestimmte Zeit oder für die Dauer des mobilen Verhältnisses erfolgt ist, die für aktive Offiziere, Aerzte und Beamte gegebenen Bestimmungen Anwendung.

§. 32. Die Bestimmungen dieses Gesetzes finden auf die Ingenieure des Soldatenstandes der Kaiserlichen Marine gleichfalls Anwendung.

Sie finden ferner hinsichtlich des Reichsheeres auf die Zeugfeldwebel, Zeugsergeanten, Wallmeister und Registratoren bei den Generalkommandos, hinsichtlich der Kaiserlichen Marine auf die Deckoffiziere, Zeugfeldwebel und Zeugobermaate Anwendung.

§. 33. Die Wittwen und die hinterbliebenen ehelichen oder durch nachgefolgte Ehe legitimirten Kinder eines in der Zeit vom 1. April 1882 bis zum Inkrafttreten dieses Gesetzes verstorbenen Angehörigen des Reichsheeres oder der Kaiserlichen Marine, welcher, wenn solches bereits mit dem 1. April 1882 verbindliche Kraft erlangt hätte, zur Zeit seines Todes zur Entrichtung von Wittwen- und Waisengeldbeiträgen verpflichtet gewesen wäre, erhalten vom Tage des Inkrafttretens dieses Gesetzes ab gleichfalls Wittwen- und Waisengeld aus der Reichskasse nach Maßgabe der §§. 9 ff.

Bei der Festsetzung wird, wenn der Ehegatte beziehungsweise Vater vor dem Inkrafttreten der Gesetze vom 21. April 1886, betreffend die Abänderung des Militärpensionsgesetzes vom 27. Juni 1871 (Reichs-Gesetzbl. S. 78) und betreffend die Abänderung des Reichsbeamtengesetzes ꝛc. (Reichs-Gesetzbl. S. 80), verstorben ist, unter Berücksichtigung des §. 14 die Pensionsgebühr nach den Bestimmungen dieser Gesetze zu Grunde gelegt, sofern der Ehegatte beziehungsweise Vater von den Wohlthaten der letzteren betroffen worden wäre, falls er deren Inkrafttreten erlebt hätte.

Von dem nach diesen Bestimmungen den Wittwen zustehenden Wittwengelde wird vorweg der Betrag derjenigen Leistungen in Abzug gebracht, welchen der verstorbene Ehegatte verpflichtet gewesen wäre zu tragen, wenn dieses Gesetz bereits mit dem 1. April 1882 in Kraft getreten sein würde.

§. 34. Ueber die auf Grund dieses Gesetzes erhobenen Rechtsansprüche auf Wittwen- und Waisengeld findet der Rechtsweg, und zwar, soweit nicht die Bestimmungen der der §§. 149 ff. des Reichsbeamtengesetzes vom 31. März 1873 Platz greifen, mit denselben Maßgaben statt, welche für die gerichtliche Geltendmachung von Pensionsansprüchen des beitragspflichtigen Ehemannes oder Vaters vorgeschrieben sind.

§. 35. Vorstehende Bestimmungen kommen in Bayern nach Maßgabe des Bündnißvertrages vom 23. November 1870 (Bundes-Gesetzbl. 1871 S. 9) zur Anwendung.

Insoweit in Bayern für einzelne Beamtenkategorien besondere von den reichsgesetzlichen Bestimmungen abweichende Pensionsnormen bestehen, bleibt landesrechtlicher Bestimmung vorbehalten, auch für diese Kategorien eine Bemessung des Wittwen- und Waisengeldes nach Maßgabe des den Grundsätzen des Reichsbeamtengesetzes entsprechenden Pensionsbetrages anzuordnen.

§. 36. Dieses Gesetz tritt mit dem 1. Juli 1887 in Kraft.

Urkundlich ꝛc.

Anlage F.

Gesetz, betreffend den Erlaß der Wittwen- und Waisengeldbeiträge von Angehörigen der Reichs-Civilverwaltung, des Reichsheeres und der Kaiserlichen Marine. Vom 5. März 1888.

(R.G.Bl. S. 65. Ausgegeben am 8. März 1888.)

Wir 2c.:

Artikel I.

Die Wittwen- und Waisengeldbeiträge, welche auf Grund des Gesetzes, betreffend die Fürsorge für die Wittwen und Waisen der Reichsbeamten der Civilverwaltung, vom 20. April 1881 (Reichs-Gesetzbl. S. 85), sowie des Gesetzes, betreffend die Fürsorge für die Wittwen und Waisen von Angehörigen des Reichsheeres und der Kaiserlichen Marine, vom 17. Juni 1887 (Reichs-Gesetzbl. S. 237) zu entrichten sind, werden, unbeschadet des an diese Verpflichtung geknüpften Anspruchs auf Wittwen- und Waisengeld, vom 1. April 1888 ab nicht erhoben.

Artikel II.

§. 1. Verzichte auf Wittwen- und Waisengeld, welche auf Grund der §§. 23, 24 des Gesetzes vom 20. April 1881 oder der §§. 26, 27 des Gesetzes vom 17. Juni 1887 erklärt sind, dürfen bis zum 30. Juni 1888 einschließlich widerrufen werden. Auf Rechtsnachfolger geht diese Befugniß nicht über.

Der Reichskanzler kann, soweit die dienstlichen Verhältnisse der Betheiligten es erfordern, die Frist angemessen verlängern.

§. 2. Der Widerrufende hat denjenigen Betrag an Wittwen- und Waisengeldbeiträgen zur Reichskasse nachzuentrichten, welcher ohne Erklärung des Verzichts von ihm hätte entrichtet werden müssen.

Die Tilgung dieser Schuld geschieht in Theilbeträgen von drei Prozent des Diensteinkommens, des Wartegeldes oder der Pension nach den für die Erhebung der Wittwen- und Waisengeldbeiträge bestehenden Vorschriften mit der Maßgabe, daß es dem Beitragspflichtigen jederzeit freisteht, den Rest seiner Schuld zur Reichskasse zu zahlen.

Der nach dem Tode des Beitragspflichtigen etwa noch ungedeckte Betrag wird von den zunächst fälligen Raten des Wittwen- und Waisengeldes vorweg in Abzug gebracht.

§. 3. Mitgliedern einer der im §. 22 des Gesetzes vom 20. April 1881 und im §. 25 des Gesetzes vom 17. Juni 1887 bezeichneten Landesanstalten, welche gemäß §. 1 den Verzicht widerrufen und gleichzeitig aus der Landesanstalt ausscheiden, sind die an die letztere seit der Verzichtleistung entrichteten Beiträge auf die nach §. 2 zu machenden Nachzahlungen anzurechnen.

§. 4. Gehört der Widerrufende einer Militär-Wittwenkasse als Mitglied an, so ist die Erhöhung der von ihm bei der letzteren versicherten Pension unzulässig und, soweit sie nach dem 30. Juni 1887 erfolgt ist, ohne Wirkung.

Ist nach den für eine Landesanstalt geltenden Normen die Höhe der Beitragspflicht, sowie der Wittwen- und Waisenpensionen von Dienstzeit, Dienstrang oder Diensteinkommen abhängig, so werden für die fernere Beitragspflicht des Widerrufenden zur Landesanstalt und Berechnung der von dieser zu leistenden Wittwen- und Waisenpensionen Dienstzeit, Dienstrang und Diensteinkommen nur insoweit in Ansatz gebracht, als sie am 1. Juli 1887 erreicht waren.

Artikel III.

Die Bestimmungen dieses Gesetzes kommen in Bayern nach Maßgabe des Bündnißvertrages vom 23. November 1870 (Bundes-Gesetzbl. 1871 S. 9) zur Anwendung.

Urkundlich ꝛc.

Anlage 6.

Gesetz, betreffend die Fürsorge für Beamte und Personen des Soldatenstandes in Folge von Betriebsunfällen. Vom 15. März 1886. (R.G.Bl. 1886 S. 53. Ausgegeben am 20. März 1886.)

Wir ꝛc.:

§ 1. Beamte der Reichs-Civilverwaltung, des Reichsheeres und der Kaiserlichen Marine und Personen des

Soldatenstandes, welche in reichsgesetzlich der Unfallversicherung unterliegenden Betrieben beschäftigt sind, erhalten, wenn sie in Folge eines im Dienste erlittenen Betriebsunfalls dauernd dienstunfähig werden, als Pension sechsundsechzigzweidrittel Prozent ihres jährlichen Diensteinkommens, soweit ihnen nicht nach anderweiter reichsgesetzlicher Vorschrift ein höherer Betrag zusteht.

Personen der vorbezeichneten Art erhalten, wenn sie in Folge eines im Dienste erlittenen Betriebsunfalls nicht dauernd dienstunfähig geworden, aber in ihrer Erwerbsfähigkeit beeinträchtigt worden sind, bei ihrer Entlassung aus dem Dienste als Pension:

1. im Falle völliger Erwerbsunfähigkeit für die Dauer derselben den im ersten Absatze bezeichneten Betrag;
2. im Falle theilweiser Erwerbsunfähigkeit für die Dauer derselben einen Bruchtheil der vorstehend bezeichneten Pension, welcher nach dem Maße der verbliebenen Erwerbsfähigkeit zu bemessen ist.

Steht solchen Personen nach anderweiter reichsgesetzlicher Vorschrift ein höherer Betrag zu, so erhalten sie diesen. Nach dem Wegfall des Diensteinkommens sind den Verletzten außerdem die noch erwachsenden Kosten des Heilverfahrens zu ersetzen.

§ 2. Die Hinterbliebenen solcher im §. 1. bezeichneten Personen, welche in Folge eines im Dienste erlittenen Betriebsunfalls gestorben sind, erhalten:

1. als Sterbegeld, sofern ihnen nicht nach anderweiter Bestimmung Anspruch auf Gnadenquartal oder Gnadenmonat zusteht, den Betrag des einmonatigen

Diensteinkommens beziehungsweise der einmonatigen Pension des Verstorbenen, jedoch mindestens 30 Mark;

2. eine Rente. Dieselbe beträgt
   a) für die Wittwe bis zu deren Tode oder Wiederverheirathung zwanzig Prozent des jährlichen Diensteinkommens des Verstorbenen, jedoch nicht unter 160 Mark und nicht mehr als 1600 Mark;
   b) für jedes Kind bis zur Vollendung des achtzehnten Lebensjahres oder bis zur etwaigen früheren Verheirathung, sofern die Mutter lebt, fünfundsiebzig Prozent der Wittwenrente, und sofern die Mutter nicht lebt, die volle Wittwenrente;
   c) für Ascendenten des Verstorbenen, wenn dieser ihr einziger Ernährer war, für die Zeit bis zu ihrem Tode oder bis zum Wegfall der Bedürftigkeit zwanzig Prozent des Diensteinkommens des Verstorbenen, jedoch nicht unter 160 Mark und nicht mehr als 1600 Mark; sind mehrere derartig Berechtigte vorhanden, so wird die Rente den Eltern vor den Großeltern gewährt.

Die Renten dürfen zusammen sechzig Prozent des Diensteinkommens nicht übersteigen. Ergiebt sich ein höherer Betrag, so haben die Ascendenten nur insoweit einen Anspruch, als durch die Renten der Wittwe und der Kinder der Höchstbetrag der Rente nicht erreicht wird. Soweit die Renten der Wittwe und Kinder den zulässigen Höchstbetrag überschreiten, werden die einzelnen Renten in gleichem Verhältnisse gekürzt.

Steht nach anderweiter reichsgesetzlicher Vorschrift den Hinterbliebenen ein höherer Betrag zu, so erhalten sie diesen.

Der Anspruch der Wittwe ist ausgeschlossen, wenn die Ehe erst nach dem Unfall geschlossen worden ist.

§ 3. Erreicht das Diensteinkommen nicht den von der höheren Verwaltungsbehörde nach Anhörung der Gemeindebehörde für Erwachsene festgesetzten ortsüblichen Tagelohn gewöhnlicher Tagearbeiter (§. 8 des Gesetzes, betreffend die Krankenversicherung der Arbeiter, vom 15. Juni 1883, Reichs-Gesetzbl. S. 73), so ist der letztere der Berechnung zu Grunde zu legen.

Bleibt bei den nicht mit Pensionsberechtigung angestellten Beamten (§. 1) die nach vorstehenden Bestimmungen der Berechnung zu Grunde zu legende Summe unter dem niedrigsten Diensteinkommen derjenigen Stellen, in welchen solche Beamte nach den bestehenden Grundsätzen zuerst mit Pensionsberechtigung angestellt werden können, so ist der letztere Betrag der Berechnung zu Grunde zu legen.

§ 4. Der Bezug der Pension beginnt mit dem Wegfall des Diensteinkommens, der Bezug der Wittwen- und Waisenrente mit dem Ablauf des Gnadenquartals oder Gnadenmonats, oder, soweit solche nicht gewährt werden, mit dem auf den Todestag des Verunglückten folgenden Tage.

Gehört der Verletzte auf Grund gesetzlicher oder statutarischer Verpflichtung einer Krankenkasse oder der Gemeinde-Krankenversicherung an, so wird bis zum Ablauf der dreizehnten Woche nach dem Eintritt des Unfalls die

Pension und der Ersatz der Kosten des Heilverfahrens um den Betrag der von der Krankenkasse oder der Gemeinde-Krankenversicherung geleisteten Krankenunterstützung gekürzt. Der Anspruch auf das Sterbegeld (§. 2 Abs. 1 Ziffer 1), und vom Beginne der vierzehnten Woche ab auch der Anspruch auf die Pension und auf den Ersatz der Kosten des Heilverfahrens (§ 1) geht bis zum Betrage des von der Krankenkasse gezahlten Sterbegeldes beziehungsweise bis zum Betrage der von dieser gewährten weiteren Krankenunterstützung auf die Krankenkasse über. Als Werth der freien ärztlichen Behandlung, der Arznei und der Heilmittel (§ 6 Abs. 1 Ziffer 1 des Krankenversicherungsgesetzes) gilt die Hälfte des gesetzlichen Mindestbetrages des Krankengeldes.

§ 5. Ein Anspruch auf die in den §§ 1 und 2 bezeichneten Bezüge besteht nicht, wenn der Verletzte den Unfall (§ 1) vorsätzlich oder durch ein Verschulden herbeigeführt hat, wegen dessen auf Dienstentlassung oder auf Verlust des Titels und Pensionsanspruchs gegen ihn erkannt oder wegen dessen ihm die Fähigkeit zur Beschäftigung in einem öffentlichen Dienstzweige aberkannt worden ist.

§ 6. Ansprüche auf Grund dieses Gesetzes sind, soweit deren Feststellung nicht von Amtswegen erfolgt, bei Vermeidung des Ausschlusses vor Ablauf von zwei Jahren nach dem Eintritt des Unfalls bei der dem Verletzten unmittelbar vorgesetzten Dienstbehörde anzumelden.

Nach Ablauf dieser Frist ist der Anmeldung nur dann Folge zu geben, wenn zugleich glaubhaft bescheinigt wird, daß die Folgen des Unfalls erst später bemerkbar geworden sind, oder daß der Berechtigte von der Verfolgung seines Anspruchs durch außerhalb seines Willens liegende Verhältnisse abgehalten worden ist.

Jeder Unfall, welcher von Amtswegen oder durch Anmeldung der Betheiligten einer vorgesetzten Dienstbehörde bekannt wird, ist sofort zu untersuchen. Den Betheiligten ist Gelegenheit zu geben, selbst oder durch Vertreter ihre Interessen bei der Untersuchung zu wahren.

§ 7. Soweit vorstehend nichts Anderes bestimmt ist, finden auf die nach § 1, und hinsichtlich der Berechnung des Diensteinkommens auch auf die nach § 2 zu gewährenden Bezüge die für die Betheiligten geltenden Bestimmungen über Pension, auf die nach § 2 zu gewährenden Renten im Uebrigen die Vorschriften über die Fürsorge für die Wittwen und Waisen der Reichsbeamten der Civilverwaltung, Anwendung. Jedoch erfolgt die Bestimmung über die Zahlung der Renten an Hinterbliebene einer zum Reichsheere gehörigen Person durch die oberste Militärverwaltungsbehörde des Kontingents.

§ 8. Die in den §§ 1 und 2 bezeichneten Personen können einen Anspruch auf Ersatz des durch den Unfall (§ 1) erlittenen Schadens gegen die Betriebsverwaltung, in deren Dienst sie den Unfall erlitten haben, überhaupt nicht, und gegen deren Betriebsleiter, Bevollmächtigte oder Repräsentanten, Betriebs- oder Arbeiteraufseher nur dann geltend machen, wenn durch strafgerichtliches Urtheil festgestellt worden ist, daß diese den Unfall vorsätzlich herbeigeführt haben.

Der hiernach zulässige Anspruch ermäßigt sich um denjenigen Betrag, welcher den Berechtigten nach dem gegenwärtigen Gesetze zusteht.

§ 9. Die in dem § 8 bezeichneten Ansprüche können, auch ohne daß die daselbst vorgesehene Feststellung durch strafgerichtliches Urtheil stattgefunden hat, geltend gemacht werden, falls diese Feststellung wegen des Todes oder der Abwesenheit des Betreffenden oder aus einem anderen in der Person desselben liegenden Grunde nicht erfolgen kann.

§ 10. Die dem Verletzten oder dessen Hinterbliebenen auf Grund des § 1 des Gesetzes, betreffend die Verbindlichkeit zum Schadenersatz für die bei dem Betriebe von Eisenbahnen, Bergwerken u. s. w. herbeigeführten Tödtungen und Körperverletzungen, vom 7. Juni 1871 (Reichs-Gesetzbl. S. 207) gegen Eisenbahn-Betriebsunternehmer zustehenden Ansprüche gehen auf die Betriebsverwaltung, welche dem Verletzten oder dessen Hinterbliebenen auf Grund des gegenwärtigen Gesetzes oder anderweiter reichsgesetzlicher Vorschrift (§§ 1 und 2) Pensionen, Kosten des Heilverfahrens, Renten oder Sterbegelder zu zahlen hat, in Höhe dieser Bezüge und vorbehaltlich der Bestimmungen des Artikels 8 des Gesetzes vom 20. Dezember 1875 (Reichs-Gesetzbl. S. 318) über.

Weitergehende Ansprüche als auf diese Bezüge stehen dem Verletzten und dessen Hinterbliebenen gegen das Reich und die Bundesstaaten nicht zu.

Die Haftung anderer, in dem § 8 nicht bezeichneten Personen, welche den Unfall vorsätzlich herbeigeführt oder durch Verschulden verursacht haben, bestimmt sich nach den bestehenden gesetzlichen Vorschriften. Jedoch geht die Forderung des Entschädigungsberechtigten an den Dritten auf die Betriebsverwaltung insoweit über, als sie zu den im Absatz 1 gedachten Zahlungen auf Grund dieses Gesetzes verpflichtet ist.

§ 11. Auf die in den §§ 1 und 2 bezeichneten Personen finden die reichsgesetzlichen Bestimmungen über Unfallversicherung keine Anwendung.

§ 12. Staats- und Kommunalbeamten und deren Hinterbliebenen, für welche durch die Landesgesetzgebung oder durch statutarische Festsetzung gegen die Folgen eines im Dienste erlittenen Betriebsunfalls eine den Vorschriften der §§ 1 bis 5 des gegenwärtigen Gesetzes mindestens gleichkommende Fürsorge getroffen ist, steht wegen eines solchen Unfalls ein reichsgesetzlicher Anspruch auf Ersatz des durch denselben erlittenen Schadens nur nach Maßgabe der §§ 8 bis 10 des gegenwärtigen Gesetzes zu. Auf solche Staats- und Kommunalbeamten und deren Hinterbliebene finden die reichsgesetzlichen Bestimmungen über Unfallversicherung keine Anwendung.

§ 13. Dies Gesetz tritt mit dem Tage der Verkündung in Kraft. Dasselbe kommt in Bayern nach näherer Bestimmung des Bündnißvertrages vom 23. November 1870 (Bundes-Gesetzbl. 1871 S. 9) unter III § 5 zur Anwendung.

Urkundlich 2c.

Anlage H.

Verordnung über den Urlaub der Reichsbeamten und deren Stellvertretung. Vom 2. November 1874.
(R.G.Bl. S. 129. Ausgegeben am 9. November 1874.)

Wir rc.:

§ 1. Anträge der Reichsbeamten auf Bewilligung von Urlaub sind unter Angabe der Veranlassung und des Zwecks der unmittelbar vorgesetzten Behörde oder dem unmittelbar vorgesetzten Beamten einzureichen.

§ 2. Der Reichskanzler bestimmt die Stellen, welche zur Ertheilung von Urlaub berechtigt sind, sowie die Zeiträume, für welche von denselben Urlaub gewährt werden darf.

§ 3. Wird ein Urlaub zur Wiederherstellung der Gesundheit nachgesucht, so ist dem Antrage eine ärztliche Bescheinigung beizufügen.

Die Stelle, welcher die Entscheidung über den Antrag zusteht, ist berechtigt, die Beibringung einer solchen Bescheinigung ausnahmsweise zu erlassen.

§ 4. Der beurlaubte Beamte hat dafür zu sorgen, daß ihm während der Abwesenheit von seinem Wohnort Verfügungen der vorgesetzten Behörden zugestellt werden können.

§ 5. Für die Vertretung eines beurlaubten Beamten ist zunächst von der Stelle Sorge zu tragen, welche den Urlaub ertheilt.

Dieselbe setzt zugleich fest, inwieweit die dem Beurlaubten zur Bestreitung von Dienstaufwandskosten bewilligten Bezüge dem Vertreter zu überweisen sind.

§ 6. Zur Deckung von Stellvertretungskosten findet, sofern diese nicht nach § 14 des Gesetzes vom 31. März 1873 der Reichskasse zur Last fallen, bei einem Urlaub von mehr als 1½ bis zu 6 Monaten für den anderthalb Monate übersteigenden Zeitraum ein Abzug von dem Diensteinkommen des Beurlaubten im Betrage der Hälfte desselben statt; bei fernerem Urlaub wird das ganze Diensteinkommen einbehalten.

Eine Abweichung hiervon bedarf der Genehmigung der obersten Reichsbehörde.

Bei Berechnung der Abzüge für Theile von Monaten werden die letzteren stets zu 30 Tagen angenommen.

§ 7. Die Urlaubsbewilligung kann jederzeit zurückgenommen werden, wenn das dienstliche Interesse es erheischt.

Für Militär- und Marinebeamten erlischt jede Urlaubsbewilligung, wenn die Kriegsbereitschaft oder die Mobilmachung der bewaffneten Macht oder einer Abtheilung derselben angeordnet wird, mit der Bekanntmachung dieser Anordnung.

§ 8. Durch diese Verordnung werden nicht berührt:

1) die §§ 48—61 des Reglements über die Servis-

kompetenz der Truppen im Frieden vom 20. Februar 1868,

2) der § 6 der allgemeinen Dienstinstruktion für die Konsuln vom 6. Juni 1871,[1])

3) die §§ 2 und 3 des Regulativs zur Ordnung des Geschäftsganges bei dem Bundesamt für das Heimathwesen vom 6. Januar 1873,[2])

4) die auf das Marine-Zahlmeister-Personal bezüglichen Bestimmungen der Beilage 3 zu dem Reglement über die Geldverpflegung der Marinetheile und in Dienst gestellten Schiffe im Frieden vom 9. Dezember 1873,

5) der § 8 des Regulativs für die Geschäftsordnung bei den Disziplinarbehörden vom 12. Dezember 1873,[3])

6) die §§ 30 und 31 des Regulativs für den Geschäftsgang bei dem Reichs-Oberhandelsgericht vom 9. Juli 1874.[4])

1) Dieser § 6 gilt nur noch für Wahlkonsuln (vergl. § 14 des R.B.G. A. 2).

2) R.C.Bl. S. 4.

3) Jetzt § 8 der Anl. N.

4) Jetzt § 27 der Geschäftsordnung des Reichsgerichts v. 8. April 1880 (Centralbl. S. 190).

Urkundlich 2c.

Anlage J.

Gesetz, betreffend die Stellvertretung des Reichskanzlers. Vom 17. März 1878. (R.G.Bl. S. 7. Ausgegeben am 21. März 1878.)

Wir 2c.:

§ 1. Die zur Gültigkeit der Anordnungen und Verfügungen des Kaisers erforderliche Gegenzeichnung des Reichskanzlers,[1]) sowie die sonstigen demselben durch die Verfassung und die Gesetze des Reichs übertragenen Obliegenheiten können nach Maßgabe der folgenden Bestimmungen durch Stellvertreter wahrgenommen werden, welche der Kaiser auf Antrag des Reichskanzlers in Fällen der Behinderung desselben ernennt.[2])

1) Vergl. Art. 17 der R.V.

2) Auch der § 26 des Bank-G. v. 14. März 1875 (R.G.Bl. S. 177) bestimmt, daß in Behinderungsfällen des Reichskanzlers die Leitung der Bank durch einen vom Kaiser ernannten Stellvertreter wahrgenommen wird.

§ 2. Es kann ein Stellvertreter allgemein für den gesammten Umfang der Geschäfte und Obliegenheiten des Reichskanzlers ernannt werden.[1]) Auch können für diejenigen einzelnen Amtszweige, welche sich in der eigenen und unmittelbaren Verwaltung des Reichs befinden, die Vorstände[2]) der dem Reichskanzler untergeordneten obersten Reichsbehörden mit der Stellvertretung desselben im ganzen Umfang oder in einzelnen Theilen ihres Geschäftskreises beauftragt werden.[2])

1) Gegenwärtig ist der allgemeine Stellvertreter des Reichskanzlers der Staatssekretär des Reichsamts des Innern, Staatsminister von Bötticher.

2) Die Befugniß zur Vertretung ist alsdann an die Person des ernannten Vertreters gebunden, der dieselbe nicht auf seine Ressortvertreter weiter delegiren darf (vergl. Laband I § 40 S. 358 Nr. 3b).

§ 3. Dem Reichskanzler ist vorbehalten, jede Amtshandlung auch während der Dauer einer Stellvertretung selbst vorzunehmen.

§ 4. Die Bestimmung des Artikel 15 der Reichsverfassung wird durch dieses Gesetz nicht berührt.[1])

1) Der Art. 15 bestimmt, daß sich der Reichskanzler im Vorsitze im Bundesrath und in der Leitung der Geschäfte durch jedes andere Mitglied des Bundesrathes vermöge schriftlicher Substitution vertreten lassen kann.

In Nr. IX des Schlußprotokolls zu dem Vertrage v. 23. Novbr. 1870, betr. den Beitritt Bayerns zur Verfassung des Deutschen Bundes (B.G.Bl. S. 23) ist das Recht der Bayerischen Regierung anerkannt, daß ihr Vertreter im Falle der Verhinderung Preußens den Vorsitz im Bundesrathe führe.

Urkundlich 2c.

Anlage K.

Gesetz, betreffend die Bewilligung von Wohnungsgeldzuschüssen an die Offiziere und Aerzte des Reichsheeres und der Kaiserlichen Marine, sowie an die Reichsbeamten. Vom 30. Juni 1873.

(R.G.Bl. S. 166. Ausgegeben am 3. Juli 1873.)

§ 1. Die Offiziere und Aerzte des Reichsheeres und der Kaiserlichen Marine, sowie die Civil- und Militärbeamten des Reichs erhalten, wenn sie ihren dienstlichen[1]) Wohnsitz in Deutschland[2]) haben, eine etatsmäßige[3]) Stelle bekleiden und eine Besoldung aus der Reichskasse[4]) beziehen, vom 1. Januar 1873 ab einen Wohnungsgeldzuschuß nach Maßgabe des diesem Gesetze beigefügten Tarifes.

1) Vergl. § 19 des R.B.G. A. 6.

2) Vergl. § 42 des R.B.G. A. 5b.

3) Vergl. § 7 des R.B.G. A. 1. Bei nicht etatsmäßig angestellten Beamten kann durch entsprechende Bemessung der Tagegelder den verschiedenen Wohnungswerthverhältnissen Rechnung getragen werden.

4) Deßhalb sind ausgeschlossen die Beamten der Reichsbank, welche ihre Besoldung aus der Reichsbankkasse beziehen (§ 28 des Bank-G.), doch kommt bei Bemessung ihrer Pensionen § 8 dieses G. ebenfalls zur entsprechenden Anwendung (§ 1 der Verord. v. 23./12. 75 [R.G.Bl. S. 380]).

§ 2. Welche Reichsbeamten den im Tarif unter I. 2, II. 2, III. 2, V. und VI. bezeichneten Kategorien beizuzählen sind, wird in den Jahren 1873 und 1874 durch Kaiserliche Verordnung, von da ab durch den Reichshaushalts-Etat[1]) bestimmt. Für den zu gewährenden Wohnungsgeldzuschuß ist der mit der Amtsstellung verbundene Dienstrang, nicht der einem Beamten etwa persönlich beigelegte höhere Rang maßgebend.

1) Durch jedesmalige Beifügung der Tarifklasse I 2, II 2 u. s. w bei den Beamtenbesoldungen.

§ 3. Für die Eintheilung der Orte in Servisklassen, auf welche der Tarif Bezug nimmt, ist bis zu anderweiter gesetzlicher Regelung die am 1. Juli d. J. bestehende Eintheilung der Orte, nach welcher die Serviskompetenzen der Militärpersonen bemessen werden, maßgebend. Bei Veränderungen[1]) in der Klasseneintheilung kommt von dem auf die Publikation derselben folgenden Kalenderquartale ab der danach sich ergebende anderweite Tarifsatz des Wohnungsgeldzuschusses in Anwendung.

1) Vergl. G. v. 28./5. 87. (R.G.Bl. S. 159) und Verord. v. 28./3. 92 (R.G.Bl. S. 340).

§ 4. Bei einer Versetzung erlischt der Anspruch auf den, dem bisherigen dienstlichen Wohnort entsprechenden Satz des Wohnungsgeldzuschusses mit dem Zeitpunkt, mit welchem der Bezug des Gehalts der bisherigen Dienststelle aufhört.

Hat die Versetzung an einen Ort, welcher zu einer niedrigeren Servisklasse gehört, eine Verminderung des

Wohnungsgeldzuschusses zur Folge, so wird hierdurch ein Entschädigungsanspruch nicht begründet.[1])

1) Vergl. § 23 des R.B.G. A. 10.

§ 5. Offiziere, Aerzte oder Beamte, welche mehr als eine Stelle bekleiden, erhalten den Wohnungsgeldzuschuß nur einmal, und zwar für diejenige Stelle, welche auf den höchsten Satz Anspruch giebt.[1])

1) Weil die Verwaltung einer Nebenstelle auf das Wohnungsverhältniß des Beamten ohne Einfluß ist (Motive Drucks. 73 Nr. 125 S. 11).

§ 6. Wird eine Besoldung theils aus Reichsmitteln, theils aus Staatsmitteln bestritten, so erhält der Empfänger von dem tarifmäßigen Wohnungsgeldzuschusse seiner Stelle (§ 1) nur eine dem auf die Reichskasse übernommenen Besoldungstheile entsprechende Quote.

§ 7. Offizieren, Aerzten und Beamten, welche eine Dienstwohnung innehaben oder anstatt derselben eine ihnen besonders bewilligte Miethsentschädigung beziehen, wird der Wohnungsgeldzuschuß nicht gewährt. Hat der Inhaber einer Dienstwohnung eine Miethsvergütung zu entrichten, so wird die letztere vom 1. Januar 1873 ab insoweit erlassen, als sie den Betrag des Wohnungsgeldzuschusses nicht übersteigt.[1])

1) Vergl. § 42 des R.B.G. A. 5.

§ 8. Bei Feststellung der Umzugskosten-Vergütungen bleibt der Wohnungsgeldzuschuß außer Ansatz.[1]) Bei Bemessung der Pension wird der Durchschnittssatz des Wohnungsgeldzuschusses für die Servisklassen I bis V[2]) in Anrechnung gebracht. Dieser Satz gilt auch für diejenigen Offiziere, Aerzte und Beamten, welche eine Dienstwohnung innehaben, oder eine Miethsentschädigung (§ 7) beziehen. In allen anderen Beziehungen gilt der Wohnungsgeldzuschuß mit der im § 4 bestimmten Maßgabe als Bestandtheil der Besoldung.

1) Diese Eingangsbestimmung ist seit der Verord. v. 19./11. 79 (R.G.Bl. S. 313) gegenstandslos geworden. Früher bestimmte § 10 Abs. 2 der Verord. v. 21./6. 75 (R.G.Bl. S. 249), daß von einer Umzugskostenvergütung in allen Fällen die Hälfte der jährlichen Einkommensverbesserung abgehen sollte, welche dem Beamten in Folge der Versetzung zu Theil würde. Als eine solche Verbesserung durfte aber gemäß der lex specialis des vorliegenden § 8 eine mit dem Wohnungswechsel verbundene Erhöhung des Wohnungsgeldzuschusses nicht angesehen werden, weil damit lediglich die Mehrausgaben gedeckt werden sollen, welche der Wechsel des Domizils mit sich führt (vergl. Motive Drucks. 73 Nr 125 S. 12). Die Verord v. 19./11. 79 hat die frühere Best. der Verord. v. 21./6. 75 allgemein aufgehoben (vergl. Anl. L § 10 A. 1 S. 456 oben).

2) Klasse A (Berlin) bleibt also immer aus der Berechnung ausgeschlossen.

§ 9. Auf die Beamten der Reichs-Eisenbahnverwaltung findet dieses Gesetz keine Anwendung.[1])

1) Vergl. § 42 des R.B.G. A. 5 c.

Urkundlich ꝛc.

Tarif.

Bezeichnung der Chargen der Offiziere und Aerzte des Reichsheeres und der Kaiserlichen Marine, sowie der Kategorien der Reichsbeamten.	Jahresbetrag des Wohnungsgeldzuschusses in den Orten der Servisklasse:					
	Berlin.	I.	II.	III.	IV.	V.
	Thlr.	Thlr.	Thlr	Thlr.	Thlr.	Thlr.
I. 1. Divisions-Kommandeure, Brigade-Kommandeure und Offiziere in Dienststellungen dieses Ranges, Marinestations-Chefs und Admirale, sowie der General-Stabsarzt der Armee; 2. Direktoren der obersten Reichsbehörden.	500	400	300	240	200	200
II. 1. Stabsoffiziere mit Regiments-Kommandeur-Rang, Kapitäne zur See, Generalärzte; 2. Vortragende Räthe der obersten Reichsbehörden ꝛc.	400	300	240	200	180	180
III. 1. Stabsoffiziere, Korvetten-Kapitäne, Hauptleute (Rittmeister), Kapitän-Lieutenants, Ober-Stabsärzte, Stabsärzte; 2. Mitglieder der übrigen Reichsbehörden ꝛc.	300	220	180	160	140	120
IV. Lieutenants und Assistenzärzte .	140	90	80	75	72	72
V. Subalternbeamte	180	144	120	100	72	60
VI. Unterbeamte	80	60	48	36	24	20

Anlage L.

Verordnung, betreffend die Tagegelder, die Fuhrkosten und die Umzugskosten der Reichsbeamten. Vom 21. Juni 1875. (R.G.Bl. S. 249.)

Die Verordnung ist hier in der Fassung abgedruckt, in welcher sie zufolge der Bestimmungen in den Art. 1, 2, 3 der Verord. v. 19. Novbr. 1879 (R.G.Bl. S. 313) gilt.

Wir ꝛc.:

§ 1. Die Reichsbeamten erhalten bei Dienstreisen Tagegelder nach den folgenden Sätzen:

I.	die Chefs der obersten Reichsbehörden	30	Mark,
II.	die Direktoren der obersten Reichsbehörden	24	=
III.	die vortragenden Räthe der obersten Reichsbehörden	18	=
IV.	die Mitglieder der übrigen Reichsbehörden	12	=
V.	die Sekretäre der höheren Reichsbehörden	9	=
VI.	die Subalternen der übrigen Reichsbehörden	6	=
VII.	die Unterbeamten	3	=

§ 2. Erfordert eine Dienstreise einen außergewöhnlichen Kostenaufwand, so kann der Tagegeldersatz (§. 1) von der obersten Reichsbehörde angemessen erhöht werden.

§ 3.[1]) Etatsmäßig angestellte Reichsbeamte, welche außerhalb ihres Wohnorts an einem und demselben Orte länger als einen Monat beschäftigt werden, erhalten neben ihrer Besoldung für den ersten Monat die im §. 1 festgesetzten Tagegelder. Für die folgende Zeit einer solchen Beschäftigung etatsmäßig angestellter Beamten, sowie in dem Falle, wenn nicht etatsmäßig angestellte Reichsbeamte außerhalb ihres Wohnorts verwendet werden, bestimmt die vorgesetzte Behörde die zu gewährenden Tagegelder.

Für die Dauer der Hin- und Rückreise haben die Beamten in jedem Falle auf die im §. 1 festgesetzten Tagegelder Anspruch.

1) Die Fassung des § 3 beruht auf Art. 1 der Verord. v. 19. Novbr. 1879 (vgl. Anm. zur Ueberschrift).

§ 4. An Fuhrkosten, einschließlich der Kosten der Gepäckbeförderung erhalten:

I. bei Dienstreisen, welche auf Eisenbahnen oder Dampfschiffen gemacht werden können:

1. die im §. 1 unter I. bis V. bezeichneten und die ihnen nach §. 19 gleichgestellten Beamten für das Kilometer 13 Pf. und für jeden Zu- und Abgang 3 Mark.

   Hat einer der im §. 1 unter I. bis IV. bezeichneten Beamten einen Diener auf die Reise mitgenommen, so kann er für denselben 7 Pf. für das Kilometer beanspruchen,

2. die im §. 1 unter VI. bezeichneten und die ihnen nach §. 19 gleichgestellten Beamten für das Kilometer 10 Pf. und für jeden Zu- und Abgang 2 Mark,

3. die Unterbeamten für das Kilometer 7 Pf. und für jeden Zu- und Abgang 1 Mark;

II. bei Dienstreisen, welche nicht auf Dampfschiffen oder Eisenbahnen zurückgelegt werden können:

1. die im §. 1 unter I. bis IV. bezeichneten und die ihnen nach §. 19 gleichgestellten Beamten 60 Pf.,
2. die im §. 1 unter V. und VI. bezeichneten und die ihnen nach §. 19 gleichgestellten Beamten 40 Pf.,
3. die Unterbeamten 30 Pf.

für das Kilometer der nächsten fahrbaren Straßenverbindung.

Haben erweislich höhere Fuhrkosten als die unter I. und II. festgesetzten aufgewendet werden müssen, so werden diese erstattet.

§ 5. Die Fuhrkosten werden für die Hin- und Rückreise besonders berechnet. Hat jedoch ein Beamter Dienstgeschäfte an verschiedenen Orten unmittelbar nach einander ausgerichtet, so ist der von Ort zu Ort wirklich zurückgelegte Weg ungetheilt der Berechnung der Fuhrkosten zu Grunde zu legen.

§ 5a.[1]) Für Wegestrecken oder Umwege, welche lediglich zum Zwecke der Uebernachtung nach anderen Orten als dem Orte des Dienstgeschäfts gemacht werden müssen, sind an Stelle der vorstehenden Vergütungssätze in den Grenzen derselben die etwa verauslagten Fuhrkosten zu erstatten.

1) § 5a ist durch Art. 2 der Verord. v. 19. Novbr. 1879 eingeschaltet (vgl. Anm. zur Ueberschrift).

§ 6. Für Geschäfte am Wohnort des Beamten werden weder Tagegelder noch Fuhrkosten gezahlt; dasselbe gilt von Geschäften außerhalb des Wohnorts in geringerer Entfernung als 2 Kilometer von demselben. War der Beamte durch außergewöhnliche Umstände genöthigt, sich eines Fuhrwerks zu bedienen, oder waren sonstige nothwendige Unkosten, wie Brücken- oder Fährgeld, aufzuwenden, so sind die Auslagen zu erstatten.

Für einzelne Ortschaften kann durch den Reichskanzler bestimmt werden, daß den Beamten bei den außerhalb des Dienstgebäudes vorzunehmenden Geschäften die verauslagten Fuhrkosten zu erstatten sind.

§ 7. Bei Berechnung der Entfernungen wird jedes angefangene Kilometer für ein volles Kilometer gerechnet.

§ 8. Beamte, welche zum Zweck von Reisen innerhalb ihres Amtsbezirks neben oder in ihrem Einkommen eine Pauschsumme für Tagegelder oder Fuhrkosten oder Unterhaltung von Fuhrwerk oder Pferden beziehen, erhalten Tagegelder oder Fuhrkosten nach Maßgabe dieser Verordnung nur dann, wenn sie Dienstgeschäfte außerhalb ihres Amtsbezirks ausgeführt haben.

§ 9. Für Dienstreisen von Beamten, welche sich im Vorbereitungsdienst befinden, werden Tagegelder und Fuhrkosten dann nicht gewährt, wenn die Reisen lediglich zum Zweck der Ausbildung dieser Beamten erfolgen. Ob letzteres der Fall ist, entscheidet die Behörde, von welcher der Auftrag zur Reise ertheilt wird.

§ 10.[1]) Die etatsmäßig angestellten Reichsbeamten erhalten bei Versetzungen Vergütung für Umzugskosten nach folgenden Sätzen:

		auf allgemeine Kosten:	auf Transportkosten für je 10 Kilometer:
I.	die Direktoren der obersten Reichsbehörden	1800 Mark,	24 Mark,
II.	die vortragenden Räthe der obersten Reichsbehörden	1000 „	20 „
III.	die Mitglieder der höheren Reichsbehörden	500 „	10 „
IV.	die Mitglieder der übrigen Reichsbehörden	300 „	8 „
V.	die Sekretäre der höheren Reichsbehörden .	240 „	7 „
VI.	die Subalternen der übrigen Reichsbehörden	180 „	6 „
VII.	die Unterbeamten . .	100 „	4 „

Außerdem ist der Miethszins zu vergüten, welchen der versetzte Beamte für die Wohnung an seinem bisherigen Aufenthaltsorte auf die Zeit von dem Verlassen des letzteren bis zu dem Zeitpunkt hat aufwenden müssen, mit welchem die Auflösung des Miethsverhältnisses möglich wurde.

Diese Vergütung darf jedoch längstens für einen neunmonatlichen Zeitraum gewährt werden. Hat der Beamte im eigenen Hause gewohnt, so kann demselben eine Entschädigung höchstens bis zum halbjährigen Betrage des ortsüblichen Miethswerthes der von ihm benutzten Wohnung gewährt werden.

1) Die Fassung des § 10 beruht auf Art. 1 der Verord. v. 19. Novbr. 1879 (vgl. Anm. zur Ueberschrift).

§ 11.[1]) Eine Vergütung für Umzugskosten findet nicht statt, wenn die Versetzung lediglich auf den Antrag des Beamten erfolgt.

1) § 11 ist aufgehoben durch Art. 3 der Verord. v. 19. Novbr. 1879 (vgl. Anm. zur Ueberschrift).

§ 12. Beamte ohne Familie erhalten nur die Hälfte der nach § 10 I. bis VII. festzusetzenden Vergütung.

§ 13. Bei Berechnung der Vergütung ist die Entfernung zwischen den Orten, von welchen und nach welchen die Versetzung stattfindet, nach der kürzesten fahrbaren Straßenverbindung zum Grunde zu legen und rücksichtlich der Kilometerzahl, wenn solche nicht durch zehn theilbar ist, die überschießende, 10 Kilometer nicht erreichende Strecke als eine Entfernung von 10 Kilometer zu rechnen.

§ 14. Von den Vergütungssätzen ist derjenige in Anwendung zu bringen, welchen die Stellung bedingt, aus welcher — nicht in welche — der Beamte versetzt wird.

§ 15. Die zum Bezuge einer Vergütung für Umzugskosten berechtigten Beamten erhalten außer dieser Vergütung für ihre Person Tagegelder und Fuhrkosten nach Maßgabe der gegenwärtigen Verordnung.

§ 16. Die nicht etatsmäßig angestellten Reichsbeamten erhalten bei Versetzungen nur persönliche Fuhrkosten und Tagegelder nach Maßgabe dieser Verordnung.

§ 17. Hat ein in den Ruhestand oder in den einstweiligen Ruhestand versetzter Beamter seinen dienstlichen Wohnsitz im Auslande, so sind demselben die Kosten des Umzugs nach dem innerhalb des Reichs von ihm gewählten Wohnorte nach Maßgabe der §§ 10, 12 bis 15 zu gewähren.

§ 17a.[1]) Die einstweilig in den Ruhestand versetzten Reichsbeamten erhalten bei Wiederanstellung im Reichsdienste Vergütung für Umzugskosten nach den Bestimmungen der §§ 10, 12 bis 15. Der Berechnung ist die Entfernung zwischen dem bisherigen Wohnorte und dem neuen Amtssitze zu Grunde zu legen.

1) § 17a ist durch Art. 2 der Verordn. v. 19. Novbr. 1879 eingeschaltet (vgl. Anm. zur Ueberschrift).

§ 18.[1]) Personen, welche, ohne vorher im Reichsdienst gestanden zu haben, in denselben übernommen werden, kann eine durch die oberste Reichsbehörde festzusetzende Vergütung für die Dienstantrittsreise und im Fall der dauernden Uebernahme eine in gleicher Weise festzusetzende Vergütung für Umzugskosten gewährt werden. Diese Vergütungen sollen nur ausnahmsweise bewilligt werden und dürfen die Sätze nicht übersteigen, welche die Stellung bedingt, in welche der Beamte berufen wird.

1) Die Fassung des § 18 beruht auf Art. 1 der Verord. v. 19. Novbr. 1879 (vgl. Anm. zur Ueberschrift).

§ 19. Der Reichskanzler bestimmt, welche Beamten im Sinne dieser Verordnung zu den im § 1 unter I. bis VII. und im § 10 unter I. bis VII. genannten Beamtenklassen gehören oder denselben gleichzustellen sind.

§ 20. Gegenwärtige Verordnung tritt mit dem 15. Juli d. J. in Kraft.

Urkundlich ꝛc.

Anlage M.

Verfügung des Staatssecretairs des Reichs-Postamts, betreffend die Berechnung der Reise- und Umzugskosten der Reichsbeamten. Vom 21. Dezember 1881. (Amtsbl. des Reichs-Postamts S. 390.)

Zwischen den obersten Reichsbehörden, denen das Königlich Preußische Kriegsministerium für die Preußische Heeresverwaltung sich angeschlossen hat, und dem Rechnungshofe des Deutschen Reichs sind Grundsätze vereinbart worden, nach welchen bei Berechnung der Reise- und Umzugskosten der Reichsbeamten fortan allgemein zu verfahren ist. Die Zusammenstellung dieser Grundsätze wird nachstehend mitgetheilt.

A. Bewegt sich die Dienstreise eines Beamten, welchem für die Zeit seines Aufenthalts im Auslande höhere Tagegelder, als für das Inland bewilligt sind, an einem Tage innerhalb und außerhalb des Reichsgebiets, so wird für den Tag des Uebergangs in das Ausland der höhere, für den Tag der Rückkehr in das Inland der niedrigere Tagegeldersatz gewährt.

B. 1. Bei Geschäften außerhalb des Wohnorts, der Garnison ꝛc. (§ 6 der Verordn. v. 21. Juni 1875 — R.G.Bl. S. 249 —, § 7 der Verordn. v. 28. April 1879 — R.G.Bl. S. 127 —, §§ 3 bis 5 der Verordn.

v. 20. Mai 1880 — R.G.Bl. S. 118 —) wird die dienstlich zurückgelegte Wegestrecke von der Ortsgrenze ab berechnet.

2. Als Endpunkt der dienstlich zurückgelegten Wegestrecke gilt die Mitte des Bestimmungsortes oder, falls die Dienstreise mittels Eisenbahn oder Dampfschiffs gemacht werden kann, der betreffende Bahnhof oder Anlegeplatz, vorbehaltlich der Bestimmung zu D. Handelt es sich um die Erledigung eines Dienstgeschäftes an einer bestimmten Stelle außerhalb eines Ortes, so ist diese Stelle als Endpunkt der Dienstreise anzunehmen.

3. Als Ort gilt der hauptsächlich von Gebäuden oder eingefriedigten Grundstücken eingenommene Theil eines Gemeindebezirks, so daß die Ortsgrenze ohne Rücksicht auf vereinzelte Ausbauten oder Anlagen durch die Außenlinie jenes Bezirkstheiles gebildet wird.

Besteht ein Gemeindebezirk (Garnisonverband) aus mehreren Ortschaften, so ist als Ort im Sinne dieser Bestimmung nicht die einzelne Ortschaft, sondern der Gemeindebezirk (Garnisonverband) anzusehen.

4. Für die Feststellung der Entfernungen sind die Angaben des Kursbuches der Reichs-Postverwaltung, eventuell der amtlichen Postkarten, maßgebend. Fehlen solche Angaben, oder handelt es sich um die Entscheidung der Frage, ob ein Beamter die für den Anspruch auf Vergütung von Reisekosten maßgebende Entfernung von der Grenze seines Wohnorts rc. hat zurücklegen müssen, so sind zur Feststellung der Entfernungen Be-

scheinigungen sachkundiger Behörden und bezüglich der im Auslande gemachten Dienstreisen Bescheinigungen der Kaiserlichen Gesandtschaften oder Konsulate beizubringen.

C. 1. Bei Dienstreisen, welche mittels Eisenbahn oder Dampfschiffs gemacht werden können, kommt die Gebühr für Zu- und Abgang in der Regel nur einmal zum Ansatz.

2. Ein mehrfacher Ansatz dieser Gebühr findet statt:

a) wenn an Zwischenorten übernachtet werden muß;

b) wenn die Eisenbahn oder das Dampfschiff an Zwischenorten Dienstgeschäfte halber verlassen werden muß;

c) wenn an einem Zwischenorte ein Bahnhof oder Anlegeplatz verlassen und die Reise von einem anderen Bahnhof oder Anlegeplatz aus, welcher mit dem ersteren nicht in unmittelbarem Zusammenhange steht, fortgesetzt werden muß, sofern der Uebergang von dem einen zum anderen Bahnhofe nicht mittels durchgehender oder unmittelbar anschließender Züge über eine Verbindungsbahn erfolgt. Der mehrfache Ansatz der Gebühr ist ausgeschlossen, wenn an einem Zwischenorte ein Uebergang von einer Bahn auf die andere oder von einem Dampfschiff auf das andere stattfindet, ohne daß dazu der Bahnhof oder Anlegeplatz zu verlassen ist. Die mit Uebergängen der letzteren Art etwa verbundenen Kosten werden ausschließlich den mit Freikarten reisenden Beamten der Eisenbahnverwaltungen auf Grund spezieller Angaben erstattet, deren Belegung nicht erforderlich ist.

Eine alphabetisch geordnete Nachweisung derjenigen Orte Deutschlands, an welchen mehrere räumlich von einander getrennte Personen-Bahnhöfe oder Anlegeplätze von Dampfschiffen sich befinden, wird unter Angabe der zwischen den einzelnen Bahnhöfen vorhandenen, für den Personenverkehr benutzbaren Verbindungsbahnen durch das Kursbuch der Reichs-Postverwaltung veröffentlicht.

3. Beamte, welche bei Unterbrechung einer zum Zwecke der Bereisung einer Bahnlinie, zur Besichtigung oder Revision von Betriebsanlagen ꝛc. unternommenen Dienstreise oder am Endpunkt einer solchen den betreffenden Bahnhof oder das Bahngebiet Dienstgeschäfte halber zu verlassen nicht genöthigt sind, haben keinen Anspruch auf die Zu- und Abgangsgebühr. Den mit Eisenbahn-Freikarten reisenden Beamten werden in solchen Fällen die baaren Nebenkosten nach Maßgabe der Bestimmungen unter Ziffer 2 c erstattet.

4. Die Gebühr für Zu- und Abgang wird je zur Hälfte nicht gewährt, wenn die Beförderung des Beamten nach oder von dem Bahnhof oder Anlegeplatz seitens einer Reichsverwaltung durch Gestellung eines Fuhrwerks erfolgt.

D. 1. Neben der Gebühr für Zu- und Abgang werden die sonstigen verordnungsmäßigen Fuhrkosten gewährt, wenn die Entfernung zwischen der Ortsgrenze des Anfangs- oder Endpunkts der Reise und dem Bahnhof oder Anlegeplatz 2 km oder mehr beträgt.

Hat während einer Reise ein Wechsel zwischen der Beförderung mittels Eisenbahn oder Dampfschiffs und einer anderen Beförderungsart einzutreten, so sind die Fuhrkosten für die Wegestrecke zwischen dem nach bz. vor Uebergang auf die Eisenbahn oder das Dampfschiff zunächst bz. zuletzt zu berührenden Orte und dem Bahnhofe oder Anlegeplatze nur dann zu vergüten, wenn die Entfernung 2 km oder mehr beträgt.

2. In den Fällen zu 1 sind für den Begriff des Orts und der Ortsgrenze die Bestimmungen zu B 8, für die Feststellung der Entfernungen die Angaben des Kursbuchs der Reichs-Postverwaltung maßgebend. Fehlen letztere, so sind sie durch Bescheinigungen sachkundiger Behörden und für das Ausland durch Bescheinigungen der Kaiserlichen Gesandtschaften oder Konsulate zu ersetzen.

E. 1. Umzugskosten sind nur dann zu vergüten, wenn der Ort, von welchem, und der Ort, nach welchem die Versetzung stattfindet, zu verschiedenen Gemeindebezirken (Garnisonverbänden) gehören.

2. Im Sinne des § 13 der Verordnung vom 21. Juni 1875 ist als kürzeste fahrbare Straßenverbindung der kürzeste fahrbare Landweg anzusehen.

Wenn jedoch der Ort, von welchem, und der Ort, nach welchem die Versetzung des Beamten stattfindet, durch ununterbrochenen Schienenweg oder durch eine ununterbrochene, zur Beförderung von Gütern benutzbare Wasserstraße in kürzerer Entfernung, als auf dem Landwege, verbunden sind, so gilt die kürzeste derartige Verbindung als kürzeste fahrbare Straßenverbindung.

Behufs Ermittelung der maßgebenden kürzesten fahrbaren Straßenverbindung sind die 2 km oder mehr betragenden Entfernungen zwischen dem Anfangs- oder Endort des Umzuges und dem zugehörigen gleichnamigen Bahnhof als Schienenweg, solche Theilstrecken, auf welchen beladene Wagen mittels Schiffs, Trajekts, Fähre 2c. zu Wasser befördert werden, als fahrbarer Landweg in Anrechnung zu bringen.

Anlage N.

Geschäftsordnung für die Disziplinarbehörden. Vom 18. April 1880. (C.Bl. S. 203.)

Vergl. Anm. 3 zu § 92 des R.B.G.

In Ausführung des §. 92 des Gesetzes, betreffend die Rechtsverhältnisse der Reichsbeamten, vom 31. März 1873 (R.-G.-Bl. S. 61) hat der Bundesrath der nachfolgenden, von dem Kaiserlichen Disziplinarhof entworfenen Geschäftsordnung für die Disziplinarbehörden die Bestätigung ertheilt.

I. Abschnitt.

Geschäftsordnung für die Disziplinarkammern.

§ 1. Die Geschäfte werden (vorbehaltlich der im §. 11 bestimmten Ausnahmen) durch Kollegialbeschluß erledigt. Die Erledigung erfolgt in Sitzungen, welche nach Bedürfniß von dem Präsidenten bestimmt werden. Soweit nicht mündlich verhandelt wird, ist die Oeffentlichkeit für die Sitzungen ausgeschlossen.

§ 2. Zur Beschlußfähigkeit der Disziplinarkammern ist die Theilnahme von fünf Mitgliedern, einschließlich des Vorsitzenden, nöthig.

§ 3. Bei einer mündlichen Verhandlung darf die Zahl der in der Sitzung mitwirkenden Mitglieder, einschließlich des Vorsitzenden, nicht mehr als fünf betragen.

§ 4. Die beiden richterlichen Mitglieder, welche, abgesehen von dem Vorsitzenden, sich bei einer mündlichen Verhandlung unter den theilnehmenden Mitgliedern befinden müssen (§. 89 Absatz 2 des Reichsgesetzes vom 31. März 1873), werden durch die aus dem Dienstalter sich ergebende Reihenfolge dergestalt bestimmt, daß die älteren Mitglieder vor den jüngeren zur Theilnahme berufen sind.

Ist ein an der Reihe befindliches richterliches Mitglied an der Theilnahme verhindert oder an Stelle des verhinderten Präsidenten zur Uebernahme des Vorsitzes berufen (§. 89 a. a. O.), so wird es durch dasjenige richterliche Mitglied ersetzt, welches von den für die zunächst folgende Sitzung zur Theilnahme bestimmten richterlichen Mitgliedern das ältere ist. Die ursprüng- liche Reihenfolge wird dadurch nicht unterbrochen.

§ 5. Der Präsident bestimmt die Mitglieder, welche außer den richterlichen Mitgliedern bei einer mündlichen Verhandlung an der Sitzung theilzunehmen haben (§. 89 a. a. O.).

Wird hierzu ein richterliches Mitglied bestimmt, so ist die aus §. 4 sich ergebende Reihenfolge einzuhalten. Die Theilnahme wird in der Reihenfolge gezählt. Die nicht richterlichen Mitglieder sind thunlichst aus dem Verwaltungszweige zu wählen, welchem der Angeschuldigte angehört.

§ 6. Bei Entscheidungen und Beschlüssen, welche auf Grund einer mündlichen Verhandlung erlassen werden, dürfen nur Mitglieder mitwirken, vor welchen die mündliche Verhandlung stattgefunden hat.

§ 7. Soweit in einer Sitzung nicht mündlich verhandelt wird, ist kein Mitglied von der Mitwirkung in derselben ausgeschlossen. Sämmtliche Mitglieder sind zu solchen Sitzungen einzuladen. Bei der Einladung hat der Präsident die Miglieder zu bezeichnen, welche theilzunehmen verpflichtet sind.

In dringenden Fällen bedarf es der Einladung derjenigen Mitglieder nicht, deren Benachrichtigung zu einer nachtheiligen Verzögerung führen würde.

§ 8. Ein Mitglied, welches zu einer Sitzung, worin eine mündliche Verhandlung stattfinden soll oder zu einer anderen Sitzung unter der Verpflichtung zur Theilnahme

(§. 7 Absatz 1 am Ende) einberufen ist, hat im Falle der Verhinderung diese zeitig vor der Sitzung dem Präsidenten anzuzeigen.

Jedes Mitglied hat dem Präsidenten von dem Urlaube Anzeige zu machen, welcher ihm in Bezug auf die von ihm bekleideten Reichs- oder Staatsämter bewilligt wird. Eine gleiche Anzeige muß erfolgen, wenn ein Mitglied an der Wahrnehmung seines Amtes dauernd verhindert ist.

§ 9. Der Präsident leitet die Berathung, stellt die Fragen und sammelt die Stimmen.

Im Falle einer Meinungsverschiedenheit über die Stellung der Fragen oder über das Ergebniß der Abstimmung entscheidet das Kollegium. Die Entscheidungen erfolgen nach der absoluten Mehrheit der Stimmen. Bilden sich in einer Sache, von der Schuldfrage abgesehen, mehr als zwei Meinungen, deren keine die Mehrheit für sich hat, so werden die dem Angeschuldigten nachtheiligsten Stimmen den zunächst minder nachtheiligen so lange hinzugerechnet, bis sich eine Mehrheit ergiebt.

Die Abstimmungen im Kollegium erfolgen in nachstehender Reihenfolge:

Zuerst stimmt der Dezernent oder Referent, nach dem Referenten der etwa ernannte Korreferent; im übrigen bestimmt sich die Reihenfolge der Abstimmung nach dem Dienstalter, so zwar, daß das jüngste Mitglied zuerst stimmt. Der Präsident giebt seine Stimme zuletzt ab. Bei Stimmengleichheit ist die Stimme des Präsidenten entscheidend.

§ 10. Das Dienstalter der Mitglieder bestimmt sich nach dem Tage der Ernennung zum Mitgliede der Disziplinarkammer. Bei gleichzeitiger Ernennung giebt das höhere Lebensalter den Ausschlag.

§ 11. Verfügungen, welche eine sachliche Entscheidung nicht enthalten, insbesondere diejenigen, welche nur die Leitung eines anhängigen Disziplinarverfahrens betreffen, werden ohne Vortrag im Kollegium von dem Präsidenten oder unter dessen Zustimmung von demjenigen Mitgliede erlassen, welchem die Bearbeitung der Sache von dem Präsidenten übertragen ist. Im Falle einer Meinungsverschiedenheit zwischen dem Präsidenten und dem gedachten Mitgliede oder wenn über den gegen eine Verfügung erhobenen Widerspruch eines Betheiligten zu entscheiden ist, muß der Beschluß des Kollegiums eingeholt werden. Dasselbe gilt, wenn der Präsident den Vortrag im Kollegium angeordnet hat.

§ 12. In schleunigen Fällen kann, sofern nicht die Entscheidung eine mündliche Verhandlung erfordert, der Präsident eine schriftliche Abstimmung anordnen. Ergiebt sich hierbei eine Meinungsverschiedenheit, so muß die Entscheidung in einer Sitzung erfolgen.

§ 13. In jeder einen Kollegialbeschluß erfordernden Sache wird von dem Präsidenten ein Dezernent oder Referent und nach Befinden ein Korreferent ernannt.

Der Vortrag im Kollegium wird unbeschadet der Bestimmung §. 22 Ziffer 3 mündlich erstattet.

§ 14. Die Disziplinarkammern erlassen alle Entscheidungen, Beschlüsse, Verfügungen, Berichte ꝛc. unter dem Namen:

„Kaiserliche Disziplinarkammer zu N.“

§ 15. In den Endentscheidungen sind die Mitglieder namentlich aufzuführen, welche an der Entscheidung theilgenommen haben. Auch ist darin der Tag der Sitzung zu bezeichnen, in welcher die Entscheidung erfolgt ist. Die Ausfertigungen der Endentscheidungen sind mit der Ueberschrift zu versehen:

„Im Namen des Reichs.“

§ 16. Die Disziplinarkammern führen ein Siegel mit der Umschrift:

„Kaiserliche Disziplinarkammer zu N.“

§ 17. Die Disziplinarsachen gelten in Ansehung der portofreien Beförderung als Reichs-Dienstangelegenheiten.

§ 18. Der Präsident führt in allen Sitzungen den Vorsitz.

Ihm liegt die Leitung und Beaufsichtigung des ganzen Geschäftsgangs ob. Er öffnet die eingehenden Sendungen, versieht dieselben mit dem Tag des Eingangs, vertheilt die Geschäfte, ernennt die Dezernenten, Referenten und Korreferenten (§. 13), bestimmt die Sitzungen (§. 1) und nach Anleitung der §§. 5 und 7 die Mitglieder, welche an denselben theilzunehmen haben, veranlaßt die Einladung der Mitglieder zu den Sitzungen, leitet die Berathungen und Abstimmungen (§. 9), zeichnet die Konzepte aller Verfügungen ꝛc., vollzieht (unter Kontrasignatur des Sekretärs) alle Reinschriften nnd trifft in Bezug auf die Führung der Geschäftskontrolen die erforderlichen Anordnungen. Er dekretirt ferner in allen das Kollegium als solches betreffenden Angelegenheiten.

§ 19. Der Präsident wird in Verhinderungsfällen von dem ältesten richterlicheu Mitgliede vertreten.

§ 20. Das Geschäftsjahr ist das Kalenderjahr. Der Monat Dezember 1879 tritt dem Geschäftsjahr 1880 hinzu. Am Schlusse des Jahres überreicht der Präsident dem Reichskanzler eine Zusammenstellung der gesammten Geschäfte. Die Zusammenstellung muß insbesondere die Zahl der anhängig gewordenen Disziplinarsachen und die in den einzelnen Sachen erlassenen Entscheidungen ergeben.

§ 21. In Betreff des nöthigen Geschäftslokals, des erforderlichen Subaltern- und Unterbeamten-Personals, sowie in Betreff der Bestreitung der Büreaubedürfnisse wird der Reichskanzler auf Vorschlag des Präsidenten die geeigneten Anordnungen treffen.

Der Reichskanzler wird auch in Ansehung der Fonds, aus welchen die baaren Auslagen, insbesondere die Zeugengebühren zu bestreiten sind, und über die Verwaltung dieser Fonds, ferner über die Einziehung der in Disziplinarsachen den Angeschuldigten zur Last gelegten Ordnungsstrafen und baaren Auslagen (§. 124 a. a. O.) das Erforderliche anordnen.

§ 22. Für das mündliche Verfahren sind nachstehende Vorschriften zu befolgen.

1. Zu §§. 101 und 102 des Reichsgesetzes vom 31. März 1873. Die Sitzung ist dergestalt zu bestim-

men, daß dem Angeschuldigten vom Tage der Vorladung an eine Frist von mindestens einer Woche frei bleibt.

In der Vorladung ist die zur Verhandlung der Sache bestimmte Stunde anzugeben, sowie dem Angeschuldigten bekannt zu machen, daß er sich des Beistandes eines Rechtsanwalts als Vertheidigers bedienen oder durch einen solchen sich vertreten lassen könne und daß auch im Falle seines Ausbleibens die Verhandlung der Sache und die Entscheidung erfolgen werde.

Ist das persönliche Erscheinen des Angeschuldigten beschlossen, so muß die Vorladung unter der Verwarnung erfolgen, daß im Falle des Ausbleibens ein Vertheidiger zur Vertretung nicht zugelassen werde.

Der Staatsanwalt wird von der Sitzung durch Vorzeigung der Verfügung benachrichtigt, durch welche die Sitzung bestimmt ist.

2. Zu §. 103. Die Verhandlung über den Ausschluß oder die Beschränkung der Oeffentlichkeit erfolgt in nicht öffentlicher Sitzung, die Verkündung des desfallsigen Beschlusses in öffentlicher Sitzung.

Die Befolgung dieser Vorschrift muß aus dem Sitzungsprotokoll sich ergeben.

3. Zu §§. 104 bis 107. Die mündliche Verhandlung erfolgt in Gegenwart des Staatsanwalts und eines vereideten Protokollführers.

Der Berichterstatter (Referent) wird von dem Präsidenten bei Bestimmung der Sitzung ernannt.

Der Berichterstatter hat eine schriftliche Darstellung

abzufassen und dieselbe dem Präsidenten vor der Sitzung vorzulegen.

In der Sitzung wird der Bericht durch Verlesung der Darstellung oder nach Wahl des Referenten mündlich an der Hand der schriftlichen Darstellung erstattet. Ist ein Korreferent ernannt, so nimmt dieser an der Berichterstattung bei der Verhandlung nicht theil.

Die Leitung der Verhandlung, die Vernehmung des Angeschuldigten, die etwaige Aufnahme des Beweises und die Handhabung der Ordnung liegt dem Vorsitzenden ob. Er kann jeden, welcher Störungen verursacht, aus der Sitzung entfernen lassen.

Der Vorsitzende kann die Vernehmung des Angeschuldigten und die Beweisaufnahme einem anderen Mitgliede übertragen.

Für das Beweisverfahren sind im übrigen die Vorschriften der Strafprozeßordnung maßgebend. Dies gilt insbesondere auch von der Vorladung der Zeugen und Sachverständigen, sowie deren Bestrafung im Falle des Ungehorsams.

4. Zu §. 108. Mit der Entscheidung sind zugleich die Gründe zu verkünden.

Es genügt jedoch die mündliche Mittheilung des wesentlichen Inhalts der Gründe. Die Verkündung erfolgt durch den Vorsitzenden. Die schriftlichen Entscheidungsgründe werden mittelst Verlesung im Kollegium oder auf dem Wege des schriftlichen Umlaufs festgestellt und im Konzept von sämmtlichen Mitgliedern, welche an der Entscheidung theilgenommen haben, unterschrieben.

5. Zu §. 109. Das Sitzungsprotokoll muß insbesondere auch die verkündete Entscheidung enthalten.

6. Zu §. 116. Die Akten sind vor der Einsendung an den Disziplinarhof mit einem Inhaltsverzeichniß (Rotulus) zu versehen.

7. Zu §. 124. Die Kosten, welche der Angeschuldigte zu erstatten hat, sind, wenn thunlich, in der verurtheilenden Entscheidung selbst dem Betrage nach festzustellen.

8. Zu §. 133. Für die Form der Insinuationen in den bei den Disziplinarkammern anhängigen Sachen sind, soweit nicht der §. 133 etwas Abweichendes bestimmt, die Vorschriften der Strafprozeßordnung maßgebend.

II. Abschnitt.

Geschäftsordnung für den Disziplinarhof.

§ 23. Die Bestimmungen des ersten Abschnitts finden mit folgenden Abweichungen auf den Geschäftsgang bei dem Disziplinarhof entsprechende Anwendung.

1. Zu §. 2. Zur Beschlußfähigkeit des Disziplinarhofs ist die Theilnahme von sieben Mitgliedern einschließlich des Vorsitzenden nöthig.

2. Zu §. 3. Die Zahl der bei einer mündlichen Verhandlung in der Sitzung mitwirkenden Mitglieder darf nicht mehr als sieben betragen.

3. Zu §§. 4 und 5. Die §§. 4 und 5 gelten mit der Maßgabe, welche sich von selbst daraus ergiebt, daß die Zahl der mitwirkenden Mitglieder sieben beträgt, und

daß unter diesen nach §. 91 Absatz 2 des Reichsgesetzes vom 31. März 1873 sich außer dem Vorsitzenden drei richterliche Mitglieder befinden müssen.

4. Zu §§. 9, 10 und 19. Als ältestes Mitglied, welches den Präsidenten in Verhinderungsfällen zu vertreten hat, gilt der dem Disziplinarhof angehörende Senatspräsident des Reichsgerichts. Wenn auch dieser verhindert ist, wird der Präsident von dem ältesten dem Disziplinarhof angehörenden Mitgliede des Reichsgerichts vertreten. Die Mitglieder des Bundesraths, welche dem Disziplinarhof angehören, nehmen in demselben ihre Stelle gleich nach dem Präsidenten oder dessen Vertreter, also vor den übrigen Mitgliedern ein. Die Reihenfolge der Bundesrathsmitglieder bestimmt sich nicht nach dem Dienstalter, sondern nach der Reihenfolge, welche für sie im Bundesrath besteht.

5. Zu §. 14. Der Disziplinarhof erläßt seine Entscheidungen unter dem Namen:

„Kaiserlicher Disziplinarhof".

6. Zu §. 16. Der Disziplinarhof führt zwei Siegel (ein großes und ein kleines Siegel), entsprechend den beim Reichsgericht in Gebrauch befindlichen Siegeln. Das größere Siegel wird nur bei den Ausfertigungen der Endentscheidungen (§. 15) gebraucht.

7. Zu §. 21. Das Amt der Staatsanwaltschaft beim Disziplinarhof wird nach Anordnung der obersten Reichsbehörde (§. 85 a. a. O.) von der Reichsanwaltschaft oder von besonders damit beauftragten Beamten wahrgenommen.

Die beim Reichsgericht angestellten Subalternbeamten und Unterbeamten haben nach näherer Anordnung des Präsidenten des Reichsgerichts die entsprechenden Verrichtungen auch beim Disziplinarhof zu versehen.

Die Büreaubedürfnisse des Disziplinarhofs werden aus den Vorräthen und Fonds des Reichsgerichts bestritten.

Als Geschäftslokal des Disziplinarhofs dient nach näherer Anordnung des Präsidenten des Reichsgerichts das Geschäftsgebäude des Reichsgerichts.

Anlage O.

Verordnung, betreffend die Klasseneintheilung der Militärbeamten des Reichsheeres und der Marine. Vom 13. August 1895. (R.G.Bl. S. 431. Ausgegeben am 28. August 1895.)

Wir ꝛc.:

Die in der Anlage enthaltene Klasseneintheilung der Militärbeamten des Reichsheeres und der Marine tritt an die Stelle der durch Verordnung vom 29. Juni 1880 (Reichs-Gesetzbl. S. 169) festgestellten Klasseneintheilung.

Urkundlich ꝛc.

Klasseneintheilung
der
Militärbeamten des Reichsheeres und der Marine.

Beim Reichsheere.	Bei der Marine.

I. Militärbeamte, welche nur den ihnen vorgesetzten Militärbefehlshabern untergeordnet sind.

A. Obere Militärbeamte
(im Offizierrange).

Beim Reichsheere.	Bei der Marine.
1. Der Büreauvorsteher bei dem Chef des preußischen Generalstabes der Armee.	1. Der Lootsenkommandeur der Marine und dessen Vertreter.

Beim Reichsheere.	Bei der Marine.
2. Die Festungsoberbauwarte und Festungsbauwarte 1. und 2. Klasse. 3. Die Zahlmeister. 4. Die Korpsroßärzte, die Oberroßärzte und Roßärzte. Bayern: die Korpsstabsveterinäre, die Stabsveterinäre und die Veterinäre 1. und 2. Klasse. Sachsen: siehe II A 6. 5. Die Oberapotheker. 6. Der Armeemusikinspizient.	2. Die Geschwadersekretäre während ihrer Dienstleistung als solche.

Außerdem im Kriege und während des mobilen Zustandes.

7. Der Büreauvorsteher und die Geheimen Kanzleisekretäre beim Chef des Generalstabes des Feldheeres. 8. Die Topographen. 9. Der höhere Civilverwaltungsbeamte bei den Etappeninspektionen. 10. Die in Beamtenstellen des Militäreisenbahnwesens befindlichen oberen Beamten, als: a) die höheren Eisenbahnbeamten beim Chef des Feldeisenbahn-Wesens, beim stellvertretenden Generalstabe der Armee und den immobilen Linienkommandanturen, b) die Telegrapheninspektoren, die Telegraphenaufseher und die Rendanten bei den Militäreisenbahndirektionen, c) die Assistenten bei den immobilen Linienkommandanturen,	8. Die Civilmitglieder der Küstenbezirksämter I in Neufahrwasser, II in Stettin, IV und V in Bremerhaven.

Beim Reichsheere.	Bei der Marine.
d) die Eisenbahnsekretäre bei den unter a genannten Behörden, e) die Kanzlisten bei den immobilen Linienkommandanturen. 11. Die nicht zu den Personen des Soldatenstandes gehörigen, bei dem Militäreisenbahnwesen zur Anstellung kommenden oberen Beamten, als: a) die höheren Beamten und Sekretäre bei den Baudirektionen, b) die Eisenbahnbauinspektoren und Eisenbahnbetriebsinspektoren, c) die Eisenbahnbaumeister, Maschinenmeister, Maschineningenieure*), Telegrapheningenieure, Stationsvorsteher, Bahn- und Betriebskontroleure, d) die Eisenbahnbauführer, Maschinenmeisterassistenten, Stationsassistenten, Expeditionsbeamten, Geometer, e) die Eisenbahn- und die Betriebssekretäre, (b–e:) bei den Militäreisenbahndirektionen, Betriebsinspektionen, Betriebs- und Baukompagnien,	

*) Anmerkung. Als Maschineningenieure können der Militäreisenbahn-

Beim Reichsheere.	Bei der Marine.
f) die Eisenbahnverwaltungsbeamten bei den Eisenbahnarbeiterkompagnien (Güterexpeditionsvorsteher und Güterexpedienten),	
g) die Materialienverwalter, Bahnmeister und Telegraphenaufseher.	
Die unter 10 und 11 aufgeführten Beamten sind nach Maßgabe der bestehenden Ressortverhältnisse auch denjenigen Beamten untergeordnet, welche an Stelle von Militärbefehlshabern zur Anstellung kommen.	
12. Die Feldzahlmeister.	
13. Die Bekleidungsamtsbeamten in Festungen, welche in Belagerungszustand erklärt sind;	

ferner

Württemberg:

14. Der Feldoberauditeur.

B. Untere Militärbeamte

(im Range vom Feldwebel abwärts).

1. Die Zeughausbüchsenmacher.	1. Die Büchsenmacher bei den Marinetheilen.
2. Die Büchsenmacher und Sattler bei den Truppen.	
3. Die Waffenmeister.	

Außerdem im Kriege und während des mobilen Zustandes.

4. Die Oberdrucker und Drucker beim Chef des Generalstabes des Feld-	2. Die Beobachter (bei den Küstenbeobachtungsstationen).

verwaltung auch solche Beamte mit höherer technischer Vorbildung überwiesen werden, welche in ihrem Civildienstverhältnisse vorübergehend als Werkmeister thätig sind.

Beim Reichsheere.	Bei der Marine.
heeres und bei einem Armeeoberkommando.	
5. Die nicht zu den Personen des Soldatenstandes gehörigen, bei dem Militäreisenbahnwesen zur Anstellung kommenden unteren Beamten, als:	
a) die Werkmeister*), Wagenmeister und Magazinaufseher,	
b) die Lokomotivführer, Zugführer, Packmeister, Telegraphisten,	
c) die Zimmermeister und Maurermeister,	
d) die Zeichner, Kanzlisten und Drucker,	
e) die Schaffner, Telegraphenvorarbeiter, Oberbauvorarbeiter, Güterbodenvorarbeiter, Heizer, Maschinenwärter,	
f) die Rangirer, Weichensteller, Bahnwärter, Bremser, Oberbauarbeiter, Werkstattarbeiter, Güterbodenarbeiter, Maschinenputzer und Wagenschmierer.	
{Die unter Nr. 5 aufgeführten Beamten sind nach Maßgabe der bestehenden Ressortverhältnisse auch denjenigen Beamten untergeordnet, welche an Stelle von Militärbefehlshabern zur Anstellung kommen.}	

*) Anmerkung. Als Maschineningenieure können der Militäreisenbahnverwaltung auch solche Beamte mit höherer

Beim Reichsheere.

6. Die Meister und Arbeiter bei den Reparaturwerkstätten des Belagerungstrains.
7. Die Unterbeamten bei den Bekleidungsämtern in Festungen, welche in Belagerungszustand erklärt sind.

Bei der Marine.

II. Militärbeamte, welche in einem doppelten Unterordnungsverhältniß stehen, und zwar einerseits zu den ihnen vorgesetzten Militärbefehlshabern, andererseits zu den ihnen vorgesetzten höheren Beamten oder Behörden.

A. Obere Militärbeamte

(im Offizierrange).

Beim Reichsheere.

1. Die Korpsintendanten, die Vorstände der Divisionsintendanturen und der Intendantur der Eisenbahntruppen, sowie deren Vertreter.
2. Auditeure.
3. Die Militärgerichtsaktuare. (**Bayern:** die Kanzleisekretäre bei den Militärbezirksgerichten.)
4. **Preußen** und **Sachsen:** die Militärpfarrer.

{**Bayern** und **Württemberg:** siehe II A 18.}

Bei der Marine.

1. Die Marineintendanten und deren Vertreter.
2. Die Marineauditeure.
3. Die Marinegerichtsaktuare.
4. Die Marineoberpfarrer und Marinepfarrer.
5. Die Marineoberzahlmeister,
6. die Marinezahlmeister,
7. die Marineunterzahlmeister,

} soweit dieselben nicht lediglich als Geschwadersekretäre fungiren: siehe I A 2.

8. Die auf Schiffen der Marine zur Verrichtung dienstlicher Funktionen eingeschifften oberen Civilbeamten, sowie die unter III A 8 bis 14

---

technischer Vorbildung überwiesen werden, welche in ihrem Civildienstverhältnisse vorübergehend als Werkmeister thätig sind.

Beim Reichsheere.	Bei der Marine.
5. Die Korpsstabsapotheker. 6. **Sachsen:** der Korpsroßarzt.	genannten Militärbeamten der Marine. 9. Der Intendant, 10. der Zahlmeister } der Schutztruppe für Deutsch-Ostafrika.

Außerdem im Kriege und während des mobilen Zustandes.

7. Bei den Feldintendanturen:
   a) die Armeeintendanten, die Etappenintendanten, sowie sämmtliche Feldintendanturräthe und Assessoren und die mit einer Feldintendantur-Vorstandsstelle oder mit der Stelle eines etatsmäßigen Feldintendanturraths beliehenen Beamten,
   b) die Sekretäre,
   c) die Assistenten.
8. Die stellvertretenden Intendanten, der Vorstand der Intendantur des stellvertretenden Generalstabes, sowie deren Vertreter.
9. Die oberen Beamten bei den Feldkriegskassen, sowie den Kriegskassen der Etappen- und Militäreisenbahnbehörden, als:
   a) die Kriegszahlmeister.
   b) die Kassirer,
   c) die Buchhalter,
   d) die Assistenten,

11. Die Telegraphensekretäre und -Assistenten bei den Kriegsküstentelegraphenstationen, welche seitens der Oberpostdirektionen gestellt werden.

Beim Reichsheere.	Bei der Marine.
e) die Buchhalter bei den Betriebsabtheilungen der Militäreisenbahndirektionen, falls sie nicht zu den Personen des Soldatenstandes gehören.	
10. Die oberen Beamten bei den Feld- und Etappenmagazinanstalten, einschließlich der Feldbäckereiämter und der Magazine auf den Sammelstationen, als: a) die Feldproviantmeister, b) die Feldmagazinrendanten, c) die Feldmagazinkontroleure, d) die Feldmagazinassistenten.	
11. Die oberen Beamten bei den Feld- und Etappenlazarethanstalten und den Güterdepots der Sammelstationen, als: a) die Feldlazarethinspektoren, b) die Feldlazarethrendanten, c) die Feldapotheker.	
12. Die den stellvertretenden Korpsgeneralärzten beigegebenen stellvertretenden Korpsstabsapotheker und Feldstabsapotheker.	
13. Die oberen Beamten bei den Feld- und Etappentelegraphenbehörden, als: a) die Telegraphendirektoren, b) die Telegrapheninspektoren, c) die Telegraphensekretäre, d) die Telegraphenassistenten.	
14. Bei dem Chef der Militärtelegraphie: die Telegraphensekretäre.	

Beim Reichsheere.

15. Die oberen Beamten bei den Feldpostanstalten, als:
    a) der Feldoberpostmeister,
    b) die Feldoberpostinspektoren,
    c) die Armeepostdirektoren,
    d) die Armeepostinspektoren,
    e) die Feldpostmeister,
    f) die Feldoberpostsekretäre,
    g) die Feldpostsekretäre,
    h) die Roßärzte (**Bayern**: Veterinäre) der Postpferdedepots.
16. Der Polizeidirektor im großen Hauptquartier.
17. Die Intendantur- und oberen Proviantamtsbeamten, sowie die der gleichen Beamtengattung angehörigen Beamten der Konservenfabriken, die Garnisonverwaltungs- und Lazarethbeamten in Festungen, welche in Belagerungszustand erklärt sind; ferner:
18. **Bayern** und **Württemberg**: die Feldgeistlichen.

Bei der Marine.

B. Untere Militärbeamte

(im Range der Mannschaften vom Feldwebel abwärts).

1. Die Unterapotheker und Militärapotheker einschließlich der einjährig-freiwilligen Militärapotheker.
2. **Preußen** und **Sachsen**: die Militärküster.

(**Württemberg**: siehe II B 11.)

1. Die Marineküster.
2. Die auf Schiffen der Marine zur Verrichtung dienstlicher Funktionen eingeschifften unteren Civilbeamten, sowie die unter III B 9 bis 13

Beim Reichsheere.	Bei der Marine.
	genannten Militär-beamten der Marine. 3. Der Ober-büchsen-macher, 4. die Unter-büchsen-macher } der Schutz-truppe für Deutsch-Ostafrika.

Außerdem im Kriege und während des mobilen Zustandes.

3. Die Kassendiener bei den Feld-kriegskassen und den Kriegskassen der Etappenbehörden.
4. Die Feldbackmeister und die Feld-magazinaufseher bei den Feld- und Etappenmagazinanstalten.
5. Die Maschinisten und Heizer bei den Bahnhofskommandanturen auf Verpflegungsstationen.
6. Die Feldpostschaffner bei den Feld-postanstalten.
7. Die Polizeibeamten im großen Hauptquartier und bei den Generaletappeninspektionen.
8. Die chirurgischen Instrumenten-macher und die Apothekenhand-arbeiter bei den Feld- und Etappen-lazarethanstalten.
9. Die Telegraphenvorarbeiter und Arbeiter bei der Feld- und Etappentelegraphie.
10. Die Feldpostillone bei den Feld-postanstalten.
11. Die Unterbeamten der Proviant-

Beim Reichsheere.

ämter uud Konservenfabriken, der Garnison- und Lazarethverwaltungen in Festungen, welche in Belagerungszustand erklärt sind; ferner:

12. **Württemberg:** die Feldküster.

Bei der Marine.

III. Militärbeamte, welche nur den ihnen vorgesetzten höheren Beamten und Behörden untergeordnet sind.

A. Obere Militärbeamte

(im Offizierrange).

Beim Reichsheere:

1. **Preußen:**
der Generalauditeur der Armee und die Räthe (Mitglieder) des Generalauditoriats.
Sachsen:
der Generalauditeur als Vorstand des Oberkriegsgerichts und der Oberkriegsgerichtsrath.
Württemberg:
der Generalauditeur, die Räthe (Mitglieder) und der Auditeur (Sekretär) des Oberkriegsgerichts.

2. Bei den Militärintendanturen:
a) die Intendanturräthe und Assessoren,
b) die Referendare,
c) die Sekretäre,
} soweit dieselben nicht unter die Kategorie II A 1 fallen.
d) die Registratoren,
e) die Sekretariats- und Registratur-Assistenten;

Bei der Marine:

1. Die Marineintendanturräthe,
2. die Marineintendanturassessoren,
} soweit dieselben nicht unter die

Beim Reichsheere.	Bei der Marine.
ferner: **Sachsen:** die Referenten, die Sekretariats-, Kalkulatur- und Registraturbeamten des Kriegsministeriums, die Sekretäre und Assistenten des Kriegszahlamts. **Württemberg:** die Räthe, die Sekretariats- und Registraturbeamten des Kriegsministeriums, die Beamten des Kriegszahlamts: a) der Kriegszahlmeister, b) der Kassirer, c) die Buchhalter, d) der Assistent, der Intendantur- und Baurath. 3. **Preußen:** der evangelische und der katholische Feldpropst der Armee.	3. die Marineintendanturreferendare, 4. die Marineintendantursekretäre, } Kategorie II A 1 fallen. 5. Die Marineintendanturregistratoren. 6. die Marineintendantursekretariats- und Registraturassistenten. 7. Die Oberlootsen der Marine, soweit dieselben nicht unter die Kategorie I A 1 fallen. 8. Die Ressortdirektoren, 9. die Betriebsdirektoren, } für Schiffbau, Maschinenbau und } zu 8 bis 13, welche vor dem 1. April 1880 } Die eingeschifften Beamten

Beim Reichsheere.	Bei der Marine.
	10. die Bauinspektoren (Hafenbau), 11. die Konstruktionszeichner, 12. die Obermeister, 13. die Rendanten, 14. die Werftbetriebssekretäre (bei den Werften), angestellt sind; zu 14, welche vor dem 1. April 1880 Werftsekretäre waren. — der genannten Kategorien stehen im doppelten Unterordnungsverhältnisse. Siehe II A 8.
	15. Die Garnisonbaubeamten, welche vor dem 1. April 1880 angestellt sind.

Außerdem im Kriege und während des mobilen Zustandes.

4. **Preußen:** Die im mobilen Büreau des Kriegsministers sich befindenden Räthe, sowie die den mobilen Büreaus des Kriegsministers und des vortragenden Generaladjutanten des	16. Die oberen Werftbeamten, soweit dieselben nicht bereits zu den unter III A 8 bis 14 und II A 8 aufgeführten Kategorien gehören, einschließlich der Sekretariats- und Registraturapplikanten (A. K. O. vom 31. März 1880). 17. Die im mobilen Büreau des Marinekabinets und des Oberkommandos der Marine sich be-

Beim Reichsheere.	Bei der Marine.
Kaisers zugetheilten Geheimen expedirenden Sekretäre, Geheimen Registratoren und Geheimen Kanzleisekretäre. **Sachsen:** Die im mobilen Stabe des Kriegsministers sich befindenden Räthe und die demselben zugetheilten Kanzleibeamten.	findenden etatsmäßigen oberen Civilbeamten der Marine. 18. Die etatsmäßigen oberen Civilbeamten der Marine in solchen Marinekriegshafengebieten, welche in Belagerungszustand erklärt worden sind. 19. Die Marineintendantursekretariats- und Registraturapplikanten, soweit dieselben nicht aktive Militärpersonen sind. 20. Die auf Kriegsschiffen fungirenden Civiloberlootsen.

B. Untere Militärbeamte

(im Range der Mannschaften vom Feldwebel abwärts).

1. Die Lootsen I. und II. Klasse,
2. die Hafenlootsen,
3. der Materialienverwalter,
4. die Maschinisten,
5. die Schiffsführer,
6. die Steuerleute,
7. die Untersteuerleute

} beim Marinelootsen- und Seezeichenwesen.

8. Der Vorsteher des Brieftaubenwesens.
9. Die Marinezeichner,
10. die Werkmeister,
11. die Werftschreiber,
12. die Ma-

} Zu 9 bis 13 bei den Werften, welche vor dem 1. April 1880 in diese Stellen eingetreten sind bezw. zu 11, welche vor dem 1. April 1880 Büreauassistenten waren.

Beim Reichsheere.	Bei der Marine	
	gazinoberaufseher, 13. die Magazinaufseher.	Die eingeschifften Beamten der genannten Kategorien stehen im doppelten Unterordnungsverhältnisse. Siehe II B 2.
	14. Die Magazinaufseher der Bekleidungs- und Verpflegungsämter, welche vor dem 1. April 1880 in diese Stellen eingetreten sind.	

Außerdem im Kriege und während des mobilen Zustandes.

1. **Preußen:** Die Kanzleidiener bei den mobilen Büreaus des Kriegsministers und des vortragenden Generaladjutanten des Kaisers.	15. Die unteren Werftbeamten, soweit dieselben nicht bereits zu den unter III B 9 bis 13 und II B 2 aufgeführten Kategorien gehören (A. K. O. vom 31. März 1880).	
	16. Die im mobilen Büreau des Marinekabinets und des Oberkommandos der Marine sich befindenden etatsmäßigen Civilunterbeamten der Marine.	
	17. Die etatsmäßigen unteren Civilbeamten der Marine in solchen Marinekriegshafengebieten, welche in Belagerungszustand erklärt worden sind.	
	18. Die Führer, 19. die Maschinisten,	auf den Dampfern Langlütjen und Bombe.
	20. die Matrosen	auf dem Dampfer Friedrichsort.
	21. Die als Heizer bei den Beleuchtungsanlagen in den Weser-	

Beim Reichsheere.

Bei der Marine.

forts und den Beleuchtungswagen und Scheinwerfern der Artilleriedepots beschäftigten Civilarbeiter.

22. Die Lootsenaspiranten,	beim Marinelootsen- und Seezeichenwesen.
23. die Zimmerleute,	
24. die Köche,	
25. die Heizer,	
26. die Matrosen	

27. Die auf Kriegsschiffen fungirenden Civillootsen und Civillootsenaspiranten.

Sach-Register.

Die frei stehenden Zahlen bezeichnen die Seiten, in den Klammern sind die Paragraphen des Gesetzes angeführt.

A.

H.

J.

K.

L.

M.

N.

O.

S.

T.

U.

W.

Y.

Z.

Druck von A. W. Hayn's Erben, Potsdam

FSC
www.fsc.org
MIX
Papier | Fördert gute Waldnutzung
FSC® C083411

Kolibri 360 GmbH
Ferdinand-Jühlke-Straße 7
99095 Erfurt, Deutschland
produktsicherheit@kolibri360.de